U0512083

清代中国の
物価と
経済変動

〔日〕岸本美绪 著

刘迪瑞 译

清代中国的物价与经济波动

社会科学文献出版社
SOCIAL SCIENCES ACADEMIC PRESS (CHINA)

岸本 美緒

清代中国の物価と経済変動

Copyright © 1997 Kishimoto Mio

All rights reserved.

Originally published in Japan by Kenbunshuppan, Tokyo.

Chinese (in simplified character only) translation right arranged

with Kenbunshuppan, Tokyo

through HIROGAWA CO., LTD.

中文再版序

这本书的日文版在 1997 年问世，中文版多亏刘迪瑞教授、胡连成教授周到且辛苦的翻译、审校工作，在 2010 年作为《国家清史编纂委员会·编译丛刊》的一种，由社会科学文献出版社出版，和广大中国读者见面。这次社会科学文献出版社在格式、文字等方面对 2010 年原版加以改善，比如把各种注释方式统一为脚注等，面向新的读者重新出版。谨此向担任原版翻译、审校工作的刘迪瑞教授、胡连成教授及在本书再版过程中给予帮助的各方人士表达由衷的谢意。

我写成本书已经将近 30 年，其间清代物价史、经济史研究急速发展。在粮价史料方面，王业键教授组织大批人力将收藏于北京、台北等地研究机构的粮价档案进行整理，在 2008 年建成了"清代粮价资料库"，公开于国际学界。目前，这个数据库成为清代物价史研究必不可少的资料来源。与此同时，对这些资料的可靠性也有几位学者进行了较深入的研究。关于包括粮价的一般物价动向，罗伯特·艾伦（Robert Allen）、马德斌（Debin Ma）、范赞登（Jan Luiten van Zanden）等研究者制作了物价指数，对1738～1925年苏州、北京、广州、伦敦、阿姆斯特丹的物价、工资和生活水平进行了比较研究。彭慕兰（Kenneth Pomeranz）的《大分流：欧洲、中国及现代世界经济的发展》（原著2000年，中文版2003年）受到广大研究者的瞩目后，这种比较研究在国际学界活跃起来。就区域范围来说，本书的主要研究对象是江南地区，而近20多年来，有关长江流域、淮河流域、山西、湖北、台湾等的区域性粮价研究专著陆续出版，相关的期刊论文、学位论文不计其数。近年清代粮价研究的另一个值得注意的趋势是，经济学者通过建立模型，以经济理论对粮价和市场进行分析的研究增多了。

看到如此情况，或许可以说，粮价和市场的研究逐渐成了清代经济史研究的"热门"之一，这与我在本书第一章开头写的"中国物价史的研究不仅在数量上少，而且在中国经济史的研究中，也很难说已占据了牢固的地位"这一情况有天壤之别。这种情况一方面让我担心这本书的内容之大部分已经过时，但另一方面我认为，本书中的几个论点涉及在今天也还没有解决的诸问题，可能有一定的参考价值。

本书的一个特点在于，注意到明清经济以数十年为单位的波动及其机制。过往明清经济史研究倾向于专门注意经济的超长期趋势，在将"发展论"和"停滞论"相对比的框架内讨论明清经济的动态。《大分流：欧洲、中国及现代世界经济的发展》与其相关的讨论也可以说还没有摆脱这一框架。但我们应该注意，"发展"也好，"停滞"也罢，都是生活在中国社会的无数人行为集合性的结果。那么，为什么他们如此决策、如此行动呢？对中期性经济波动的分析会帮助我们具体地了解他们经济行为的内在逻辑。

本书重视中期性经济波动背景下的海外贸易和白银流通的动向。本书主张，康熙年间的"萧条"起因于海禁和紧缩财政的货币流通障碍。但对此观点，万志英（Richard von Glahn）等知名学者提出批评。清代中国是否存在"萧条"、海外贸易对清代中国国内经济带来多少影响，这些问题是国际学界正在争论的问题。这些问题不是简单的实证性研究所能解决，而跟清代中国的市场结构这一理论性问题相关，希望学界展开更加深入的讨论。

本书的另一个特点是经济史和经济思想史相结合。在此，所谓经济思想，不限于知名学者有系统的经济思想，还包括广大士绅、民众所共有的潜在观念与心理。他们对货币流通、市场交换等经济现象的感受尽管模糊不清，但作为他们经济行为的心理基础，形塑了当时的整个经济秩序。从明清时代的史料中怎样解读这类潜在观念和心理可说是从来没有受到充分注意的课题。

对以上所述的若干大问题，本书的讨论较为初步，而其后 20多年我的明清经济史研究迟迟不见进展，实在感到惭愧。但通过这本书和相关论文，我不仅与日本，还得以与中国、东亚乃至欧美的研究者互相切磋，受到很多教益，对此我深感幸福。如本书新版的读者也不吝指教，进行学术交流的话，我将不胜感激。

岸本美绪

2025 年 4 月 29 日

日文版序

　　本书是我 20 年来所撰写的论文中，以物价史为中心的有关经济史方面的文章选集。研究生时代首次发表的论文，是本书的第十章"关于《恒产琐言》"，那时的我对自己的总体研究计划谈不上有什么规划。即使在接下来的 20 年间，或许与计划性生来无缘吧，始终不曾拥有以大建筑物般的全体构成为目标、为其中的一部分而蓄积论文的意识。在写作某篇论文的过程中，一旦某个问题引起注意，就接着写下新的论文，接下来又以新论文中的感兴趣点为中心继续作文，或以课堂讨论时偶尔接触到的史料所激发的关心来作文，就这样任由兴之所至，驱使自己扩大写作范围。正如从目录也能一目了然那样，本书谈不上什么井然有序，甚至是有些杂乱无章的。

　　畏友山本进先生曾评价我的学问方式是"阿米巴变形虫式"，此言甚得其妙。综合迄今为止我所写的论文来看，真有一种简单的原始生物之增殖般的去向不明感。不过，在做出"阿米巴变形虫式"评语的同时，他也热情地指出，这些论文并不是相互之间缺乏生命关联的拼凑，而是有一种简单原始生物般"生生不息"的关心贯穿其中。

这一连贯的关心是什么呢？对我来说，就是我在第二篇论文《清代前期江南的米价动向》（本书第三章）末尾所写的，希望了解"对当时的各个土地所有者和生产者来说，使（明末清初）那样的变化成为可能、有利或不可避免的具体"的情况。战后的中国史学，与强调中国社会停滞"本质"的旧有议论相对，倾力于论证中国社会发展的"本质"。然而，"停滞"也好，"发展"也好，都无非是构成中国社会无数人行为集合性的结果。那么，他们的行为是由什么所导致的呢？我认为，尝试在尽可能的范围内去具体理解其动机和意图，才是最重要的。

那么，当时的农民、地主和官僚"为什么"那样行动呢？从这一问题出发，就存在几种不同的说明方式。

第一，就像因米价低廉，拥有土地的利益得不到提高，从而变卖土地一样，从构成人们进行选择的具体条件的经济环境，比如物价高低、赋役轻重等方面，对人们的行动进行说明的方向也是存在的。本书的特色之一，不是从不可逆的发展阶段论的视角出发，分析16~18世纪的中国经济，而是力图具体探明构成人们经济行为背景的外部状况的变动。第三章至第八章，希望通过物价与经济局面的变动，对过去感觉有点被认为是直线性发展的这一时期的"商品经济的发展"中的几个各具特色的时期加以识别，对不同时期人们不同的经济选择进行论证。

第二，即使存在物价上升这样相同的条件，但由于与之对应的经营性质、市场性质等不同，人们所采取的行动也可能不同。比如价格低落时，资本主义企业的经营者或许会紧缩业务；而以维持家计为目的的小农经营，则反而会通过增加生产，以图确保收入。关于此类经济行为形式的议论，对"人们为什么那样行动"这一问题的回答，也是不可或缺的一个方面。本书有关这一方面的分析，还只是一鳞半爪。有关小农经济的机制及市场性质问题，在第五、七、十一等章中都有涉及。而在第一章和第二章中，也对我的看法做了稍为明确的阐述。

第三，当人们直面自己被卷入其中的经济环境时，并不仅仅是被当时的经济模式所左右，被动地根据经济模式来行事，这一点是值得关注的。既存经济模式所带来的弊端常常被时人自身深刻地感受，并且人们为了纠正它而提出了各种各样的构想。当时人们的经济观、经济论，也是人们经济行为中"意图与动机"研究的重要部分。本书的第五章到第八章及第十一章、第十二章等，就论述了这一问题。

为什么人们采取那样的经济行动呢？构成这一问题答案的若干方面——经济环境、经济模式和经济观——并非可以明确割离。比如，物价变动是显示制约人们经济行为的经济环境变化的最重要指标之一，同时是显示人们经济行为结果的焦点。通过对物价的分析，可以接近当时的经济形态。而且，明清时期的经济思想是在继承自古以来传统思想的同时，被眼前的具体经济局面及由此所致的弊端直接触动而形成的。往往通过经济思想，才得以接近当时的经济环境及经济形态。本书所收录的论文的问题关注点都同时包含这三者，当然各论文的重点略有不同，本书将按下列形式排列论文。

第一篇是有关清代物价史及社会经济史研究的整理。这当中对我关心的问题及方法都明确地进行了论述。

第二篇是以数据资料的整理为中心，力图阐明经济环境长期性波动的论文。

第三篇是就不同的经济局面，对当时的经济环境、经济行为和经济思想进行综合研究的论文。

第四篇是从个别事例及个别史料的角度出发，试图接近上述诸问题的文章。

第五篇作为附篇，收录了若干有关经济关系史料介绍方面的论文。

本书中所收录的论文，有些自首次发表以来已经过了很长时间，想对其中部分内容进行修改的地方不在少数。然而，如前所述，由于这些论文是就当时所关心的问题和研究史现状有感而发写就的，在当时受到了各种不同的评价。若本着整合性优先原则而与原来刊登时的情形割离，我反而担心会失去当初虽不成熟却栩栩如生的感触。但是，对现有观点已经发生变化的地方，也是不能置之不理的。因此在本书中，基本上按照初次发表时的文章原样予以收录，并以下列方式做了形式上的统一或者补充。

（1）除对误记、误排字进行了订正外，对文章的格式进行了统一；

（2）对文章过于生硬、难理解的部分，以及首次发表时由于版面关系而不得不省略的部分等，进行了最小限度的改写；

（3）对现有需要进行细微修改和补充的部分，在注中以"补记"的形式插入；

（4）在希望补充的论点中，对稍大的、最好以独立小论文形式予以补充的论点，以"补论"的形式放在相关章节末尾。

通过以上处理，或许有的地方反倒变得繁杂难读，然而出于既要保持文章首次刊登时的原貌，又要兼顾现在一些想法的愿望，只好采用此简便方法，希望能得到读者的谅解。

写作论文，有的研究者，或许就像在荒地上，辛勤地营建能将自己的构想贯彻到每个角落的雄伟建筑物一般。但对我来说，则如"变形虫阿米巴"在不同水质的池中漂浮，遭遇各种不同的生物，在惊恐或感动中借着一股势头在不知不觉中分裂，这样一个对话性的增殖过程。如果不是各位尊敬的师长、同行的研究者及学生诸君对我的拙劣论文加以严厉而热情批评的话，生性懒惰的我或许心里根本就不会想到要写作论文。对以在整个大学时代和研究生时代对我进行指导的田中正俊先生为首的，曾经给予我指导和启发的诸位，从心底表示感谢。初次尝试完成书稿的感触，与其说是在建筑物上钉完最后一颗钉子的满足感，不如说是——这样打捞起十几个杂乱增殖的过去的自己，匆匆忙忙捆绑在一起就真的可以了吗——一种踌躇感。不过，这样整理成书可以请读者评判，心里还是感到一丝轻松。如果能得到严厉的批评，将是我的荣幸。另外，研文出版的山本实先生，从数年前的约稿到现在艰难的完稿，为我尽了极大的努力，对此表示深深的谢意。

岸本美绪

1996 年 5 月 1 日

目　录

第一篇

第二篇

第三篇

第四篇

第五篇

第一篇

第一章

清代物价史研究现状[*]

　　与拥有 19 世纪以来传统的西欧物价史研究和近年来快速发展
的日本（特别是江户时代）物价史研究相比，中国物价史的研究
不仅在数量上少，而且在中国经济史的研究中，也很难说已占据
了牢固的地位。当然不仅仅是物价史，像人口史等与计量方法相
关的研究，或许都如此吧。物价史研究的意义，与其说已经得到
中国经济史学界的共识，不如说是每一个有志于物价史的研究者
自身必须回答的问题。

　　当然，有关物价史研究的意义，并非三言两语就能说清的。
与多少直接反映出社会经济波动发展的记述史料不同，物价资料
本身所显示的只是一种涨落无常的量性变动而已。对物价资料如
何解读和运用，取决于各个研究者的关心程度和技能如何。正因
如此，物价史作为一个蕴藏着多样性方法的新研究领域，很有希

　　* 本章原刊于『近代中国研究』第 5 集、1987 年 4 月。

望成为人们倍感兴趣的研究对象。

本章试图就过去有关清代物价史方面的研究，从方法论的特征上加以整理，以供经济史研究者利用，同时对这些方法所具有的可能性和问题点，陈述一些自己的看法。言及物价史，或许人们会自然而然联想到这是一种统计性方法。笔者这里并不仅仅局限于这样的方法，而是想探讨通过物价这一题目究竟如何能发现新的问题。之所以将时间限定在清代，主要是由于自己的能力所限，同时在现阶段，作为物价史研究基础的连续、可靠的物价数据，也只有清代开始才有可能获得。

因为到目前为止，几乎所有的研究都是基于以银作为货币单位的价格来论述的，所以下面的论述在提到价格时，除特别注明的情况外，将使用以银而不是以铜钱作为货币单位的价格。包括银钱比价在内的货币史问题，与物价史本来就是不可分的，但在本章中没有论及，期待日后能补上这一课。

第一节　物价资料及其整理

首先，我们如何才能了解到作为物价史研究基础的物价的动态呢？下面先就主要的资料源及其整理情况做一概观。

一　来自官方的报告

清代物价资料的性质多种多样，其中最引人注目的是来自官方的谷物价格报告，即以州、县为单位通过定期调查，并附在呈递给皇帝的机密上奏文书（奏折）中所报告的谷物价格。有关这一谷物价格的报告制度，魏根深（Endymion P. Wilkinson）、王业键、陈金陵等有过专门论述。① 据此可知通过奏折来报告谷物价格，始于1700 年前后，在 18 世纪前半期成为全国通行的制度。其大致情况是，各州县衙门每十天对当地谷物价格及银钱比价进行调查，各府对此进行整理并送至布政使司，由布政使司按月制定包含有省内各府最高最低价格的报告。总督、巡抚等高级地方官每月将根据这一报告制成的所谓"粮价清单"表，与奏折一起呈递给皇帝。此外，各省每月还将全省各州县的报告汇总成"粮价细册"递交户部。

在整个清代，被提交的奏折数量非常庞大。其中只有一小部分，如《雍正朱批谕旨》（1738 年刊行）和《苏州织造李煦奏折》被整理出版，② 在战前就可供利用，其中的米价资料全汉昇、王业键和史景迁（Jonathan D. Spence）进行了整理。③ 不过，北京的中国第一历史档案馆及台北的"故宫博物院"所藏的大量奏折几乎都未刊行。现在刊行中的《宫中档康熙朝奏折》等系列（台北）和《康熙朝汉文朱批奏折汇编》等系列（北京）一旦完成，相信能摘录出数量相当庞大的谷物价格数据。1930 年代，以汤象龙为核心的北平社会调查所经济史研究组曾对道光至光绪年间 2.6 万余件粮价清单进行了整理，只是至今未见出版。近几年

① Endymion P. Wilkinson, "The Nature of Chinese Grain Price Quotations, 1600 – 1900," *Transactions of the International Conference of Orientalists in Japan* 14, 1969; 王业键：《清代的粮价陈报制度》，《故宫季刊》第 13 卷第 1 期，1978 年；陈金陵：《清朝的粮价奏报与其盛衰》，《中国社会经济史研究》1985 年第 3 期。

② 《雍正朱批谕旨》，1738；《苏州织造李煦奏折》，国立北平故宫博物院文献馆，1937。

③ 全汉昇、王业键：《清雍正年间（1723~1735）的米价》，《"中央研究院"历史语言研究所集刊》第 30 本，1959 年；Jonathan D. Spence, *Ts'ao Yin and the K'ang-hsi Emperor: Bondservant and Master.* Yale University Press, 1966。

来，黄国枢、王业键对台北"故宫博物院"所藏未刊行的 1178 件粮价清单进行了整理，[①] 按年次计算出了苏州、江宁、杭州、安庆、福州五府的米价。虽说缺失的年份不在少数，但还是可以得到这五府 1763~1910 年的米价数据。此外，陈春声对北京中国第一历史档案馆所藏粮价清单和雨水粮价折进行了整理，制成了乾隆年间广东省各府每月米价表。[②]

"粮价细册"显示的是各州县每月的谷物价格。就这一点来说，它是比"粮价清单"更为详细的资料，可是现在可供利用者很有限。日本图书馆收藏的"粮价细册"，有东京大学东洋文化研究所大木文库中的陕西、四川、河南"粮价细册"及国立国会图书馆藏《河南钱粮册》中的河南细册。这些都是清末的资料。魏根深是利用东洋文化研究所藏陕西省"粮价细册"做的研究。[③] 此外，柳诒徵的研究利用的是江苏国学图书馆藏的"粮价细册"。[④]

以上这些来自官方的报告，具有由国家组织调查的性质，是在统一度量衡基础上的定期报告，因此其价值非常高。对于其可靠性，可以说几乎所有的研究者都持肯定的评价。[⑤] 当然，正如王业键和陈春声所指出的那样，这些报告的可靠性也因地方官员的

---

① 黄国枢、王业键:《清代粮价的长期变动（1763~1910）》, *Academic Economic Papers*, Vol. 9, No. 1, 1981。

② 陈春声:《清代乾隆年间广东的米价和米粮贸易》，硕士学位论文，中山大学，1984。

③ Endymion P. Wilkinson, *Studies in Chinese Price History*. New York: Garland Pub., 1980.

④ 柳诒徵:《江苏各地千六百年间之米价》，《史学杂志》第 2 卷第 3、4 期，1930 年。

⑤ Wilkinson, *Studies in Chinese Price History*；王业键:《清代的粮价陈报制度》，《故宫季刊》第 13 卷第 1 期，1978 年。

热情等因素而存在很大的差异。① 对各资料做具体的分析探讨应该是必要的，就笔者偶然过目的东洋文化研究所藏四川"粮价细册"来说，就出现了几乎所有县每个月的价格完全没有变化这样令人难以置信的数据。

二　随笔、日记、地方志

与官方的报告一起，过去作为清代物价史研究史料经常被使用的，还有随笔、日记类中所记录的诸物价资料。具有代表性的，有17世纪后半期上海县人叶梦珠的《阅世编》、18世纪后半期浙江萧山县人汪辉祖的《病榻梦痕录》、19世纪前半期江苏常熟县人郑光祖的《一斑录杂述》等，这些都早已为人们所熟知。此外，近年来中国陆续出版了一些新的史料，如姚廷遴的《历年记》（17世纪后半期上海县），② 陈鸿、陈邦贤的《熙朝莆靖小纪》（17世纪末福建），③ 詹元相的《畏斋日记》（18世纪初安徽），④ 柯悟迟的《漏网喁鱼集》（19世纪中期常熟县）⑤ 等，因而更容易得到含有物价资料的随笔、日记类史料。这些史料历时数年乃至数十年，不仅为我们提供了可信度非常高的物价资料，而且该记述与作者的生活状况及地方经济状态紧密关联，因此非常有意

---

① 王业键：《清代的粮价陈报制度》，《故宫季刊》第13卷第1期，1978年；陈春声：《清代乾隆年间广东的米价和米粮贸易》，硕士学位论文，中山大学，1984。
② 收入上海人民出版社编《清代日记汇抄》，上海人民出版社，1982。
③ 收入中国社会科学院历史研究所清史研究室编《清史资料》第1辑，中华书局，1980。
④ 收入中国社会科学院历史研究所清史研究室编《清史资料》第4辑，中华书局，1983。
⑤ 中华书局，1959。

义。即使今后根据官方的报告和账簿类等史料整理出了长期性的时序系列价格表，随笔、日记依然是物价史研究领域中不可或缺的珍贵史料。就这一点而言，地方志"灾祥"等卷中所能见到的灾害或丰收年份的零星物价资料，常常一并记载了该物价变动给地域社会所带来的破坏性或促进性影响，因此具有一定的价值。

三 账簿

对纵跨数十年乃至百年以上的长期、高质量的物价资料进行整理，从而形成标准的时序系列价格表，这是推动清代物价史研究的基础工作。作为这一工作的素材，今后最为期待的是商店的账簿或宗族的会计簿之类。

美国的社会学者甘博（Sidney D. Gamble）在关于 19 世纪劳动工资的研究中，利用了北京一商店的账簿。他指出："（这些商店账簿中）多数有一百甚至一百五十年的比较完整的记录。"[1] 作为利用账簿所得到的数据，有严中平等人编的"北直隶宁津县乡镇零售物价和银钱比价指数（1800~1850）"。[2] 该数据是对藏于北京图书馆的宁津县一商店的账簿加以整理后，用指数表示的有关银钱比价、农产品零售价格、手工业产品零售价格及零售物价（包括农产品和手工业产品）四项内容各年的变化情况。李冕世、黄典权的论文收入了大量台湾现存的晚清时期的账簿照片。[3]

---

[1] Sidney D. Gamble, "Daily Wages of Unskilled Chinese Laborers, 1870-1902," *The Far Eastern Quarterly* 3 (1), 1943.

[2] 严中平等编《中国近代经济史统计资料选辑》，科学出版社，1955，第 38 页。

[3] 李冕世、黄典权：《清代台湾地方物价之研究》，（成大）《历史学报》1977 年第 4 期。

关于宗族的会计簿方面，田仲一成从浙江萧山县来氏家谱（1922 年刊行）中辑录出了 1684～1802 年每年的米价。[1] 这个米价是出售祭田租米的价格，大概可认为是收获时期的市场价格。其中关于 17 世纪后半期的部分，经与《阅世编》《历年记》等记载的数据进行比较来看，其周期性的变化大体一致，从而可以认定这是可信度非常高的资料。并且，其记录历时百年以上，无一年缺失，涵盖的年份又是米价资料不足的 18 世纪，从这一点来说可谓非常重要。期待今后更多同类的资料能被发现。

四　贸易关系统计及报纸等

在鸦片战争以前的贸易关系史料中，现在可见的多少能连续反映物价动向的资料，要数英国东印度公司从中国进口物品的价格数据。马士（H. B. Morse）关于 18 世纪后半期的生丝输出价格数据，[2] 全汉昇等人予以利用。[3] 作为显示 17 世纪后半期至 18 世纪前半期生丝输出价格的乔杜里（K. N. Chaudhuri）制作的表格等，[4] 应该可作为马士资料的补充。当然，此输出价格是在公行垄断的特殊背景下所订立的合同。根据马士的著作可知，由于决定价格受一时的情形及交易手腕等影响，存在一些偶然性因素也是不容否定的。但至少，在出口已趋于恒常的 18 世纪以后，这应该也能在

①　田仲一成「清代浙東宗族の組織形成における宗祠演劇の機能について」『東洋史研究』44（4）、1986 年 3 月。

②　H. B. Morse, *The Chronicles of the East India Company Trading to China, 1635-1834*, 5 Vols.. Oxford University Press, 1926-1929.

③　全汉昇：《美洲白银与十八世纪中国物价革命的关系》，《"中央研究院"历史语言研究所集刊》第 28 本，1957 年。

④　K. N. Chaudhuri, *The Trading World of Asia and the English East India Company, 1660-1760*. Cambridge University Press, 1978, p. 535.

某种程度上反映出当时中国国内的价格。

关于 1860 年代后的情况，海关的《十年报告》所附载的物价统计资料经常被利用。这是从中国产品及进口品中选取数十种物品，记下其每年的市场价格而成。据唐立（Christian Daniels）介绍，这些价格似乎是根据各商品每年的输出入总额除以输出入总量计算出来的。他还指出，从 1850 年代开始，有由上海、广东、厦门等的总商会（General Chamber of Commerce）制作的"Prices Current and Market Report"（物价趋势与市场报告）月刊乃至周刊报告，在剑桥大学图书馆的怡和洋行档案（Jardine Matheson Archive）等中可以看到这种报告。此外，有关 19 世纪后半期的情况，报纸上报道的价格行情也可以利用。关于上海《申报》中的米价资料，有上海市社会局的整理。① 在《申报》中，还有对其他物品如生丝、茶叶价格所进行的报道。又，上海的英文报纸《北华捷报》（the North-China Herald）上，也登载有各种商品的行情。上海市社会局刊行的《社会月刊》杂志在日本虽很难见到，但其统计数据被社会经济调查所编的《上海米市调查》所引用。② 此外，温德莫（William Shepard Wetmore）、日本货币研究委员会、唐启宇、巴克（J. L. Buck）等利用这些资料，计算出了清末（19 世纪后半期）的物价指数，这些成果被收入北平社会调查部编的《第一次中国劳动年鉴》。③

---

① 上海市社会局：《上海最近五十六年米价统计》，《社会月刊》第 1 卷第 2 期，1929 年。
② 社会经济调查所编『上海米市调查』生活社、1935 年。
③ 北平社会调查部编《第一次中国劳动年鉴》，1928，第 147~150 页。

五 时序系列价格表的制作

上文所概括介绍的价格资料，作为一种反映生计状态和风俗盛衰的指标，已被清人不时地收集并记录下来。即使到了民国时期，比如瞿宣颖作为"社会史"研究基础工作的一环而进行的物价资料收集等，也是继承这种将偶然看到的史料记录下来的传统札记风格。[①] 堪称开物价史专论之先河，即以物价资料的收集整理为基础，由此推导出明确结论者，当推柳诒徵。[②] 他依据各种精粗不同的资料源，为晋代至民国1600年的江苏省米价提供了大致的概览，在指出价格上涨是物价的长期性动向的同时，就物价的短期波动，则得出了波动幅度呈下降趋势的结论。

到1950年代，伴随因关心货币史而来的对清代物价长期性变化的关注（后述），人们开始尝试制作物价，特别是米价的时序系列。彭信威对明清的米价资料加以收集，制作了每十年平均值的米价表（单位是每百升米所值银的克数），即使在现在也经常被利用。[③] 彭信威的资料整理方法是，从实录、《东华录》、《清史稿》等史料中摘录出米价资料——清代267年约900件——不分地域、每年的平均数，进而得出每十年的平均数。对这一方法，王业键严厉地批判它无视地域性差异，将每年能够获得的各地域米价数据进行单纯平均的结果，因此缺乏可信度。[④] 不过王业键在

① 瞿宣颖纂辑《中国社会史料丛钞》甲集，商务印书馆，1937。
② 柳诒徵：《江苏各地千六百年间之米价》，《史学杂志》第2卷第3、4期，1930年。
③ 彭信威：《中国货币史》，群联出版社，1954。
④ Wang Yeh-chien, "The Secular Trend of Prices during the Ch'ing Period（1644-1911），"《香港中文大学中国文化研究所学报》第5卷第2期，1972年。

该论文中所绘制的物价表，17 世纪后半期用的是上海的米价，18
世纪用的是广东的生丝输出价格，19 世纪前半期用的是河北的农
作物价格，19 世纪后半期用的是海关报告及其他资料，很难说在
长期性动向上具有连续性。与彭信威的米价表相比，或许可称得
上是各有长短吧。

除上述彭信威和王业键外，还没有其他人尝试过制作整个清
代的价格表。不过，以江苏、浙江为例，如果要追寻其米价动向
的话，通过笔者①、田仲一成、臼井佐知子及海关报告的米价数据
等的结合，在某种程度上是可以正确了解 16~19 世纪的各年动向
的。② 这里作为尝试，以江苏、浙江等地现在已知的米价资料为
基础，将其波动的大致情况以图 1-1 来表示。除史料第 7 条和第
9 条外，其余可推测是收获期的价格。图 1-2 是把上述彭信威
《中国货币史》的米价资料换算成每"仓石"值银"库平两"数
而做成的图表。虽说大体上与图 1-1 呈一致的趋势，但因为是每
十年的平均数，自然不容易看出短期的波动，而且对几十年为一
周期的物价涨落的分期也有些粗略之嫌。如果对同时代人的感觉
予以结合考虑，对清代米价波动的长期趋势做一概括的话，可以
判断出在总体的上涨趋势中，存在着 17 世纪后半期、1825 ~
1850 年、19 世纪七八十年代三个低落期。物价史的课题就是要
解决对这样的价格趋势到底该如何接近，又该如何理解的问题。

---

① 本书作者婚前名中山美绪，婚后为岸本美绪。——编者注
② 中山美緒「清代前期江南的米価動向」『史学雑誌』87(9)、1978 年；田仲一
成「清代浙東宗族的組織形成における宗祠演劇の機能について」『東洋史研
究』44(4)、1986 年 3 月；臼井佐知子「清代賦税関係数值の一検討」『中国
近代史研究』第 1 集、1981 年。

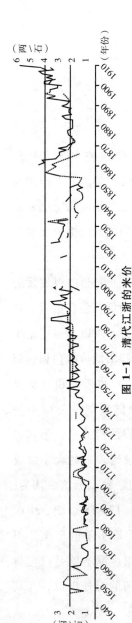

图 1-1　清代江浙的米价

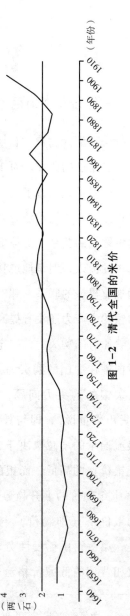

图 1-2　清代全国的米价

资料来源：（1）1645～1696 年，上海。《阅世编》。（2）1684～1802 年，参照《萧山来氏家谱》；田仲一成「清代浙東宗族の組織形成における宗祠演劇の機能について」『東洋史研究』44（4），1986 年 3 月。（3）1698～1707 年，江南，诸地方志。（4）1702～1722 年，苏州。《李煦奏折》。（5）1723～1734 年，《宫中档雍正朝奏折》。（6）1755 年前后至 1835 年，常熟。《郑县通志》所记载的银钱比价的银表示。（7）1764～1910 年，苏州。示米价按照铜钱表示，不过将表示铜钱换算为价格。参照黄国枢、王业键《清代粮价的长期变动（1763～1910）》，Academia Economic Papers, Vol. 9, No. 1, 1981。第 1 集，1981 年。故宫博物院"藏粮价清单。（8）1836～1867 年，常熟。《漏网喁鱼集》。（9）1862～1911 年，参照白井佐知子「清代赋税関係数值の一検討」『中国近代史研究』第 1 集，1981 年。《中华帝国海事関税十年报道》1892～1901，1902～1911。

资料来源：彭信威《中国货币史》。

第二节 长期性动向

一 价格变动的原因论

关于清代物价的长期性变化，首先值得关注的是在 1950 年代从货币史角度的研究。对 16 世纪到 18 世纪外国银大量流入中国的问题，同时代人已有了充分的认识。1950 年代货币史角度物价研究的着重点，在于揭示随着外国银的流入而增加的中国国内银流通量与物价之间的关系。彭信威指出，乾隆年间物价上升的基本原因是外国银的流入，但是他说："我并不是说，物价的上涨和白银数量的增加有机械的联系。那时世界白银的价值已经降低，但在中国，对白银的生产力还没有提高到世界其他地区的水平，所以白银还是维持着原有的购买力，一定要等到中国人能充分利用低价的白银，那时白银在中国的购买力才会同它的价值相符。"[1] 也就是说，这里有关银的购买力问题，基本上采纳的是"价值法则说"而不是"货币数量说"，即与其说是银的价格依赖于银的流通量，不如说银流通量的增减取决于银价值的高低，因为银流入量的大小取决于银价格的高低，而银的价格最终与银的价值一致。彭信威认为，18 世纪物价的上升趋势，正是基于这一过程。17 ~ 18 世纪，中国的银价格（即物价）与世界的水准日渐接近是不争的事实。但是，第一，由徭役性劳动生产出来的新大陆银，原本就是以与价值相背离的低廉价格流通的；第二，清代中国的对外出口，与其

---

① 彭信威：《中国货币史》，1954。

说是输出品价格低廉所致，不如说更具有在其他地方无法生产的特产输出的性质；第三，关于清代的经济，把价值法则的贯彻作为当然的前提来论述是否妥当存在疑问。如果考虑到上述这三个因素，彭信威之说显得有些过于忠实地依靠"价值法则说"。

在彭信威出版该书三年后，全汉昇以《美洲白银与十八世纪中国物价革命的关系》这一印象非常深刻的题目，把18世纪中国的物价上升看作由于美洲银的生产所引发的世界性物价革命的一环加以论述，其似乎没看到彭信威的研究而独自得出相似的观点。[①] 全汉昇注意到时人把18世纪物价上升看作人口增加的结果，在将时人的这一认识视为原因之一的同时，指出当时物价上升不是仅限于农作物，而是各种物价普遍上涨，因此应该重视货币性因素。并且，在论证了整个18世纪由于外国银的流入使货币流通量增大的同时，他还指出，流入的外国银不是以称量货币而是以计数货币，即以银币的形式在流通，从而使流通速度加快。因此他引用费雪方程式，将物价上升的原因主要归结为外国银的流入。

此后，清代物价长期性动向的研究主要以全汉昇、王业键两人为中心推进。在全汉昇、王业键、黄国枢等人的研究中，[②] 在对

---

① 全汉昇：《美洲白银与十八世纪中国物价革命的关系》，《"中央研究院"历史语言研究所集刊》第28本，1957年。

② 全汉昇、王业键：《清中叶以前江浙米价的变动趋势》，《"中央研究院"历史语言研究所集刊》外篇第4种，1960年；全汉昇：《乾隆十三年的米贵问题》，《庆祝李济先生七十岁论文集》，台北，1965；全汉昇：《清康熙年间（1662~1722）江南及附近地区的米价》，《香港中文大学中国文化研究所学报》第10卷（上），1979年；Yeh-chien Wang, "The Secular Trend of Prices during the Ch'ing Period (1644-1911)," 《香港中文大学中国文化研究所学报》第2期，1972年；黄国枢、王业键：《清代粮价的长期变动（1763~1910）》，*Academic Economic Papers*, Vol. 9, No. 1, 1981。

价格资料进行收集整理的同时，围绕价格变动的原因也展开了讨论。总而言之，全汉昇的分析法是以货币数量说，即主张货币流通量与物价之间的对应关系，同时再加上人口的增加而导致的利用耕地时的边际生产成本增加等实物性原因，来说明 18 世纪物价上涨的原因。陈春声对乾隆时期广东米价长期性动向原因的分析方法也大致相同。[①] 而主要论及 19 世纪米价变动的黄国枢、王业键论文，依据费雪方程式 $MV=PT$（M = 货币流通量，V = 货币流通速度，P = 价格水准，T = 交易量。即将某一时期的交易总额在左边以货币支付总额、右边以物资的总价格来表示），通过对 M、V、T 各要素进行研究，来对物价变动进行说明。他们得出的结论是，从 1780 年代到 1850 年代呈凸形长波，从 1870 年代到 20 世纪头十年呈凹形长波，每次价格的上升都是由于货币供给的增加超出粮食供给的增加，而第一次价格下降的出现（1830 年代至 1853 年）是鸦片贸易导致的货币供给的收缩，第二次价格下降的出现（1870 年代）是由于太平天国运动结束后生产的增加。[②]

　　日本的宫崎市定、佐伯富等也把银的动向看作清代物价变动的一大决定性因素。[③] 这一见解得到广泛的认同，现在几乎没有反对的意见。并且，过去以来的清代物价波动的原因论并不是单纯的货币数量说，即将交易量 T 和货币流通速度 V 假定为常数，来讨论货币流通量 M 和价格水准 P 之间的机械性对应关系，而是周

---

① 陈春声：《清代乾隆年间广东的米价和米粮贸易》，硕士学位论文，中山大学，1984。

② 黄国枢、王业键：《清代粮价的长期变动（1763～1910）》，*Academic Economic Papers*，Vol. 9，No. 1，1981。

③ 「中國近世銀問題略說」宫崎市定『アジア史研究』第 3、同朋舍、1963 年；「中國近世史發展と銀の問題」佐伯富『中國史研究』第 3、同朋舍、1977 年。

密地考虑到了 T 和 V 的变化，这一点在上面已做了论述。

然而，饶有趣味的是，M、T、V 各自与 P 存在关系的同时，M、V、P、T 各要素之间也存在相互的关系。价格的变化会不会反过来对交易量产生影响，交易量的变化对货币量和流通速度会产生怎样的影响？对于这些问题，全汉昇、王业键的研究也未进行明确的分析。全汉昇论述了银流入的停止导致康熙年间的"不景气"；[①] 而王业键则指出，18 世纪后半期货币量的增加和"慢性通货膨胀"促进了工商业的发展，以及 1825～1850 年货币流通量的减少导致了经济衰退。[②] 但二人的上述物价变动原因论，基本上采取的是将货币性因素与实物性因素两者分开，单独地论述各个因素与价格水准之间的关联这样的处理方法。但一个因素对其他因素会产生影响，从而总体上形成某种经济局面——将着重点放在这一角度的研究方法，这里姑且称之为"经济波动论"，下一节将予以探讨。

二 经济波动论

在清代，货币数量的动向依赖于海外银的流入或流出、国内的矿业生产及民间流通的信用货币的增减等。这样的货币动向究竟对经济的实物性方面产生了怎样的影响？尽管此问题不一定是物价史的专门课题，但近年已日渐引起人们的关注。作为方法上的主张，首先可以举出的是宫崎市定。宫崎市定认为，对古代中

---

① 全汉昇：《清康熙年间（1662～1722）江南及附近地区的米价》，《香港中文大学中国文化研究所学报》第 10 卷（上），1979 年。

② 王业键：《中国近代货币与银行的演进（1644～1937）》，"中央研究院"经济研究所，1981。

国的历史变动来说，伴随货币的流出流入而产生的经济景气波动是一个重要的因素。他指出，秦汉时期是上升期，汉以后至唐代的中期是停滞下降期，并且"宋以后，大概以一个王朝的长短为一个景气周期，从这里就能看出社会变化加速了。但是这个周期的长度此后变得更短，到最近甚至数年就形成一个周期"。① 根据他的观点，景气波动与政治好坏是一致的，即经济景气时期就容易取得政治上的成效，不景气时期社会就混乱。如此，景气波动不仅仅是经济上的问题，而是作为关系到中国社会治乱得失的重要原因被提了出来。就像宫崎市定也承认的那样，他的景气概念并非十分严密，要给予批判是很容易的。不过，明清经济中的确存在着"活跃"——"停滞"的起伏波动，这种具有可逆性的经济状况对人们经济行为的影响是不容忽视的。

16 世纪后半期到 18 世纪为止的 200 多年间的中国经济，从总体上看是以商品生产的显著发展为特色的，这一点应该是没有争议的。在中国的学术界，引起激烈争论的"资本主义萌芽"论争，主要涉及的是邓拓文章标题所示的"从万历到乾隆"这一时期。② 罗友枝（Evelyn S. Rawski）以 16 世纪的福建和 18 世纪的湖南为对象，将具有多样化和集约化特色的两地农业的发展，归结为在市场扩大这一有利条件下，农民积极地予以对应的结果，并将这一变化看作直至 20 世纪的一贯发展过程。③ 罗友枝关注的农业生产对市场条件对应的视角非常有意义，但不可否认的是，

---

① 宫崎市定『中国史』（上）、岩波書店、1977 年、78 頁。

② 邓拓：《从万历到乾隆》，《历史研究》1956 年第 10 期。

③ Evelyn S. Rawski, *Agricultural Change and the Peasant Economy of South China*. Harvard University Press，1972.

罗友枝恐怕是无意中选择了 16~18 世纪这一历史过程中市场扩大最为显著的时期和地域，即以连接这些顶点的形式来描绘中国整体的农业发展，并把 16~20 世纪的中国经济看作毫无曲折地稳定成长这么一个脱离实际的过程。实际上，在整个清代，中国就经历了几次经济下滑，那些时期严重的经济问题昭示了清代经济脆弱的一面。

艾维泗（William S. Atwell）的三篇文章对东亚地区银的流通情况与中国国内经济的关联进行了论述，其中两篇着重以 17 世纪三四十年代的明清交替时期为焦点。[①] 16 世纪后半期以后的中国经济，可以说通过其必需品银与东亚其他地方乃至世界经济建立了密切的联系，以这一认识为基础，从世界的角度对明清经济进行分析，可以说是艾维泗研究的特色。这里还可以看出一个方法上与"世界体系论"相通的相互关联式比较史学的视点。比如，其 1986 年的文章论述的是 17 世纪三四十年代，全球性气候变化引发饥馑，以及银供给的不稳定，导致了东亚"17 世纪危机"。德川初期的日本与明末的中国共同遭受了经济危机的袭击，日本渡过了危机，而在中国，这一危机成了导致明朝灭亡的原因之一。

艾维泗所考察的 17 世纪三四十年代中国经济的混乱，货币不足虽是原因之一，但更是自然灾害、战乱等极其复杂的因素纠结

---

① William S. Atwell, "Notes on Silver, Foreign Trade, and the Late Ming Economy," *Ch'ingshih went'i* 3 (7), 1977; William S. Atwell, "International Bullion Flows and the Chinese Economy circa 1530-1650," *Past and Present* 95, 1982; William S. Atwell, "Some Observations on the 'Seventeenth-century Crisis' in China and Japan," *Journal of Asian Studies* 45 (2), 1986.

在一起的结果。在清朝统治逐渐稳定的 1650 年代至 1680 年代物价下降局面中，可以说货币不足问题是以更为纯粹的形式出现的。陈支平和笔者共同关注了这一时期谷物价格的低落及其所引起的经济问题。① 陈支平将"熟荒"的原因归结为"当时商业渠道被切断、商业萧条、货币来源断绝，以及官府对赋税的苛征"，即求之于与明清交替时期的动乱直接关联的社会混乱。这里可以看到存在明末以来自然的商业发展被清初的政治暴力所扰乱的看法。与此相比，笔者虽然在对事实的认识上与陈支平有许多共同之处，但在着重强调依赖大量银流入发展而来的明末以来地域间分工本身，因情况的不同而具有非常脆弱的性质，即希望从明清时代中国市场的性质本身去寻找谷贱问题的基本原因这一点上，应该说笔者与陈支平的观点之间存在微妙的分歧。

　　1825~1850 年银外流产生的经济问题成为鸦片战争的直接前提，因此，这一时期成为清代经济波动中最被关注的时期。从总体上论述这一时期银外流对国内经济影响的专论却意外的少。其中，彭泽益对鸦片战争后银外流、银价高涨对社会各阶层所产生的影响进行了多方面论述。② 他认为，鸦片战争后银贵钱贱问题是"外国资本主义势力入侵后直接造成的一大经济恶果"，并对此结果给予中国社会各阶级即清王朝统治阶级、地主阶级、商人高利贷者、小商人与手工业者、农民的影响进行了分析。他认为，总

---

① 陈支平：《试论康熙初年东南诸省的"熟荒"》，《中国社会经济史研究》1982 年第 2 期；岸本美緒「康熙年間の穀賎について─清初経済思想の一側面」『東洋文化研究所紀要』第 89 册、1982 年。

② 彭泽益：《鸦片战后十年间银贵钱贱波动下的中国经济与阶级关系》，《历史研究》1961 年第 6 期。

的来说，经济上的统治阶级是通过加强剥夺来将打击转嫁到直接
生产者身上，因此在阻碍资本主义萌芽正常成长的同时，也激化
了社会矛盾。彭泽益从阶级分析的观点来考察货币问题，其方法
上的特征包括以下两点。第一，对社会各阶层的经济关系，不是
以通过消费的经济上的相互关联，而是以剥夺关系为基轴加以把
握。这样，主要的问题就不是社会各阶层所共同遭遇的银贵的连
锁性影响这一经济过程，而是围绕利润减少而进行的经济外剥夺，
以及被剥夺者对此的反抗。第二，在彭泽益看来，鸦片战争后的
银贵是与西方的冲击相关的一次性事件，银贵、银贱的货币性因
素分别对经济产生的影响则未论及。那么，就留下了怎么解释银
贱＝物价上涨的局面这一问题。比如，邹大凡等则恰好把1895年
以后急剧的物价上涨与帝国主义加强了对中国的侵略、阶级矛盾
的激化结合起来对待。①

关于19世纪后半期物价低落的局面，笔者提出可将它视为一
种经济不景气的问题。② 这一观点到底得当与否，还有待于认真
探讨。中村隆英在论述日本松方通货紧缩（1880年代松方正义
负责国家财政时发生的通货紧缩）与欧美各国不景气的关联时，
着眼于19世纪后半期欧美、日本、中国的物价波动显示出相互
一致的步调，指出"日本经济（中国经济恐怕也一样）从1870
年代后半期开始就与世界的景气波动同调，这比通常认为的要早

---

① 邹大凡等：《近百年来旧中国粮食价格的变动趋势》，《学术月刊》1965年第
9期。

② 岸本美緒「『租穀』市場論の経済思想史的位置」『中国近代史研究』第2
集、1982年。

得多"。[①] 因为中国的物价资料主要以对外开放的港口为中心，所以中村的主张或许有问题之处不少，但这一观点应该说是耐人寻味的。不过，对中国物价与欧美物价的关联进行研究的唐启宇指出，中国工业品的价格与欧美是联动的，而农产品价格并不联动。[②] 科大卫（David Faure）则把1870年代到1930年代江南及广东农村经济放在与米价及生丝价格的相互关联下进行分析，指出，截至1929年的价格上升时期，中国农村经济受到了对外贸易和市场经济发展的有利影响。[③] 科大卫的论述，主要是对把建立在1930年代萧条期农村调查基础上的农村贫困化形象回溯到19世纪后半期的一般性论调进行批判，可以说这是值得倾听的主张。然而，问题不仅仅是中国农村经济在各自局面下与世界经济的密切相关中是否得到了利益，而是在景气与萧条循环波动的影响下所形成的中国经济的结构特性，即对世界经济的依附性如何的问题，这应该是值得探讨的吧。

三 相对价格

不言而喻，相对价格的变化在物价史中是一个重要问题。与全体价格水准的变化相比，各商品间的价格结构是一个更为重要的问题，这也是当然的看法。然而，在清代物价史中，相对价格的问题几乎未被触及，最大的障碍就是史料问题。关于米价以外

---

① 中村隆英「明治日本の経済発展と通貨制度—巨視的分析」『季刊現代経済』（47）、1982年。

② Chi-yu Tang, *An Economic Study of Chinese Agriculture*, reprint. New York: Garland Pub., 1980.

③ David Faure, "The Plight of the Farmers: A Study of the Rural Economy of Jiangnan and the Pearl River Delta, 1870-1937," *Modern China* 11 (1), 1985.

的诸物价，就现状而言，可以说只有一些非常零星的资料。有关清代前期各种物价资料的大致情况，笔者已对棉花、生丝、棉布、土地及工资进行了论述。[①] 本章只想对过去研究中多少与相对价格有关的论点进行简单的介绍。

关于棉花价格，笔者及臼井佐知子进行了资料整理。[②] 西嶋定生通过对《阅世编》的米价及棉花价格的分析，论证了当时上海农民在比较棉作经营与稻作经营收益的基础上，选择比较有利的棉作经营的情况。[③] 川胜守继西嶋定生提出的问题，对棉作与稻作的比较选择问题进行了详细论述。[④]

对生丝价格资料进行整理的，有全汉昇、史景迁、田中正俊、笔者、秦惟人等。[⑤] 全汉昇及王业键把马士所述的广东生丝输出价格变化作为 18 世纪一般物价变化的代表，[⑥] 对此笔者推测，[⑦] 米

---

① 中山美緒「清代前期江南の物価動向」『東洋史研究』37（4）、1979 年 3 月。

② 中山美緒「清代前期江南の物価動向」『東洋史研究』37（4）、1979 年 3 月；臼井佐知子「清代賦税関係数値の一検討」『中国近代史研究』第 1 集、1981 年。

③ 西嶋定生「16・17 世紀を中心とする中国農村工業の考察」『歴史学研究』（137）、1949 年 1 月。

④ 川勝守「明末清初、長江デルタにおける棉作と水利（一）」『九州大学東洋史論集』（6）、1977 年 10 月；川勝守「明末清初、長江デルタにおける棉作と水利（二）」『九州大学東洋史論集』（8）、1980 年 3 月。

⑤ 全汉昇：《美洲白银与十八世纪中国物价革命的关系》，《"中央研究院"历史语言研究所集刊》第 28 本，1957 年；Spence, *Ts'ao Yin and the K'ang-hsi Emperor*；田中正俊「中国社会の解体とアヘン戦争」『岩波講座世界歴史』第 21、岩波書店、1971 年；中山美緒「清代前期江南の物価動向」『東洋史研究』37（4）、1979 年 3 月；秦惟人「清末湖州の蚕糸業と生糸の輸出」『中嶋敏先生古稀記念論集』（下）、1981 年。

⑥ 全汉昇：《中国经济史论丛》；Yeh-chien Wang, "The Secular Trend of Prices during the Ch'ing Period（1644-1911），"《香港中文大学中国文化研究所学报》第 2 期，1972 年。

⑦ 中山美緒「清代前期江南の物価動向」『東洋史研究』37（4）、1979 年 3 月。

价急剧上升时期与生丝价格急剧上升时期，两者之间存在着若干时间差。

关于土地价格资料的整理，赵冈、陈钟毅、笔者等做了相关努力。[1] 与笔者收集到的零散的土地价格资料相比，赵冈在他的两篇论文中，从徽州文书所包含的近 40 本置产簿中摘录出 1500 余种水田价格，每十年平均并加以指数化。时间为 1481~1910 年，地点为安徽的徽州府，浙江的衢州府、严州府、杭州府及江西的广信府。这些资料虽说地跨三省，但地域上还算比较接近。赵冈所提供的水田价格中，有以亩为单位表示的价格和以田租 30 斤为单位表示的价格，其趋势基本上一致。如果把赵冈的平均每亩价格数据和彭信威的米价数据合在一起，[2] 将 1701~1710 年的指数定为 100，则如图 1-3 所示。从总体来看，清代的水田价格与米价变化是一致的。但是，以 1750 年代为分界线，可以看出田价水准与米价水准关系发生了变化。假如租额等条件相同，便可以看出土地收益率在下降（即购买年数长期化），当然对此还有必要做更详细的研究。而 1860 年代的背离，不用说是受太平天国运动的影响。赵冈的田价资料非常珍贵，但所有这些都是绝卖价格吗？还有，这些田是田面和田底分开的吗？这些重要之处还不明确。赵冈的研究提到了从佃户起家，先积聚田面，然后再购买具有完全所有权（full ownership）的田底的家庭实例，那么这样的例子

---

① 赵冈、陈钟毅：《明清的地价》，《大陆杂志》第 60 卷第 5 期，1980 年；Chao Kang, "New Data on Land Ownership Patterns in Ming-Ch'ing China——A Research Note," *Journal of Asian Studies* 40（4），1981；中山美緒「清代前期江南の物価動向」『東洋史研究』37（4）、1979 年 3 月。

② 彭信威：《中国货币史》，1954。

在数据上是如何被处理的呢?① 另外值得一提的是,赵冈 1981 年的文章除田价外,还有通过鱼鳞图册制作的按拥有土地规模分类整理的农家数表等有意义的量性数据。

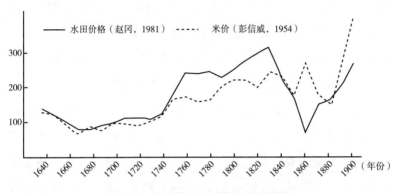

图 1-3　清代的水田价格与米价指数

资料来源: Chao Kang, "New Data on Land Ownership Patterns in Ming-Ch'ing China—A Research Note," *Journal of Asian Studies* 40 (4), 1981; 彭信威《中国货币史》, 1954。

关于工资,甘博的研究即使在今天也是最为重要的研究成果。② 他从北京近郊一燃料店的账簿中,收集、整理出了一份按日雇用的不熟练劳动者的工资(饮食由雇主支给)数据,时间为 1807~1902 年。首先值得注意的是季节变化的差异之大,农忙期间工资是农闲期间的三倍左右,这一差异到 1860 年代后缩小了。他还指出一有趣现象,即北京城内的手工业工资是根据各同业公会

① Chao Kang, "New Data on Land Ownership Patterns in Ming-Ch'ing China—A Research Note," *Journal of Asian Studies* 40 (4), 1981.

② Sidney D. Gamble, "Daily Wages of Unskilled Chinese Laborers, 1870-1902," *The Far Eastern Quarterly* 3 (1), 1943.

的规定而固定下来的，平均几年修订一次，由于城里的年平均工资总是比乡村高，"乡村工资一旦靠近城里工资时，城里工资就会被修订得更高"，结果从长期变化来看，城乡工资总是相同步调的。他对实际工资进行了计算，可以看到饥馑之际的低落等短期较大的波动，而要窥见长期性的变化则较为困难。此外，全汉昇从地方志所记载的价格资料中，对1875~1925年四川省合江县的工资与物价的变化趋势进行了论述，认为它们基本上是一致的。①

近年来，中国盛行利用刑科题本中的大量农业雇佣劳动关系资料来进行研究。作为其中一环，吴量恺挑选出从18世纪中期到19世纪初的数十件工资资料；魏金玉同样从刑科题本中挑选出了百余件的工资资料，且制作成表。② 这些研究的基本问题意识，都是为了验证农业部门中的资本主义萌芽问题。比如，吴量恺从分析工资资料出发，指出随着当时地域市场的发展，工资逐渐与"劳动力价值"接近。而魏金玉就非职业性短工论述道，尽管工资无法与劳动力再生产费用直接联系起来，但通年从事劳动的短工，其"资本主义性质是突出的"。然而笔者认为，不仅临时的短工，就是长年从事劳动的农业劳动者，比如兄弟中数人为了糊口而外出为佣工，可以说是具有补贴家用的性质，与"劳动力价值"是没有直接关联的。甘博所指出的季节（工资）波动大，可以认为也是这一现象的反映。

---

① 全汉昇：《近代四川合江县物价与工资变动的趋势》，《"中央研究院"历史语言研究所集刊》第34本（上），1962年。

② 吴量恺：《清前期农业雇工的工价》，《中国社会经济史研究》1983年第2期；魏金玉：《明清时代农业中等级性雇佣劳动向非等级性雇佣劳动的过渡》，李文治等：《明清时代的农业资本主义萌芽问题》，中国社会科学出版社，1983。

工资的变化是与资本主义生产关系的发展或先进技术的普及这样经济史上的大问题直接相关的。论及富农经营变化的北田英人、足立启二对明末清初和清末的工资上升进行了研究。[①] 不过，对整个清代实际工资的长期性变化问题，可以说直到现在还几乎不甚明了。魏金玉曾经论述道，整个明清时期，随着雇工法律地位的提高，其工资水平也有所提高，一个雇工或两个雇工的收入可以养活全家。[②] 与之相反，伊懋可（Mark Elvin）所提出的著名的"高度均衡陷阱"（high-level equilibrium trap）的根据之一，就是 14 世纪以来随着人口的增长，劳动报酬下降，进而为降低生产费用中劳动成本的比例而进行劳动节约型技术革新的动力消失这一点。[③] 不过，这些都还只是停留在假设性推论上，并不是以工资资料为实证基础而得出的结论。笔者和全汉昇通过对苏州的踹布工价与米价进行比较，指出清代的实际工资是下降的。[④] 但是正如夫马进在对笔者的批评中所指出的，更为慎重的探究是必要的。[⑤] 此外，有关碑刻中所记载的踹布工价的性质，横山英、寺田

[①] 北田英人：《张履祥家之经营与雇佣劳动的抬头》，《北大史学》第 16 号，1976 年；足立启二「明末清初の一農業経営一「沈氏農書」の再評価」『史林』61（1）、1978 年 1 月；足立啓二「大豆粕流通と清代の商業的農業」『東洋史研究』37（3）、1978 年 12 月。

[②] 魏金玉：《明清时代农业中等级性雇佣劳动向非等级性雇佣劳动的过渡》，李文治等：《明清时代的农业资本主义萌芽问题》。

[③] Mark Elvin, "The High Level Equilibrium Trap: The Causes of the Decline of Invention in the Traditional Chinese Textile Industries," in W. E. Willmott, ed., *Economic Organization in Chinese Society*. Stanford University Press, 1972.

[④] 中山美緒「清代前期江南の物価動向」『東洋史研究』37（4）、1979 年 3 月；全汉昇：《清代苏州的踹布业》，《新亚学报》第 13 卷，1980 年。

[⑤] 夫馬進「中国一明・清」『史学雑誌』89（5）、1980 年 5 月、219 頁。

隆信等人的成果值得参考。[①]

　　以上是关于物价长期动向分析方法的梗概。在此所能见到的货币数量说接近法（全汉昇等）、货币因素主导的景气分析接近法（笔者等）及劳动价值说接近法（彭信威等）等诸方法的背景中，分别依稀可见古典学派即新古典派经济学、凯恩斯经济学及马克思主义经济学等思考框架的存在。在对前近代经济的分析中，要将这样的资本主义经济的分析框架直接套用进来当然是不可能的，但既然研究的对象是商品经济，在观点上的某些方面就不可避免会受到近代诸经济学的影响。要对这些问题进行全面论述，超出了笔者现有的能力，但是将这些接近法背后的经济观明确化，将其对清代商品经济研究的有效性作为问题予以探究，应该是今后一个非常有意义的研究课题。

第三节　地域差与短期波动

　　在清代物价史研究中，与上述价格的长期趋势相并列的另一个主流，是在长期趋势的研究中往往被看作一种误差而予以忽略的方面，比如价格的地域差、季节波动及短期变化等的研究。后者所关注的，不是价格本身，而是价格形成的方法，即市场功能的发展程度及流通机构的性质等。

　　在日本，对明清时期市场形态及流通机构的关注，主要表现

---

① 横山英「清代における踹布業の経営形態」『東洋史研究』19（3、4）、1961年1-3月；横山英「清代における包頭制の展開―踹布業の推転過程について」『史学雑誌』71（1、2）、1962年1-2月；寺田隆信「蘇州踹布の経営形態」『東北大学文学部研究年報』（18）、1968年。

在对农村定期集市及传统商人的研究。这些研究可以说主要是根据记叙性史料，同时以价格资料作为旁证，来对市场及商人的性质进行论述。有关清代米谷流通，安部健夫论证了清代中期华中、华南地区存在大量粮食流通，同时指出粮食输出地带的米市场因官方收购等容易引起价格暴涨的"根底浅"；重田德通过对清代中期湖南米市场的分析，指出由地主所支配的米谷市场，"米价具明显投机性"。① 另外，在寺田隆信关于明代山西商人的研究中，得出了他们因北方边境地区的米价与内地的价格差而获利颇丰的论断。② 概而言之，上述这些从记述资料和零散的米价资料所得出的结论，都具有强调价格的不稳定性及传统商人由此而牟利的"贱买贵卖"倾向。

与此相对，从米价资料本身的定量分析入手，试图推论相关市场的性质和功能的研究，有全汉昇、克劳斯（R. A. Kraus）、魏根深、陈春声和王业键等人的研究。③ 全汉昇和克劳斯从苏州织造李煦奏折中摘出 1713~1719 年苏州每月的米价，以及由报纸刊载的价格行情所知的 1913~1919 年上海每月的米价，对正好相隔 200 年的这两种资料所记载的米价季节性变动的大小进行了比较。

---

① 安部健夫「米穀需給の研究」『東洋史研究』15（4）、1957 年 4 月；重田德「清初における湖南米市場の一考察」『東洋文化研究所紀要』（10）、1956 年。

② 寺田隆信「明代における北辺の米価問題について」『東洋史研究』26（2）、1967 年 9 月。

③ Han-sheng Chuan and Richard A. Kraus, *Mid-Ch'ing Rice Markets and Trade: An Essay in Price History*. Harvard University Press, 1975；Wilkinson, *Studies in Chinese Price History*；陈春声：《清代乾隆年间广东的米价和米粮贸易》，硕士学位论文，中山大学，1984；Yeh-chien Wang, "Spatial and Temporal Patterns of Grain Prices in China, 1740-1910," An unpublished paper presented for the Conference on Spatial and Temporal Trends and Cycles in Chinese Economic History, 980-1980, Bellagio, Italy, August 1984。

在方法上，是从各自的数据出发，用移动平均法计算出每年每月的季节指数，就各月采用 7 年的中间值，由此求得 1710 年代和 1910 年代各自的季节变动形态。其比较的结果是，与"（比起近代上海的市场）以贫乏的市场功能、贫乏的运输功能及尚未发展的商业化经济为基础的旧时代市场，应呈现出远为剧烈的季节变动"这一以往的预想相反，1710 年代苏州米价的季节变动与 1910 年代的上海相比，变化幅度并不大。全汉昇和克劳斯从这一结论出发，推导出三个结论：（1）清代中期市场内部机制——卖主、商人商业活动的熟练程度已经相当高；（2）通过快速而大范围的运输，大量的米谷流通非常顺畅；（3）国家的常平仓等价格调整政策有效地发挥了作用。特别是关于第二个结论，他们通过探讨18 世纪前半期米价的地域性价格差，论证了整个长江流域、东南沿海已经形成大范围的统一市场。

全汉昇和克劳斯的研究在对传统观点的批判上是重要的成果，但是他们以价格的稳定来作为市场功能完善和交易圈扩大的指标这一立论的前提，还存在着可质疑之处，即商人商业活动的发达及交易圈的扩大对价格稳定来说应该是一把"双刃剑"。与远距离地区的经济联系，反过来也会引起投机性的价格波动。与远距离地区的交易能否起到稳定价格的作用，与其说与交易范围的大小有关，不如说与在交易圈中所处的位置，即"是处于中心还是边缘"有关。由此观之，18 世纪苏州的季节波动比与世界市场直接连接的 20 世纪上海稳定，也就不那么出乎预料了。

陈春声对广东米价的研究方法大致与全汉昇和克劳斯相同，

得出的结论也几乎相同。① 全汉昇、克劳斯的考察对象是江南长江渠道这一当时最大的米谷流通渠道。与此相对，陈春声的对象是以广州为中心的连接广东、广西及江西、湖南、福建等省的华南"区域性市场"。并且有意思的是，比较 1751~1770 年广州府米价与 1931~1936 年广州市米价的季节波动，显示出前者的季节变化幅度略小于后者。陈春声将其主要原因设想为以广州为中心的连接省内外的粮食交易网在 18 世纪所取得的发展。

魏根深以清末十年陕西省的"粮价细册"（前述）为资料，其论述分为关于银钱比价的前半部分和关于谷物价格的后半部分。② 因为"粮价细册"并非每月都连续地得以保存，缺失的部分很多，不用说长期性动向，就是要据此调查价格的季节波动和短期波动都是困难的，所以探讨的着重点被放在省内各州县的地域性价格差上。关于银钱比价问题，他指出各州县之间比价是不一致的，这一情况与其说是统一的行市尚未形成，不如说它是货币制度崩溃期的清末所特有的事态。后半部分以稻米、小麦、小米、豌豆的价格为基础进行分析，对统一市场的存否进行了论证。其市场整合程度的基准是：（1）产地的价格低，越远离产地，价格越高；（2）消费中心地价格高，越远离消费中心地，价格越低；（3）州县间的价格差低于运费。而得出的结论是：在 20 世纪初的陕西，除作为谷物生产地带同时是主要消费地带的西安附近外，各州县的谷物市场几乎处于分散状态。至于远距离交易，就作为高级粮食的稻米而言，仅能在连接西安与其西部诸都市的路

---

① 陈春声：《清代乾隆年间广东的米价和米粮贸易》，硕士学位论文，中山大学，1984。

② Wilkinson, *Studies in Chinese Price History*.

线上见到其痕迹。与分析方法的高度精密性相比，史料的质量恐怕不太高，有些牛刀杀鸡之嫌，不过的确可称之为一部精心之作。

关于长江流域的产米地带，如果能得到同样的史料，或许可以探明一直被指出的长江流域米价的联动性，究竟是沿着河流的集散地之间的"点与线"的联动性，还是表现为包括周边诸城市及周边农村的"面"的统一市场这一问题。就像王业键看到的那样，从全国主要都市谷物价格的联动性来论证"全国性市场"存在的方法，在物价史研究中经常被采用。[①] 但是其联动性，是连接主要都市的点与线的联动性，还是表现为区域性统一行市的形成？对于此问题，显然有必要做进一步的探讨。

对市场结构的分析来说，价格资料的定量研究可以说在对传统观点的批评上最能发挥有效的作用。但是，不能结合记述史料做具体理解的纯数据处理，应该说是其弱点所在。从这一意义上说，对全汉昇和克劳斯所遗留的问题，即市场功能、国家价格调整政策，以及远距离交易对米价波动有何影响进行具体的考察是必要的。[②] 王世庆和周省人是通过与台湾米谷生产的变化、台湾米的运输及战乱饥馑等诸要素的关联，对清代台湾米价短期波动进行了研究。[③] 松田吉郎以广东广州府为对象，对赋税减免及常平仓、社仓、义仓等来自国家的赈恤政策、米谷供需调整政策与米

---

① Yeh-chien Wang, "Spatial and Temporal Patterns of Grain Prices in China, 1740-1910," An unpublished paper presented for the Conference on Spatial and Temporal Trends and Cycles in Chinese Economic History, 980-1980, Bellagio, Italy, August 1984.

② Chuan and Kraus, *Mid-Ch'ing Rice Markets and Trade*.

③ 王世庆：《清代台湾的米价》，《台湾文献》第 9 卷第 4 期，1958 年；周省人：《清代台湾米价志》，《台湾银行季刊》第 15 卷第 4 期，1964 年。

价变化之间的关系进行了论述。① 则松彰文以 18 世纪前半期的苏州为中心，就米谷流通给米价所带来的影响进行了探讨。② 此外，如果要对全汉昇、克劳斯最初的问题点——有关市场功能的问题——附带说几句话，我想指出的是，截至目前还几乎没有关于清代米谷交易实态及商业惯例等的研究。这或许有史料欠缺的缘故，可以说今后此领域的研究值得期待。

第四节　物价研究与结构分析

以上就清代物价史研究的现状进行了简单的介绍。最后，或许该对清代物价史研究的"今后课题"做些阐述。但是，对物价史研究来说，需要做的事情还很多，若对"今后课题"特加指定，未免有点专横。在这里，我想对作为日本战后明清社会经济史学主流的以生产关系为中心的结构分析方法与物价史研究进行交流的可能这一点，阐述一些概括性的个人见解，以代替对今后的展望。

毫无疑问，明清时代社会经济中各种各样的变化——土地集中、商品生产及农村手工业的展开等，与发展阶段论、经济结构论直接相关，成了战后日本明清社会经济史研究的主要课题。然而，对当时各个土地所有者和生产者来说，是怎样的具体条件使得那样的变化成为可能，是有利可图，还是不可避免呢？关于这

---

① 松田吉郎「広東広州府の米価動向と米穀需給調整—明末より清中期を中心に—」『中国史研究』（9）、1984 年 12 月。

② 則松彰文「雍正期における米穀流通と米価変動—蘇州と福建の連関を中心として」『九州大学東洋史論集』（14）、1985 年 12 月。

一点，不可否认我们还只是零散地提及，而未予以正面解答。无论是土地集中，还是商品生产、农村手工业的展开，这些都不是呈一贯的直线形发展的，有时会出现倒退或者迟缓。被总称为经济发展的各种各样的经济行为，有时被人们采取，有时则又不被采取，这种情况到底是怎么一回事呢？

在第二节第二目有关经济波动的研究史概观中，从宏观上看，其中似乎有两种差异较大的说明方法。其一，以中国经济发展的内发性、自生性为前提，即把经济发展看作像植物生长一样，在本质上是一贯的不可逆的过程，而将阻碍其发展的局面以政治上的混乱、外部压力及帝国主义侵略等外在的干扰来加以说明的方法。彭泽益、陈支平和邹大凡等人的研究，应该说有这样的倾向。其二，即重视明清中国经济从一开始就是对应外部条件发展而来的侧面，将经济的发展与停滞双方，看作对变动不居的外部条件所采取的某种合理对应的见解。艾维泗及笔者的研究即属于这一范畴。当物价成为问题时，前者将异常的上涨或下跌看作经济混乱的结果；与之相对，后者则将其上涨或下跌的趋势看作局面转换的指标。

前者直接关心的是结构发展，后者直接注意的是经济波动。从这一意义上将前者称作结构分析的观点，将后者视为波动分析的观点，未尝不可。当然，后者的方法也不是对"结构"不感兴趣。当我们希望整合地理解当时人们应对各种波动局面的经济行为时，可以说，无论时人明示与否，他们面对各种局面而进行不同的选择，其根底都有某种一贯的选择准则存在。其准则一定离不开贯穿当时经济诸局面而持续存在的中国经济独特的结构。此"结构"到底具有怎样的性质呢？关乎此，艾维泗的诸文章及笔者的论文都只是零星地谈及，可以说迄今为止还只是处于初始考察阶段。这里将以从宏观所看到的市场问题及从微观所看到的价格形成问题为对象，来稍做探讨。

一　市场的性质

艾维泗曾指出银流入对 17 世纪中国经济的重要性。其论述道："在 17 世纪初期的东亚，这一（货币金属）流通并非总是顺畅的，中国的商人和生产者所体验到的，是其后在 18 世纪困扰了印度人，甚至在当今的发展中国家也并不少见的状况。在交易高峰期所得到的丰厚利润的诱惑下，他们太过于依靠扩大的货币经济，尤其是为了增加货币金属的存储量，而依赖于极不稳定的出口市场。当出口市场由于各种各样的原因而缩小时，输入中国的银就减少了，作为其后果的流动性和信用危机，对大多数人来说是悲惨的。"[①] 艾维泗的论述，可以说不仅仅对其直接分析对象 17 世纪，对 19 世纪银外流期的中国状况也是非常适用的。

不过，艾维泗关于明末开始中国经济中货币问题重要性的观点，又引出了"为什么货币问题如此重要"的问题。货币问题的重要性，通过整个清代曾经出现的几次银流入减少或流出时期的"无意中的实验"，可以说在经验上基本上得到了认同，但其理论上的意义绝非不言自明。艾维泗论述的意义，在与有关明清经济发展与海外贸易相关联的如下说明方法加以比较时，就会显得更加明显。

[①] William S. Atwell, "Notes on Silver, Foreign Trade, and the Late Ming Economy," *Ch'ingshih wen'i* 3 (7), 1977, p. 8. 本书引文中括号内文字，如无特别注明，皆为笔者所加。

　　田中正俊在分析 18 世纪中国生丝出口时论述道："这一（西欧诸国及日本对中国生丝的）贸易需求所发挥的作用，不是先进工业地通过其掠夺性的原料获取，强行促使未开化地区进行原料生产。这些商品也不是国家或地主掠夺物的商品化，而是由于 16、17 世纪长江三角洲地区农村制丝、织丝业中单纯商品生产（没有达到资本主义阶段的商品生产）的先进性，作为其余力的中、下等生丝溢出到了海外的结果。并且，以生产力发展的这一成果为媒介，江苏、浙江养蚕、制丝农民的生计已经与外国贸易保持密切联系的事实，经常被（皇帝或官僚）指出，这一点也是不容忽视的……当然，通过东印度公司贸易的生丝出口，并没主导当时英国与中国的通商关系。作为中国土特产品的生丝出口，在与日本生丝相互竞争的同时，因被赋予在世界市场国际分工基础上的农产品或手工业品出口这一特殊性质而急剧增加，从而导致中国国内经济体制受到新的世界性的制约，则是上海被开放为通商口岸、湖丝开始自由贸易的 1840 年代以后的事。"[1]　在这里，田中正俊论述了以 1840 年代为界线的中国经济中生丝出口意义所发生的变化，并指出鸦片战争前的生丝贸易，就是作为长江三角洲发达的农村制丝、织丝业之"余力"的中下等生丝"溢出"到海外的产物。尽管表述简略，但是另有深意。"余力""溢出"这一说法，容易使人想起大塚久雄关于内部成长型国民经济的表述。比如，大塚久雄通过与依靠转口贸易的荷兰型进行对比，将丹尼尔·笛福（Daniel Defoe）所说的英国型经济的特点归纳为："在

---

[1]　田中正俊「中国社会の解体とアヘン戦争」『岩波講座世界歴史』21、119-120 頁。

（国内市场成立，封建土地所有制被废弃）这一历史性、社会性
前提下成长起来的'独立工业'，通过内部的日渐充实，结果以
外国贸易的形式自然外流。"① 田中正俊并不认为在清代的中国存
在这样的"历史性、社会性前提"。然而，关于尽管受到地主、
传统商人等封建势力直接的或通过市场支配等的剥夺，还能成长
起来的农民商品生产本身，田中认为它既不是原料掠夺型，也不
是出口依赖型，而是具有以均衡的国内分工为前提的内部成长的
性质，这应该就是田中所要表述的吧。

　　将这一认识与前述艾维泗把 16 世纪后的中国经济看作对海外
市场波动特别脆弱的出口依赖型经济——与"今天的发展中国
家"拥有相同问题——的论述相比较，其对比就非常鲜明了。相
对于田中正俊认为的以生产力发展的成果为媒介的农民经营与外
国贸易的结合，艾维泗则主张来自外部的需求拉动（货币流入）
是导致商品生产发展的原因。从艾维泗的这一见解出发，必然导
出的是把 16 世纪后的中国社会经济动向放在世界性商业发展的波
动中加以把握的主张。可以看到，在伊曼努尔·沃勒斯坦
（Immanuel Wallerstein）之世界体系论的影响下，魏斐德
（Frederick E. Wakeman, Jr.）等社会史研究者也被卷入的欧美明
清社会经济史研究的一股新潮流正在形成。② 虽然作为世界体系论
最重要理论家的沃勒斯坦本人，将 18 世纪以前的东亚经济看作资
本主义世界经济以外的存在，但在一些中国史专家看来，当时的
中国经济即使是间接性的，也已经与大西洋经济的诸局面产生了

---

① 大塚久雄『国民経済：その歴史的考察』弘文堂、1965 年、58 頁。

② Frederick E. Wakeman, Jr., "China and the Seventeenth-Century Crisis," *Late Imperial China* 7 (11), 1986.

相互影响。明清经济与世界经济之关联这一命题，已经由把清代中国物价上升看作世界性物价革命一环的全汉昇提出了。[①] 不过，最近新潮流的特色在于认为明清经济与世界经济的关联，不仅仅停留在受物价上升的波及这种量的方面上。就像艾维泗和魏斐德有关"17 世纪的危机与明清鼎革"的问题意识中所能看到的那样，这一关联是作为关系到社会结构和政治变化、全体性的质的冲击来把握的。[②] 这里我们能够看到在世界性视野下，对明清史进行再诠释这一非常有抱负的展望。

从 16 世纪到 18 世纪，银大量流入当时被称作"货币之坟墓"的中国，这一情况是确切的。但是，相对于本身就拥有巨大规模的中国国内经济，外国贸易能在何种程度上、通过何种途径给中国国内经济以影响呢？这一有关中国国内经济特质的问题，是值得考察的课题之一。艾维泗与田中正俊对贸易出口重要性的不同评价，似乎可以进一步导出对明清中国商品经济发展过程的不同认识。那就是，到底应将它理解为尽管受到地主及传统商业资本等妨碍，但还是以农业部门的剩余作为购买力，工业部门渐渐从农业部门分离、发展，形成了供求均衡的国内市场——就像亚当·斯密所说的"自然的顺序"得以展开——的趋向呢，抑或是应看作因 16 世纪开始世界商业发展的外部强有力的需求拉动，而使得这一时期的中国商品经济显著发展，即具有外部指向性的特

[①] 全汉昇：《美洲白银与十八世纪中国物价革命的关系》，《"中央研究院"历史语言研究所集刊》第 28 本，1957 年。

[②] William S. Atwell, "Some Observations on the 'Seventeenth-century Crisis' in China and Japan," *Journal of Asian Studies* 45 (2), 1986; Frederick E. Wakeman, Jr., "China and the Seventeenth-Century Crisis," *Late Imperial China* 7 (11), 1986.

征呢？当然，这种二者必居其一的假设有些过于草率，或许就像北村敬直所指出的那样，远距离地区间的分工体系与局部地区内的分工关系是可以同时并存的。① 然而，其中何者居主导地位——是作为局部地区内分工体系发展的结果导致商品流向远距离地区呢，还是远距离贸易附带地唤起了对局部地区内非特产的需求呢——这一问题，可以说事关中国经济的性质与历史性展开的基本看法差异。

近年来，在中国，与资本主义萌芽相关联而被提出的市场论，是与上述诸观点都不同的。比如吴承明就将市场分为地方小市场、都市市场、区域市场和全国性市场四种类型，并认为其中前三者属于以获取使用价值为目的的广义的"自然经济"，与资本主义萌芽几乎没有关系。② 只有包括海外贸易在内的全国性远距离交易，才可能为资本主义萌芽的发展提供足够广阔的市场。周密地推算了谷物、棉布等当时主要商品的生产量、商品化量及投入远距离的流通量，是其文的最大特色。这显示出近来中国学界对定量分析性经济史研究的高度关心。吴承明的市场分析，其意图是通过各级市场中交换量的比例，把清代前期资本主义萌芽的发展程度作为问题来论述。与此相比，艾维泗和田中正俊尽管在结论上不同，但他们有共同的关心之处，即与商品经济的发展程度相比，他们更倾向于对明清时期农业经济逐渐商品经济化这一过程的机制加以说明。

---

① 北村敬直「清代における湖州府南潯鎮の棉問屋について」『經濟學雜誌』57（3）、1967 年 9 月。
② 吴承明：《论明代国内市场和商人资本》，《中国社会科学院经济研究所集刊》第 5 集，中国社会科学出版社，1983；吴承明：《论清代前期我国国内市场》，《历史研究》1983 年第 1 期。

二　价格形成

在考虑"清代的价格到底是什么"这一问题时，在当时的农民、地主或商人以某种价格出售物品的过程中，其价格为什么并且怎样被决定于该水准等问题，就会浮现出来。如果要"说明"价格的波动，就不得不对人们的经济行为方式做一些前提性假设。这不仅适用于物价史，一般经济史都是如此。原洋之介在对华北的"看青"惯例用数理经济学进行尝试性说明时说，"仅从制度存在形态的变化这样的外在观察所建构而来的发展阶段论，就理解人类行动而言是不充分的"，"只有对人类的行为动机做出现实、恰当的假说，借以说明某种具体的历史制度如何成立、展开的方法，才是现代经济学中最为必要的"。[①] 并且，在经济史中，物价史是与人们经济行为的合理性问题最为密切相关的领域之一。在考虑物价史的意义时，需要弄清楚引导当时人们经济行为的原理或规范意识是什么——当然这是个不容易解决的难题。眼下各学者需要做的，是把各自的前提假说交代清楚。中国传统社会的人们，是不是可以理解为近代经济人的类型？如果不可以的话，那又应该如何加以理解把握呢？有关这一问题，柏祐贤和村松祐次做了开创性的努力。[②] 近年来，黄宗智以清代至民国时期的华北社会为题材，以综合形式主义分析（formalist analysis）、实体主义分析（substantivist analysis）和马克思主义阶级分析三种方式，进

---

① 原洋之介「村落構造の経済理論—共同行動の経済学的説明の方向について」『アジア研究』21（2）、1974 年 7 月。
② 柏祐賢『経済秩序個性論：中国経済の研究』Ⅰ、Ⅱ、Ⅲ、人文書林、1847-1948 年；村松祐次『中国経済の社会態制』東洋経済新報社、1949 年。

行了雄心勃勃的尝试。①

关于清代价格的形成，一直以来并没有太多的讨论，不过从现有的几种观点还是可以分辨出其分歧所在。足立启二曾对明清时期商品生产和地主制度的先行研究进行批判。② 作者对西嶋定生、古岛和雄、小山正明等人观点的批评之一，是他们不认同在明清时期商品生产中有价值规律和剩余的存在。也就是说，足立认为，明末以来的中国商品经济"已经达到了小商品生产（以贩卖为目的的小生产）阶段，因此，从整体上看，已经贯彻了价值规律"。在小商品生产阶段，价值规律一般性地——不仅仅是生产者相互之间的交换，即使是远距离交易——已贯彻其中，这一观点还不是学界的共识，足立根据的是堀江英一的说法。足立论述道，这一商品生产发展本应该促进资本主义的分化，然而由于技术上的问题（最适当的经营规模过小），经营没能扩大，结果转变成了寄生地主、高利贷和商业资本。在这里，价值规律是否得到贯彻的问题，无论对它是加以肯定也好，否定也好，都不是实证的结果，其自身还只是体现在各种观点理论框架中的假说。

足立启二所批评的各种观点，都强调商业、高利贷资本对小规模经营的剥夺，是阻止小规模经营发展的主要原因。在对商业、高利贷资本的这一认识上，各种观点之间在方向性上也存在两种有微妙差异的看法。那就是商业资本得以贱买贵卖或诈骗欺瞒的根源，是应该从封建性的经济外强制中去寻求，还是从小农经营

---

① Philip C. C. Huang, *The Peasant Economy and Social Change in North China*. Stanford University Press, 1985.

② 足立启二「明清時代の商品生産と地主制研究をめぐって」『東洋史研究』36 (1)、1977 年 6 月。

分散、弱小的特性中去探寻这一点上的分歧。在前者看来，农民的商品生产本质上是朝着近代资本主义的方向发展的，因此与阻止其发展的封建势力的对抗和阶级斗争才是问题所在。即可称为发展论、动态论。与此相对，在后者看来，地主的土地所有及商业资本的剥夺这一问题本身，是农民经营的零散弱小而导致的现象，即具有静态论、类型论的方向性。比如，田中正俊对西嶋定生的批评之一，可以理解为是站在前者的立场对后者所进行的批判。[①] 西嶋强调，为了应付过重的田赋而发展起来的明代江南农村手工业，具有零散小农补充家计而为的性质，由于其分散性和对远距离市场的依赖，因此不得不从属于商业资本。田中批判地认为，西嶋否定明代江南农村手工业具有向近代资本制发展可能性的论点，是缺乏发展契机的理论。

然而，强调小农手工业生产具有补充家计性质的类型论观点，反而能够说明这种与资本主义经营有不同原理基础的小农经营所具备的坚韧性和竞争力。比如，赵冈在对棉业的研究中，就农村副业性质的家庭手工业竞争力做了说明，即在家庭手工业中，劳动不是可变要素而是不变要素，其动机不是利润的最大化，而是要最大限度地利用作为不变要素的劳动力，尽量得到哪怕是一便士也好的更多的收入。因此，劳动的边际生产率即使低于生存成本，生产也能继续。这就是作为家庭副业的产品为什么价格低廉，相对于工场手工业和近代工业更具竞争力的秘密所在。[②] 赵冈所论

① 田中正俊「アジア社会停滞論批判の方法論的反省」『歷史評論』（204、205、206）、1967年。

② Chao Kang, *The Development of Cotton Textile Production in China*. Harvard University Press，1977.

述的，是有关副业性手工业生产的情况，将这一论说推广到包括农产品在内的小农商品生产等一般情况，也无不可。在这一论述中受到注目的，不是自给自足的经营必然向商品生产、资本主义经营发展的必由之路及其发展程度，而是小农经济"本来就具有自给性生存和面向市场的双向性"[①] 这样与发展论不同的、小农经济本身具有的静态特征。此外，想附带说明的是，在中井英基的文章中，赵冈的这一论说是在与"原始工业化理论"——近年来备受人们关注的基于 18 世纪佛兰德斯案例的工业发展模式——相对比的目的下被介绍的。[②]

谈及家庭副业产品的低价格及其对近代工业的竞争力，很多中国经济史研究者会想起围绕"米切尔报告"（Mitchell Report）的相关议论。在香港工作的英国人米切尔（W. H. Mitchell）在其报告里指出，鸦片战争后，英国棉布对中国出口进展不顺，是因为中国的小农经营是农业与手工业的巧妙结合，其生产的手织棉布低价而有竞争力。这一论述在为马克思所关注的同时，也受到其后不少中国史研究者的瞩目。对"米切尔报告"进行了详细分析的田中正俊不仅指出，米切尔所谓农业与手工业的结合并非不具备购买力的原始性自给自足，而且强调，中国的手织棉布是建立在明清时代棉布商品生产发展的基础上，通过其经营的节约性

①　Daniel Thorner, "Peasant Economy as a Category in Economic History," *Deuxième Conference Internationale d'Histoire économique*, Aix-en Provence, Vol. 2, mouton, 1962.

②　中井英基「中国農村の在来線織物業」安場保吉・斎藤修編『プロト工業化期の経済と社会：国際比較の試み』日本経済新聞社、1983 年。

即低价格性，成为在市场上能够与英国棉布竞争的产品。[1] 田中正俊为从一国史角度所进行的明清经济发展研究与重视世界性经济结构的近代反帝斗争研究之间架起桥梁的问题意识，非常明显。[2]这一问题意识的重要意义，已经为众多研究者所认同。但是，对于为什么中国的棉布可以低价格销售这一关键问题，不可否定，田中只是抽象地说明是由于农民棉布生产的"节约性"。而这一"节约性"又是建立在什么样的基础上呢？

坂野良吉和西川喜久子对田中正俊论文的批判点之一就在于此，[3] 即"（低价格秘密）不是由于商品生产，而是建立在自给自足的基础上，最大限度地缩减开支，并且工资几乎忽略不计的结果。就是说，这一'商品'化过程伴随着对价值的漠视，基本上是由于存在'浪费劳力的体制'才得以实现的"（坂野）；"使低价格成为可能的决定性因素，不在于原料费的内容和性质，而是因为原料费以外再也无须花费任何其他费用，即中国农民织布劳动的无偿性……显然，低价格的实现并不是建立在高水平生产力的基础上，而是小农经营发展程度低的产物"（西川）。坂野、西川的上述观点应该说是有力的。但是，将这一自给性看作"不成熟""发展程度低"的观点，还是有问题的。至少就前近代商品

[1]　田中正俊「西欧資本主義と旧中国社会の解体—『ミッチェル報告書』をめぐって—」『仁井田陞博士追悼論文集』第 1 巻、勁草書房、1967 年。

[2]　田中正俊「アジア社会停滞論批判の方法論的反省」『歴史評論』（204、205、206）、1967 年。

[3]　坂野良吉「中国近代—半植民地社会変革の把握をめぐって—田中正俊氏の一連の研究によせて（批判と反省）」『歴史学研究』（387）、1972 年 8 月；西川喜久子「中国近代史研究方法論序説—田中正俊著『中国近代経済史研究序説』批判（研究ノート）」『東洋文化』（55）、1975 年 3 月。

经济的发展来看，坂野、西川和田中可以说都是将从自给经济向
商品经济、农民分层化的发展途径作为共同前提，来对 19 世纪中
叶中国农村经济进行定位的。由此就存在是重视向商品化"发
展"的一面，还是重视自给度高的"未成熟"的一面，这种二者
对立的意见。不过，若以"本来就具有自给性生存和面向市场的
双向性"的小农经济特征作为前提的话，那么，"发展"的一面
与"不成熟"一面相互之间并不矛盾。这一自给性，与其说是从
自给经济向商品经济过渡的必然发展阶段中某阶段偶尔残存的自
给部分，不如说是在商品经济的大潮中，希望回避风险的农民在
计算利害得失后所做出的慎重选择，即以柏祐贤看似矛盾的说法
来表述的话，就是"被交换经济化了的自给经济社会"的自给
性。把当时农民经济中的自给性单纯地认为是"不成熟"的表现
的论点，忽视了带有中国小农经济独特发展特色的——区别于没
有自觉化的自在自给性——有意识地进行选择的侧面。

　　在"文化大革命"后中国社会经济史研究中，被视为问题的
不仅是社会经济的发展本身，还有中国封建专制主义及小农经济
体制长期存在的理由。即中国史的类型特征被高度关注。这样，
在中国学者的研究中，把经受得起高度剥夺的小农经济的"弹
性"、几乎不考虑"成本"的小农商品生产的竞争力，看作阻碍
小商品生产者分化，成为支撑小农经济体制延续主要原因的观
点，[1] 可以说是耐人寻味的。在可视为集 30 年来资本主义萌芽研
究成果之大成、由许涤新和吴承明主编的《中国资本主义发展

---

[1]　徐新吾：《鸦片战争前中国棉纺织手工业的商品生产与资本主义萌芽问题》，
江苏人民出版社，1981。

史》第 1 卷中，作为阻碍资本主义萌芽发展的主要原因，小农经营的"经济效益"问题也被提及。[①] 其论述大略是，农民的家庭手工业，是利用所有的农闲时间和全家男女老少所有劳动力，实行最有效分工协作的产物。在生产力水平（主要是生产工具）相同的条件下，雇工生产需要支付工资导致生产成本提高，从而难以与此竞争。并且，家庭手工业由于粮食的自给，与雇工生产相比，对市场损失更具抵抗力。这里所指出的是农民的家庭手工业与一般被看作更为先进阶段的雇工生产等相竞争并且取胜的机制。该书批判了将中国资本主义的发展归结为外因的看法，继承了主张发展的内发性和必然性的既往萌芽论的主流见解。但是，从上述论述不但无法看出资本主义经营通过成本上的优越性而驱逐小经营的必然性，反而显示了小农经济的竞争力所具有的阻碍分化机制的强度。围绕资本主义发展的外因论、内因论之争，与其说已经被该书所克服和解决，不如说是迎来了新的论战阶段。

* * *

以上，不无杂乱地对清代物价史的研究动态进行了梳理。作为物价史研究的整理，本文与狭义物价史关系较少，而偏重一般经济史方法部分的阐述。而且，在方法论的整理上，也是与已成为战后历史学主流的结构发展论相对立，有过分强调可称得上是中国小农经济静态理论的立场之嫌。关于后者的立场，可能会被

---

① 许涤新、吴承明主编《中国资本主义发展史》第 1 卷《中国资本主义的萌芽》，人民出版社，1985。

看作新的停滞论而遭到意识形态方面的批判也未可知。不过，发展论与静态论的不同，与其说在于中国社会实际上是发展了还是停滞了这一结论的不同，不如说是关于传统中国社会模型制作方法的不同。与事先设定了从旧到新的模型路线，将传统中国社会中多种多样的现象以新旧两要素的矛盾对抗来加以说明的方法不同，后者的立场和目的，是要对传统中国社会中形形色色的现象及其时期性变动，试图在内在地理解为什么人们在这样的场合采取这样的行动，在那样的场合又采取那样的行动的基础上，加以整合地说明。

物价数值作为当时人们敏锐地感知并试图采取对应措施的经济环境变化的重要指标，同时是显示人们多种多样的经济行为向量之集合性结果的集结点。物价史研究作为接近传统中国社会经济运行方式及其生动特质的重要途径，在清代经济史研究中应该占据更为重要的位置，在此聊做前瞻性预测。

补论 1　近十年来的清代物价史研究

自第一章"清代物价史研究现状"的写作，已经过去了将近十年。其间，清代物价资料的收集整理工作迅速推进，有关清代物价史的重要著作也出版了不少。以下将简单介绍这十年间的研究动态，权且作为第一章的补论。

一　物价资料的收集整理

首先特别值得一提的是，对北京中国第一历史档案馆及台北"故宫博物院"所藏粮价清单所进行的系统化整理。中国第一历史档案馆所藏的 3 万多件不同年号、地区的粮价清单件数表，已由王道瑞制作而成。① 据秦国经介绍，这些粮价清单现在已按不同省份进行了整理，制作成了共计 328 卷的缩微胶卷，供研究者使用。② 利用这些粮价清单，使用统计的方法所进行的专门研究已经展开。现在已有王业键关于长江三角洲的研究，李明珠（Lillian M. Li）关于直隶的研究，濮德培（Peter Perdue）关于甘肃的研究，王国斌和濮德培关于湖南的研究，李中清等人关于辽宁的研究，陈春声和马立博关于广东的研究，等等。③ 可以说，研究主要是以不同省份的形式推进的。

图 1-4 是根据这些研究制作的粮价时序系列，将几个省的粮食价格长期动向用图来表示。另外，将田仲一成利用宗族账簿所研究的萧山米价用图中的 E 来表示，以资比较。④ 结果正如人们所预想，从图 1-4 中，基本可以看到 18 世纪粮价的长期性上升趋势。值得注意的是，过去被视为"物价革命"的 18 世纪米价动向，从图 1-4 来看并非特别显著的高涨，而是给人缓慢上升的印象。那么 18 世纪粮食价格的实际情况就是这样的吗？会不会是史

① 王道瑞：《清代粮价奏报制度的确立及其作用》，《历史档案》1987 年第 4 期。

② 秦国经：《中华明清珍档指南》，人民出版社，1994。

③ Thomas G. Rawski and Lillian M. Li, eds., *Chinese History in Economic Perspective*. University of California Press, 1992；陈春声：《清代乾隆年间广东的米价和米粮贸易》，硕士学位论文，中山大学，1984；陈春声：《论清代中叶广东米粮的季节差价》，《中山大学学报》1989 年第 1 期；陈春声：《18 世纪广东米价上升趋势及其原因》，《中山大学学报》1990 年第 4 期；陈春声：《市场机制与社会变迁——18 世纪广东米价分析》，中山大学出版社，1992；马立博：《清代前期两广的市场整合》，叶显恩主编《清代区域社会经济研究》，中华书局，1992。

④ 田仲一成「清代浙東宗族の組織形成における宗祠演劇の機能について」『東洋史研究』44（4）、1986 年 3 月。

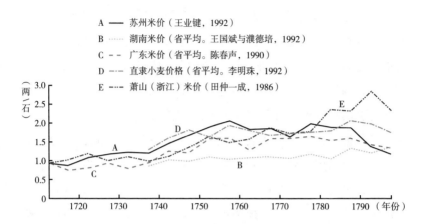

A ——　苏州米价（王业键，1992）
B ……　湖南米价（省平均。王国斌与濮德培，1992）
C --　广东米价（省平均。陈春声，1990）
D -·-　直隶小麦价格（省平均。李明珠，1992）
E -··-　萧山（浙江）米价（田仲一成，1986）

图 1-4　18 世纪中国各地的粮价

注：价格为 5 年平均值。

资料来源：Wang Yeh-chien，"Secular Trends of Rice Prices in the Yangzi Delta，1635-1935，" in Rawski and Li，eds.，*Chinese History in Economic Perspective*；Roy Bin Wong and Peter Perdue，"Grain Markets and Food Supplies in Eighteenth-century Hunan，" in Rawski and Li，eds.，*Chinese History in Economic Perspective*；陈春声《18 世纪广东米价上升趋势及其原因》，《中山大学学报》1990 年第 4 期；Lillian M. Li，"Grain Prices in Zhili Province，1736-1911：A Preliminary Study，" in Rawski and Li，eds.，*Chinese History in Economic Perspective*；田仲一成「清代浙東宗族の組織形成における宗祠演劇の機能について」『東洋史研究』44（4）、1986 年 3 月。

料的性质导致了某种偏差的结果呢？今后有必要进一步予以慎重检讨。比如图 1-4 中的 B 所示的湖南米价，在整个 18 世纪几乎没有上涨，并且图中的 A 所示的苏州米价在 18 世纪末大幅下跌（关于其理由，王业键也表示需留待后考）等，都表明我们还不能立即断定这些数据所反映的就是实际的情况，有待进一步予以阐明。

其实这样的粮价清单整理工作，早在 1930 年代以北平社会调查所（现中国社会科学院经济研究所）汤象龙等人为中心的经济史研究项目中，就取得了相当程度的进展。李文治所收录的各省粮价表（下），据推测就是利用这一成果的产物。[1] 该书中以粮食清单为资料，对道光元年、十年、二十年及三十年的全国各府粮食价格进行了整理。此外，该书所收录的各省粮价表（上），是整理清代刑档中粮价资料的结果。

有关粮食价格以外的各种物价，也有若干研究，并提示出了一些新数据。其来源，主要有刑科题本与民间的账簿、契约文书两类。作为利用刑科题本所进行的研究，周远廉、谢肇华收集了康熙至乾隆时期含有全国土地价格数据的题本58件。[2] 另外，李文治的《明清时代封建土地关系的松解》用了22页篇幅对康熙至嘉庆时期各省的土地价格进行了整理。而刘永成、赵冈则利用从刑科题本中摘出的1744~1820年的年工资题本176件、月工资题本125件，计算出了实际工资，但原始数据并未提示。[3]

就民间文书而言，随着以安徽省博物馆所编史料丛编为代表的包含土地价格数据的契约文书资料的相继出版，[4] 可以预期今后对土地价格进行相当精细的研究将成为可能。赵冈等人较早地利用徽州文书整理出了土地价格的时序系列。[5] 此外，洪焕椿以苏州地主的置产簿为材料，整理了顺治十六年至道光三年600余件土

---

[1] 李文治：《明清时代封建土地关系的松解》，中国社会科学出版社，1993。

[2] 周远廉、谢肇华：《清代租佃制研究》，辽宁人民出版社，1986。

[3] 刘永成、赵冈：《18、19世纪中国农业雇工的实质工资变化趋势》，中国第一历史档案馆编《明清档案与历史研究》（下），中华书局，1988。

[4] 安徽省博物馆编《明清徽州社会经济史料丛编》第1集，中国社会科学出版社，1988。

[5] 赵冈、陈钟毅：《明清的地价》，《大陆杂志》第60卷第5期，1980年；Chao Kang, "New Data on Land Ownership Patterns in Ming Ch'ing China——A Research Note," *Journal of Asian Studies* 40（4），1981；Chao Kang, *Man and Land in Chinese History: An Economic Analysis*. Stanford University Press，1986。

地买卖文书，相信对今后的研究将大有裨益。[①]

关于利用账簿所进行的研究，特别值得一提的是王世庆的研究。[②] 该研究利用台湾淡水厅地主的账簿，生动地描述了除土地经营之外的商店经营、高利贷等多方面的经营活动，还制作了从1840 年代至 1860 年代的贷款利息表和谷物价格表。其中，前者由于涉及清代利率实际情况的史料很少，堪称非常珍贵的资料。郑友揆从中国社会科学院经济研究所藏安徽屯溪的原始经济资料入手，发掘了"相当长时期内系统性的当地土货零售价格资料"，并将其在 1870~1900 年的变化情况用指数加以表示。其物价资料据说包括了米、农产品（猪肉、豆类）及手工业品（盐、食用油、纸等），但是原始数据未予提示。[③]

二 各种经济数据的相互关联

由于近年来粮食价格的时序系列逐步完备，通过粮食价格与其他数据的组合来更为立体性地重构经济的波动逐渐成为可能。虽说此类工作尚处于起步阶段，但还是昭示了清代物价史研究的新方向。作为这一动向的实例，可以指出的有买田利息（或购买年数）的研究、实际工资的研究及谷物价格变动与人口关联的研究。

有关购买年数（土地价格除以年地租额所得数，即年利率的倒数）的研究，叶显恩从徽州资料入手，而李文治则从徽州及刑

---

① 洪焕椿编《明清苏州农村经济资料》，江苏古籍出版社，1988。

② 王世庆：《19 世纪中叶台湾北部农村金融之研究》，《台湾文献》第 39 卷第 2 期，1988 年。

③ 郑友揆：《19 世纪后期银价、钱价的变动与我国物价及对外贸易的关系》，《中国经济史研究》1986 年第 2 期。

科题本中的全国资料入手，举出了若干实例。[①] 其购买年数，短者4 年左右，长者超过 20 年，可谓"长短不齐"。不过据李文治介绍，可以看出如下这般的长期性动向，即明前期短，中期长期化，明清交替之际变短，清中期的乾隆、嘉庆、道光百余年间再次长期化，民国时期又逐渐变短。与谷物价格对土地价格所产生的影响相比，李文治更关注实物地租额与土地价格的关系。他认为实物地租额变化不大，而与此相对的是土地价格变化很大，这是购买年数急剧变化的主要原因，并认为"不受资本主义平均利润的制约"导致了"地价脱离地租而单独增长"的趋势。

李文治主要关注的是购买年数的时期性变化。他从土地价格的时期性变化远远大于地租时期性变化这一点出发，强调土地价格是"不受资本主义平均利润制约"而独自变化的。但是，某时期、某地域一般的购买年数得以成立本身——"明代中期的购买年数长期化"这样的表达本身——可以说是以某种"平均利率"的观念为前提的。因为如果各个买卖的主体没有平均利率的观念，购买年数的行情就无法成立。土地的利率低于高利贷利率这一情况，是当时土地价格"不受平均利润制约"的一个证明。但是，这并不能排除综合地考虑了高利贷危险度等平均利率观念的存在（参见本书第十章）。过去只停留在零散状态的清代典当、贷款利率的相关数据正在逐渐被收集，[②] 关于土地、贷款等清代利率的动

---

① 叶显恩：《明清徽州农村社会与佃仆制》，安徽人民出版社，1983，第 73 页；李文治：《论清代鸦片战争前地价和购买年》，《中国社会经济史研究》1989年第 2 期；李文治：《明清时代封建土地关系的松解》。

② 王世庆：《19 世纪中叶台湾北部农村金融之研究》，《台湾文献》第 39 卷第 2期，1988 年；日山美紀「清代典当業の利子率に関する一考察—康熙~乾隆期の江南を中心として」『東方學』（91）、1996 年 1 月。

向问题，期待今后能得到更为详细的研究。

再来看看有关实际工资的研究情况。过去，对清代实际工资的动向只是被零星地提及，几乎没有利用大量数据来进行长期性研究。前述刘永成、赵冈的尝试，可以说是最早的研究成果。[①]刘、赵二人将刑科题本中雇工工资的数据（以各种铜钱表示）以银为货币单位进行换算，再使用该年该地区的米价资料，将它换算成实物工资，算出各年的平均数，然后制作成时序系列数据表。其结果显示，1744~1819 年，清代的实际工资"呈非常明显的下降趋势"。从该文附录中总结出的各年平均实际工资表来看，虽然各年的变化剧烈，但确实呈下降趋势。只是这一下降趋势的原因，是如作者所说的人口增长所造成的，还是该时期米价上升（及相对米价的工资的固定性）所导致的呢？这一问题还有探讨的余地。如果在米价下跌期实际工资还继续下降的话，那么，作者的观点就将得到有力的补证。

最后将介绍李中清等人对粮食价格变化与人口变化关系的研究。[②]这样的研究在欧洲史研究中非常盛行，但就前近代中国史而言，可以算是最早的。作者利用 1774~1873 年奉天人口调查资料进行了一系列研究。通过人口数据与粮价清单中的粮食价格数据的组合，他们得到如下这些新发现。（1）在欧洲，粮食价格与人口的死亡率之间的正比关系非常明显，而在中国，粮食价格与人口的出生

---

① 刘永成、赵冈：《18、19 世纪中国农业雇工的实质工资变化趋势》，中国第一历史档案馆编《明清档案与历史研究》（下）。

② James Lee, Cameron Campbell, and Guofu Tan, "Infanticide and Family Planning in Late Imperial China: The Price and Population History of Rural Liaoning, 1774 – 1873," in Rawski and Li, eds. , *Chinese History in Economic Perspective*.

率之间呈非常强的反比关系。(2) 粮食价格与人口出生率之间的反
比关系,女性比男性更明显。这是因为儿童数量的调节,不是以人
工流产和避孕的方式来解决,而是通过出生后(性别得到确认后)
的杀婴行为来解决。(3) 死亡率与粮食价格之间的相关性男性比女
性更高。此外,还通过对出生率因家庭经济的富裕度、家庭构成等
的不同进行了分析,指出当时农民在权衡了各种各样的条件后决定
杀婴这一过程的复杂性。正如既往清代物价史研究所指出的,从长
期来看,清代物价的上升是与人口的增长相伴而行的。在这一相互
关联中,如果将人口因素视为主动性因素的话,可以认为,是粮食
需求的增加及土地的边际生产力低下等导致了米价的上升;如果将
物价上升视为动因的话,则可认为是随着经济景气、收入机会增多
而来的生活水平的提高导致了人口出生率的上升。奉天的粮食价格
与出生率之间的反比关系,与这样的长期性动向之间有何关系呢?
这个问题耐人寻味。

三　市场"整合"度的测定

以粮食价格的联动性为指标来测定市场整合度的问题,可以
说是这十年间计量物价史研究的焦点之一。明确对此表示关注的,
是由托马斯·罗斯基和李明珠编的论文集《从经济学的视角看中
国历史》(*Chinese History in Economic Perspective*)。为此论文集打下
基础的两次学术讨论会,其着重点在于通过经济学者与历史学者
之间的交流,有意识地将经济学方法导入中国经济史的研究。在
该书的序言中,编者强调了以往美国的中国经济史研究与中国学
界一样,倾向于社会史、制度史性质的分析方法,而缺乏"经济
学性质"的分析。编者虽然没有直接提倡将数量经济史方法导入

中国史研究，但是主张应该更加自觉地从经济学视角来研究问题。所谓经济学视角，在编者看来，就是用"选择""合理性""机会费用""均衡"等关键词所表示的经济学性质的思考方法。这并不意味着要把现代经济学理论原封不动地套用到中国历史的研究中，而是要在意识到经济理论假说性的同时，积极进行以理论为基础的分析，试图发现不被时人之言说所迷惑的可靠事实。

该书所收录的 10 篇论文中，有 5 篇是直接论述清代粮食价格的。如前所述，这些都是以粮价清单的整理为基础，运用统计手法所进行的研究。除已经介绍的李中清等人的论文外，其他各论文的论点简述如下。

王业键制作了从清代到 1950 年代江南三角洲的米价时序系列，对其长期性动向的主要因素从人口、货币及气候条件等诸方面进行了探讨。另外，对以全国性价格的联动性显现出的市场整合度，在比较欧洲与中国后指出，中国的整合度在 17 世纪有所发展，但在 18 世纪中叶被欧洲超越了。

李明珠通过分析乾隆初年到清朝末年直隶的粮食价格，利用回归分析法，对长期趋势、季节变化及每隔数年出现的灾荒歉收等主要因素分别在多大程度上影响价格进行了计算。据作者论述，上述三者对价格的影响都不大。灾荒之所以影响小，是因为存在种植多种谷物导致收获季节不同的农业系统。另外还指出，省内价格波动的相互关联度高，这显示了常平仓的作用和市场的发达。

濮德培分析了甘肃的粮食价格，显示在 1760 年前后因清朝出兵天山南北两路而一时暴涨后，百年间几乎没有变化得非常奇特的动向。甘肃粮食状况的特色，是由于地处边陲军事地带，常平仓在流通中所占的比重非常高，常平仓在某种程度上为甘肃谷物价格的稳定做出了贡献。清朝的军事行动起到了使甘肃货币经济化并与内部市场相整合的作用。18~19世纪，甘肃的市场整合得到了发展。

主张定性分析与定量分析相结合的王国斌和濮德培对湖南谷物价格的研究，是对米价实际变动路径的记述史料加以探讨下所进行的分析。与其他研究相比，他们成功地描绘出了更为具体的变动像。粮价清单具有只记录各府的最高最低价格、无法显示各县价格的局限性，但作者在计算不同府内最高最低价格相互关联的同时，对某府的最高（最低）价格与毗连府的最高（最低）价格之间的相互关联，通过多样的组合进行了计算。他们通过这种方法克服了史料的局限，开拓了范围未必与府界一致的市场的整体分析方法。他们的研究表明，湖南东北部米谷输出地带的米价，无论在府内还是府与府之间，都显示出了很高的相互关联度。而在输出地带以外的地区，其相互关联度则非常低。像地域性孤立的自然经济这样的清代经济像，以及发达的市场社会这样的清代经济像，都具有片面性。市场整合未必是经济发展的充分条件等观点，都是在综合数值与文献的作用下得出的具有实在感的发言，能够产生共鸣的地方很多。

综上所述，收录在该书中的粮食价格研究所具有的共同特色，在于自觉地使用计算省内各地区价格波动相关系数这样的统计操作法。对市场整合的问题，不是根据记述史料进行笼统论述，而是提出可供反证的数值指标，不言而喻这些是该研究所具有的重大价值所在。不过，就像多数研究者自己所承认的那样，通过这种统计操作所得出的结论，与其说是"确定的"（robust）客观事实，不如说是"试论性的"（tentative）结论。其理由之一，还是资料的精确度有问题。粮价清单的数据是否具有如此细致入微的统计操作所需的精确度呢？对于整个 18 世纪几乎没有上涨的湖南米价，以及 18 世纪末为什么急剧下跌的江南米价等，论者们尽管对数据的可信度抱有疑问，但只是把此类疑问姑且搁置，因此所提出的只能说是"试根据现存数据进行统计处理"的暂且如此的结论。在这一意义上，这些研究的意义与其说在于事实的发现本身，不如说在于尝试将统计手法运用于前近代中国经济史研究。这些研究得出的结论并非不需要再行论证的客观事实，这一点是有必要留意的。

此外，就像在该书序言中编者所提及的那样，关于"选择""机会费用""均衡"等经济理论的核心概念，各论文作者是如何予以理解思考的——关于价格形成机制的前提性假说——几乎没有得到明确的论述。对于期待"基于理论的分析"（theory-based analysis）的读者来说，多少会留有些遗憾。就"市场整合"（market integration）这一概念，对它加以定义并测定其推进程度的困难，在该书序言中编者已经予以指出。由"一价定律"（the law of one price）所表示的市场整合，在经济史中具有怎样的意义，对此存在各式各样的看法。

美国学界围绕施坚雅"大区域"（macro-region）论的争论与这一点有关。[①] 对于施坚雅所主张的作为中国经济史分析的"适当单位"（proper unit），不是中国全体，而是根据水系拟定的 8 个整合的"大区域"，并强调各自独立性的观点，有些学者从主张存在更加广域整合的立场而予以批判。比如，洛伦·布兰特（Loren Brandt）从清末各地米价的相互关联性分析着手，论证了

① G. William Skinner, ed., *The City in Late Imperial China*. Stanford University Press, 1977.

农产品的产地价格、在地方都市及对外开放港口的价格，以及国际价格的联动性。[①] 他指出，尽管米谷的输入量从整体经济规模来看是微小的，但在 1890 年代之前，中国的农业已被国际经济、国际市场所整合，地域性经济周期已失去其独立性。此外，芭芭拉·桑兹（Barbara Sands）和马若孟（Ramon Myers）同样从清代大规模地区间交易的发展及地区间米价的联动性出发，否定了施坚雅所谓大区域的"准独立"（quasi autonomous）性质。[②] 不过对这一批判，李丹（Daniel Little）、周锡瑞（Joseph Esherick）进行了反批判。[③] 他们指出，施坚雅并不是说地域之间的交易少，地域间交易量的多少是尚未得到结论的问题，即使与地域外进行了大量交易，流向其他地域的商品也不是直接投入全国市场，而是首先集中到各大地域的"核心"（core）都市后再被输出的。在这一意义上，"功能性的整合"（functional integration）是重要的。

这些论述中所浮现出来的，是"整合"一语所表示的几种不同的经济像。即使是以某个"核心"为中心被"整合"的地域，那是其内部已经具有完全分工体系的独立的经济圈呢，还是以"核心"为媒介强力依赖外部经济的呢？这些问题对考察当时的经济性质而言是非常重要的。李丹等人为施坚雅辩护时指出，施坚雅将这一问题予以保留，还没下明确的论断。但这点同时显示了施坚雅理论的

① Loren Brandt, "Chinese Agriculture and the International Economy 1870–1930s: A Reassessment," *Explorations in Economic History* 22, 1985.

② Barbara Sands and Ramon Myers, "The Spatial Approach to Chinese History: A Test," *Journal of Asian Studies* 45（4）, 1986.

③ Daniel Little and Joseph Esherick, "Testing the Testers: A Reply to Barbara Sands and Ramon Myers's Critique of G. William Skinner's Regional Systems Approach to China," *Journal of Asian Studies* 48（1）, 1989; Daniel Little, *Understanding Peasant China: Case Studies in the Philosophy of Social Science*. Yale University Press, 1989.

欠缺所在。虽然在构筑"核心"与"边境"（periphery）相结合的经济体系上与所谓"从属学派""世界体系论者"相同，但是"从属学派"等主要关心的"核心"与"边境"之间的剥夺、支配和对抗关系问题，在施坚雅的论述中几乎没有出现。施坚雅所使用的"核心"、"总部"（command post）等语，并没有剥夺、政治支配及对抗等含义，而只就其高效的整合功能加以强调。施坚雅的"大区域"论，原本只是为了说明以河川为中心的自然条件所决定的运输效率所带来的内部整合。这里，随着交通手段的发达而更加流畅的商品流通，以及市场更大规模的整合，作为将来的方向性，可以说是很自然的前提。实际上，这样的理解在洛伦·布兰特等施坚雅的批判者中也共同存在。围绕"大区域"的争论，可以说是以市场朝着更大规模的"整合"迈进这一发展方向为共同前提，就其"发展度"的不同所进行的论争。

然而，只要对清代的记述史料——并且对其所表示的清代人经济观——稍存关心的人，一定会注意到当时的经济"整合"中激烈对立与相抗的一面。以对白银外流的忧虑及粮食外流的危机感等形式所表现出来的地方主义，其背景是对广域流通发展的防御性问题的关心。这十年间，日本有关清代市场的研究，在关注例如抢米暴动等所体现的经济上的地方主义的同时，[①]也把注意力转向具有省级范围大小整合的市场圈的成长上。比如黑田明伸在其 1982 年的处女作中，提出以汉口为媒介与世界市场相连接的清末湖北对外开放港口经济的发展、全省的经济性独立化倾向，以

---

① 三木聡「抗租と阻米―明末清初期の福建を中心として」『東洋史研究』45（4）、1987 年 4 月；則松彰文「清代における「境」と流通―食糧問題の一齣」『九州大学東洋史論集』（20）、1992 年 1 月。

及省权力乃作为其支撑的"经济装置"等论点，并在明末直至整个清代的中国市场结构发展中，对这一状况加以定位。[①] 此外，山本进依据自己就清代地域性分工体系的一系列实证研究，明确提出清代中期的"省市场圈的自立化"的论点，同时把它比作近世欧洲国民经济的成立过程。[②]

这些论述，在将中国分割为若干个大经济圈的构想上，与施坚雅的"大区域"论具有相通之处。但是，与美国的研究者以体系性整合的广度为基准来讨论市场的发展程度相比，日本的研究者，其焦点则是在全国经济与地方经济对抗关系中地方经济成长的动态过程。地域性市场圈的成长乍看起来呈分离状态，却表示在市场圈内部进行的体系性经济整合的深化。对外分离和对内整合可说是互为表里的过程。对于主要依据记述史料所进行的日本有关清代市场的研究，物价分析这样的定量方法到底能起到怎样的作用，则值得注意。

四　市场与社会秩序

前述托马斯·罗斯基、李明珠编的论文集，主要是对"既往中国经济史研究基本上是社会史、制度史研究"进行反省，提倡自觉地导入"经济学"方法。与此相对照，同样在1992年出版的陈春声有关广东米价的研究，在他以定量分析为中心的硕士学位论文旧稿的基础上，基于"米粮市场的运作与米价的变动，是在一定的社会背景下发生的，受到各种社会因素和特定社会结构的制约"，"粮

---

①　黑田明伸『中華帝国の構造と世界経済』名古屋大学出版会、1994年。

②　山本進「清代市場論に関する一考察」『歴史学研究』(603)、1990年2月。

食问题不仅是个经济问题,也是一个重要的社会问题"的认识,用了很大的篇幅对广东基层社会结构进行了定性分析。[①] 该书无论是在数量性与记叙性的史料积累上,还是在定量与定性分析方法的精密程度上,都可算是中国清代物价史研究中出类拔萃的作品。更详细的介绍且待其他的机会,这里仅以他的基层社会论为中心,介绍其问题关心之所在。

陈春声对常平仓、社仓及义仓的实际运营情况进行了详细研究,指出 18 世纪的广东社会主要有两个发展趋势。第一,在市场机制日渐发展的同时,官僚和士绅基于对市场机制的信任,对自由经济活动的支持进一步增强了;第二,基层社会的控制权开始由政府向士绅阶层转移。据其介绍,士绅力量的增大与宗族组织的发展密切相关。商品经济与宗族组织往往被认为是背道而驰的,但值得我们关注的是,实际上在广东商品经济发展的背后,有支撑着新社会秩序的宗族组织的存在。他还指出"市场"这一用语所包含的几层意思:其一,进行交易的场所;其二,在一定地区内的商品供给与有效需求之间的关系;其三,他所关心的作为"具体市场活动背后可能存在的一种经济性的社会关系"的"市场关系"。完全意义上的市场关系,被认为是"商品的交易者在市场活动中的地位是平等的,对所持有的交易物具有绝对的、排他的所有权,整个交易活动具有自由的、非人格化的特征,从长期和总体上来看,完全受价值规律的支配"的关系。在广东的粮食市场上,非经济性因素渐渐退却,"市场关系"的形成日渐推进。不过对士绅而言,维持对社会的统制力及家族社会地位的提

---

① 陈春声:《市场机制与社会变迁——18 世纪广东米价分析》。

高才是目标，市场机制只不过是作为达到这一目标的手段。并且，就社会总体对市场的期待这一点而言，"政治和社会稳定的需要压倒经济合理性的要求"。"在这一矛盾中，现实的社会性需求与市场发展的经济性要求是无法真正协调的"，"在社会稳定这一目标的基础上，市场本身发展的经济性要求就只能被扼杀"。

陈春声的论述，提到"市场"与"社会秩序"关系的根源性问题。他在将"市场关系"理解为一种典型形态的"社会秩序"的同时，指出了士绅对社会统制力的维持，以及对政治、社会稳定的需求等与纯粹经济合理性的"市场关系"构筑相矛盾的一面。那么，所谓纯粹经济合理性的"市场关系"该如何构筑呢？是个人的合理性经济行为的纯粹化本身能够创造出支撑市场的秩序，还是说只要缺乏某种"经济外"的秩序存在的前提，人们的利益追求就会陷入无规范状态呢？

细想之下，所谓"市场"，就是与个人的利益追求与整体秩序的悖论性关系有关的词语。换言之，这是触及围绕个体合理性与全体社会合理性之间的调和与矛盾难题的核心词语，可以说这是社会秩序论中的关键词之一。关于这一个体合理性与社会合理性之间的关系，在既往的中国经济史研究中出现了尖锐的争论。中国的小农经营，作为个体来看，立足慎重的利害考量基础上的选择，可是作为一个整体，它们并没有带来稳定的经济发展，而是形成"不稳定的停滞"状况。这样的见解早就被村松祐次等人指出。[①] 美国的中国经济史学界对恰亚诺夫（А. В. Чаянов）的小农经济论，也做出了与这一问题相关联的耐人寻味的评价。众所周知，近年来黄宗

---

① 村松祐次『中国経済の社会態制』。

智援用恰亚诺夫理论进行了精心的研究。① 恰亚诺夫所指出的小农
经营的合理性一面——用恰亚诺夫的话说，俄罗斯的农民比资本
家更像典型的经济人——这一说法得到了黄宗智的支持，同时受
到黄宗智的论敌马若孟的高度评价。② 议论的焦点，与其说在于中
国小农经济的性质——其"合理性"如何——本身，不如说在于
小农经济所具有的这一合理性是能够孕育出顺利的经济发展呢，
还是如黄宗智所强调的将成为与经济发展（黄宗智将它定义为劳
动生产率的提高）背道而驰的"内卷化"（involution）这一问题。
并且，有关过去中国小农经济动向的意见分歧直接关系到对当代
中国农村政策的评价，比如，承包制可以在多大程度上被推进，
集体经营的要素应在多大程度上保留，这样与实践性政策论相关
的对立。③

　　围绕明清以来中国经济的发展问题，足立启二 20 年来的议
论在"批判封建制论"上是一贯的。但是近年其重心似乎从当
初对资本主义发展方向性高度评价的论调，转到了强调非封建
性的中国社会体制所带来的不稳定性、非固定性的方向上来。④

---

① Huang, *The Peasant Economy and Social Change in North China*；Philip C. C.
Huang, *The Peasant Family and Rural Development in the Yangzi Delta*, *1350-1988*.
Stanford University Press, 1990.

② Ramon Myers, *The Chinese Peasant Economy: Agricultural Development in Hopei and
Shantung*, *1890-1949*. Harvard University Press, 1970.

③ Huang, *The Peasant Family and Rural Development in the Yangzi Delta*；Philip C.
C. Huang, "A Reply to Ramon Myers," *Journal of Asian Studies* 50 (3), 1991；
Ramon Myers, "How Did the Modern Chinese Economy Develop? ——A Review
Article," *Journal of Asian Studies* 50 (3), 1991.

④ 足立啓二「中国における近代への移行—市場構造を中心として」中村哲編
『東アジア専制国家と社会・経済』青木書店 、1993 年。

所谓"市场的发展"究竟是什么，个体合理性与社会秩序该如何进行调和？可以说清代物价史研究在将精致的统计手法引入其内部的同时，与这些几乎堪称哲学的根本问题也不是全然无缘的。

第二章

道义经济论与中国社会研究[*]

　　自竹内好以来，对不需要与自身进行思想斗争便能够一次又一次轻快地向新思想转换的"优等生"日本的自我厌恶感，至今依然在日本的中国史研究者心中萦绕不散。这或许起到了一种防止外来的新的历史理论侵入中国史研究的防护墙的作用。尽管如此，1970年代以来新的历史学潮流，正企图极大地改变中国史研究的方向。对于中国史研究者来说，这个"侵入者"的真面目是什么，可以说已经到了该竭力搞清楚的时候了。

　　在1989年2月《思想》第776号刊登的《面向政治文化的社会史》一文中，近藤和彦对包括亚洲史年轻研究者在内、涉及人与人的社会性结合的多层次结构，以及与这一结构息息相关的政治文化关联的各种研究进行了评论。在他的评论中，包含了以政治文化的社会史这一问题关心为媒介，呼吁日本的欧洲史研究与

---

　　*　本章原刊于『思想』（792）、1989年。

亚洲史研究之间进行交流的率直提议。比如构成近藤论文中心命题的"道义经济"（moral economy）这一概念——众所周知，是在欧洲民众运动史研究中登场，后来因有关东南亚农村社会性质的斯科特（J. C. Scott）的著作［及其与波普金（S. I. Popkin）的争论］的影响，在亚洲史研究领域也备受瞩目①——关于此，中国史研究者该如何加以认识呢？② 这无疑是个吸引人的问题。

由小农构成的中国社会的漫长历史——人们经常指出这当中有以村落为代表的牢固的社会团体的存在。并且，力图捍卫农村使之不受商业破坏力影响的农本思想一贯地保持着强大的影响力——若从这一角度考虑的话，可以大致认为，传统中国社会才是地道的"道义经济"发源地之一。不过，本章想讨论的并不是道义经济论是否适用于传统中国社会的问题，而是想就现有的在"道义经济"标题下探讨的若干问题——尽管笔者没有能力评判其中何者是"道义经济"概念的正确意义——分析整理日本的中

① 构成这一论争的主要文献有 J. C. Scott, *The Moral Economy of the Peasant: Rebellion and Subsistence in Southeast Asia.* Yale University Press, 1976; S. I. Popkin, *The Rational Peasant: the Political Economy of Rural Society in Vietnam.* University of California Press, 1979. 斯科特的论著还有 "Protest and Profanation: Agrarian Revolt and the Little Tradition Ⅰ/Ⅱ," *Theory and Society* 4 (1, 2), 1977; *Weapons of the Weak: Everyday Forms of Peasant Resistance.* Yale University Press, 1985; 等等。相关文献的集中性介绍，不是我这个外行所能胜任的。作为本论争的适当介绍，有白石昌也「東南アジア農村社会論の最近の動向をめぐって—モラル・エコノミー論とポリティカル・エコノミー論を中心に」『東洋文化』（64）、1984 年 3 月；原洋之介『クリフォード・ギアツの経済学：アジア研究と経済理論の間で』、1985 年、第 3 章。

② 从对中国史研究的立场及以中国研究为素材的方法论的关心出发，内山雅生和李丹对这一论争进行了论述。内山雅生「近代中国華北農村社会の構造と経済研究」『金沢大学経済学部論集』9（2）、1989 年；Little, *Understanding Peasant China*。

国史研究是如何加以处理的，这才是本章的课题所在。道义经济论的诸论点会使人想起曾在日本战后的中国史研究方法上或围绕具体的事实争论中出现过，并且在研究史中未被充分解决而相互纠结的诸问题。以下将尝试结合道义经济论的诸论点，通过对研究史上争论点的简单回顾，看看能否在与其他领域（比如西洋史研究）进行更为广阔的对话中，再度激活这些争论点。

第一节　问题的诸层次

关于道义经济论，日本学界已有很多介绍。在此希望避免叠床架屋的愚举，仅从作为亚洲研究中道义经济论嚆矢的斯科特的议论中，就本文以下论述所必需的范围内，最小限度地抽取几个问题加以论述。

斯科特的著作《农民的道义经济》，就像他自己所指出的那样，是从"经济学领域"出发的。以"维持生存的经济""风险回避""安全第一原则"等关键词所体现的斯科特的议论，其大致内容是，对于在生存线上挣扎、经常遭受变化无常的自然灾害及来自外部掠夺的小农来说，其行为选择的基准并非"利润的最大化"，而是不得不设法保障"风险的最小化"。从"将最大损失的可能性最小化"这一目的出发，他们选择的不是能使平均收入提高的新耕作法，而是风险小的传统耕作法。同样的，与定额租制佃耕相比，他们更希望选择分成租制佃耕。而且，为了能在万不得已时受到保护，他们甘愿与能提供保护的有力者保持一种隶属关系。斯科特认为，这些貌似盲从于惯例的农民的行为，实际上是在安全第一原则的基础上慎重选择的结果。斯科特认为农民这样的行为方式在微观经济学的框架内是可以理解的，农民回避风险的行为可以理解为"风险管理的极端案例"，在确实是无风险而有利益的情况下，农民应该会积极采用新耕作法或进行商品生产。从这一方面看，斯科特的议论与其论敌波普金的著作《理性的农民》中所阐述的观点的分歧，可以说仅仅在于，在作为农民行动基准的利润追求和风险回避之间，何者更受重视的问题。①

对于希望探讨农民反抗之政治学原理的斯科特和波普金双方来说，"经济学"原理或许只是其次要问题。然而，对照日本的中国社会经济史研究现状，斯科特从"维持生存"的共同动机，对农民行为进行整合性说明的尝试充满魅力。如果冒一点过分单纯化的风险，可以说对于具有传统中国社会经济特色的地主土地所有、血缘和地缘性社会集团、有力者与贫民之间的隶属支配关系等现象，过去的"理论性"中国史研究所关心的，不是"为什么会形成这些现象和特征"，而是试图通过赋予诸如"奴隶式""封建式"等性质，从而对这些现象进行历史定位。尽管发掘了许多重要的史实，但这些研究所提供的，与其说是干净利落的整合性社会形象，不如说是掺杂了多种时代性因素而显得纷繁复杂的社会形象，并导致了时代分期论上的纷争。如果不是动不动就借助"遗制""过渡期"等词语，而是从有关人们行为动机若干单纯的假设出发，对多种多样的现象进行具体且整合的说明，这样的方法是否可行呢？也就是说，利用以个人利益动机为基础的整合性"经济学"方法来理解中国社会的可能性，是问题的第一

① 斯科特的立场经常被归属于经济人类学中的实体主义者类别，比如 Huang, *The Peasant Economy and Social Change in North China*, pp. 5-6。而日本读者对该书的第一印象，更在于它的形式主义者的一面。

个层面。

并且，斯科特指出，从"经济学领域"出发的农民道义经济的研究不能停留于这一层面，而必须结合"文化与宗教"加以研究。在其著作的后半部分，斯科特就有关"经济学"论述的前半部分指出，把农民视为"为达到生存条件稳定化的个人目的，毫无道德可言地对周边进行巧取豪夺的市场的个人主义者"的看法具有危险性。他认为，如果仅停留于此，那是忽视了"农民是生长于社会和文化之中，他们接受一定的道德价值观、具体的社会关系、学习对他人行为的期待形态、获得关于从属于相同文化的人们过去怎样朝着同一目标前进的感觉"等核心事实。并且在紧接着的部分中，他将"互酬性的规范与生存的权利"这一双重道德原则作为农村社会"小传统"的真正构成要素进行了分析。①

在该书中，斯科特的着眼点在于强调超越仅仅以利益动机进行的经济学分析，强调道德伦理的方面，但是不能忽视这里还存在着不足。"维持生存的经济"是如何产生"维持生存的规范"的呢？以"市场的个人主义者"为基础的社会图像，与拥有相同价值观、相互帮助的农村社会图像之间——如果斯科特不否定前者的话——具有什么样的关系呢？此处正是波普金的批判所在。每个人共同拥有维持生存的目的，以此为前提直接导出村落的运营是以能保障全体村民生存的做法而进行的这一道义经济论，是错误的。这是因为，如果每个人谋求的是以最小的代价来获取最大利益的话，那么，人人都愿意成为对公共事业没有任何付出而坐享其成的"白搭车者"（free rider），同时因为警惕"白搭车

---

① Scott, *The Moral Economy of the Peasant*, p. 166.

者"的出现，人们对村落的公共事业就不会积极地进行合作。①
波普金的议论看似有些吹毛求疵，但这里所涉及的，是如何说明
在功利主义个人相互斗争的理论前提下，秩序乃至规范何以存在
的问题。这是霍布斯提出"万人与万人之争"这一命题以来的社
会科学的大问题。

在以基于生产关系的阶级分析为理论支柱的战后日本中国史
研究中，黯然地成为前提的，是基于个人的物质性利益这一动机
而行动的功利主义人类模式——尽管其人类模式当然与近代经济
学的社会图像有所不同。在上述学界情况中，也有若干学者强调
道德、宗教等问题的重要性，而主张这些问题具有独特的意义，
不仅限于虚伪意识或斗争工具。当时这些看法被当作异端，然而
却形成了不可忽视的潮流。人类行为的功利主义解释与道德、宗
教等规范要素之间的关系，构成了问题的第二个层面。

问题的第三个层面，应该说是"规范成立的场的结构"，即作
为社会结构论的方面。前揭近藤论文中最受关注的，是道义经济论
这一方面，即用"由多样的民众所组成的小宇宙的独自性、自律
性"，"环绕在此小宇宙之外的世界发挥着怎样的支配主导作用，与
此对应，自律的小宇宙如何运行这样的相互作用和全体结构"，"相
对独立的文化（世界）"之间"相互渗透又相互冲突"等语言所表
述的社会结构论方面。正如近藤论文所介绍的，斯科特的论文《抗
议与冒渎》涉及了这个问题，并记述了由精英分子肩负的"大传
统"与由农民承载的"小传统"之间，存在着结合了从属与对抗两
方面的所谓"通过讨价还价而形成的从属"关系。

---

① Popkin, *The Rational Peasant*, pp. 24-27.

斯科特认为，东南亚社会中"小传统"发挥作用的主要的场是村落。虽说开放或封闭因地区的不同而稍有差异，但是"村落不只是各个家庭的物理性的集合"，是基本相似的。"第一，村落在某种程度上与外部是孤立的，形成了行为的——以及地位、影响力、权威——地方性系统。第二，村落作为共享认知与信息——政治性意义——的明确范围，与外部的世界是相对独立分离的。最后，村落具有排斥外来人的倾向，同时是道德性义务（即强有力的社会制裁）的单位。"① 但是，在波普金看来，村落就是由有力者抑制着村落内部的对立、猜疑和竞争的系统，他从这个角度来把握共同体的性质。并且他认为，村民中总是有人怀有企图通过与外部的结合来获得利益与权力的动机，市场经济与国家权力并不是道义经济论者所指出的从外部的"侵入"，而是来自内部的要求。

关于东南亚传统村落的这些论述正确与否，将留给东南亚研究者去判断。只是在这里所论述的村落的共同体性质，在中国史的研究中也是一大论争点。强调作为小宇宙的村落的孤立性及其与外部世界隔绝性的见解，因为与停滞论相关联，在战后受到了批判。② 但是所谓"国家与社会"问题，即社会团体与国家权力之间的关系，仍然是中国史研究中的大问题。关于中国传统的村落，也存在强调它是缺乏内在统合的各个家庭的物理性集合这样有影响力的见解。尽管如此，只要传统中国社会没有陷入"万人

①　J. C. Scott, "Protest and Profanation: Agrarian Revolt and the Little Tradition Ⅱ," *Theory and Society* 4 (2), 1977, p. 213.

②　松本善海「旧中国社会の特質論への反省」『東洋文化研究』（9、10）、1948年9月、1949年2月。

对万人"的永久斗争，而是保持一定的秩序而延续的话，这种秩序究竟是在什么样的场中，以怎样的方式发挥作用的呢？这是问题的第三个层面。

当然，道义经济论所提出的问题不是这三个层面所能穷尽的。但是，当我们思考日本战后的中国史学者所展开的学术论争的基础性根本问题时，以上三个层面无论何者都将因具有某种切实性而显现出来。以下按顺序依次予以探讨。

第二节 小农的维持生存经济

当我们试图以从西欧及日本的历史中抽象出来的发展阶段模式，来衡量中国社会的发展度时——实际上即便是现在，这样的努力也还在继续——经常面临的困惑是，中国社会很早就具有"近代性"的一面，然而时至今日，还是有一些"前近代性"因素没能被彻底清除。一方面，在帝制时代的中国，并没有在整个社会层面上把社会分工予以世袭固定化的身份制度，包括生计职业的选择、土地买卖，以及租佃关系的形成等在内。经济活动中广泛的领域都建立在每个人的"自愿非逼"（基于自发性的合意，而非强制）的契约上——至少在形式上如此。但是，另一方面，通过这样"自由"的契约而形成的关系，不是市民社会和资本主义的"近代性"诸关系，而是伴随高额地租的"封建性"租佃关系和"奴隶性"人身隶属关系。这些都是令研究者非常苦恼的难题。既缺乏"封建性"的身份关系，同时又不是"资本主义"，这一问题与过去欧美学界关于"从封建制向资本主义过渡"的论争及日本学界关于"日本资本主义论争"中被提及的过渡时期的分期问题具有某种共同性。然而，在中国，成为对象的时期不是前近代与近代之间的短暂过渡期，而是两千多年的整个帝制时代，或者即使进一步加以限定，仅限于废除了土地买卖限制、地主的土地所有制得到了全面展开的宋代以后，那也是长达千年的漫长时期。

战后日本的中国史研究，主要在分期论的框架内解决这一难题。作为代表的例子，可以举出围绕宋代以后土地所有性质问题的论争。[①] 1950 年代开始的围绕宋代的佃户是否被紧紧束缚在土地上这一事实问题的论争，在宫崎市定和仁井田陞之间发展成为与分期方法相关的论争。在有关分期问题的正面论争结束已久的今天，这一论争的形态或许让人觉得有些陈腐，然而这是事关传统中国社会经济基本性质的大规模论争。并且，在早期就暴露出日本战后中国史学所存在的问题点——以起源于西洋的模型来理解中国历史发展的方法——在这一意义上，或许可以说这一论争是研究史上重要且必然的事件。众所周知，由于这一论争没能得到明确结论而结束，所以宋代以后"近世"（近代早期）说和"封建制"说的分歧，在日本的中国史学界一直遗留到现在。但是在争论过程中，很多核心的论点被提了出来——尽管未必被充分明示。

比如，主张宋代以后"近世"说的宫崎市定，强调在当时的地主与佃户之间，几乎不存在带有"封建制"特色的人格性、身份性支配从属关系，当时的地主与佃户之间的关系是建立在对等契约基础之上的经济关系，即使地主抓住佃户的弱点残酷地役使他们，那也不是法制上的权力，而是建立在"具资本主义性质的

---

① 相关文献很多，本章直接涉及的有宫崎市定「宋代以後の土地所有形体」『東洋史研究』12(2)、1952 年；仁井田陞「中國社會の農奴解放の段階」『中國法制史研究』(奴隷農奴法・家族村落法)、東京大學出版會、1962 年。

威力"基础上的产物，这是近世的特征。在这里，如果对宫崎市定试以"资本主义性质"这一本身比较暧昧用语的含义进行更为建设性讨论的话，或许能够看到非常有趣的结果。而仁井田陞针对宫崎的论点批判道，尽管是通过契约形式而形成的关系，但那只是允许地主单方面恣意妄为的"契约"，而不是资本主义性质的契约。这一批判尖锐地指出宫崎对隐藏在契约行为背后而支撑着契约行为的秩序框架的漠视。如果不仅仅停留在认为当时的契约不是近代契约这一否定性论断上，对当时的契约及作为其支撑的秩序积极地予以关注的话，将存在着在新的方向上展开议论的可能性。总之，由于双方都忠实于利用起源于西洋的发展阶段模型来对中国社会进行定位，使得对问题的讨论仅仅停留在是近世还是封建制的对立中，而没有把注意力转向由当时人们自身的功利性选择而形成传统性、隶属性关系的过程。

这样的问题关心，在关于宋代以后土地所有性质的论争发生之前就已经存在。持与时代划分论相对立的类型论立场——把中国社会经济的特征和特性作为问题的立场——的论者，将它以精练的方式表达出来。作为其代表，可以举出的是 1940 年代末柏祐贤和村松祐次的议论。[①] 村松在对自己方法的说明中，把中国经济总体比作竞技，对相当于竞技规则的东西进行了如下说明。

在特定的法性质、惯例性质的秩序之下，各经济主体在

---

① 柏祐贤『経済秩序個性論：中国経済の研究』Ⅰ、Ⅱ、Ⅲ；村松祐次『中国経済の社会態制』。

无数的允许这样或不允许那样……体系制约下，相互结合。广义上的社会规范或社会伦理这样的词语，可说是这一体系的表现。这种体系使得身在其中的各个经济主体，行动上不知不觉中受到几乎是条件反射般的支配，并赋予特定社会中各个成员的生活以某种独特的节奏。考虑到此种情形的话，该特定社会的"心意"或者"国体意识""生活感觉"等，也可以理解为与此体系相表里的东西。

合股（合资组织）、家庭手工业及包买制度等组织，是各个经济主体对应这样的规则，"为扩大、强化和确保其经济行为的效果，通过配置人员、区分物品、规制经营及生活等方法形成的内部性秩序"。用竞技来比喻的话，"相当于场上位置的决定、练习的安排及竞技时队伍的编成"。在其著作《中国经济的社会态制》中，村松祐次试图从民国时期的中国经济现象中解读这一竞技规则，并对形成于其中的多种多样的组织和制度进行整合性说明。这里所体现出来的，是基于各个经济主体的动机和行为基础进行说明的方法论上的个人主义立场，并且这里所谓"个人"，不是与外部环境相隔离的抽象的个人，而是将特定社会的"心意"内化（internalize）的个人。

与斯科特一样，村松祐次和柏祐贤都强调了当时人们所处的自然和社会环境的不稳定性，以及与之相表里的人们的自卫性心情，对维持家计的关心及通过人与人之间的关系谋求安全保障的倾向等。其所谓人际关系，是基于血缘、同乡等而形成的宗族、同业公会及村落等社会团体，或像柏祐贤用关键词"包（承包）的秩序"所表达的那样，是作为承包式相互关系的连锁而形成的经济秩序。① 这些不是非合理性的"遗制",而是被看作为了应对不稳定的环境,主体性地形成的秩序结果。这样的观点与斯科特的"经济学"观点甚为接近。然而有趣的是,他们所描绘的社会图像却大相径庭。斯科特所描绘的,是以村落内部共同意识为保障的相互扶助制度,以及被村落与外部世界之间所存在的互酬规范等所支撑的稳定且明确的习惯性秩序。相反,从村松祐次、柏祐贤等的著作中所能看到的,依然是充满竞争和不稳定的中国经济图像。尝试从个人层次来克服环境不稳定性的人际关系的形成,相当于村松祐次所说的"队伍的编成",这一状况不是竞争本身的停止和缓和,而可以将它比喻为一个市场内的许多经济主体,通过激烈的竞争,不断尝试去实现独占的情况。与波普金不同,柏祐贤和村松祐次虽然也高度关注对象世界中个体性的"心意"、"生活感觉"或"伦理秩序",但并不把这些看作直接的相互扶助性质的共同性,而是将它理解为中国社会中人人心中所共有的竞争法则。并且,他们还指出农民行为带有安全指向的同时,也具有冒险性和投机性的一面,这两个方面相互补充、相互纠缠,构成了具有"商业性律动"的中国经济图像。

这种中国社会图像正确与否,在这里还无法论证。就笔者个人看来,对于中国经济的不稳定且充满竞争的形象,与中国传统知识分子的看法出人意料地接近。尽管早就存在自由竞争的经济制度,但与此相对应的自由主义经济思想体系并没有得到发展。之所以旨在美化自给的农村、限制商品经济的农本思想得以有力

---

① 比如关本照夫所论述的东南亚社会中经济行为的"二者关系"性质,与柏祐贤的论述相比较颇有意义。関本照夫「二者関係と経済取引—中部ジャワ村落経済生活の研究」『国立民族学博物館研究報告』5(2)、1980 年 6 月。

地持续存在，可以说是因为当时的人们并不把眼前的竞争性经济看作均衡的体系，而是看作一旦放任自流，将因弱肉强食而导致经济全面崩溃的无规范状态。中国传统的知识分子大都不肯乐观地认为，在功利主义利益追求的延长线上，能自然而然地产生完满的秩序。传统中国的经济论并没有成为以个人的利益追求为前提，对经济外因素予以排除的纯粹形式的"经济理论"，而往往具有将伦理摆在优先的位置，力图对经济的自然动向加以控制的政策规制论的倾向。这与其说是由于时人的无知或阶级利益的缘故，不如说是因经济不稳定的危机感而产生的思想倾向。

第三节　中国经济中的伦理与宗教

关于传统中国的哲学、社会思想及宗教的研究，在战后日本的中国研究中占有很大比重。然而，在作为社会经济史研究核心的"理论性"中国史研究中，超越功利主义，使人们趋向共同性的伦理、宗教问题，未必占据有牢固而重要的位置。把伦理道德看作以阶级支配的正当化为目的的意识形态，或者把农民宗教看作农民反抗中暴露出来的不成熟的阶级意识等，可以说是对此问题最具代表性的处理方式。但若干论者对这些主流见解从正面提出异议，强调伦理、宗教问题不可能完全还原为经济支配关系，而是具有独特意义。提及这类论者，首先浮现于人们脑海的，是在 1970 年前后给中国史研究以冲击的谷川道雄和小林一美两人。[1]

---

① 谷川道雄『隋唐帝国形成史論』筑摩書房、1971 年；谷川道雄『中国中世社会と共同体』国書刊行会、1976 年；小林一美「抗租・抗糧闘争の彼方―下層生活者の想いと政治的・宗教的自立の途」『思想』（584）、1973 年 2 月。

当然，两者性质上的差异也是显而易见的。谷川强调的是作为共同体结合主宰者的士大夫自我抑制的伦理，也即作为支配层思想方面的伦理问题；与此相对，小林则致力于探讨在农民反抗中，农民是如何突破基于个人利害的经济斗争的界限而获得新的共同性理想这一问题。在斯科特的议论中，这两种接近法以统合的形式被包含在"小传统"论之中。即村落的人们所共有的伦理，在作为由村落的有力者运营的基层社会日常生活支撑的同时，也是抵抗"大传统"支配的"影子社会"（shadow society）、"另一个象征性宇宙"的基础。然而，在以地主、士大夫对农民的阶级关系为主轴而展开的日本中国史研究中，共同体支配伦理与抵抗伦理两方面之间自然而然地分离，结果形成了二者从两极分别对战后中国史学的经济决定论倾向进行批判的构图。

被中国史研究者通称为"谷川共同体论"的谷川道雄的论述，是直接从关于六朝时期（3~6 世纪）社会的研究中推导出来的。这一问题意识所涵盖的范围，甚至触及战后日本中国史研究方法上的框架，及其内在的近代主义的想法。谷川认为，能使并非大土地所有者的六朝贵族成为当时的支配阶级，是他们具有的士大夫道德，以及将他们作为指导者加以评价的舆论。六朝贵族通过自我抑制世俗欲望，从而使家族、宗族和乡党等共同体结合得以实现。"如果说欧洲社会曾具有可视为私有财产制发展史特征的话，那么，中国史应该被理解为具备村落共同体自我展开过程的性质"，"对中国史的这种理解，只有置身于超越所谓'近代'的位置，才能成为可能"。[1] 谷川以这样直率的表达，对战后中国

---

[1]　谷川道雄『中国中世社会と共同体』、289 頁。

史学中的阶级分析方法提出了异议。

这种共同体论很自然地受到当时理论派研究者的批判。比如明清史研究者重田德带着奚落的口吻批评说，谷川道雄所设想的是"世间稀有的伦理性精神世界"，并且他的共同体论"承载着过于天真、多余的梦想，因此没办法使之作为历史学的方法而客观化"。[①] 然而，谷川如法国社会学家杜尔凯姆（E. Durkheim）那样自始至终满怀信念地坚决主张，社会之所以成为社会，首先最为重要的是内部的共同意识，这是无法被还原为物质上的利害及基于此的支配关系的。谷川的观点本身绝非过于天真的议论，而是尖锐地质疑了作为战后中国史学黯然前提的功利主义人生观。

重田德就谷川共同体论指出："共同体本来是由该历史发展阶段固有的各种物质条件所必然构成的。共同体是再生产活动所必需的媒介，同时，由此不可避免地束缚了成员的个别意愿。谷川并没有明确指出他所谓的共同体的实质性基础及其作用到底是何物。他所讲的共同体的基础几乎无异于民众在极限状态下所发出、对人人平等的愿望和希求的感情性条件。"即重田对其"主观性、观念性的性质"予以了批判。重田的这一批判，使我们把注意力转到了谷川共同体论中作为"实态"的共同体和作为"志向"的共同性[②]之间的关系上来。谷川道雄所说的"共同体"到底是实态还是希求呢？并且，如果那只不过是希求的话，那么这种希

---

① 重田德『清代社会経済史研究』岩波書店、1975 年、391-392 頁。

② 前引白石昌也在论文中指出，在包括道义经济论争在内的东南亚农村社会研究的总体中，可以看出"规范与实态之间的混淆"这一方法上的欠缺。白石昌也「東南アジア農村社会論の最近の動向をめぐって―モラル・エコノミー論とポリティカル・エコノミー論を中心に」『東洋文化』（64）、1984 年 3 月。

求——正如重田所暗示——难道不能成为一个严谨的研究者去研究的对象吗？谷川强调，六朝贵族的伦理世界不是"单纯观念的世界"，而是"与成为其道德对象的社会——家族、宗族、乡党或士大夫的交际社会——之间所结成的现实人际关系"。[①] 作为其实例被举出的，是由豪族统率的自卫式村落等。但谷川论著中频繁出现的"共同体"一词所含有的志向性和作为道德理想的性质，一定会给读者以深刻的印象。谷川所关注的，是在六朝这一动乱时期，人们克服混乱、走向共同秩序的意志，而不是构成前近代社会基础、已经完成的共同体的实际存在。这一关注点，在如下论述中表现得很明显："所谓乡党共同体……就是乡论的社会，即乡人对贵族的共同心情发挥作用的社会。因此，其所构成的不是特定的、排他性世界，而是可以从身边向更广阔的范围，比如从郡县向天下国家这样同心圆式地扩大。"[②]

在把"共同体"看作客观的实际存在的研究者看来，谷川共同体论的主观性可以说是决定性缺点。但是，正如谷川道雄在批判把隋唐帝国作为非人格的支配机构所进行的分析，主张应该追问"这一历史世界得以形成的现实性（reality）"[③] 时，这一"现实性"无非是当时的人们对隋唐帝国所赋予的意义，即"时人眼中的隋唐帝国"之意。缺乏这样的"意义"，客观实际的"国家"和"共同体"是否可能存在，这是谷川的诘问所在。而谷川共同体论所存在的问题，应该说在于他所强调的伦理是"自我抑制的伦理"，其内容过于一般化——其实即便今日，我们也是在细致的

① 谷川道雄『中国中世社会と共同体』、103 页。
② 谷川道雄『隋唐帝国形成史论』、23-24 页。
③ 谷川道雄『隋唐帝国形成史论』、7 页。

自我抑制体系下过着日常生活的——中国或者说六朝所固有的伦理体系，可以说还没有被清楚地描绘出来。

在关注"共同体"的"主观性"这一点上，小林一美也是一样的。小林主要以抗租（不缴纳地租）、抗粮（不缴纳赋税）这样民众的经济斗争是如何"越境"成为政治和宗教上的反抗为研究对象。他主张应该探究从内部支撑反抗的民众的精神世界。其中最大的着重点是支撑反抗的民众的精神世界不是扎根于现实日常生活的世界观的延伸，而是与日常性利害状况断绝、"颠倒"下所构筑的"幻想的共同体"这一观点。并且，作为对此论点刨根究底的结果，小林通过论述在反抗时日常世界中的"负面性"——女性、残疾人、外来人等——向圣性的逆转，来强调这一颠倒、断绝的面相。[①]

在战后的日本中国史学界，最根本地从原理上提出伦理、宗教问题的两位研究者——谷川道雄和小林一美——的论述中，伦理、宗教并不是深深地扎根于日常稳定生活秩序中的东西，而是作为人们为情境所迫时的心情所推动而朝向共同性的"志向"或"幻想"来加以把握。如果将它与斯科特的论点加以对比的话，就会发现一个非常有趣的问题。在此被设想出的，是与残酷的竞争社会相表里的浓厚的共同性形象，以及对共同性的强烈愿望。这同时是与今天的日本人对中国社会往往抱有的双重形象问题——在精于打算的同时又重视伦理性，在自私自利的同时又讲究亲和性——是相互重叠的。并且我们会发现，传统中国社会的

---

① 比如「斉王氏の反乱—嘉慶白蓮教反乱研究序説」青年中国研究者会議編『続中国民衆叛乱の世界』汲古書院、1983 年。

共同性伦理，比斯科特所说的"互酬性规范及生存的权利"更具有直接无媒介的一体性——类似血缘、同族那样——形象。那不是被客观化了的与"他者"之间的权利、义务关系，而是活生生的一体感。并且，现实中的共同关系是多种多样的——恰似父母和子女的一体性关系，既可以是最亲密的亲情，也可以是最冷酷的支配。皇帝与子民的关系也好，秘密结社的结合也罢，所谓共同性，往往被以父母、兄弟这样的血缘来暗喻和理解。这种传统中国的社会观——也有人称之为"亚洲性质的"——并不是生物学血缘关系上的自我埋没，而是生活在不稳定社会中的人们所追求的共同性的原像。

第四节　规范成立的"场"的构造

对于斯科特来说，在东南亚传统社会中实质性地约束人们生活的团体就是村落，没有再次论证的必要，因为这几乎是不证自明的。然而，在日本的中国史研究中，从 1940 年代开始就村落共同体的性质问题展开了论争。直至今天，"村落共同体"还是一个重要却未得到解决的课题。

以 1940 年代前半期在日本占领下的华北农村进行的调查为资料，平野义太郎和戒能通孝之间围绕中国村落的性质问题进行了论争，由于已有旗田巍的精当解说，[1] 这里不予赘述。在此只是想指出，已有学者注意到，[2] 强调中国自治性村落亲和秩序的平野与

---

[1]　旗田巍『中国村落と共同体理論』岩波書店、1973 年、第 5 章。

[2]　Huang, *The Peasant Economy and Social Change in North China*, p. 28.

指出中国村落缺乏共同体意识的戒能之间的论争，与围绕东南亚村落性质的斯科特与波普金之间的论争具有共通之处。

　　这场论争之后，平野义太郎所描绘的——"住民占有一定范围的土地，在其热爱的土地上勤于农耕之业的同时，以守护一乡保佑农民的神庙为中心，将代表村民祭祀庙神的权威者拥戴为首领，过着社会集体性的协同生活"①——这样的中国村落图像已经褪色，但对"共同体"的关注不但没有衰退，反而成了代表日本中国史学研究特征的一大课题。有关共同体内部的阶级关系、促成共同体结合的物质基础，以及共同体的具体范围等方面所进行的论述，这里由于篇幅的关系无法予以介绍。仅就这些共同体论背后所具有的秩序观加以考察的话，可以说有两个特征。第一，将秩序成立的框架归结为国家或者说共同体这样具有明确范围的集团倾向。由此便出现了负责解决纷争的是国家还是社会集团，组织水利灌溉等共同劳动的是国家权力还是在地共同体这样两项对立的问题。第二，是与此相表里、把秩序问题理解为团体内部的客观支配与被支配结构的问题。其结果，对各种各样的社会团体是如何通过人们的行为而形成的这样的过程的问题关心，被置于考察的范围之外。与此一起被忽视的，是个体在比社会团体本身还要广泛的"场"中如何活动，以及这些个体活动的主观性动机如何等问题。在笔者看来，这种狭隘的秩序论框架遇到了若干难题——比如难以指定共同体的具体范围、"国家与社会"问题的纠结等——如何突破这一问题的框架本身，可以说目前学界还处在摸索之中。

---

① 『北支の村落社会』(1944)，转引自旗田巍『中国村落と共同体理論』、45 頁。

1981 年，森正夫在题为《地域社会的视点——地域社会与领导者》的中国史专题讨论会基调报告中，提出了作为方法论概念的"地域社会"。在此他关心的是，"在日常性意识上规定着我们，同时又被我们自身所支撑的秩序或者说秩序原理"到底是什么的问题。根据森正夫的定义，这一"地域社会"是"在孕育阶级矛盾、差异的同时，拥有以广义的再生产为共同现实课题的诸个人，被置于共同的社会秩序之下，在共同的领导者（指导者、指导集团）的领导（指导）下受到统合的地域性的场"。他提倡道，"在人们所生存的基本的场中，在意识上规定了该场内的成员，并且被其成员所规定的社会秩序问题……是与经济、政治和意识形态等都存在微妙差异的不同领域的问题"，应该积极地将它当作研究对象。① 这一"地域社会"，是与村落和县这样的实体性框架不同的方法论概念，缺乏具体的形象，甚至有些显得模糊不清。但是，森正夫的议论其实包含了对秩序框架等同于实体性团体这一倾向的批判。在这一意义上，可以说实体构架的缺乏就是必然的了。若允许大胆揣度森正夫议论潜在含义的话，笔者认为，在森正夫的地域社会论中，其分析单位未必是与明确的团体相互重叠的"场"，而是人们意识中所共有的一个认知世界。在此认知世界的内部，人们认识到了对立竞争的各种势力，认知了领导，与他人建立关系，成立团体，选择行动方案。这可以比喻为一种竞技场的样子，"秩序"就是行动于其中的人们所共有的对竞赛的理解及他们对其行为赋予意义的方式。

---

① 森正夫「中国前近代史研究における地域社会の視点—中国史シンポジウム「地域社会の視点—地域社会とリーダー」基調報告」『名古屋大学文学部研究論集』史学第 28 号、1982 年。

　　将中国社会的秩序空间设想为具有各自的习惯法，并据此来统治其成员的共同体乃至地域团体的马赛克式集合这样的思考方法，即使在法制史领域也受到强有力的挑战。滋贺秀三在论述清代的审判制度时，驳斥了村落、宗族、行会等民间团体具有审判权，以及各地方存在不同的习惯法这样对中国审判制度的常识性理解。他指出，在民间时常进行的纠纷处理只不过是私下的调停，并不存在可作为法的被实在化了的地方性习惯。不过，滋贺也不认为全国性适用的国家法规及基于此的审判是解决纷争的主要手段。相反，他认为中国的审判并不是根据作为某一领域内超人格、非人格地适用的规则——"法"——来解决纷争，而是遵循普遍性常识性的道理（"理"），并且考虑到具体的个别情况及当事者的心情（"情"），把当事者的臣服看作实质性的妥善解决，即具有调停的性质。在这一意义上，与民间的调停没什么本质的不同。[①] 从滋贺的此议论可以看到的，不是各地域不同的习惯法马赛克式的堆积，并与国家法相互摩擦对立的样子，而是对普遍性公正与地方具体情况的关心，在寻求实质性公正这一目标中融为一体，形成了一个没有明确界限空间的"规范得以成立的场的构造"。

　　可以预想到，在地方社会中的人们在实际行动时，一定存在某些准则，使得人们可以预测相互之间的行为，社会得以顺利地运行。如果这不是以"法"这一形式出现的话，那又会是什么呢？寺田浩明从"如果秩序不是汇集成西洋式的'法与审判'的形式，那么当时的规范媒介性的秩序，究竟是在怎样的结构支撑下形成、存在和发展的呢"这样的问题出发，论述了相当于行为准则的"惯行"在

① 滋贺秀三『清代中国の法と裁判』創文社、1984年、第4、5章。

清代地方社会中如何发展的问题。他指出，清代的民事惯行不具备被固定为客观规范的制度性构造，包括地方官等在内的拥有或大或小影响力的行动主体，按照各自的判断来行动，其行为事实上的"重心"被视为惯行。因此，惯行仅仅是多数人所采取的行为方式，在这一意义上与"风俗"没什么本质性区别。①

如果把地方社会的人们共有具体、明确的"法"，并且地方民众对这一"法"亲手予以坚定执行这样的议论视为道义经济论构成核心的话，那么，否定在中国存在习惯法的观点，可以说正好与此论背道而驰。然而，对民众来说是正义的观念，即使在社会的公共场所中，应该说也具有各种各样的类型。对地主富农"为富不仁"地蓄财的批判，对于中国下层民众来说是理所当然的事情，但这未必是以地方社会的"固有之法"为基准。一方面是持续存在了两千多年的中央集权国家体制——进而言之，是把全天下想象为被统一于唯一权威下的空间这样极端的普遍主义。而另一方面是始终也没能实现制度化，却给人们的行动带来强有力影响的当地势力、社会集团及地方习惯。要对这两者进行整合解答，难道不需要尝试把包括道义经济论在内的西洋式"法与秩序"的观念相对化，虚心地解读生活在中国地方社会的人们眼中所映现的秩序形态吗？

* * *

斯科特在《农民的道义经济》一书的开头论述道："关于农

---

① 寺田浩明「清代土地法秩序における「慣行」の構造」『東洋史研究』48（2）、1989 年 9 月。

民的政治行动及其反抗基础的这项研究的出发点，是把'农村人的生存状况'比作'就像一个男子不得不久久站立于淹至脖颈的水中，哪怕是小小的风浪也可能将其淹没'这一托尼的比喻。"托尼就是有名的英国历史学家托尼（R. H. Tawney），这一比喻引自他应太平洋问题调查会的邀请而访问中国的调查报告——《中国的土地与劳动》。《中国的土地与劳动》出版于 1932 年，在同年度出版的乔治·勒费弗尔（George Lefebvre）《1789 年的大恐慌》的开头，恰好也能看到引自丹纳（H. Taine）的《旧制度》相同的比喻——"人们像在水淹至嘴边的池中行走的男子，水底略微的凹坑，或者随便一个微小的波浪，也能使他们失足——沉没，窒息死亡"。"将要淹没的男子"这一比喻，超越了研究对象的时期和地域差异，同时给世界大恐慌时期的两位历史学家以心灵上的震撼，这是引人深思的。这一比喻之所以给我们以深刻的印象，不仅仅在于它显示了农民的穷乏景象，同时在于从中鲜明地折射出了人们在孤立无援，却不得不面对无可奈何的状况时的不安心情。关于中国社会人们的生存状况，本章所提及的诸研究，其根本上或明或暗似乎都存在这一相同的印象。这些成了战后日本中国研究中"内在理解"传统的一部分。

"将要淹没的男子"这一比喻当然不仅仅对中国传统社会有效。作为"小农经济"的社会特征，那应该是一个广泛适用的比喻。但是，以这种状况为基础所构成的秩序形态，是多种多样且各具个性的。那么，传统中国的秩序形态到底是什么样的呢？对这一问题进行探究的尝试，现在才刚刚开始。

第二篇

第三章

清代前期江南的米价动向[*]

明末清初作为一个给中国社会带来质的发展的划时代时期，一直以来备受瞩目。本章及下一章，是尝试从物价的角度来描绘这一时代的准备工作。本章论述的中心是米价，至于其他各种物价，则将在下一章进行论述。

自货币产生以来，人们就对物价十分关心。从先秦时代开始，物价的高低，或由官方进行记录，或由出于困惑或自我满足感的知识分子私下记述。因此，物价涨落现象本身可以说是伴随货币而长期存在的泛历史性现象。

关于明末清初资本主义萌芽论、农奴制成立论及乡绅支配成立论等有关社会性质的议论，曾经是研究者问题意识的主干。对物价的论述则比较少。[①] 这或许是因如下见解所致，即应作为终极

---

[*] 本章原刊于『史学雑誌』87（9）、1978 年 9 月。

[①] 关于清代物价的先行研究，由于在本书第一章中进行了介绍并整理了论点，这里省略了原来发表时以简单介绍研究史为目的的原注。1977 年写作本论文时，主要关注的先行研究有彭信威、全汉昇、王业键、宫崎市定、重田德、安部健夫及寺田隆信等的诸研究。

问题意识的，是对基本经济结构不可逆性的质变的探究，而物价只是因生产量和货币量等外在量性因素而变动的数值，与此关系不大。因此，商品生产、农村手工业的展开、赋役制度的变革，以及抗租的盛行等能成为某一发展阶段直接指标的现象，作为理论分析的对象受到热切的关注。与此相比，崇祯年间到顺治年间的物价暴涨，以及康熙年间的物价低迷，则几乎没有被当作"历史事件"来对待。

物价史在明清社会经济史研究中，还不能说是方法论已经确立的领域，其方法的有效性不得不说尚未得到确证。一般认为，有关前近代史研究中物价史接近法的有效性存在两大疑问。第一个疑问是，前近代的物价即使被正确记录了下来，但由于一般不是通过直接生产者相互之间的自由交换所形成的价格，并非贯彻价值法则的产物，具有偶然、恣意决定的倾向，因此对它进行分析的有效程度本来就受到局限。[①] 第二个疑问是，在进行分析之际，史料上的物价资料究竟有没有足够的精确性与数量。其实关于清代中国的研究中，这两大疑问也是应给予充分考虑的问题。关于第一点，过去一些实证性研究就清代市场是否可能贯彻价值法则的问题，可以说大体持否定的观点。许多研究者指出，直接生产者的商品出售往往是迫于窘困而进行的，因此导致的"贱买贵卖"使得传统资本有获得高额

---

① 从以上观点出发，指出前近代物价史研究有效性局限的，有伊牟田敏充「開港と幕末の経済的危機」歴史学研究会編『明治維新史研究講座』（3）、平凡社、1958 年。

利润的可能。① 关于第二点，如后文将论述的那样，清代的物价
资料大多零散且夹杂着主观记述，并且有关度量衡、货币种类、
商品品质等记述也多有含糊之处。如果考虑到清代中国的度量衡
及货币非常不统一的实际情况，要从各种不同史料中摘录出多种
价格，寻找其相互间的直接关联，或者相互比较并进行一定的论
证，可以说是不大可能的。

　　然而在清代的江南，可以看到不少时人对一县乃至数县价格
行情的记述，并且这些记述相当一致。这一事实显示，对当时的
江南人来说，价格行情理所当然存在，而且可以简单地被认识。
这也昭示出，在清代江南的各市场圈内部，通过市场竞争，形成
了类似由一物一价法则所决定的市场行情。虽然清代价格的形成
被认为并非贯彻价值法则，但这并不意味着由经济外因素孤立、
恣意地决定每一次买卖的价格，即未形成行市。毋宁说指的是，
因为市场中的直接生产者和零散消费者的主体性还不成熟（比如
迫于窘困而贱价出售等），结果通过竞争而形成的价格行情对直接
生产者和零散消费者不利。并且，在当时江南人的记述中，价格
行情的存在及其波动是不言自明的。据此可以推测，对他们来说，

---

① 比如藤井宏「新安商人の研究-3-」『東洋学報』36（3）、1953 年 12 月等。
过去强调明清及民国时期农村市场并没有贯彻价值法则的研究，最近受到了
批判。吉田浤一「20 世紀前半中国の一地方市場における棉花流通につい
て」『史林』60（2）、1977 年 3 月；足立啓二「明清時代の商品生産と地主
制研究をめぐって」『東洋史研究』36（1）、1977 年 6 月。然而，仅以生产
物の商品化は由直接生产者恒常进行（足立启二），并不存在将小生产者与市
场割离开来的独占（吉田浤一）等事实，作为论证价值法则是否贯彻的充分
条件这一点，还存在探讨的余地。在与直接生产者竞争的形式下，大量的农
作物通过地主之手实现商品化，以及广泛的直接生产者、零散的购买者家计
的困窘等条件，可以说将大大弱化价格通过竞争向价值水准接近的复原力。

至少在特定的市场圈内部，度量衡的不统一并不会对行市的成立构成太大的障碍。当然，仅仅依靠对当时的物价资料数值进行统计处理的做法是危险的，但是若不拘泥于物价数值，而是通过收集时人有关物价动向的陈述——对物价的上升或下降的综合性、直观性认识——在某种程度上还是可以重塑物价的长期性动向的。

虽然清代的"物价"比起近代物价在许多方面还有含糊的性质，但至少重构同时代目击者所见价格行情的长期性趋势在当前也不是不可能，同时在一定范围内也是有效的。

第一节　关于米价资料

本章以整理清代前期的米价资料为目的。所谓清代前期，指的是顺治（1644~1661）、康熙（1662~1722）、雍正（1723~1735）和乾隆（1736~1795）的约150年。作为参考，对明末的资料也有所涉及。在地域上，以江南三角洲地带为中心进行资料收集。①

一　资料性质

物价资料的来源多种多样，大体上可分为两个方面——官方调查、私人观察及其他。

1. 官方调查

在清代前期的米价资料中，占最大部分的是奏折中所报告的各地米价。所谓"奏折"，是对皇帝的奏文形式之一。"题本"是

---

① 之所以选择以江南为中心，除能够得到较为丰富的米价资料外，还因为江南是粮食流通的一大中心，对将来地域间价格差的研究来说也是不可或缺的典型地域。

通过官僚机构向皇帝提出的公开奏文,与此相对,"奏折"是个人向皇帝提出的非公开奏文。奏折制度始于康熙年间。康熙三十二年苏州织造李煦的上奏文被认为是最早的奏折。[①]

米的收成和米价,与结社活动或流言等一样,被看作事关地方世情人心的情报,因此是奏折内必须报告的重要事项之一。在康熙三十二年之后的苏州织造李煦的奏折中,包含有大量的米价报告,特别是康熙四十八年后十多年间,几乎每月对苏州境内"上号""次号"两种米价进行报告。[②] 康熙帝也赋予总督、巡抚等地方官报告米价的义务。这一点从《雍正朱批谕旨》中所载的雍正帝在安徽巡抚魏廷珍的奏折中责备魏廷珍的米价报告不实的

---

① 有关奏折制度的沿革,可参考 Silas H. L. Wu, *Communication and Imperial Control in China: Evolution of the Palace Memorial System, 1693-1735*. Harvard University Press, 1970。这些奏折被保存在宫中,直至民国时期。乾隆三年刊行的《雍正朱批谕旨》,将雍正朝约 1/3 的奏折,在修正后予以收录。至于其他部分的整理出版工作,1920 年代后得以推进。第二次世界大战前,在国立北平故宫博物院文献馆发行的《文献丛编》《史料旬刊》等文献中,部分奏折被排印出版。随着战后国民党逃至台湾,包括奏折在内的宫中档案多数被运往台湾。这些奏折的一部分最近在台北"故宫博物院"编的《故宫文献》杂志上,按原文的形式进行了影印,尤其是康熙朝部分,被收集整理在台北"故宫博物院"编的《宫中档康熙朝奏折》(全 9 册)中,1976 年予以刊行。遗留在北京的奏折,全貌不详,但从近年来中华书局出版的故宫博物院明清档案部编《关于江宁织造曹家档案史料》(1975)及《李煦奏折》(1976)中可窥其一斑。关于康熙朝奏折的出版,可参考神田信夫的评论。神田信夫「宫中档康熙朝奏摺」『東洋学報』59(1、2)、1977 年 10 月。
补记:原论文写作后,台北"故宫博物院"所藏的雍正、乾隆朝的奏折被影印出版(分别为 32 册和 68 册);同时,藏于北京中国第一历史档案馆的《康熙朝汉文朱批奏折汇编》(8 册)和《雍正朝汉文朱批奏折汇编》(40 册)也付梓刊行。第一历史档案馆所藏奏折目录,也正在按不同内容进行整理出版(《中国第一历史档案馆馆藏朱批奏折财政类目录》)。研究者将更容易查阅原文书。以奏折为史料的米价数据的收集整理近几年来快速推进,相关情况可参考本书第一章及其补论。

② 参考上引《李煦奏折》。

如下朱批中可以推测得到。

> 若据汝意而论，圣祖当年特命各省督抚奏报雨旸米价，
> 是诚徒烦无益之事矣。①

奏报制度开始之初，米价报告是由与地方统治机构无关的监督织造的个人所提供，可见米价情报的收集并不需要借助州县衙门的力量，个人也可以进行。然而，随着奏折提出者范围的扩大，甚至连督抚级官僚也有报告米价的义务，这样就需要覆盖其所管辖的区域，于是开始通过官方来收集管辖区域内各府的米价情报。例如，从康熙五十一年到五十六年，江西巡抚佟国勷在奏折中全面报告了江西省13府的米价，② 这应该是在收集了各府报告基础上的结果。至于雍正年间的奏折中，像江南安徽巡抚魏廷珍的奏折那样，把来自管辖区域内全部州县的米价报告，按照米价高低分类汇总者，也不乏其例。③

至于州县米价报告的具体形式，康熙、雍正年间的情况几乎无法知晓，只有乾隆年间才有足以窥探其实际形态的史料。在《湖南省例成案·吏律公式》卷5《热审减等及内外结赃赎侵那银

---

① 《雍正朱批谕旨》第37册，七年六月三十日魏廷珍折。康熙帝命令地方官僚报告米价的具体例子，有陈瑸《陈清端文集》卷1《天语下问》中所见的康熙五十四年允许福建巡抚陈瑸提出奏折，命令他报告米价；以及从《宫中档康熙朝奏折》第7辑第873页所记载的佟国勷奏折（无年月）中可见的命令江西巡抚佟国勷报告米价的朱批等。

　　补记：由于《雍正朱批谕旨》往往对原文书加以修正，因此出处本来应该标注出影印史料，但这样一来将变得繁杂，所以在内容上无甚出入之处，本章将如原发表时一样，出处仅标示《雍正朱批谕旨》。

② 《宫中档康熙朝奏折》，康熙五十二年至五十六年佟国勷奏折。

③ 《雍正朱批谕旨》第37册，雍正四年十一月二十六日魏廷珍折等。

两删繁就简各条州县晴雨米粮价值藩司汇册转报》（乾隆五年）中，可以看到如下的提案得到了批准，要求各州县改变对天气、米价进行报告时周期长短不一的现状，改为每月十日、二十日和三十日进行 3 次报告，然后由布政使司对此进行整理，于次月中旬上奏。这是可资了解州县米价报告周期的一个实例。此外，同书《户律仓库》卷 24《粮价查照颁发折式具报》（乾隆三十二年），是对同为省城附郭、县衙设在同一城内的长沙、善化二县的米粮价格报告存在很大差异予以叱责的文字。该文记道：

> 长、善二县，同驻省城，所有一切米粮钱文价值，自属相同，并不至于互异。

由此可见，两县米粮价格的收集地，应该是在县衙所在的同一城内。据此可以推测出所报告的价格不是农户的产地价格，而是城市价格。该文中还记载：

> 米粮价值，有关入奏之件，各属应照仓斛库平实价开报，以便查核。

由此可知，州县报告原则上使用的是仓斛、库平等由官方制定的度量衡（后述）。①

官方的物价调查，不仅仅是以提交上述报告地方形势的奏折

① 关于报告米价的机构，参照 Chuan Han‑sheng and Richard A. Kraus, *Mid‑Ch'ing Rice Markets and Trade: An Essay in Price History*. Harvard University press, 1975, Chapter 1。

为目的而进行的。有时出于采购等需要，由地方官独自完成。这样的调查结果往往被官僚的奏疏及告示所引用，散见于文集及地方志之中。

2. 私人观察及其他

在随笔等史料中，作为记录风俗世相点滴的物价记事，是可与官方调查并提的重要物价资料来源。[①] 其中，如本章所使用的清初松江府上海县人叶梦珠的随笔《阅世编》[②]，以及浙江省绍兴府萧山县人汪辉祖的《病榻梦痕录》等，这些逐年仔细记录物价的资料特别有用。他们记录的应该是自己目睹的价格，虽说存在品质缺乏统一性，以及不是定期记录等缺陷，但资料的可靠性很高。此外，常熟府金匮县人钱泳的《履园丛话》、苏州府常熟县人郑光祖的《一斑录》等随笔，也有关于清代前期物价变动的记事，不过大体上是对物价变动一般化的观念上的认识，而且可以看到一些承袭他书记述的痕迹。[③]

除了来自官方的调查及随笔所记的私人观察，在本章中用得较多的还有诸地方志中的"灾祥""祥异"等项所记载的米价记事。"灾祥""祥异"对大灾害和大丰收、祥瑞和凶兆等自然界异

---

① 清初松江府上海县人叶梦珠在《阅世编》卷7记述物价变迁时道："大约四方无事则生聚广而贸迁易，贵亦贱之征也。疆圉多故则土产荒而道途梗，贱亦贵之机也。故略纪食货之最切日用而价之最低昂者，以志风俗之变迁，验民生之休戚焉。"叶梦珠认为，物价可反映社会的治乱盛衰，其他的随笔作者也应该拥有同样的意识。

② 《上海掌故丛书》（上海通社，1935）所收，同时被收入《明清史料汇编》第6集第8册（文海出版社，1969）。
补记：原论文发表后的1981年，上海古籍出版社出版了来新夏点校的《阅世编》。

③ 如郑光祖的《一斑录》有承袭钱泳《履园丛话》的痕迹，钱泳的《履园丛话》则有参照顾公燮《消夏闲记摘抄》的痕迹。

变，按年代顺序予以记录，米价则被当作显示收成丰歉程度的指
标。由于与奇兽、灵草的出现等记事并列记录，多少给人缺乏可
靠性的印象。但是实际上，只要收集并予以相互比较，或者与其
他资料进行比较的话，可以看到虽然也有"斗米千钱"之类的套
话，不过大体上让人觉得还是相当忠实的记录。作为"灾祥"中
所记载的米价记事的缺点，可列举的有两点：其一，记的是饥荒
或大丰收等极端情况下的价格；其二，大部分记事的来源不明，
许多引用已经出版的著作，但未明确注明出处，作为史料，其记
事的可靠性难以确认。不过，这些米价记事，特别是对价格所附
加的感想，可以传达时人对当时米价变动的普遍感觉，往往是很
有用的。

二　比较的可能性

为使米价资料能够相互比较，首先需要的是米谷计量单位的统
一，或者相互之间可换算。尤其是清代前期的中国，货币的主流不
是计数货币而是称量货币（当时为银）时，货币金属的纯度和重量
单位也必须相同。然而，清末以后论及旧中国度量衡的文章，几乎
异口同声地指出其千差万别的不统一性。度量衡因地域不同而不同，
因处理的商品不同也有异，同时由于市场的性质（批发、零售等）
而存在差异。这一状况在清代前期也应该是一样的。关于当时的度
量衡，只能得到一些片断的记述，要从总体上加以把握终究是不可
能的。在这里仅就其中已知的点滴进行论述。

1. 米谷的计量单位

清代前期，其他物品一般按重量计算，而谷物计算则一般
按照容量。这一时期的米价资料大体是用相对容量单位的货币

量来表示。① 作为全国性定制，容量单位采用的是十进法，即石、斗、升、合、勺，每个单位依次是前一级单位的 1/10，这一点日本也一样。但是，清代定制的 1 升约合现在的 1.036 升，② 其容量只有日本 1 升的 1/2 强。清初还制作了具全国性标准的铁斛（斛是容量为 5 升的斗），颁发给了仓场、漕运总督及各省布政使司。③ 这类斛被称为"仓斛"，与史料中所称的"官斛""京斛"大概是同一种斛。④ 如此，不仅在缴纳漕米等官方场合，在所有的民间交易中，原则上应该以这种斛为基准。⑤ 但是，即便有使用与标准不同的斛将受到惩罚的规定，⑥ 民间通用的容量单位，其大小还是各种各样的。就本人所知的范围来看，市面上通用的斛对仓斛的容积比例，从云南省城的 3 倍到广东省罗定州城的 0.85 倍，⑦ 显然因地域不同而存在很大的差异。⑧ 不但如此，很多文章

---

① 不过，在湖南等粮食输出地区，以相对于货币单位的米谷量来表示价格的例子也不少，本书所引李腾芳《增饷议》就是其中一例。

② 吴承洛：《中国度量衡史》，商务印书馆，1937，第 71 页。

③ 嘉庆《大清会典事例》卷 152《户部·权量·升斗斛》。

④ 陈弘谋《培远堂偶存稿·文檄》卷 18《禁用市斗收放官粮檄》（乾隆九年）中说，所谓"京斗"，是根据康熙四十四年颁发的铁斗（指仓斗）而制作的。出现在史料中的"官斛"，大概也是指仓斛。

⑤ 嘉庆《大清会典事例》卷 152《户部·权量·升斗斛》中记载有康熙四十三年的规定："直省府州县市廛、镇店、码头、乡村民人所用之斛，均令照户部原颁铁斛之式，其升斗亦照户部仓斗仓升式样。"

⑥ 《大清律例》卷 15《户律市廛·私造斛斗秤尺》。

⑦ 周於礼：《条陈征缅事宜疏》，《皇朝经世文编》卷 87《兵政·蛮防下》；逯英《诚求录》卷 1《告示·为饬谕斛秤宜遵定制以臻画一事》。

⑧ 比如，在《雍正朱批谕旨》中，可以看到贵州省城为仓斗 1.6 倍的市斗［第 27 册，七年十一月七日，鄂尔泰折。不过，《宫中档康熙朝奏折》中刘荫枢的报告（第 4 辑第 145 页）为 1.5 倍］、四川省重庆府城为仓斗 2.3 倍的市斗（第 22 册，五年七月十一日，任国荣折）及湖南省长沙府城为仓斗 1.1 倍的市斗（第 37 册，元年九月六日，魏廷珍折）等例子。

都指出，即使在一定的地域内，收租使用的斛与一般的斛之间也存在差异，[1] 以及牙行为招揽顾客而改变斛的大小等例子[2]。

然而，在本章所涉及的江南三角洲地带，容量单位的差异并不太大。在万历二十七年（1599）刊行的日用百科全书《新刻天下四民便览三台万用正宗》卷21《商旅门》中，有比较各地斛的部分，其中列举了与铁制（官制）斛容量几乎没有差别的苏州等地的斛，以及容量小1升的嘉兴、无锡等地的斛等。另外，还列举有无锡的米斛（大3升）和常州的米斛（大2升多）等特殊的斛。从马士所辑关于19世纪末各地斗的容量调查中，挑选出一些数值来看的话，可以看到在苏州府城是 10.43~10.64 升（4例），苏州城外是 10.67~11.34 升（3例），苏州府震泽县是 10.20 升（1例），常州府无锡县是 10.50~10.62 升（3例），松江府城是 12.17 升（1例）等。[3]

2. 货币

清代前期的物价是用银或铜钱来表示的。通过对明末至乾隆年间物价资料的收集整理来看，与明代及乾隆年间后期较多以铜钱表示相比，我们发现其中间的顺治至乾隆前期多用银来

---

① 就江南而言，有嘉靖年间湖州府吴兴县人徐献忠《吴兴掌故集》卷12《风土》中的记述，以及雍正年间两江总督赵弘恩在《为严行申禁事》（收入赵弘恩《两江示稿》）中有关苏州的记述等。

② 比如，王喆生《素岩文稿》卷14《与李邑侯论法斛》（康熙四十年前后）中关于苏州府昆山县的记述，以及《湖南省例成案·户律市廛》卷34《牙行斛斗秤尺砝码州县确验烙发并申禁干鱼棉花二行多索用钱》（乾隆元年前后）中关于长沙府湘潭县的记述等。

③ H. B. Morse, "Abstract of Information on Currency and Measures in China," *Journal of the China Branch of the Royal Asiatic Society*, new series 24, 1889, p. 91.

表示。①康熙前期生活在苏州的唐甄，在《潜书》下篇上《更币》
中叙述道：

> 今虽用钱，不过以易鱼肉果蔬之物。米石以上，布帛匹
> 以上，则必以银。

在乾隆十七年所修的黄卬《锡金识小录》卷1《备参上·交
易银钱》中，记述常州府无锡县、金匮县的情况道：

> 邑中市易，银钱并用，而昔则用银多于用钱，今则有钱而
> 无银矣。康熙中，自两以上率不用钱，虽至分厘之细，犹银与
> 钱并用。……雍正中犹然。……自乾隆五六年后，银渐少钱渐
> 多，至今日率皆用钱，虽交易至十百两以上，率有钱无银。

此外，松江府青浦县人诸联在道光十四年刊的随笔《明斋小
识》卷12《洋钱》中指出：

> 闻古［故］老云，乾隆初年，市上咸用银，二十年后，
> 银少而钱多。

据以上资料可以推论出，在江南的城市中，从康熙年间到乾隆初

---

① 在江南，以明朝嘉靖、万历年间（16世纪）为分界线，米价从以铜钱表示向
以银表示过渡。可参考浜口福寿「明代の米価表示法と銀の流通—明代通貨
史覚書（二）」『新潟県立新潟中央高等学校研究年報』（15）、1969年。

期较多地使用银，乾隆中期以后铜钱的使用才开始占优势。在清初，银不仅在使用数量上较多，而且被用作各种货币间的基准。顺治十三年苏州府常熟县的碑刻《典铺当赎值银一例帖》①规定，为防止实际价值不同的各类铜钱在流通过程中使当铺受到损失，即使在当铺中实际出纳的是铜钱时，也应该根据当时的行情换算成银记入票中。从这个例子可以看出，清初银起到的是各种货币间基准的作用。因此，在考察清代前期的物价时，以银为基准表示物价的方法能更切合时人的感觉。下述考察中，在涉及以铜钱表示的价格时，将根据当时市场上的银钱比价换算成银来表示价格。

那么，在对用银表示的价格进行相互比较时，银的纯度（品位）及平的种类就成为问题。首先就纯度来看，在黄印《锡金识小录》卷1《备参上·交易银钱》中，对康熙年间常州府的情况记述如下：

> 其时多色银，九成、八成、七成不等。其精于辨银色者，若八二、八三俱能鉴别无误，稍一蒙混，多致被欺。其伪造假银亦不绝于市。

据《皇朝文献通考》卷16《钱币考四》记载，市面上流通的各式各样品位的银，被换算成"十成足纹"②来流通。除足纹外，各个地方还有各自不同的标准银。江南和浙江的标准银被称作元

---

① 江苏省博物馆编《江苏省明清以来碑刻资料选集》，三联书店，1959，第590~591页。

② 基于传统、经验的中国式鉴定法，这是纯度最高的银的品位，实际的品位约为992‰。宫下忠雄『中国幣制の特殊研究：近代中国銀両制度の研究』日本学術振興会、1952年、110-111頁。

丝银。有关"元丝银"的记述，对乾隆末年航行来到长崎的福
建、浙江、江苏籍商人进行访谈记录的中川忠英《清俗纪闻》卷
2《居家》中有以下记载：

> 银有元宝、足纹和元丝等名目，均用坩埚铸成。将元宝铸成
> 足纹时要稍加掺铜，将足纹铸成元丝时也要掺铜，银十匁约掺铜
> 四五分，以此三种为上品。……元宝银一挺，分量为五百匁。足
> 纹银一挺，分量为三十三匁①。元丝银一挺，分量为十一匁。

此外，著于乾隆末年的商业书《商贾便览》卷5《辨银增要》
在对从足纹起的各种品位银的称呼中，将"九七"银命名为"铅
丝"。由于在同书同卷《各处倾出高低样式名色》中有"苏州市
倾圆丝即铅丝"字样，可知"铅丝"就是"圆丝"。又，"圆"与
"元"在汉语中同音，经常被通用，因此可以认为"铅丝"就是
"元丝"。通过以上分析可知，元丝银是纯度略低于足纹的银，重
量为1两左右，以小块形状流通。②

接着来看"平"的情况。《商贾便览》卷5《平秤市谱》中
的如下记载，说明官定的库平和苏州使用的曹平是全国性的标准。

> 天下惟库平画一，又名司马平。……从前苏州老曹砝，

---

① 当时日本的一匁大约相当于清朝的一钱。

② 在东京大学史料编纂所藏《唐阿兰陀持渡金银钱图鉴控》中，载有宝历十三
年（1763）流入日本的元丝银图，其形态为重约十匁（约1两）的小块。加
藤繁『唐宋時代に於ける金銀の研究』第1分冊、東洋文庫、1925年、333-
334頁。

比库平每百两少二两五钱，近来新曹砝有多少，小数钱不一。
而各镇买卖兑换市用曹砝处似多。所以两京各省名镇，以库
曹二平宗之。

在该书卷 3《各省买卖大马头》中，列举了在全国各商业中
心所使用的市平的大小，其是曹平的 0.92 ~ 1.026 倍（是库平的
0.897 ~ 1 倍）。

以上对米谷（粮食）计量单位及货币的不统一性进行了素
描。在本章所收集的资料中，除了前述奏折等可判断使用的是仓
斛和库平，清楚分明地记述使用单位的非常稀少。因此，即使暂
且不考虑商品质量的差异，在比较从不同的史料中摘录出的物价
资料时，不得不说它们之间估计会有很大的误差。要通过严密的
统计来探讨价格的时间差、空间差，可以说是不可能的。因此本
章的着眼点将不在此方向，而是想综合大量的资料，并根据时人
对真实体会的记述，来把握物价的大致趋势。

在本节的最后，简单地讨论用于交易的米谷的质量及市场问题。

"米"这一用语，本来总称去掉稻壳的谷物，有时也指小米
等。本章以作为江南的主食稻米为中心进行考察，所以下文使用
"米"这一字时，指的就是稻米。关于稻，在史料中用"米"一
词时，可以认为指的是去掉稻壳之物；用"谷"时，则可以认为
指的是带稻壳之物。"米"和"谷"都作为商品参与流通，而哪
一个较为普遍，则因地域及情况的不同而不同。征收地租时，虽
不能一概而论，但是在江南多用"租米"一词，而在长江中上游
地区多以"租谷"一词来表达。可以说，江南普遍以米的形式来
征收，长江中上游地区则普遍以谷来征收。至于从长江中上游地

区向江南运送米谷的情况，可以推测谷应该是在沿江的集散地脱壳后，以米的形式沿长江而下运至江南。[①] 这或许是因为与体积大的谷（在体积比上约为米的两倍）相比，米更适合长距离的运输吧。因此可以认为，在江南米的流通更为普遍。从收集到的资料来看，占压倒性多数的表述是"米价"，"谷价"则很少。

脱壳之后的米，根据质量和精白度等被分成若干等级。在大多数情况下，米根据精白度分为熟米（白米）、次熟米及糙米，根据质量分为上（等）米、中（等）米及下（等）米，或上米和次米。在江南，有些特定的品种则被赋予特别高的价格。[②] 不过大体上根据质量分类，有粳米（japonica 种，主要产于江南）与籼米（indica 种，主要产于长江中上游地区）之别。前引《清俗纪闻》卷 2《居家》记述：

> 米分高下不等。江浙之米称为上谷，目前运到本地（长崎）的米为湖广等地所产，称之"籼米"，系下谷，即早稻。与江浙上谷之价格相比，行情约低一两成。

上述记述与《雍正朱批谕旨》中可见的江苏米与湖广米存在

---

① 湖广总督杨宗仁的奏折中有"查浙江客商来楚籴贩，俱系熟米"的记述。《雍正朱批谕旨》第 2 册，二年十月二十日。又康熙四十年代偏沅（湖南）巡抚赵申乔指出："今湘阴、澧州运下之谷，俱至汉口出粜，自必碾米转售。"《自治官书》卷 6《奏疏·折奏湖南运米买卖人姓名数目稿》。另外，康熙四十九年七月四日江西巡抚郎廷极的奏折，报告了江西省南昌府及其他府县牙行出售的米与谷的数量，其中以米的形式出售占压倒性多数。《宫中档康熙朝奏折》第 1 辑，第 615~618 页。

② 据道光《震泽县志》卷 2《物产》所引述的清代前期的记事，震泽产的白稻价格比常米高出两三成。

价格差的报告①相符。关于江南民众日常食用米的质量和精白度，
《雍正朱批谕旨》中有上奏文道：

> 查苏松等府米价，原有贵贱不一，即米色亦有高下不齐。
> 其从前粜至一两六七钱者，系冬春四糙上米。若民间所买常
> 餐，则俱属糙粳楚籼等类，春间价值每石一两四五钱不等，
> 见今则不过一两三四钱。②

此外，从关于江宁府城的报告来看，民间购买食用的主要是次
熟米及糙米。③ 不管怎么说，民间日常食用米和优质白米之间，当时
每石价格差银二三钱。毫无疑问，只有上等人家才食用优质米。据乾
隆年间人杨锡绂介绍，关于江苏、浙江富户官家所收的田租，有"上
等自食，中等出粜，三等完漕（交纳漕粮）"的说法。④

关于米价资料来源地的市场性质，几乎没有可供判断的材料。
仅如前述，可以推断出奏折中所报告的米价不是产地价格而是城
市价格。至于这是批发价格还是零售价格，则无法断定。但不管
怎么说，可以推断这些价格是现物买卖时的价格。而实际上，当
时农户出售米谷不仅仅局限于现物买卖。虽说"二月卖新丝，五

① 据雍正十二年三月十五日赵弘恩折，在苏州城，湖广白籼米的价格为平均每石
　一两一钱五分，本地糙粳米价格为一两二钱五分。《雍正朱批谕旨》第57册。
② 《雍正朱批谕旨》第35册，十一年四月十五日，乔世臣折。
③ 《雍正朱批谕旨》第57册，十三年一月十二日，赵弘恩。上述关于米谷质
　量的论述，多参照安部健夫「米穀需給の研究」『東洋史研究』15（4）、
　1957年4月。
④ 杨锡绂：《四知堂文集》卷15《奏疏·请慎选米色以恤军丁疏》。

月枭新谷"① 是唐代的诗句，但即便是民国时期，先期出售或被抵押的，据说占被出售的农作物的"一半以上"。② 先期出售的行为，大概在清代也广泛存在。在叶梦珠《阅世编》卷7《食货一》中记载了康熙八年松江府上海县的情况。

> 九月新米每石纹银六钱，后至五钱有奇，后至五钱。若四五六月间预借米钱，秋成还米者，石价不过三钱一二分而已。

另外，明末湖广省长沙府湘潭县人李腾芳的《增饷议》中也有记。

> 各郡谷价，虽贵贱不一，然未有银一两籴谷五石者。而长沙谷贱至十石、二十石。遇荒月比较火急，则乡民指田作当，贷新谷银纳粮，有银一两至十八石、二十石者矣。③

这些例子显示，先期预卖米谷的价格只有现物买卖价格的1/2～2/3。

第二节　清代前期江南的米价动向

对笔者所收集到的米价资料进行整理的结果，如表3-1至表3-4所示。下面将参照这些表，追寻米价的变动过程。

---

① 聂夷中：《伤田家诗》，《旧五代史》卷126《冯道传》。
② 中国农村经济研究会编《中国土地问题和商业高利贷》（1937）所收诸论文，特别是冯和法的《中国农作物的原始市场》可资参考。
③ 乾隆《湘潭县志》卷8《赋役》。

一　顺治年间的高米价

清初数年间米价的高昂，是明末崇祯年间米价高昂的延续。崇祯年间的米价高涨，其开端可以进一步追溯到万历末年。万历年间的米价大体上是稳定的，其平常价格平均约为每石银五钱。[①] 从万历末年开始，人们普遍感觉到了米价的上涨趋势，就像记载万历

表 3-1　江南三角洲地带的米价

年号	年份	苏州府	松江府	常州府	嘉兴、湖州、绍兴	备　考
万历	1584	0.35[①]				1584 年以降 3 年连续丰收
	1585	0.32[①] 0.25[②] 0.25[③]				
	1586	0.25[①]				
	1587		0.35[㉖]		0.7[㊷]	
	1588	1.8[①]	1.2[㉗] 2.0[㉘]		1.6[㊸] 1.7[㊷] 1.8[㊹]	大水灾
	1589	1.6[①] 1.8[④]	1.6[㉗]			
	1608	1.2[③]			0.8~1.0[㊷]	水灾
	1620	1.4[①] 1.8[⑤]			1.5[㊺]	荒年

① 嘉兴府崇德县（康熙元年改为石门县）万历三十年代的知县靳一派，在康熙《石门县志》卷 2《赋役》所载的《编审事宜》中，有"假如阙田上上，每百亩岁租不过百余石，计值仅五十金上下"的记述，其计算所用的米价平均每石约为五钱。另外，清初常州府宜兴县人任源祥在《鸣鹤堂诗集》卷 3《熟荒叹二》中也记述道："昔在万历，石米四五钱，百货皆贱。"

补记：关于明末的米价，可参见本书第六章。

续表

年号	年份	苏州府	松江府	常州府	嘉兴、湖州、绍兴	备 考
天启	1624	1.4[6]				
		1.5[7]				
	1625	1.2[8]				
	1627	1.5[3]				
崇祯	1637	1.1[8]				
	1638	2.0+[2]			1.0+[46]	
	1640	1.8[①]		2.0[36]	1.6[46]	1640年以降3年连续灾害
					3.0[47]	
	1641	3.0[③]	3.0~4.0[28]	3.0[37]	3.3[44]	
		3.6[②]		4.0[38]	3.6[46]	
		4.0[④]			4.0[42]	
					4.5[45]	
	1642	3.3[①]	3.9[29]	3.3[36]	4.0[48]	
		5.0[⑤]				
		〔11000〕[6]				
	1643				〔4000〕[49]	
	1644			3.5[36]		
顺治	1646	2.7[8]			4.0[44]	
	1647	3.0[8]			4.0[42]	
		4.0[①]				
		5.0[⑤]				
	1648				3.0[50]	
	1649	1.0+[8]			1.6~1.7[50]	
	1650		5.0[29]		1.0[50]	
	1651	4.0[⑨]	4.0[30]	3.0[38]	5.0[50]	浙江省平常时价 2.0+[53]
		4.2[①]		4.0[39]	4.5[48]	
		4.4[8]				
	1652	2.7[②]			3.0[50]	
	1653				3.0[50]	
	1654				3.0[50]	
	1655				1.6~1.7[50]	

续表

年号	年份	苏州府	松江府	常州府	嘉兴、湖州、绍兴	备 考
顺治	1656	0.7[30]				
	1657	0.6~0.7[31]	0.6-[31]			
	1658		0.6-[31]			
	1659	1.8[6]				
	1661	1.7[2]			1.7[42]	
康熙	1664					江南米价0.5[54]
	1665	0.6~0.9[12]	0.4[32]			江浙米价0.7~0.8[55]
	1666		0.4[33]			
	1669				0.6[47]	
	1679	3.0[13]	2.4[29]			灾害
	1680	2.4[13]				
	1682				2.5[49]	
	1683	0.8[2]				
	1692	0.7~0.8[14]	0.7~0.8[14]			
	1693	0.5[15] 0.7~1.0[16]				
	1696	0.7[17]			0.5[51]	
	1698	0.8~1.0[18]				
	1701	0.8[17]				
	1703	0.5[15]				江南米价历年约0.7[56]
	1706	1.3[19] 1.35~1.43[20]				
	1707	〔2400〕[21]		2.0-[40]	1.8[42]	江南大旱
	1708	2.4[15]	2.8[28]	2.0-[40]	2.2[42]	大水
	1709	〔1700〕[22] 2.4[17]	〔1700〕[22]	〔1700〕[22]		大水
	1712	0.9[23]				
	1715	1.0[24]				
	1716					江浙米价 1.2~1.3[57]
雍正	1727			1.0-[40]		雍正、乾隆初苏、松、常米价
	1728			1.0-[40]		〔1000+〕[22]

续表

年号	年份	苏州府	松江府	常州府	嘉兴、湖州、绍兴	备考
乾隆	1739					江浙米价 1.5~1.6[38]
	1742				[900~100][52]	浙江米价 1.5~1.8[58]
	1748	3.0[15]	3.5[22]	2.0+[40]	3.0[42]	
			[2000][34]		[2000][48]	
	1748				[1600][52]	
	1749			2.0+[40]		
	1750			2.0+[40]		
	1751	3.1[15]		2.5[40]	3.0[42]	
	1752		[1000][35]	3.0[39]		
	1755	[3600][22]	[3600][35]	[3600][22]	3.2[42]	虫灾
		3.1[15]	[2000][35]			
	1756	3.8[23]		4.0[39]	[3400][42]	
					[3500][49]	
	1759				[2400][42]	
	1766	3.8[15]				
	1769				3.3[42]	
	1779				[5000][49]	
	1785	[5000][25]	[4000][29]		[3800][42]	大旱
		[5700][22]	[5700][22]	[5700][22]	[5000][49]	
	1786		[5000][29]	[4300][41]		
乾隆	1793		[5600][35]		[2800~3100][52]	
	1794	[3000+][6]			[3300~3400][52]	

注：表中的数值是平均每石米以银两为单位表示的价格，〔〕内的数值是用铜钱表示的价格。因歉收等引起上涨时的价格，以附加下画直线来表示，因丰收等引起下跌时的价格，以附加波状线来表示。同一地方多种地方志中记载相同的价格时，原则上以本人所知范围内较早的作为出处加以标示。"+"表示超过，"-"表示低于，"±"表示约为，本书其他表格同。

资料来源：①康熙《苏州府志》卷2；②康熙《吴江县志》卷15；③乾隆《吴县志》卷26；④康熙《崇明县志》卷7；⑤康熙《嘉定县志》卷3；⑥道光《璜泾志稿》卷7；⑦光绪《嘉定县志》卷3《巡按徐吉疏略》；⑧《启祯记闻录》；⑨康熙《具区志》卷14；⑩陆世仪《陆桴亭诗集》卷5《水田谣》；⑪陆世仪《陆桴亭文集》卷5《漕兑揭》；⑫光绪《苏州府志》卷12《康熙四年韩世琦疏略》；⑬光绪《昆新两县续修合志》卷51；⑭宋荦《西陂类稿》卷34《酌议运船饭米疏》；⑮道光《平望志》卷13；⑯《李煦奏折》，第1~2

页；⑰乾隆《吴江县志》卷40；⑱《李煦奏折》，第11页；⑲黄中坚《蓄斋集》卷4《平粜价议》；⑳《李煦奏折》，第30页；㉑顾公燮《消夏闲记摘抄》下《连年水旱》；㉒钱泳《履园丛话》卷1《米价》；㉓道光《震泽镇志》卷3；㉔顾公燮《消夏闲记摘抄》上《抚军设誓》；㉕顾公燮《消夏闲记摘抄》上《乾隆五十年乙巳旱荒》；㉖乾隆《金山县志》卷18《田幼溪遗事》；㉗范濂《云间据目抄》卷3；㉘乾隆《上海县志》卷12；㉙嘉庆《上海县志》卷19；㉚光绪《华亭县志》卷23；㉛乾隆《娄县志》卷7《徭役》顺治十四年、十五年记事；㉜董含《三冈识略》卷5《康熙四年·谣谚》；㉝董含《三冈识略》卷5《熟荒》；㉞乾隆《金山县志》卷18；㉟嘉庆《松江府志》卷80；㊱康熙《宜兴县旧志》卷末《祥异》；㊲康熙《无锡县志》卷24；㊳康熙《无锡县志》卷30；㊴黄印《锡金识小录》卷2；㊵黄印《锡金识小录》卷1；㊶汪辉祖《病榻梦痕录》"乾隆五十一年"条；㊷同治《南浔镇志》卷19、卷20；㊸崔嘉祥《鸣吾纪事》，收入《盐邑志林》；㊹康熙《萧山县志》卷9；㊺康熙《桐乡县志》卷2；㊻民国《双林镇志》卷32《奇荒记事》；㊼乾隆《武康县志》卷1；㊽乾隆《乌青镇志》卷1；㊾民国《双林镇志》卷19；㊿张履祥《杨园先生全集》卷17《狷士记》；(51)乾隆《萧山县志》卷19；(52)汪辉祖《病榻梦痕录》"乾隆五十七、五十九年"条；(53)范承谟《范忠贞公集》卷2《请改折漕粮疏》；(54)任源祥《食货策》(《皇朝经世文编》卷29)；(55)《圣祖实录》卷14，康熙四年三月戊戌杨雍建奏；(56)宋荦《西陂类稿》卷37《奏疏六·请白粮减存米随漕带运疏》；《宫中档康熙朝奏折》第1辑，曹寅折，第64~66页；(57)《圣祖实录》卷269，康熙五十五年九月甲申上谕；(58)《湖南省例成案·户律市廛》卷34《采买仓谷听官商各自交易严禁牙行不许高抬时价》；(59)孙灏《酌减采买额数疏》，《皇清奏议》卷35。

表3-2　明末清初松江府的米价

时间		质　量	以银为本位的价格(两/石)	以铜钱为本位的价格(文/石)
崇祯	1632夏	白　米	1.0	1200
	1632秋	早　米		650~660
	1633~1637			1000±
	1638~1639		1.8~1.9	3000
	1642春	白　米	5.0	12000+
顺治	1643~1645		2.0~3.0	
	1646			10000
	1647	白　米	4.0	
	1649	糯米[①]	1.2	

时间		质量	以银为本位的价格（两/石）	以铜钱为本位的价格（文/石）
	1649	川珠米②	0.9	
	1649 冬		1.0③	
	1650.2	白　米	1.0	
	1650.9	新　米	2.0	
	1650.9	糯　米	1.8	
	1650.9	白　米	2.5	
	1651.2	白　米	3.0	
	1651.3		3.4③	
	1651.3		3.5	
	1651.4		4.0	
顺治	1651.6		4.8~5.0	
	1651.7	新　谷	2.0	
	1652 夏	白　米	4.0	
	1652 秋		2.5~2.6	
	1653		2.5~2.6	
	1657.11		0.6~0.8	
	1659. 闰 3		2.0	
	1661.10	白　米	1.5	
	1661.10	新　米	1.3	
	1661.11	白　米	2.0	
	1661.11	新　米	1.8	
	1662.1	白　米	2.1	
	1662.1	糙　米	1.9	
	1662.7	早　米	1.2	
康熙	1662.7	糯　米	1.3~1.4	
	1663.10		0.9③	
	1669.9④	新　米	0.6	
	1669 冬		0.5	

续表

时间		质　量	以银为本位的价格（两/石）	以铜钱为本位的价格（文/石）
康熙	1670.6	白　米	1.3	
	1670.8	新　米	0.9	
	1670.9		0.8	
	1670.9	糯　米	0.7	
	1670.10		0.9	
	1670.10	糯　米	0.8+	
	1670.10 末		1.3	
	1671	早　米	1.1	1300
	1672 秋⑤	新　米	0.63	700
	1678	早新米	0.73	
	1679 春		1.4~1.5	
	1679.8		2.0	
	1679.8	早新米	1.7	
	1680 夏	白　米	2.0	
	1682.5	白　米	0.85	
	1682 冬	新糙米	0.56~0.57	
	1682 冬	新糙米	0.51~0.52⑦	
	1683 冬⑥	新　米	0.9±	
	1684 秋⑥	糙　米	0.8~0.9	
	1685 春	新　米	0.8~0.9	

注：①所谓糯米，是一种黏性强的米，与粳米相对；

②在叶梦珠《阅世编》卷7《种植》中，按收获期的早晚顺序，列举了3种上海县产的粳稻（粳米），川珠米是其中较早的两个品种的总称；

③据叶梦珠《阅世编》卷7《食货二》；

④文中有"九年"字样，很明显是"九月"之误；

⑤文中有"（康熙）十二年壬子秋"字样，恐怕是"十一年壬子秋"之误；

⑥文中有"（康熙）二十三年冬，白米每石价银九钱上下。二十二年秋，糙米每石八九钱"字样，恐怕是误将"二十二"与"二十三"调换，表中予以了订正；

⑦苏州的价格；

⑧表中月份为农历，全书同。

资料来源：叶梦珠《阅世编》卷7《食货一》。

表 3-3　康熙末年苏州附近的米价

年　份	报告月日	米价(两/石)		备　考
		上等	次等	
四十六年	8.	1.2		
	10.	1.1~1.2		
	12.	1.6~1.7		
四十七年	6.	1.7~2.0		×0.9~1.3(3.1)
	9.4	1.3~1.4		×1.0~1.3(9.1)
	9.19	1.1~1.2		
四十八年	4.15	1.3~1.4		×1.2~1.3(2.8)
	5.9	1.3~1.4		×1.2~1.4(3.16)
	5.19	1.3~1.4		
	5.27	1.3~1.4		
	6.18	1.3~1.4		
	7.16	1.2	1.1	×1.1~1.2(7.3)
	8.18	1.2	1.1	×0.84~0.85(8.3)
	9.13	1.2	1.0	×0.8(9.2)
	10.7	1.1*	0.9*	
	11.8	1.0	0.9	
	12.2	1.0	0.9	
四十九年	1.19	1.1	0.9	×1.1~1.2(3.15)
	4.15	1.1	1.0	×1.2(4.4)
	5.13	1.0	0.9	×0.8~1.0(5.2)
	6.11	1.0	0.9	×0.9(6.1)
	8.22	1.0	0.9	×0.8(闰7.2)
	9.11	0.9*	0.8*	×0.7(9.2)
五十年	2.29	0.9	0.8	
	4.4	1.0	0.8	
	4.25	0.9	0.8	
	5.13	0.9	0.8	
	9.28	0.8	0.7	×0.6~0.8(9.2)
	10.9	0.8*	0.7*	×0.6~0.7(10.2)
	11.5	0.8	0.7	

续表

年　份	报告月日	米价（两/石）		备　考
		上等	次等	
五十一年	8. 8	0. 8	0. 7	×0. 7~0. 8(2. 2)
	10. 4	0. 8*	0. 7*	
	12. 11	0. 8	0. 7	
五十二年	1. 13	0. 8	0. 7	
	闰 5. 23	1. 0	0. 9	×0. 9~1. 0(闰 5. 2)
	6. 9	1. 1	1. 0	
	7. 5	1. 0	0. 9	
	8. 6	1. 0	0. 9	×0. 8~0. 9(8. 2)
	8. 21	1. 05~1. 06	0. 94~0. 96	×0. 8~0. 9(9. 2)
	10. 6	1. 0*	0. 9*	
	11. 12	1. 0	0. 9	
	12. 9	1. 0	0. 9	
五十三年	1. 20	1. 0	0. 9	
	3. 11	1. 0	0. 9	
	4. 11	1. 0	0. 9	×0. 9~1. 0(5. 9)
	6. 9	1. 1	1. 0	
	7. 13	1. 14~1. 15	1. 05~1. 06	×0. 9~1. 0(7. 2)
	8. 21	1. 04~1. 06	0. 9	
	9. 20	1. 1	1. 0	○1. 14~1. 15(9. 8)
	10. 6	1. 04~1. 05*	0. 92~0. 93*	
五十四年	3. 10	1. 1	1. 0	○1. 13~1. 14(2. 24)
	5. 16	1. 16~1. 18	1. 05~1. 07	○0. 97~0. 98(6. 1)
	6. 6	1. 15~1. 17	1. 06~1. 08	×1. 0~1. 1(6. 3)
	7. 7	1. 2	1. 1	×1. 0~1. 1(7. 3)
	8. 20	1. 2	1. 1	○0. 94~0. 95(8. 12)
				×0. 7(8. 20)
	9. 10	1. 2	1. 1	○0. 82~0. 83(9. 20)
				×0. 6~0. 74(10. 4)
				○0. 8(10. 28)
				×0. 6~0. 74(12. 1)
				○0. 8(12. 1)

年　份	报告月日	米价(两/石)		备　考
		上等	次等	
五十五年	2.18	1.0*	0.9*	
	3.4	1.1	1.0	○0.85~0.86(3.1)
	闰3.12	1.1	1.0	
	4.9	1.1	1.0	
	5.12	1.1	1.0	○0.85~0.86(5.4)
	6.15	1.1	1.0	×0.78~0.86(5.19)
	6.25	1.1	0.9	○0.9(7.4)
	7.4	1.1	0.9	×0.8~0.98(7.5)
	8.3	1.1	1.0	×1.0~1.2(8.1)
	9.16	1.1	0.95	○1.03~1.04(9.9)
	10.2	1.15*	1.0*	×1.0~1.1(10.1)
	12.8	1.14~1.15	1.04~1.05	○1.04~1.05(12.1)
五十六年	1.22	1.1	1.0	
	3.11	1.16~1.17	1.07~1.08	○1.04~1.05(3.1)
	4.10	1.15~1.16	1.04~1.05	○1.02~1.03(4.15)
	5.6	1.1	1.0	
	6.3	1.1	1.0	○0.82~0.94(7.20)
	8.9	1.1	0.95	×0.74~0.75(8.1)
	9.9	1.0	0.9	○0.8(9.1)
	10.11	0.9*	0.8*	
	11.7	0.95	0.8	
	12.7	0.95	0.8	
五十七年	4.25	1.0	0.9	
	5.17	1.05	0.95	×0.8~0.9(5.13)
	6.16	1.0	0.9	×0.8~0.9(6.2)
	7.5	1.0	0.9	
	8.8	1.0	0.9	
	闰8.9	0.94~0.95	0.84~0.85	
	闰8.22	0.9*	0.75*	注)文中由于有闰8
	闰8.9(注)	0.9	0.7	月赠送晴雨录的记
	10.5	0.85	0.65	载,因此实际上是9
	11.16	0.85	0.65	月以后的奏折

续表

年 份	报告月日	米价(两/石)		备 考
		上等	次等	
五十八年	4. 26	0.9	0.75	
	5. 6	0.9	0.75	
	6. 10	0.9	0.75	
	6. 24	0.87	0.73	
	7. 9	0.87	0.73	
	8. 7	0.87	0.73	
	9. 10	0.87	0.73	
	10. 8	0.8*	0.7*	
	11. 13	0.8	0.7	
	12. 10	0.8	0.7	
五十九年	1. 9	0.82	0.7	×0. 64～0. 75(2.2)
	2. 8	0.82	0.7	
	3. 15	0.86	0.74	
	4. 13	0.84	0.72	
	5. 2	0.9	0.76	
	6. 13	0.95	0.78	
	7. 9	0.95	0.8	
	8. 8	0.96	0.82	
	9. 8	0.92	0.8	
	10. 3	0.94*	0.78*	
	10. 23	0.9	0.8	
	11. 4	0.9	0.8	
	11. 14	0.9	0.8	
六十年	5. 12	0.97	0.83	
	6. 6	0.97	0.84	
	闰 6.6	0.97	0.84	
	7. 8	0.98	0.85	
	8. 8	1.1	0.96	

续表

年　份	报告月日	米价（两/石）		备　考
		上等	次等	
	2.21	1.05*	0.9*	
	3.6	1.2	0.97	
	4.8	1.2	0.97	
	5.2	1.18	0.96	
六十一年	6.7	1.18	0.96	
	7.8	1.25	1.03	
	8.6	1.2	0.98	
	9.11	1.14	0.95	
	10.4	1.1*	0.92*	

注：李煦报告的米价大半是苏州或苏州、扬州的米价，没有记载地区的及记载"江南"的米价报告很少。

在"备考"栏中用"×"表示的米价，是《宫中档康熙朝奏折》所载的江宁织造曹寅、曹颙奏折中以"江南米价"或"江宁米价"等名义记录的；用"○"表示的米价，是同书所载京口将军何天培奏折中记录的"镇江米价"；括号内的数字都表示报告的农历月、日。*为图 3-1 使用的数据。

资料来源：《李煦奏折》；Jonathan D. Spence, *Ts'ao Yin and the K'ang-hsi Emperor: Bondservant and Master*. Yale University Press, 1966, pp. 297-299；全汉昇《美洲白银与十八世纪中国物价革命的关系》，《"中央研究院"历史语言研究所集刊》28 本，1957 年；Chuan Han-sheng and Richard A. Kraus, *Mid-Ch'ing Rice Markets and Trade: An Essay in Price History*. Harvard University Press, 1975。

表 3-4　雍正年间江南的米价

公元	雍正	最高价格（报告月日）		最低价格（报告月日）		米价报告奏折件数
		上米（两/石）	次米（两/石）	上米（两/石）	次米（两/石）	
1723	元年	1.2(6.25)		1.05(5.4)	1.0(5.4)	3
1724	二年	1.33(9.24)	1.25(9.9 等)	1.21(1.27 等)	1.11(5.19)	7
1725	三年	1.37(5.6)	1.32(5.6)	1.17(12.16)	1.06(12.16)	6
1726	四年	1.3(12.13)	1.2(12.13)	0.98(9.2)	0.88(9.2)	6

公元	雍正	最高价格(报告月日)		最低价格(报告月日)		米价报告奏折件数
		上米(两/石)	次米(两/石)	上米(两/石)	次米(两/石)	
1727	五年	1.5(4.15)		1.0(11.17)	0.84(11.17)	7
1729	七年	1.15(5.29)	0.96(5.29)	0.6(9.6)		2
1731	九年	1.2(11.2)		1.14(11.2)		1
1733	十一年	1.7*(4.15)	1.5*(4.15)	—	1.3(4.15)	1
1734	十二年	1.3(10.6)		0.9(10.6)		4
1735	十三年	1.3(5.12)		0.8(5.12)		5

注：＊记录的是雍正十一年春的价格。

由于全汉昇等已经根据《雍正朱批谕旨》的米价资料制作了米价表（《清雍正年间的米价》及《清朝中期的稻米市场与贸易》，参见本书第一章），详细情况在其论文、著作中已有说明，所以本章仅将各年奏折中所能见到的最高价格和最低价格加以表示。记录江南米价的奏折有：《雍正朱批谕旨》第8册，江苏巡抚何天培奏折；第12册，江苏巡抚张楷奏折；第23册，江南提督魏经国奏折；第34册，江南提督高其位奏折；第35册，江苏巡抚乔世臣奏折；第50册，苏州织造兼浒墅关税务郎中高斌奏折；第57册，江南提督赵弘恩奏折；第60册，苏州巡抚尹继善奏折。

四十八年灾害的康熙《嘉定县志》卷3《祥异》的记事附言所说："自后，米无岁不贵。"尽管如此，崇祯五年，人们感到松江府白米平均每斗值银一钱（即平均每石一两）是高价，[①] 而且崇祯六年至十年的米价也大致停留在每石千文（按照当时的银钱比价为银八钱左右）（表3-2）。

米价急剧上涨是崇祯十一年、十二年的事。据松江府上海县人叶梦珠记述，崇祯十一年、十二年"钱价日减，米价顿长"，

---

① 叶梦珠《阅世编》卷7《食货一》记载："壬申（崇祯五年）夏，白米每斗价钱一百二十文，值银一钱，民间便苦其贵。"本节下文中有关松江府上海县的记述也出自此书。

米一石值银一两八九钱，换算成铜钱则达三千文（表3-2）。浙江省湖州府人沈氏则指出，自崇祯十一年、十二年开始，虽然没有特别的灾害，但由于连年薄收，米价没有降至一两以下的。[①] 关于苏州府的情况，徐树丕在《识小录》中记述道，崇祯十二年虽是丰年，但由于米贵钱贱，百姓生活苦不堪言。[②]

在崇祯十三年至十五年的全国性饥荒中，江南一带也遭受了连年的灾害，特别在苏州府嘉定县、松江府上海县等棉作地带，米价达到一石五两这样前所未有的高价（表3-1、表3-2）。据湖州人沈氏推算，由于这三年的连续灾害，死者高达湖州府人口的3/10。[③] 从崇祯十五年秋的大丰收开始，米价略有下降。从崇祯十六年到顺治二年，上海县米价为一石二两至三两（表3-2）。就在此时，清军南下江南。据《阅世编》记载，顺治元年、二年的米价与前后年份相比稍有下降。据反映苏州府状况、作者不详的《启祯记闻录》"顺治三年"条记载："是岁，斗米至千三四百文。较旧年变乱时，特价反倍。"说明在苏州府，米价在兵乱结束后仍是急剧上涨的。

关于顺治前期的情况，嘉兴府桐乡县人张履祥及松江府上海县人叶梦珠的记述相当一致，米价以顺治七年春的一石一两为最低价格，顺治八年的一石五两为最高价格，基本在三两的高价波动（表3-1、表3-2）。据张履祥记述，虽然米价如此高昂，但是与崇祯末年大饥荒时的情况不同，顺治年间并没有出现饿死者或

---

① 沈氏：《奇荒记事》，民国《双林镇志》卷32《艺文》。
② 《识小录》卷2《庚辰民变》。
③ 沈氏：《奇荒记事》，民国《双林镇志》卷32《艺文》。

鬻卖妻子儿女的现象。① 不仅如此，这一时期还出现了土地投资热而田价暴涨②的现象。这是与饥荒时能普遍见到的田价下跌，例如嘉庆年间进士周天爵的《周文忠公尺牍》卷上《与刘次白书》中有"饥年田亩必贱，民以田易命，安问贵贱"的记述，相反的现象。这一情况表明，顺治前期江南米价的暴涨，并不是由歉收所导致的稻米绝对产量减少所引起的。

二　康熙年间的低米价

"谷贵伤民，谷贱伤农"这一俗语在汉代就已存在。③ 由此可知，谷价低廉自古以来就未必被看作盛世丰年的象征，其对农民家计的影响也不曾被忽视。不过，从万历末年到顺治前期的近40年间，一直存在的是"谷贵伤民"的社会问题，"谷贱伤农"的事态并未出现在人们眼前。

顺治十三年，苏州府太仓州人陆世仪在"今年米贱好丰年，每石收来价七钱，上田二石一两四，下田五斗也堪怜"的七言绝句下，加了"谷贱伤农，今始验之"的注语。④ 这显示自明末开始以谷贵为主的社会问题，在这一年转而成为以谷贱为主。这个

---

① 据张履祥《杨园先生全集》卷17《记·猖士记·后记》，万历十六年、十七年及三十六年灾害时，尽管有朝廷的蠲赈，但还是出现了饿死者；崇祯十三年、十四年灾害之际，朝廷没有蠲赈，鬻卖田宅妻子儿女及饿死者颇多。顺治五年至十二年，尽管水旱接踵，米价与崇祯末年一样出现了上涨，但并未出现鬻妻卖子和饿死人的现象。

② 参考叶梦珠《阅世编》卷1《田产一》等。关于田价，将在下一章中论述。

③ 《汉书》卷7《昭帝纪》"元凤六年"条云："诏曰：夫谷贱伤农，今三辅、太常谷减贱，其令以菽粟当今年赋。"在同书卷24《食货志上》中也能看到"籴甚贵伤民，甚贱伤农"的记载。

④ 陆世仪：《陆桴亭诗集》卷5《水田谣》。

一石七钱并不是为了作诗而拼凑出来的数字，这一点从表 3-1、表 3-2 中记载的其翌年（顺治十四年）的米价可以推断出来。有关顺治十四年米价下跌的问题，道光《璜泾①志稿》卷 7《琐缀志·灾祥》中有如下记载：

> 秋，稻上熟，花中熟，俱骤贱，获不偿本。农民无年，大户无租，上下皆困。

此外，顺治十四年冬到十五年春，卧病在床的苏州府长洲县人徐枋在《病中度岁记》中记述道：

> 今年米价甚贱，为数十年来所未有。穷阎细民，无不食精凿制糕糜，而余家则岁除无午饭。②

此后的康熙初年，谷贱现象严重。叶梦珠《阅世编》记录，顺治后期日渐低落的上海米价，到康熙八年跌至每石银五钱的最低价（表 3-2）。任源祥在《食货策》中有"康熙三年，江南米价石不过五钱"的说法，指出整个江南米价低廉的情况。③ 此外，松江府华亭县人董含在随笔《三冈识略》卷 5"康熙四年"条中介绍当时的谚谣时，在"百物俱贵米独贱"句中注释道："米价每石四钱。"关于翌年（康熙五年）米价下跌的情况，董含在同书中是这样记述的：

---

① 璜泾是苏州府太仓州某镇名。
② 徐枋：《居易堂集》卷 8。据同书卷 12《张英甫传》可知徐枋是田主。
③ 任源祥：《食货策》，收入《皇朝经世文编》卷 29《户政·赋役一》。

秋大熟，斛米二钱。时湖广江右价尤贱，田之所出不足
供税，富人菽粟盈仓，委之而逃。百货充斥，无过问者。百
姓号为熟荒。犹忆，顺治丙戌、辛卯两年，米价腾贵，每石
价至四两余，而民反无流亡者。古人云谷贱伤农，信然。

这一时期的松江府，米价下跌而导致的收入减少，加上向土
地所有者摊派的徭役过重等原因，出卖土地者甚多，导致田价
惨跌。①

米价下跌的影响不仅仅局限于农民。② 伴随米价的下跌，工商
俱困，经济活动处于停滞状态。江西省赣州府宁都县人魏际瑞所
著的《四此堂稿》，是康熙初年魏际瑞为浙江巡抚范承谟幕友时
的文章集，在总结主旨的卷 10《总括大意》中，他描绘全国性的
经济停滞状况道：

天下货物之多而美，莫不共推苏、杭、江宁、广东、福建
等处，昔年贩卖者多，故地方富盛亦甲天下。今则昔值一两之
货，只要五钱、三钱亦无人买。江浙闽广之人，无论大家小
户，个个诉穷，则他处可知矣。前数年间，江西之米最贱，而
南赣一带，抵银一两可买谷十一石，民尚多饥饿者。其负贩工
作之人，每言愿食贵谷，盖以贵谷则富者有银，可以雇工兴作

---

① 叶梦珠：《阅世编》卷 1《田产一》。
② 就中国当时的情况来说，使用包括地主、自耕农及佃农范畴的"农民"一词
或许没有学术意义。但是，时人在说到"谷贱伤农"时，"农"主要是指与
购买粮食者的"士、工、商"相对的出售粮食者，包括地主、自耕农及佃农。
这里暂且沿用基于此概念的"农民"一词。

及买置货物，而小民得沾其利。今富者皆穷，则穷民愈无处趁食矣。

据魏际瑞所言，货物米谷滞销，社会各阶层身陷穷困的状况从顺治十八年至康熙十年越发严重。[1] 这里还可以再举一两例。湖州府吴兴县南浔镇人董汉策，在大致写于这一谷贱时期的《普劝同里修德禳灾说》[2] 中，指出南浔镇祭礼浮华，而另一面却是"钱贵谷贱，农不交易，货权日轻，富贾坐困"，即由于谷贱，农民消费减少，结果出现商品滞销、商人窘困的局面。他对南浔镇有"浔里凋敝至极"的感慨。此外，家住苏州的唐甄也在《潜书》下篇上《存言》中描述了流通停滞的状况。

甄闻之，生养之道，三年可就，五年可足，十年可富，政之常也。清兴五十余年矣，四海之内，日益困穷，农空，工空，市空，仕空。谷贱而艰于食，布帛贱而艰于衣，舟转市集而货折赀，居官者去官而无以为家，是四空也。金钱所以通有无也。中产之家，尝旬日不睹一金，不见缗钱，无以通之，故农民冻馁，百货皆死，丰年如凶。

从上述数例可以看到，康熙前期的物价低落并未被时人看作

---

[1] 继上述魏际瑞引文之后，有"窃见，顺治初年以至于今，将三十年，古人所称一世者也。朝廷自征赋以外，未有一毫多取于民，而灾伤积逋无不蠲赦，宜乎家给人足，贯朽红陈，金土同价矣。而百姓如此之穷，国家常虞不足之虑，自顺治十八年以后至今日而甚者，何也？"的记载。
补记：有关康熙年间的谷贱问题，参照本书第七章。
[2] 收入董汉策的《莲漪集》。

物资丰富所带来的可喜结果。人们所意识到的，是物价的低落使得人们收入减少，而有效需求的减少又进一步导致物价低落这样一个恶性循环。

除了因康熙十八年、十九年的灾害而一时上涨，米价低贱持续到了康熙中期（表3-1、表3-2）。康熙四十二年，江苏巡抚宋荦与江宁巡抚曹寅异口同声地报告，江南历年米价停留在每石七钱上下的水准，[①] 表3-1的米价资料也与此相符。不过值得关注的是，正如表3-1所示，尽管是丰年的价格记录，也看不出像康熙初年那样低贱的情况。康熙三十八年春，南巡的康熙帝曾有"去岁吴中大熟，米价何以不贱"[②] 的咨问。在其上一年即三十七年，康熙帝还特别就湖广、江西等产米地区的米价上涨问题下达了上谕。[③] 此后长期的米价上涨，可以说以此时为界线开始显露出来。康熙四十四年，松江府出现了柴、米、盐及木棉价格均上涨的现象。[④] 特别是康熙四十六年、四十七年，江南米价因灾害而大涨（表3-1、表3-3），直到四十八年秋的大丰收也不见回落。[⑤]

康熙四十八年至六十一年，有苏州织造李煦提交的详细米价报告（表3-3）。从中挑选出每年收获季节的米价制作成图表，则

---

①　宋荦：《西陂类稿》卷37《奏疏六·请白粮减存米随漕带运疏》；《宫中档康熙朝奏折》第1辑，康熙四十二年八月二十四日曹寅折，第64~66页。

②　宋荦《西陂类稿》卷4《迎銮日纪》中记述："谕云：去岁吴中大熟，米价何以不贱？臣荦奏云：吴中为江海通津，往来粜籴者络绎不绝，从来米价不大贵亦不大贱。"

③　《圣祖实录》卷187，康熙三十七年三月戊子上谕。

④　诸联道光十四年刊《明斋小识》卷9《米价》中记述："曾检前人旧账，康熙年间有斗米四十余文者，五十余文者。至乙酉（康熙四十四年）有四贵之说，谓薪、米、盐与木棉也。当时民以为苦。今增十倍，此固户口繁衍所致欤？"

⑤　康熙四十八年十一月庚寅在上谕中说道："江浙前两年无收，今年大熟，米价仍未平者，亦必有故。"《圣祖实录》卷24。

如图 3-1 所示。上等米的价格，大致以每石一两为中心小幅波动。从米价报告中所附李煦的说明来看，除五十二年、五十五年两年夏因湖广、江西运入的米少，米价略有上涨外，总体上可给以"平""贱"的评价。可见这一程度的波动在李煦看来是正常的。

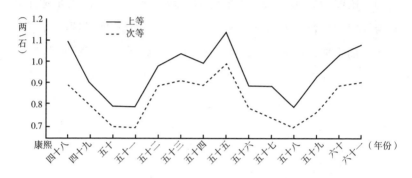

图 3-1　康熙末年苏州晚稻收获期的米价

　　说明：这个图是据表 3-3、挑选每年收获期的米价制作而成的。奏折中如果有秋收完毕后的报告，则使用奏折中的米价资料，如果没有该类奏折时，使用 10 月的米价报告。至于 10 月的米价报告也没有的年份，则使用其后最早的米价报告。制作图表时使用的米价，在表中用 * 表示。

　　雍正年间的江南米价，在《雍正朱批谕旨》所收的奏折中有所报告（表 3-4）。由于缺乏同一地点的报告，所以不能进行直接比较。但上等米价格低于一两的报告，在整个雍正朝 13 年间只有一例，可见与康熙末年相比，米价应该是略有上涨。

三　乾隆年间的米价上涨

　　到乾隆初年，米价呈明显的上涨趋势。乾隆四年，贵州道监察御史孙灏上奏道："东南积困，未有甚于米价之日昂者也。"他指出，在浙江，每石米值银一两五六钱至一两七八钱已成常态。①
同年，浙江巡抚卢焯也报告说，近年来在江、浙，即使丰年也觉
得米谷不足，米谷每石一两五六钱已是正常价。②

乾隆十三年，遍及中国全境的米贵问题成为政府重点关注的
对象。同年四月后，甚至因米贵引发了江苏、浙江的民众暴动。③
至于该年江南米价的上涨幅度，苏州府为每石三两，湖州府也是
每石三两，松江府每石三两五钱（表3-1）。从诸地方志中，并未
看到这一年有特大灾害发生的记载。由此可以推断，乾隆十三年
的米贵现象与因大面积灾害引起的米贵现象有着本质不同。即此
时的米贵并非因灾害引起的供给一时减少所致，而是长期的米不
足趋势，由于米的囤积或外运而一时显露出来的结果。④ 乾隆十六
年，米价再次上涨（表3-1），黄印在《锡金识小录》卷2《备参
下》中，就该年常州府无锡县、金匮县米价上涨情况记述道：

　　邑田禾颇稔，而冬底米价石二两五钱。于出米之时，价
　昂若此，虽奇荒之岁，亦所未有也。

---

① 孙灏：《酌减采买额数疏》，收入《皇清奏议》卷35。

② 《湖南省例成案·户律市廛》卷34《采买仓谷听官商各自交易严禁牙行不许
　高抬时价》中所引卢焯的上奏。

③ 参照全汉昇《乾隆十三年的米贵问题》，收入《庆祝李济先生七十岁论文
　集》，1965。后收入全汉昇《中国经济史论丛》第2册。

④ 赵青黎在乾隆十二年的《请减谷价兴水利疏》中记述道："今日谷价之贵，实
　由渐积使然。盖其骤贵也，或因岁歉，或因采买，而及其采买既过，歉岁复
　熟，价非不稍减。然以视从前未贵时之原价，固已略浮其值矣。如此经三五
　次起落，三五次浮积，而视原价固已大相悬绝矣。日贵一日，年贵一年，习
　以成常。"此记述认为，当时价格的急剧上涨无非是长期性上涨倾向的一环。
　《皇朝经世文编》卷38《户政一三·农政下》

此后，米价略有回落。有报告称，乾隆二十六年，苏州府城米价贵时在每石二两上下，中等程度在一两五钱上下，便宜时在一两上下。[1]

乾隆后期的米价趋势，在数篇随笔中有所记载。据钱泳《履园丛话》卷1《米价》记述，乾隆二十年至五十年，江南米价的水平为每升十四五文（一石银约一两六钱至一两九钱[2]），经过乾隆五十年的大旱，每升常价为二十七八文到三十四五文（一石银约一两九钱至二两七钱[3]）。苏州府常熟县人郑光祖的《一斑录杂述》卷6《米价》中也记述道，乾隆二十年后，由于持续的好收成，米价一时降到每石千文（约一两四钱[4]）以下，此后渐增，每升达十六七文，经过乾隆五十年大旱的上涨，到乾隆末年，每升在二十文（一石约二两二钱[5]）。通过以上分析可知，从乾隆二十年开始，用银表示的米价是逐渐上涨的。乾隆四十年以后，铜钱流通量增加，与此前相比，由于呈现出银贵钱贱的倾向，[6] 用铜钱表示的米价上涨幅度比用银表示的米价上涨幅度更为明显。

对于乾隆年间米价的上升，时人认为主要与人口增加所导致

---

① 《高宗实录》卷636，乾隆二十六年五月庚戌条，苏州织造安宁的报告。

② 据《履园丛话》卷1《银价》的"余少时，每白银一两，亦不过换到大钱八九百文"这一记载的比率来换算。钱泳的出生年是乾隆二十四年。

③ 据《履园丛话》卷1《银价》中所载的关于嘉庆元年银一两等于钱一千三四百文的比率换算。不过，这是钱价在最低点时的比价，所以本章中的以银作为单位的价格，应做稍高的调整。

④ 据《一斑录杂述》卷6《银钱贵贱》中"乾隆四十年以前，我邑钱与银并用。银通用圆丝（纹银论申五色）。银一两兑钱七百文，数十年无所变更"的比率换算。

⑤ 据《一斑录杂述》卷6《银钱贵贱》中"（乾隆）五十年后，银一两兑钱九百"的比率换算。

⑥ 可参照佐々木正哉「阿片戦争以前の通貨問題」『東方學』（8）、1954年6月。

的米谷（粮食）不足有关。① 常州府阳湖县人洪亮吉在《生计篇》② 中，将乾隆末年的物价高涨与 50 年前的物价低廉加以对比，表达了对人口增加所导致的物资不足的严重危机感。然而另一方面，正如绍兴府萧山县人汪辉祖在乾隆末年所指出的：

今米贵而人尚乐生，盖往年专贵在米，今则鱼虾蔬果无一不贵，故小贩村农俱可糊口。③

从这样的描写中可以窥见高物价时各种经济活动呈现出的繁盛面貌，与康熙初年随着低物价的经济活动停滞形成鲜明的对比。

* * *

概观万历年间至乾隆末年的米价动向，其变动轮廓大致如下：万历末年（1620 年前后）开始渐涨→崇祯十一年、十二年后暴涨→顺治前期高价格→顺治后期到康熙初年下跌→康熙前期低价格→康熙后期渐涨→乾隆前期暴涨→乾隆中期渐涨。

本章多有仰赖全汉昇、王业键等既往的研究成果之处，笔者自己有价值的补充则不多。而以本章为一准备工作的清代物价史研究，对今后明清社会经济史研究又能够做出怎样的贡献呢？最

---

① 参照全汉昇《乾隆十三年的米贵问题》，《庆祝李济先生七十岁论文集》。
② 收于洪亮吉《卷施阁文甲集》第 1《意言》。洪亮吉在乾隆三十年代以后辗转于全国各地，此文与其说描述的是他对家乡常州的切身体会，不如说是对全中国各地的一般性、理论性考察。
③ 汪辉祖：《病榻梦痕录》，"乾隆五十九年"条。

后想就这一问题加以简单的展望，代为本章的结语。

在战后以克服中国社会绝对停滞论为目标而进行的日本明清社会经济史研究中，明清时代所出现的各种各样的现象，并不只是就其现象本身，而常常是作为与明清社会发展阶段论相关的议论对象被指出。作为与这一动向相表里的倾向，当时社会经济上的各种变化——土地集中、商品生产及农村手工业的发展等——无论何者，都是与高度抽象化的发展阶段论、经济构造论相结合而加以论述的。相反，对当时的各个土地所有者和生产者来说，使（明末清初）那样的变化成为可能、有利或不可避免的具体经济背景，还未被充分探讨。土地集中、商品生产或抗租活动的展开等，即使最终可以看作一定的质的、不可逆的发展阶段的指标，也难以否定这些现象有受制于人口的增减、生产量的变化、货币流通量的变化及伴随这些变化而来的相对价格的变化这样可逆的、量的因素的一面。如此一来，认识其制约方式的特征，以及从中所见的整体经济波动的方式本身，才有助于构筑当时社会经济的生动原貌。比如就清代而言，从区分景气局面与不景气局面的观点出发，对社会、经济诸现象重新整理解释，在某种程度上也是可行的。物价史研究可以说是从这一角度接近总体经济波动的重要手段之一。物价史研究不单单在于指出单纯的物价涨落现象，或者简单地结合货币流通量及人口增减来加以论述，而应该成为对综合探讨前近代中国经济特征所不可或缺的基础性研究。这可以说是今后的课题。

第四章

清代前期江南的物价动向[*]

上一章论述了清代前期江南的米价动向，指出米价的长期性趋势，可划分为万历末年至顺治前期的上升、顺治后期至康熙中期的下跌、经过康熙后期的渐涨到乾隆时期显著上涨等三个阶段。本章将继上一章之后，就江南的农作物商品、手工业制品、土地的价格趋势及工资的动向，结合米价变动进行综合考察。^①

* 本章原刊于『東洋史研究』37(4)、1979 年 3 月。

① 所谓清代前期，与上章一样，是指顺治、康熙、雍正及乾隆的约 150 年（1644~1795）。作为参考，明末的资料也有所涉及。在地域上，鉴于资料的丰富及其在当时中国经济中所处位置的重要性，以江南三角洲地带为中心来收集资料。

在清代物价史研究中，度量衡的不统一使得物价资料相互之间的比较变得困难。关于谷物的计量单位及货币单位，在上一章进行了论述，这里仅就本章所涉及商品的计量单位做简单说明。在本章所涉及的商品中，棉花、生丝多以平均单位重量，棉布多以平均一匹（一匹的长度和宽度不同），土地多以平均单位面积来标示价格。至于重量单位，清朝规定以 16 两（1 两等于 37.3 克）为 1 斤。"担"这一单位是"百斤"的俗称。在民间，（转下页注）

江南的农作物商品主要有棉花，手工业制品有生丝、棉布。这些商品生产，作为比粮食有利的生产或者最有利的副业，在明朝中期以后为广大的农民阶层所选择。正如研究者所指出的那样，在明末，这些商品生产已成为江南农村再生产不可或缺的部分。土地，当然是当时中国最主要的财产形式。而且，从时人已经将土地视为投资对象并根据其收益来进行评价（后述）来看，田价的变动已经成为经济状况的一大指标。至于工资，通过将工资资料与其他物价相关联来了解实际工资，应该有助于弄清雇佣劳动的发展，或所谓"人口压力"的影响等问题。只是在本章中，由于工资资料的不足，无法对此做充分的论述。

本章将对棉花等各项内容按照如下顺序展开论述：（1）作为考察本章所集价格资料的前提，对被定价商品的状态、品质等进行说明；（2）作为以米价为中心的一般物价动向的一环，对各种商品价格的长期动向进行概览；（3）从生产、流通等方面探讨决定各商品价格的因素。

第一节　棉花

对棉花价格资料的整理，如表4-1、表4-2所示。

在表4-1、表4-2中，根据西嶋定生的论证，《阅世编》所记录的价格（表4-1）不是皮棉（脱籽棉花）的价格，而是子棉（有

（接上页注①）不但1两所对应的重量因地区及所称商品而稍有不同，而且斤与两的关系也不是固定的，有以14两、16两、18两、24两为1斤的各式各样的秤。关于江南的具体例子，有郑光祖《一斑录杂述》卷2《大水》及卷6《棉花价》中所能见到的棉花秤，以及光绪《石门县志》卷11《风俗》中所能见到的明末丝秤等。关于棉布、土地的单位，在各自的条目中都有言及。

籽棉花）的价格;① 而《一斑录杂述》所记载的价格（表 4-2）中，雍正以前的每担值钱二千文的价格（据康熙年间的银钱比价②换算，约为银一两八钱），比《阅世编》中的数值还低，因为皮棉价格约为子棉价格的 3 倍，所以这不可能是皮棉的价格；即使考虑到地区差及度量衡的误差，也可以断定与《阅世编》一样，指的是子棉的价格。表 4-2 所载的来自其他文献的数据，通过与《一斑录杂述》中的数据相比较，可推断也是子棉的价格。

表 4-1　清初松江府的棉花价格

单位：两/百斤

时　　间		棉花价格	时　　间		棉花价格
天启	1627 前后	1.6～1.7		1670. 10	3.0+
崇祯	1630 前后	4.0～5.0		1670. 10 末	4.0
	1644～1645	0.5～0.6		1671. 11	3.0
	1644～1645	〔2000 文〕		1671. 11	〔3300 文〕
	1649	3.4～3.5		1674	上上等棉花 1.9
顺治	1650.9	5.0	康熙	1677 夏	2.6～2.7
	1651.3	9.0*		1677 夏	上等棉花 3.0
	1657	2.5		1679 秋	1.5～1.6
	1659. 闰 3	4.5		1680 夏	3.0
	1661 冬	2.0		1681 夏	3.5～3.6
	1662.1	3.0		1682.5	上等白棉花 4.1
康熙	1662.7	2.0		1684 秋	上等白好棉花 1.3～1.4
	1670 秋	1.7～1.8			

注：紧接 * 价格，有 "是时三四年间，递有升降，相去亦不甚悬绝" 字样。计价货币为白银。

资料来源：叶梦珠《阅世编》卷 7《食货四》。

---

① 　西嶋定生「支那初期綿業の成立とその構造」『オリエンタリカ』(2)、1949 年。
② 　此处采用的是乾隆《常昭合志》卷 12《杂记》中 "闻之古〔故〕老，康熙中年，民间市银一钱，可易钱一百一十文" 所示的比率。

表 4-2　清代中期江南的棉花价格

时　间	地　域	价格(文/百斤＝担)	备　考	史料
顺治～雍正	苏州府昭文县	2000±		①
乾隆中期	苏州府昭文县	3000-		①
乾隆四十六年五月	苏州府昭文县	2300～2400		①
乾隆四十六年六月以后	苏州府昭文县	4600～4800	因台风歉收	①
乾隆四十七年	苏州府昭文县	6000		①
乾隆四十八年至五十八年	苏州府昭文县	4000		①
乾隆五十年	松江府上海县	8000	大旱	②
乾隆五十五年以前	绍兴府萧山县	3000～4000		③
乾隆五十六年	绍兴府萧山县	10000	歉收	③
乾隆五十六年	松江府上海县	11000	岁祲(妖气)	②
乾隆五十七年	绍兴府萧山县	8000+		③
乾隆五十九年	苏州府昭文县	11000	水灾	①

注：计价货币为铜钱。

资料来源：①郑光祖《一斑录杂述》卷 6《棉花价》；②嘉庆《上海县志》卷 19《祥异》；③汪辉祖《病榻梦痕录》，"乾隆五十七年"条。

　　关于清代初期棉花（子棉）价格的动向，从表 4-1 来看，松江府的棉花价格在崇祯以前每百斤为一两六钱到一两七钱，崇祯初年开始上涨，明清改朝换代的混乱期暴跌，此后与米价动向一样，在顺治年间保持高水准，顺治末年下跌，之后的整个康熙前期都处于低水准。

　　关于雍正年间及之后的棉花价格，根据苏州府昭文县人郑光祖在《一斑录杂述》卷 6《棉花价》中的记述，清初至雍正年间每担二千文上下（一两八钱至二两四钱①）的棉花价格，虽然在

---

　　①　紧接上注引文之后有"迨后雍正间，钱价日昂，渐至一百文、九十文，以及八十五六文"的记述，在此以最高最低两极的比率进行换算。

乾隆年间逐渐上涨，但每担并未超过三千文（约四两三钱①）。但是，以乾隆四十六年台风所导致的歉收为契机，棉花价格开始上涨，常价达到了四千文（约四两四钱）。这与绍兴府萧山县人汪辉祖所记述的乾隆五十五年以前的常价一斤三四十文大体一致（表4-2）。

如上所述，从长期、宏观的角度来看，棉花价格与米价一样，呈明末上升、顺治后期到康熙时期下跌、乾隆以后增长这样的变动。正如下文将要论述的那样，一般物价也呈现出同样的变动轨迹。虽说只要棉花的生产技术没有什么大的变化，棉花价格的长期性变动理所当然与一般物价相同，但是，棉花有别于其他物价的独特因素也应予关注。第一，棉花作为棉布这一江南重要外运商品的原料，它的价格受棉布的生产、流通动向所左右；第二，江南棉花未必能在江南的棉花市场上拥有牢固的地位，而是与其他地区所产棉花相互竞争。以下就对上述这两点加以探讨。

图4-1按平均每亩棉花收获量和稻米收获量分别为80斤、2石②

---

① 据《一斑录杂述》卷6《银钱贵贱》中所记"乾隆四十年以前……银一两兑钱七百文，数十年无所变更"的比率进行换算。

② 西嶋定生利用了松江府附近平均每亩子棉收成80斤，平均每亩稻米收成东乡为一石五斗、西乡为二石五斗的推算，本章也是据此。不过，由于比较棉作经营与稻作经营之间的收益不是本章的直接目的，为简化起见，简单地取东、西乡的中间值为稻米的收成量。西嶋定生「支那初期綿業の成立とその構造」『オリエンタリカ』（2）、1949年。

补记：关于清初上海县的米、棉花价格，可以从姚廷遴《历年记》中获得有用的数据。我曾将《阅世编》与《历年记》的数据合并制作成图。参见岸本美绪「「歴年記」に見る清初地方社会の生活」『史学雑誌』95(6)、1986年6月、61頁。

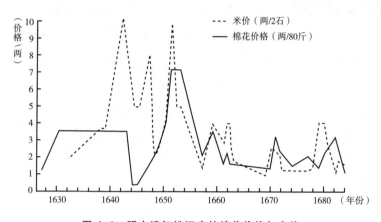

图 4-1　明末清初松江府的棉花价格与米价

资料来源：叶梦珠《阅世编》卷 7《食货一》。

来表示其价格的变化情况。据此来看，棉花价格与米价即使不能说是紧密关联，但其变动大体上还是相似的。由于棉花与米谷同为夏季作物，收成时间大体一致，从一般物价水准的动向上看，这是可以理解的。但是也有例外，在顺治元年前后和康熙十八年，出现过两次米价暴涨而棉花价格下跌、两者一时呈反方向波动的情况。有关顺治元年前后棉花价格的下跌，《阅世编》卷 7 记述道：

> 甲申以后，因南北间阻，布商不行，棉花百斤一担不过值钱二千文，准银五六钱而已。顺治三四年后，布渐行，花亦渐长。

据《阅世编》所述，布商活动因战乱而停止，从而导致棉花

需求减少。[1] 由于松江府具有米谷输入地带和棉布输出地带的经济
性质，流通受阻，将导致米谷价格上涨和棉布价格下跌。[2] 作为一
种推测，康熙十八年棉花价格的下跌，是因为同年山东、河南、
江北、苏州、常州及镇江等地稻谷歉收，[3] 从而导致米谷（粮食）
不足，米价上涨。同时松江府外对棉布的需求停滞，使得棉花价
格与米价一时呈反方向波动。

　　除上述这样棉布流通状况的变化外，与其他地区所产棉花之
间的直接竞争，也会影响江南棉花的价格。河南、山东等北方各
省所产棉花从明朝开始流入江南的情况，西嶋定生已予以指出。[4]
据我所知，在明代，将北方棉花的流入看作导致江南棉花市场价
格下跌的主要因素而予以特别关注的例子并不存在。即使到了清
初顺治中期，康熙《崇明县志》卷7《祲祥志》"顺治九年"条
中还记述道：

　　　　棉大稔，每斤价至一钱，种地数亩者，顿成富室。

　　从这一记述所指出的尽管棉花丰收，价格依然很高的情况可
以推测，这一时期没有出现价格因供给过剩而下跌的现象。但种
植棉花有利可图的情形，到康熙年间发生了变化。光绪《嘉定县

---

[1]　参见西嶋定生「支那初期綿業市場の考察」『東洋學報』31（2）、1947年。
[2]　明末松江府人陈继儒将与兵荒马乱时的棉花、棉布价格下跌而米价上涨呈对
　　比的"客船日来，米价顿减，布价顿增"（《陈眉公全集》卷55《与张曙海郡
　　侯》）的状况，视为社会稳定的标志。参见寺田隆信「蘇・松地方に於ける
　　都市の棉業商人について」『史林』41(6)、1958年11月、53頁。
[3]　叶梦珠：《阅世编》卷7《食货一》。
[4]　西嶋定生「支那初期綿業市場の考察」『東洋學報』31（2）、1947年。

志》卷 3《赋法沿革》康熙五年官布（上贡棉布，后述）改折条
所附张诗《永折论略》中记述道：

> 嘉漕之永折，以地不产米，而木棉与布，可易银以充粮
> 也。其可以易银充粮，以他处不产嘉定独产，吾得以善价取
> 值也。今近而太仓上青，远而山东河南荆襄间，皆产木棉，
> 故顺治间扣布每匹值四五钱，今不过一钱几分，木棉每斤七
> 八分或至一钱，今不过一分几厘，于是嘉定之银日绌而民浸
> 浸乎病矣。

此外，清初人黄与坚在《太仓田赋议》（《忍庵集·文稿
一》）中也记述道：

> 太仓之偏苦如此，而昔时尚可因沿者，以土产木棉，凡
> 南北大商，岁赍白镪，辐辏而至，小民得擅木棉之利，可以
> 植梧。今则齐豫皆掫载而南，货多用寡，日贱其值，只恃闽
> 广之贸布少资织作，而又百无一。

这些记述都将山东、河南及湖广的棉花生产及其向江南的输
出，看作种植棉花变得不利的因素。[1] 其结果是江南"年年木棉
贱如土"，[2] 从事棉花种植的农民家计因此而穷困。

关于其后其他地区所产木棉输入江南的情况，乾隆初年河南

---

[1] 康熙《嘉定县志》卷 4《物产》所载嘉定知县赵昕（康熙八年到任）的文章，
也阐述了相同的意思。

[2] 陆世仪：《陆桴亭诗集》卷 9《前雪》（康熙六年作）。陆世仪是太仓州人。

巡抚尹会一在《敬陈农桑四务疏》中，有"今棉花产于豫省（河南）而商贾贩于江南"[①] 的记载，可知乾隆初年时有来自北方的棉花输入。但是乾隆末年上海人褚华的《木棉谱》中，关于贩往上海的棉花产地，只列举了崇明、海门及丹阳等邻近地区，并且有近年来"江北绝无至者"的记述。与此同时，乾隆年间有江南棉花种植扩大的报告，[②] 这说明棉花当时能带来稳定的收益。[③]

第二节　生丝

笔者所收集到的丝价资料，如表4-3至表4-6所示。

---

① 《皇朝经世文编》卷36《户政·农桑上》。

② 郑光祖《一斑录杂述》卷2《大有年》；高晋《请海疆禾棉兼种疏》，《皇朝经世文编》卷37《户政·农政中》；等等。

③ 关于顺治中期江南棉花的畅销、康熙初年的供过于剩及乾隆时期北方棉花贩入减少的原因，作为假说，以下两点可以考虑。第一，北方各省及湖广需求量、供给量的变化。北方各省（特别是河南）及湖广以棉花为首的农业生产受明末动乱的直接影响而急剧减少，与之相对，江南所受的影响是比较小的。结果，对顺治前期江南的棉花及米谷的需求增大，价格上涨。此后，北方各省及湖广的生产迅速得到恢复，由于生产恢复比人口恢复更快，在这些地区，康熙初年就出现了农产品的剩余，这一状况应该一直持续到人口快速增长的清朝中期。第二，银流通的问题。因为顺治末年的禁海令和迁界令，外国贸易被禁止，银的流入减少，加上国内恢复和平，政府的军事支出减少，税银多储藏于国库，这些因素使得国内银流通量减少，从而导致顺治末年以后价格的总体性下跌。在当时赋税的大部分为固定银额的税制下，物价的下跌实质上意味着税收负担的增加。如此，特别是货币经济较不发达的地区，为了纳税就需要获取高价的银，于是不可避免地导致农产品作为银的交换物而被大量输出，即至少在物价下跌、银价高涨时，其他地区的商品大量流向了因顺治前期的景气而存在银大量流通的江南。与此相伴而来的，是银从江南流向了其他地区。银与商品的这种流向，正好在某种程度上可以解释康熙初年棉花流入江南的情况。以上两点还完全是缺乏论证的假设，对于第二点的银流通问题，本书第七章做了更为详细的考察。

表4-3 明末至清中期的江南丝价

单位：分/两

时 间	地 区	质 量	价格	备 考	史料
嘉靖中期（16世纪中叶）	苏州府吴江县震泽镇		2.0	绫绸价每两8~9分	①
崇祯十二年		湖 丝	6.25		②
崇祯末年	湖州	经 纱	7.14	绢价每两1钱	③
崇祯末年	湖州	纬 纱	5.4	绢价每两1钱	③
康熙十三年	湖州府吴兴县双林镇	细 纱	8.5	因大水歉收	④
康熙二十二年	湖州府吴兴县双林镇	新 丝	8.5	因大水歉收	④
康熙年间	震泽镇		3.0~4.0	绸价每两1钱	①
康熙五十年		新 丝	6.0~7.0	新丝收成甚好，丝价不贵	⑤
乾隆十一年前后	震泽镇		6.0~8.0	绸价每两1钱3分多	①
乾隆二十年	苏州府吴江县平望镇		10.0	天气太热蚕死	⑥
乾隆二十年	湖州	皇上用丝	13.0+	因多雨天寒歉收	⑦
乾隆二十年	湖州	官府用丝	12.0+	因多雨天寒歉收	⑦

资料来源：①乾隆《震泽县志》卷25《生业》；②何乔远《请开海禁疏》，《镜山全集》卷23；③《沈氏农书》，张履祥：《杨园先生全集》卷49；④民国《双林镇志》卷19《灾异》；⑤《李煦奏折》，第95页；⑥道光《平望志》卷13《灾变》；⑦嘉庆《大清会典事例》卷153《户部·库藏·缎匹库》。

表 4-4 康熙末年江南的新丝价格

单位：分/两

报告时间	线经丝	单股经丝	纬丝
康熙五十一年五月十六日	8.4	—	7.5
康熙五十二年闰五月二十三日	8.9	8.2	7.8
康熙五十三年六月九日	8.5	8.1	7.7
康熙五十四年六月六日	8.0	7.0	6.6
康熙五十五年五月十二日	8.3	7.2	6.9
康熙五十六年六月三日	8.1	7.0	6.7
康熙五十七年六月十六日	8.2	7.6	7.2
康熙五十八年六月二十四日	8.0	7.4	7.0
康熙五十九年六月十三日	7.9	7.0	6.5
康熙六十年六月六日	7.2	6.2	5.8
康熙六十一年六月七日	7.9	6.7	6.3

资料来源：《李煦奏折》；Spence, *Ts'ao Yin and the K'ang-hsi Emperor*, p. 295。

表 4-5 康熙末年至雍正初年江南的新丝价格

单位：分/两

年 份	头等细丝	稍次者
康熙四十六年	5.2	4.6
康熙四十七年	6.1~6.2	5.3~5.4
康熙五十六年	7.5	7.0+
康熙五十七年	7.8	7.2+
雍正元年	7.8	7.2+
雍正二年	7.2~7.3	6.7~6.8
雍正三年	7.0	6.5~6.6
雍正四年	7.0	6.5~6.6

资料来源：庄吉发译注《孙文成奏折》，台北：文史哲出版社，1978；《雍正朱批谕旨》第 47 册，四年九月一日孙文成奏折；Spence, *Ts'ao Yin and the K'ang-hsi Emperor*, pp. 295-296。

表4-6 英国东印度公司在中国的生丝购入契约价格

单位：两/担

年份	契约地点	质量	价格	马士书的卷数-页数
1699	广东	上级	137	I-90
1699	广东	中级	127	I-90
1700	舟山		137.2	I-97
1701	厦门		195	I-110
1702	厦门		132	I-123
1702	厦门		140	I-124
1722	广东		150	I-172
1723	广东		142	I-176
1723	广东		145	I-177
1724	广东		155	I-180
1730	广东		159.6	I-200
1731	广东		155	I-203
1750	广东	南京高级	175	I-288
1753	广东		175	I-291
1754	广东		155~220	V-19
1755	广东		190	V-24
1756	广东		192.5	V-47
1757	宁波		225~250	V-60
1757	广东		187	V-64
1759	宁波		198	V-69
1763	广东	*	240~250	V-108
1764	广东	南京	260~290**	V-119
1765	广东		269	V-124
1766	广东		265	V-130
1767	广东		260	V-137
1768	广东		265~294	V-137
1771	广东		272.5	V-160
1771	广东		265~275	V-160
1773	广东		272.5	V-178
1774	广东		272.5~277.5	V-188
1777	广东	上级	270	II-27
1777	广东		265	II-28
1780	广东		265	II-53
1783	广东		275	II-90
1784	广东	南京	310	II-96
1784	广东	广东	220	II-96
1785	广东		290~320	II-110
1787	广东		280	II-138
1792	广东	南京	312	II-203
1792	广东		255	II-198

注：* 不是生丝（raw silk），仅记录为丝（silk）。
** 不是购入契约价格，表示广东当时的价格。
资料来源：H. B. Morse, The Chronicles of the East India Company Trading to China, 1635-1834, 5 vols.. Oxford University Press, 1926-1929；全汉昇《美洲白银与十八世纪中国物价革命的关系》，《中国经济史论丛》第2册；田中正俊「中国社会の解体とアヘン戦争」『岩波講座世界歴史』第21，岩波書店，1971年。

　　首先，想对表中所能见到的丝的种类稍加介绍。"经丝"即纵丝，"纬丝"即横丝。据清末的调查可知，经丝一般是由上等蚕茧制作而成的细丝，而纬丝一般是用上等、中等蚕茧制作而成的粗丝。① 表4-4中所谓"单股经丝"与"线经丝"，具体不详，可能是根据捻丝工序不同的称呼。②

　　苏州织造李煦及杭州织造孙文成的丝价报告（表4-4、表4-5），是关于织造局中使用的中、上等丝的情况。孙文成在所附丝价报告的说明中记述道，织造衙门不会采买"粗糙不堪之丝"，其价格与春蚕的优质丝相比，平均每两便宜一两分。关于丝价探访的地点，即织造局购买生丝地，从嘉庆《大清会典事例》卷153《户部·库藏·缎匹库》中记载的乾隆十年的规定等来看，可以推断至少在清朝中期以后，不是在织造局所在的苏州、杭州等城市，而是在蚕丝业中心湖州府的南浔镇、双林镇、新市镇等地。

　　能反映18世纪丝价变动的，有马士《东印度公司对华贸易编年史》（下文简称《编年史》）中所见的英国东印度公司每年的生丝购入契约价格（表4-6）。东印度公司生丝购买地主要是广东，如果其

---

① 参见東亜同文書院調查『支那経済全書』第12輯、東亜同文会編纂局、1907年、92、260頁。乾隆《震泽县志》卷4《物产》、道光《震泽镇志》卷2《物产》及咸丰《南浔镇志》中，也言及经丝的情况。彭泽益编《中国近代手工业史资料》第1卷，中华书局，1962，第209、476、478页。

② 孙佩《苏州织造局志》卷5《工料》项中，提及了线经丝、双经丝、单股经丝、纬丝各不相同的捻丝工钱。彭泽益编《中国近代手工业史资料》第1卷，第90页。《支那经济全书》第12辑中提及了料坊（捻丝铺）的三种业务："（甲）'双经'是由两根单经捻成的……（乙）所谓'肥绒'（粗绒线）是用粗线中的一根熟坏纺织而成的……（丙）称作'纺线'的，不管是粗线还是细线，就像制作'双经'时那样操作，如同缝线，捻［搓］结紧实。"『支那経済全書』第12輯、261頁。所谓"线经丝"，可能相当于其中的（丙），"双经丝"相当于（甲），而"单股经丝"则可能是两根没有捻合在一起的经丝。

所收购的生丝是广东土丝等江南产以外的丝的话,《编年史》所记载的价格就可能反映不了江南产生丝的情况。但是,据《编年史》的记事可知,至少从 18 世纪末开始到 19 世纪初,地方贸易船及外国船装载的是广东生丝;与此相对,英国东印度公司船装载的是高级的"南京"产(江南产)生丝。[1] 并且,据关于定金制度由来的记述,"从前一个贸易期只有四艘左右的航船时"(据《编年史》各卷末来自中国的东印度公司船名表,可以看出是指 18 世纪前期),"来自南京(或苏州、杭州)的生丝(silk)"因定金制度而得以迅速交货。此记述表明东印度公司收购的是江南产的生丝。[2] 从以上记述来看,东印度公司收购的似乎是以江南产生丝为主,因此可以认为购入契约价格的变化,在一定程度上反映了江南生丝价格的波动。[3]

接着,从表 4-3 至表 4-6 来看江南丝价的变化情况。乾隆《震泽县志》卷 25《生业》中记述了丝价变化的概略。

> 按史册《黄溪志》,明嘉靖中,绫绸价每两八九分,丝每两二分。我朝康熙中,绸价每两一钱,丝价尚止三四分。今绸价视康熙间只增三之一,而丝价乃倍之。此业织绸者之所以生计日微也。

---

[1] 彭泽益编《中国近代手工业史资料》第 2 卷,第 108 页;第 3 卷,第 55~56 页。

[2] 彭泽益编《中国近代手工业史资料》第 2 卷,第 126 页。

[3] 当然,生丝在江南与广东等港口的输出价格存在很大差异。试将表 4-6 与表 4-4、表 4-5 中共同存有资料年份的生丝价格进行比较,可以看到广东生丝价格对江南生丝价格的比率为 1∶1.2~1∶1.5。
补记:宫崎市定《清代对外贸易的两种资料》中翻译的法国人萨法里(Savary)兄弟的《世界商业大事典》(据说记述的是 1718 年前后的情况)中,有"江苏百两之绢于广东可生百五十两……之值"的记述。宫崎市定「清代對外貿易の二資料」『アジア史研究』第 2、東洋史研究会、1959 年、420 頁。

据此记述，明代嘉靖年间，生丝一两的价格为银二分，康熙年间为三四分，现（乾隆十一年前后）为六分至八分，可知丝价呈长期上涨趋势。不过，据表4-3中所示的明末崇祯年间的资料，生丝一两值银六分左右，可以认为丝价也与米价等一样，在明末曾一时呈上涨之势。据此大致可以描绘出明末上升→康熙年间下跌→乾隆年间上涨这样与米价相同的曲线。康熙末至雍正初，生丝平均每两稳定在银七八分。针对雍正帝"丝价低昂，朕向未了悉。历来最贵之价若干，最贱之价若干，其详细开明奏来"的上谕，孙文成报告道："皇上御极以来，蚕丝连年俱好，其价不甚腾贵。……蚕桑年成与庄稼一样，看收成好歹定丝价贵贱。历来上贵者不出一钱之外，最贱亦得五六分不等。"[①]　关于乾隆年间的生丝价格，据表4-6制作的图4-2所示，乾隆二十年前后开始急剧上涨，至三十三年前后涨势终于停止，此后丝价呈相对平稳的状态。

图4-2　英国东印度公司的生丝购入价格

以上是丝价的长期性动向。关于生丝价格的波动，与米、棉花价格相比，值得关注之处有以下两点。

第一，与棉花、米相比，即使在价格低落的康熙年间，据我

---

①　《雍正朱批谕旨》第47册，四年九月一日孙文成折。

所知也没有感叹生丝价格低、利润少的文字。就连康熙前期生活
在苏州、颇有意思地指出各种物价下跌情况的唐甄（参照上一
章），只在《潜书》下篇下《教蚕》中记述道：

> 吴丝衣天下，聚于双林，吴越闽番至于海岛，皆来市焉。
> 五月，载银而至，委积如瓦砾。吴南诸乡，岁有百十万之益。
> 是以虽赋重困穷，民未至于空虚，室庐舟楫之繁庶，胜于
> 他所。

唐甄描绘的是双林镇丝市全国各地的客商云集，因交易活
跃而获得大量利润的盛况。这或许是因为，当时的湖广、四川
及华北各省所生产的生丝与湖州一带生产的生丝，在质量上存
在着很大差异，湖州产的生丝作为高档品而拥有全国的销路。[1]
可以认为，这正是湖丝没有像棉花那样被他省的产品夺去市场的
原因。

第二，乾隆年间米价上涨与生丝价格上涨之间存在时间上的
不一致。即与米价在乾隆初年至二十年急剧上涨[2]相对，生丝价格
（表4-6）是在米价上涨告一段落后的乾隆二十年前后才开始急剧
上涨的。当时很多论者将其起因归结为生丝输出量的增大。[3] 的

---

① 关于湖丝在全国蚕丝业中的地位，佐伯有一、田中正俊已有论述。参见佐伯
有一・田中正俊「十六・七世紀の中国農村製糸・絹織業」『世界史講座』
（1）、東洋経済新報社、1955年。

② 参见上一章第二节"三"。

③ 参见《史料旬刊》第18册，乾隆二十四年李兆鹏折；安宁：《禁丝勐出洋折》
（乾隆二十四年），《乾隆上谕条例》第108册，转见于李华《试论清代前期的
市民斗争》，中国人民大学中国历史教研室编著《中国封建经济关系的若干问
题》，三联书店，1958，第321页等。

确，从乾隆初年到乾隆四十年，向英国输出的生丝量大体上是增加的。① 尽管在乾隆二十四年后为了抑制丝价上涨，采取了禁止生

---

① 关于向英国输出的生丝数量，参见 Earl H. Pritchard，"Anglo-Chinese Relations During the Seventeenth and Eighteenth Centuries," *Studies in the Social Sciences*, Vol. 17, Nos. 1-2, 1929, p. 215。这里所论及的乾隆二十年代至三十年代，由于缺乏乾隆二十五年至三十八年的数据，并且不详之处甚多，另见东印度公司对中国生丝输出的价格总量统计（1760 年以后）。Earl H. Pritchard，"The Crucial Years of Early Anglo-Chinese Relations, 1750-1800," *Research Studies of the State College of Washington*, Vol. 4, Nos. 3-4, 1936, p. 396. 两篇文章都是逐年列示数据，这里为简化起见，采用每五年的平均值。同样可以看出从乾隆初年到四十年代的增长趋势（表4-7）。

表 4-7 英国从中国输入的生丝量

年　份	输入量（担）*	输入总价（两）
1736~1740	20	
1741~1745	134	
1746~1750	41	
1751~1755	769	
1756~1760	586	
1761~1765		109711
1766~1770		490679
1771~1775	1619	454078
1776~1780	1905	514030
1781~1785	1233	256288
1786~1790	1818	556827
1791~1795	1092	281070

注：将以磅为单位换算成以担（picul）为单位。

*关于向英国输出的生丝量，在 K. N. 乔杜里的著作中有 1664~1760 年中国的生丝输出表。与厄尔·普理查德（Earl Pritchard）的数据相比，在 1750 年代的激增趋势上是相同的，但在各个数据上存在相当大的差异。其价格动向与马士的数据大体一致。K. N. Chaudhuri, *The Trading World of Asia and the English East India Company, 1660-1760*. Cambridge University Press, 1978, p. 535.

资料来源：Earl H. Pritchard, "Anglo-Chinese Relations During the Seventeenth and Eighteenth Centuries," *Studies in the Social Sciences*, Vol. 17, Nos. 1-2, 1929, pp. 215, 396.

丝、绢织物输出的措施，但丝价的上涨并没有停止。[①] 从这一情况来看，生丝价格高涨不能仅仅归因于生丝输出量的增加。这一时期，银作为包括生丝在内的各种输出物品的交换物流入中国，导致物价普遍上涨，所以生丝价格的高涨毋宁说是物价普遍上涨[②]的一环。而米价先行上涨，应理解为是由于米谷这一商品是主粮的特殊性所引起的。[③]

---

① 《高宗实录》卷 66 乾隆二十七年五月甲辰的上谕中有"自禁止出洋以来，并未见丝斤价平……此盖由于生齿日繁，物件不得不贵"的记载。关于禁止生丝输出及其缓和的过程，可参照田中正俊「中国社会の解体とアヘン戦争」『岩波講座世界歴史』第 21。

② 关于银流入中国与物价上涨的关系，参见彭信威《中国货币史》，1954，第 8 章；全汉昇：《美洲白银与十八世纪中国物价革命的关系》，《"中央研究院"历史语言研究所集刊》第 28 本，1957 年。

③ 有关乾隆前期的米价上涨，汪辉祖在《病榻梦痕录》"乾隆五十九年"条中指出，与物价普遍上涨的乾隆末年相比，其特征是只有米价高涨："往时（乾隆前期）米价至一百五六十文，即有饿殍。今米贵而人尚乐生，盖往年专贵在米，今则鱼虾蔬果无一不贵，故小贩村农俱可糊口。"在日本江户时代后期的物价中，也能看到米价先于其他物价而变动的时间差的实例。这一现象被如下假说予以了解释，即米价上涨会导致其他商品有效需求一时减少，其他商品的价格因此不会马上上升，但米价的上涨，会使得领主、地主及贩卖自己所产大米的中农以上农民阶层的货币所得增加，最终导致其他商品有效需求的增加，结果在一定的时期内，其他物价会追随米价转入涨势。新保博「徳川後期の物価水準−2−大坂卸売物価の動向を中心に」『国民経済雑誌』127（3）、1973 年 3 月。但是这一时间差，在江户时代后期只有一两年，再长也就三四年，对乾隆年间的例子能否同样地加以解释，还是一个疑问。或许，乾隆前期的米价上涨是人口增长导致的主要谷物价格上涨，乾隆中期以后的米价上涨是货币流通量的增加所导致的物价普遍上涨，这样的假说可能更确切。至于米谷、生丝以外各商品的上涨时期，目前还没能掌握详细的资料，从零星的资料尚难以判断，且留待后考。

补记：有关这一问题，本书第五章"四"中对笔者现在的个人见解进行了阐述。

第三节　棉布

笔者收集到的棉布价格资料，如表4-8所示。

表4-8　清初江南的棉布价格

单位：钱/匹

年　份	地　区	质　量	价格	备　考	史料
崇祯二年	松江府华亭县	官布	4.0~4.2	采购价格	①
顺治元年至二年	松江府上海县	标布	1.0-		②
顺治元年至二年	松江府上海县	标布	〔200~300〕*		②
顺治八年	松江府上海县	标布	3.3		②
顺治九年	苏州府嘉定县	官布	6.0		③
顺治年间	苏州府嘉定县	扣布	4.0~5.0		④
顺治九年至十年	上海县	小布	2.0		②
顺治十一年至十二年	上海县	标布	4.0~5.0		②
康熙元年	嘉定县	官布	5.0		③
康熙元年至三年	上海县	小布	0.8~1.0		②
康熙十一年至十二年	嘉定县	官布	4.15		③
康熙二十一年	上海县	中机	3.0		②
康熙二十二年至二十三年	上海县	青布	5.29	采购价格	⑤
康熙二十二年至二十三年	上海县	蓝布	4.79	采购价格	⑤
康熙二十三年	上海县	上上标布	2.0		②
康熙二十三年	上海县	粗标布	1.3~1.5		②
康熙二十四年	上海县	青布	5.01	采购价格	⑤
康熙二十四年	上海县	蓝布	4.51	采购价格	⑤
康熙中期（《阅世编》写作时）	上海县	标布	2.0		②

注：＊为文/匹。

资料来源：①郑友玄《布解议》，崇祯《松江府志》卷11；②叶梦珠《阅世编》卷7《食货五》；③赵昕《官布考略》，光绪《嘉定县志》卷3；④张诗《永折论略》，光绪《嘉定县志》卷3；⑤汤斌《汤子遗书》卷2《奏疏·解送布匹疏》。

关于明末清初江南棉布的种类，西嶋定生进行了详细探讨。[1]
本节仅对表4-8中所能见到的棉布种类进行简单说明。

《阅世编》中所记的"标布""中机""小布"，这些都属于
"粗布"——区别于高级棉布的普通品。据《阅世编》的说明，
所谓"标布"，是"上阔尖细者"（幅宽而细密的产品）；"中机"
是与标布相比幅面稍窄而长的布，两者每匹的价格大致相同；而
"小布"是幅面最窄的短布，据说宽度只有一尺[2]多，长度为十六
尺。再来看"扣布"。乾隆年间上海人褚华的《木棉谱》中，有
"凡布密而狭短者为小布，松江谓之扣布"的记述。"扣布"应该
与"小布"相近。而"官布"是上贡棉布，表4-8中崇祯二年的
价格为上贡棉布中属于高级棉布的二线细布、三线细布的价格。[3]
至于"青布、蓝布"，汤斌《汤子遗书》卷2《奏疏·解送布匹
疏》中，有"此布细密宽长，非比民间所用短窄粗糙之布"的记
述，可知其为高级品。[4]

表4-8中所示的棉布价格中，包含作为官方采购时所规定的采购

---

[1] 西嶋定生「支那初期綿業の成立とその構造」『オリエンタリカ』(2)、1949年。

[2] 清朝的建筑用尺，一尺约相当于32厘米。记录一匹长度的具体例子还有小布＝
19尺、稀布＝23尺、钱鸣泾布＝2丈3~4尺、长头＝3丈、短头＝2丈、放长＝2
丈4尺等。张春华：《沪城岁事衢歌》，《上海掌故丛书》；乾隆《镇洋县志》
卷1《物产》；黄印：《锡金识小录》卷1《备参上·力作之利》。

[3] 参照崇祯《松江府志》卷11《役法一》；郑友玄《布解议》，崇祯《松江府
志》卷11。
补记：弘光政权时期的江南巡抚祁彪佳，在有关布解作用的崇祯十七年十月
六日的上奏文《为请折官布以苏民生以裕国用以通商贾事》（收入《祁彪佳
文稿·督抚疏稿》）中论述道："如三梭细布，一匹民价贱时不过五钱七分，
贵时不过七钱五分。"他在这一上奏文中指出因动乱造成棉布的销路停滞，因
此这一价格应该表示的是此前崇祯末年的价格情况。

[4] 有关康熙中期织造局所采购的青、蓝布的情况，从故宫博物院明清档案部编
《李煦奏折》（第5~6页）中，可知其为农民的副业产品。

价格，这些价格虽然不能称作市场价，但考虑到它们通常被强调是适当的价格，由此可认为与市场价格相差不会太大，因此予以采用。

由于资料的缺乏和棉布种类的多样性，要从总体上对清代前期棉布价格的变动轨迹进行论述是困难的。但仅从《阅世编》所载的标布价格（表4-8），还是可以看到明清交替时期价格下跌、顺治年间上涨和康熙年间下跌这样的趋势。关于顺治到康熙年间的下跌情况，据赵昕《官布考略》，顺治九年时每匹价格为六钱的标布，到康熙元年跌至五钱，康熙十年、十一年跌至四钱一分五厘。另外，张诗的《永折论略》也指出了顺治以后价格低落的情况。

乾隆年间，常州府阳湖县人洪亮吉指出，乾隆初年每丈三十至四十文①（换算成银为四分三厘至五分七厘②）的布价，到乾隆末年已上涨到每丈一百至二百文（七分一厘至一钱五分③）。为了与清初的资料进行比较，以二丈三尺为一匹，④ 将洪亮吉所记的布价换算成平均每匹价，可以看到乾隆初年平均每匹在九分九厘到一钱三分一厘的水平，乾隆末年则为一钱六分三厘到三钱四分五厘。

从长期趋势来看，棉布价格应该与普通物价水准呈相同的变动轨迹，特别是与棉花价格有密切的关系，这是不难推测的。清初人陆世仪曾就松江府青浦县的情况说道：

---

① 洪亮吉：《卷施阁文甲集》第1《意言·生计篇》（乾隆五十八年作）。顺便指出，洪亮吉在该文中记述道："一人之身，岁得布五丈即无寒，岁得米四石即可无饥。"显示了当时一般的棉布消费情况。

② 据常州府金匮县人钱泳《履园丛话》卷1《银价》中"乾隆初年，每白银一两，换大钱七百文"的比率进行换算。

③ 钱泳《履园丛话》卷1《银价》中记载了嘉庆元年的比价：银一两等于钱一千三四百文，据这一比率进行换算。

④ 采用上页注②所引用诸例的中间值。

> 青浦之俗，工织布，棉三斤织布一匹，利率三倍。

  陆世仪所指出的棉花价格与棉布价格之间存在的一定比值，[①]是证明这一推测的依据。此外，正如本章第二节所述，棉布的流通状况是制约棉花价格的一个主要因素。不过，就短期变动而言，布价不仅与米价等物价，还与棉花价格呈现出迥异的动向。现在还无法通过实际的物价进行表示，但是假设以歉收对诸物价所产生的影响来说，米这种需求一定的商品，价格容易随生产的减少而急剧上涨，而棉布这样的手工业制品，即使其原料棉花的价格因歉收而上涨，棉布价格还是存在下跌的可能。之所以这么说，第一，在棉布购买者的家计中，由于伙食费支出的部分增多，对食品以外商品的有效需求就会减少；第二，棉布贩卖者为了获取食品，不得不马上变卖棉布从而换取现金，这样就形成了买方市场。[②] 实际上，浙江省嘉兴府嘉善县人陈龙正在崇祯三年的《庚午急救春荒事宜》中就记述道：

> 荒年米贵，则布愈贱。各贾乘农夫之急，闭门不收，虽有布无可卖处。[③]

---

① 陆世仪：《陆桴亭文集》卷6《青浦魏令君德化记》。
  补记：此引文中的"利率三倍"一语当如何正确解释，尚不得而知。可推测是指所织布的价格为原料棉花价格的3~4倍（如果以工匠所得"利"是原材料费的3倍计算，则布的价格是原材料费的4倍）。将表4-1所示棉花价格（比如康熙二十年前后的棉花价格为每斤三分左右，三斤则值一钱）与表4-8的棉布价格（康熙二十一年中机每匹值三钱）进行比较，可以证实这一推测大致是正确的。此外，可参考本章第二节所引《震泽县志》记事中的丝价与绸价等比率。
② 不仅仅在织布专业化的条件下，即使作为农家副业时，只要该农家的米谷收成在纳粮和缴租后，饭米不能自给的话，这第二点推论同样能够成立。
③ 陈龙正：《几亭全书》卷25《政书·乡筹二》。

在此记述中，灾荒之年的布价下跌，不仅仅在崇祯三年，而是普遍的现象。此外，光绪《青浦县志》卷28《艺文·集诗》所载嘉道时期（19世纪前期）人何其伟的诗《大水后多鬻女者，诗以悲之》中，有"木棉价贵布价贱，爨火欲断心皇皇"之句，提到水灾时棉花价格的上涨与棉布价格的下跌。因此可以认为，在灾荒之年，由于棉花价格上涨和棉布价格下跌，纺纱织布的利润急剧减少，所谓荒年"纱布无息（棉纱与棉布无利可图）"[①] 之说，应该指的就是这样的状况。

第四节　田产

与米谷、棉花及生丝等相比，田产可以说是更难以描绘其价格变动的一种财产。田产的土质、所在位置等条件因地段不同而千差

---

① 郑光祖：《一斑录杂述》卷2《岁收屡歉》等。

补记：关于灾荒与诸物价之间的关系，本章只能零散地加以探讨，这是值得以独立的论题予以充分考察的问题。伴随灾荒而来的谷物价格上涨，导致对其他商品的有效需求减少，使得手工业制品、土地、工资等其他各种物价下跌，这一结果可以从明清时代的大量史料中得到证实。有意思的是，拉布鲁斯（E. Labrousse）以18世纪法国的例子为材料提出的所谓"旧型恐慌"假说——因灾荒而导致的谷物价格暴涨、非食品费支出（主要是纤维制品）缩减，结果纤维制品的生产急剧减少的过程——可否套用于明清时代呢？如"窑家作辍，与时年丰凶，相为表里"（光绪《江西通志》卷93所引蒋祈《陶记略》）、"贫者立桥待人雇织。……一遇俭岁，无一雇织"（道光《黄溪志》卷1）、"山内丰登，包谷值贱，则厂开愈大，人集益众。如值包谷大贵，则歇厂停工"（严如熤《三省边防备览》卷9）等记述，显示灾荒之时制陶业、绢织业及木材加工业等手工业生产被缩减的史料很多。然而值得注意的是，这些都是利用雇佣劳动来经营的行业。至于作为农民副业的纺织、织布业等，正如"百姓穷民，俱赖纱布，以御荒年"（姚廷遴《历年记》，"康熙三十二年"条）的记述所示，可以推测人们有赖于手工业生产渡荒，结果手工业生产便扩大了。

万别，从而必然导致其平均单位面积的标准价格存在很大的差异。而且，在探讨清代的田价时，还有些需要特别注意之处。第一，清代"田价"的概念不是清晰自明的，清代存在田产一度卖出，经过相当长的时日后，卖主要求买主添补田价的"找价"惯例①，以及田底与田面按各自的价格行情互不干涉地进行买卖的"一田两主"惯例②等，因此清代"田价"所表示的价格，未必体现的是对土地本身所支付的总体性价格。第二，"田价"意义本身的模糊性，加上清代物价所普遍存在的度量衡不统一及价格形成过程中的偶然性、任意性等共同问题，可以推测，田产与其他商品相比，具有更大的偶然性、任意性乃至不统一性。③ 因此，上一章阐述过的与孤立的价格资料相比，更值得依赖的是同时代人对价格趋势的感觉这一原则，对田价的适用性更胜于其他物价。

----

① 这一惯例也被称作"杜绝""断杜""拔根"等，在民国时期的《民商事习惯调查报告录》中多有报告。从康熙《嘉定县志》卷 4《风俗》中有关土地买卖的记事，以及光绪《华亭县志》卷 23《杂志·风俗》中论述"杜绝"惯例起源的记事等可以看到，这一现象在清代前期的江南也存在。此外，可参见仁井田陞「中國賣買法の沿革」「清代の取引法等十則—『秀山公牘』『汝東判語』『樊山批判』その他のなかから」『中国法制史研究』（土地法·取引法）、東京大学出版会、1960 年。

② 据说在清末的苏州，当土地被售作建筑物用地时，土地价格按田底价与田面价的合计来支付，分配给田底所有者的地主和田面所有者的佃农。参见陶煦《租核》；鈴木智夫「重租論」『近代中國の地主制：租覈の研究訳註』汲古書院、1977 年。如果一田两主惯行形成之前，土地价格完全由地主收取的话，那么，不管一田两主惯行以怎样的形式得以形成，都可以认为在此过程中，原来田价的一部分已移至田面价。

③ 南文田认为传统中国的土地买卖是以权势者"贱价强买"及饥馑时的贱买为实质，因此是强调价格决定任意性的典型。南文田：《关于中国封建社会土地买卖的实质》，《光明日报》1965 年 10 月 6 日。此外，关于土地面积单位的混乱问题，在民国时期已多有指出，比如陈翰笙等的《亩的差异》（国立中央研究院社会科学研究所集刊第 1 号，上海，1929）。再者，土地面积单位通常为亩，按照清朝定制，1 亩相当于 6.144 公亩。

以下参考表4-9中所整理的田价资料，以探讨清代前期的田价趋势。

表4-9　明末至清中期的江南田价

单位：两/亩

时　　　期	地　　区	田的性质	价格	史　料
明中叶	常州府金匮县		50~100	①
万历初年	苏州府		<u>0.8</u>	②
万历中期（16世纪末）	湖州府	上地	10+	③
万历中期（16世纪末）	湖州府	中地	7	③
万历中期（16世纪末）	湖州府	下地	3~4	③
万历二十七年至三十年前后	苏州府常熟县		<u>1.1~2.5</u>	④
万历三十二年至三十五年前后	苏州府常熟县		<u>1.8~2.0</u>	④
万历三十八年	苏州府常熟县		1.99	④
万历三十六年前后	嘉兴府海盐县	腴田	6.25	⑤
万历三十六年前后	嘉兴府海盐县	瘠田	0.94~1.25	⑤
崇祯中	松江府 青浦县 华亭县	上田	10+	⑥
崇祯中	松江府上海县	上田	3~4	⑥
崇祯十五年	苏州府		<u>4~5</u>	②
崇祯末	金匮县		1~2	①
顺治初（17世纪中期）	华亭·青浦	上田	15~16	⑥
顺治初（17世纪中期）	上海县	下田	3~4	⑥
顺治初（17世纪中期）	金匮县	良田	2~3	①
顺治初（17世纪中期）	苏州府嘉定县		10+	⑦
康熙元年至三年	松江府	最上田	0.3~0.5	⑥
康熙十六年	苏州府吴江县		<u>4.89</u>	⑧
康熙十九年春	华亭·娄县	上田	7~8	⑥
康熙十九年春	上海县	下田	2~3	⑥
康熙二十五年	苏州府吴县	中产	<u>5.0</u>	⑨
康熙二十七年	吴江县		<u>12.08</u>	⑧
康熙二十七年至二十八年	苏州府长洲县	丰产	2~3	⑩

续表

时　期	地　区	田的性质	价格(两/亩)	史　料
康熙中期？	苏州府	下田	1.5	⑪
康熙年间	金匮县		<u>4~5</u>	①
康熙三十二年	吴江县		<u>12.0</u>	⑧
康熙四十年	吴江县		<u>10.0</u>	⑧
康熙四十七年	吴江县		<u>13.11</u>	⑧
雍正年间	金匮县	良田	2~3	①
乾隆初年(18世纪中期)	绍兴府萧山县	上田	13~14	⑫
乾隆初年(18世纪中期)	绍兴府萧山县	上田	〔10千文+〕	⑫
乾隆初年(18世纪中期)	苏州府^{常熟县 昭文县}	高处	4~5	⑬
乾隆初年(18世纪中期)	苏州府^{常熟县 昭文县}	低处	7~8	⑬
乾隆三十年前后	金匮县	中田	7~8	①
乾隆三十年前后	金匮县	上田	10+	①
嘉庆初(18世纪末)	萧山县	上田	〔35~40千文〕	⑫
嘉庆初(18世纪末)	萧山县	东向	〔27~30千文〕	⑫
嘉庆中期？	金匮县		50+	①

注：个别买卖中的价格用下划线表示，其他都是作为行市上记录的价格。

资料来源：①钱泳《履园丛话》卷1《田价》。②《启祯记闻录》卷3，崇祯十五年条。③茅坤《与甥顾儆韦侍御书》，乾隆《乌青镇志》卷11。表示的价格是桑地价格。稻田也一样，无论水、旱，收获量在2~3石的地田、荡田①的价格与桑地不相上下，故予以叙述。④《购置义田分赡北运差役碑》，江苏省博物馆编《江苏省明清以来碑刻资料选集》，三联书店，1959，第548、552页。⑤刘世教《荒著略》，《盐邑志林》；⑥叶梦珠《阅世编》卷1《田产一》。⑦光绪《嘉定县志》卷8《风俗》。⑧《大王殿置田立庙建楼台南月碑记》，《江苏省明清以来碑刻资料选集》，第444、445页。吴江县盛泽镇附近的田多次添购价格。⑨朱用纯《愧讷集》卷6《赡族田记》。叙述了过去腴田每亩价格为四两，随着田价上涨，变成了中产田每亩五两；⑩宋荦《西陂类稿》卷39《请豁版荒坍江田赋详文》。叙述了在税额重的长洲县，与其他县相比，田价更便宜。⑪唐甄《潜书》上篇下《食难》。有关生活困苦而贱卖田的记事。⑫汪辉祖《病榻梦痕录》，嘉庆四年条。⑬郑光祖《一斑录杂述》卷6《田价》。

---

① 也称"荡地""芦荡"。沿江、海、湖泊积水长草而未筑堤垦熟的土地，开垦成熟后，与普通田地相同，但田赋征收则较轻。——译者注

明代中期以后，因徭役负担加重而下跌的江南田价，[1] 从万历前后开始恢复。万历《江宁县志》卷3《税粮》中所载姚汝循的《寄庄议》，记述了应天巡抚海瑞实行赋役改革后，田价逐渐上涨的情况。[2]

> 赖巡抚海公均田粮行一条鞭法，从此役无偏累，人始知有种田之利，而城中富室始肯买田，乡间贫民始不肯轻弃其田矣。至今田不荒芜，人不逃窜，钱粮不拖欠，而田价日贵，亦由富室买田之故也。

此外，天启《海盐县图经》卷5《食货篇》第二之上《田土》中指出了天启初年嘉兴府海盐县随着桑田增加、谷价上涨，田价也上涨的情况。

> 习成奢俗，而桑田多，稻田为之渐窄，屡遇丰年而谷价贵，田价因而逾高。

关于崇祯以后的情况，据松江府上海县人叶梦珠《阅世编》记述，崇祯年间，松江府的田价稳定在每亩三两至十余两的高价，"缙绅富室，最多不过数千亩，无贱价之田，亦无盈万之产也"。[3]

---

① 正德、嘉靖年间人俞弁《山樵暇语》（收入《涵芬楼秘笈》第2集）中曾记载这样一则故事，弘治年间（1488~1505）苏州府常熟县人桑民怿的预言成真，此后由于粮长之役过重，田价下跌至过去的十分之一二。
补记：有关明代的土地价格，参照本书第六章。
② 不过从当时的叙述中，可以看到因海瑞庇护"奸民"，结果导致士大夫家不肯买田这样相反的说法。参见何良俊《四友斋丛说》卷13《史九》。
③ 叶梦珠：《阅世编》卷1《田产一》。

顺治初年，随着米价上涨，人人争相购田，田价急剧上涨。此后，由于赋役繁重和米价下跌，田价也暴跌。康熙初年，田产几乎处于无人问津的状态。均田均役法实施后，[①] 虽然民心安定，但农村经济的沉滞并没有得到改善，田价依然停滞，"有心计之家"乘机购置土地，出现了拥有土地达数万亩的大土地所有者。在此期间，虽说米价没有上涨，但由于赋役负担较轻，大土地所有者还是有利可图的。此后的康熙十九年，随着米价急剧上涨，田价也一时高涨，翌年略有回落。以上是《阅世编》所记述的情况。

雍正年间，常州府金匮县人钱泳指出，康熙年间上涨的田价到雍正年间下跌了。[②] 同样关于常州府，乾隆十七年前后黄印的《锡金识小录》卷1《备参上·风俗变迁》记道：

> 田值之昂，较雍正间不啻倍蓗。盖昔迫于追呼，但见田之为累，故弃田之家多而置田之家少。及乾隆以后，大赦旧欠，闾阎无扰，又米价腾涌，益见田之为利，故今置田之家多而弃田之家少。

据黄印所述，由于赋税滞纳部分的免除及米价的上涨，从雍正年间到乾隆前期，田价大幅上涨。绍兴府萧山县人汪辉祖曾指出，用银来表示价格的话，从乾隆初年到嘉庆初年，田价上涨了将近3倍。[③] 此外，据钱泳记述，从乾隆中期到嘉庆后期50余年

---

① 有关康熙五、六年松江府实施均田均役法的情况，可参照川勝守「初期清朝国家における江南統治政策の展開」『史淵』(113)、1976年3月；川勝守「清朝賦·役制度の確立—江南の均田均役法と順荘編里法とについて」『法制史研究』(26)、1977年。

② 钱泳：《履园丛话》卷1《田价》。

③ 汪辉祖：《病榻梦痕录》，嘉庆四年条。

间，田价上涨了 5 倍。[①]

概观上述明末至乾嘉年间的田价趋势，可以整理为：万历年间到崇祯年间上涨→顺治初年高涨→康熙初年下跌及康熙前期停滞→此后上升→雍正年间下跌→乾嘉年间高涨。[②]

据本节所介绍的各史料，影响田价变化的因素主要有米价变动和赋役的增减。米价上涨，拥有土地所带来的货币收入增加，田价就上升；赋役负担加重，拥有土地的收益相应减少，田价就下跌。这些情况在当时的观察者看来是理所当然的事。假设土地所有者是地主，在当时定额现物佃租占支配地位的江南，如果每年的佃租按规定额度被缴纳的话，则可以通过下列公式计算出土地所带来的年收益。

---

① 钱泳：《履园丛话》卷 1《田价》。

② 本章所收集到的诸史料，大体上与这一田价变动趋势不矛盾，只是关于顺治年间的田价问题，钱泳《履园丛话》的记述是下跌，与《阅世编》的上涨说有异，这一点值得留意。虽然松江府与常州府的田价变动趋势可能存在差异，但是从钱泳的文章中关于明朝中期田价从五十两到百两这样从当时的物价水准来看实在过高的记录，可以窥见这与其说是忠实的记录，不如说稍具将善政或太平与高田价结合、恶政或混乱与低田价结合这样意识形态的性质。因此，关于顺治年间的这一记述，有基于明清交替之际必定混乱的想象，观念性地推测当时的田价应当下跌的嫌疑。不管怎么说，从目睹了当时社会状况的叶梦珠对田价上涨的证言，甚至经历屠城的嘉定县也是田价高涨的记述等来看，这里还是采取顺治初年江南田价上涨的观点。光绪《嘉定县志》卷 8《风俗》。

补记：关于顺治年间的田价上涨问题，上海县人曾羽王的《乙酉笔记》中谈道："鼎革之初，钱粮缓征，然米豆之价仍倍于往昔。在这里，富室大户大量购买田宅，庄行之田有达到十两之外者。"曾羽王：《乙酉笔记》，收入《清代日记汇抄》，上海人民出版社，1982。这可以说是真实情况的反映。徽州的田价（参照图 1-3）也可以旁证这一时期田价的上涨情况。不过，对于钱泳就明代中期所说的"从五十两到百两"的价格问题，在该注中所作的"太高""意识形态"的评论，或许还有再考虑的余地。就像在本书第六章中所论述的那样，徽州的田价在这一时期上涨相当多，虽是五十两、百两，作为特例不是没有可能的价格。关于这样的田价上涨原因，有进行重新考察的必要。

（佃租额－现物形态的税粮负担）×米价（银或铜钱）－货币形态（银或铜钱）的赋役负担

在佃租额多、米价贵、赋役负担少时，年收益就高；反之，则年收益就低。诚然，当地主将土地看作获取利润的投资对象，[①]并且土地买卖不受制约时，不同条件的土地，其相对于田价的年收益率，即拥有土地的利润率，应该是趋于一致的。[②] 清初人唐甄在《潜书》上篇下《善施》中所说"千金之产，其生百五十"，以及清朝中期人汪辉祖在《学治续说》中的《宜勿致民破家》中所述的"千金之产，岁息不过百有余金"，应该就是以土地投资收益率的平均化为前提的。据此来看，通过买卖而成立的田价，基本上受土地的年收益除以标准利率的结果所决定。雍正年间的官员鄂尔泰奏道：

按民间置产，必核算籽粒，除算钱粮，然后合其利息，照值论价。

这里"照值论价"一语所示的，正是这样的计算过程。[③]
但是不难想象，在实际田价的形成过程中，还有其他因素起

---

① 北村敬直对《阅世编》卷1《田产》的记事进行了分析，指出田价在受米价涨跌及赋税轻重的根本性制约这一事实的基础上，租可以作为对田价（土地资本）的息（即前期利润）来考虑。北村敬直「明末·清初における地主について」『歴史学研究』（140）、1949 年 7 月。

② 日本论及清代及民国时期土地利润率的研究，参见松村祐次『中国経済の社会態制』東洋経済新報社、1949 年、第二章第五節；佐々木正哉「清代官僚の貨殖に就いて」『史学雑誌』63（2）、1954 年 2 月。

③ 《雍正朱批谕旨》第 27 册，七年五月十八日鄂尔泰折。

作用。其一，对土地的"恒产"观念，① 即认为田产是祖祖辈辈传下来，同时应该永久地传给子子孙孙的最安全的财产，也即是生活的最终依靠。如果从这一观念出发，无论田产之利如何少或田价如何上涨，只要能够维持现有的生计，人们也可能采取绝不出售田产的态度。这种态度具有提升田价的效果。

其二，饥馑时放弃土地或穷窘时出卖土地，将会影响田价市场。嘉庆年间的进士周天爵就曾指出饥馑之时田价低落的普遍现象。

饥年田亩必贱。民以田易命，安问贵贱。而有力殷户，往往以此大富。②

江南也有这样的例子，崇祯末年饥馑的苏州就曾出现"民房多空废坍颓，良田美产，欲求售而不可得"③ 的情况。此时的米价与田价反而呈负相关的关系。

第五节　工资

笔者所收集的清代前期江南工资的资料，如表 4-10、表 4-11 所示，数量极其有限。

---

① 例如从出生于安徽省安庆府桐城县的康熙年间官员张英所著的《恒产琐言》
　　（收入《笃素堂文集》）等中可以窥见。
　　补记：关于《恒产琐言》，参见本书第十章。
② 周天爵：《周文忠公尺牍》卷上《与刘次白书》（作于道光十一年）。
③ 《启祯记闻录》卷 2，崇祯十五年条。

　　表 4-10 辑录苏州碑刻中所记载的踹布工价资料而成。[1] 所谓踹布业，是从事棉布的碾光及熨平除皱的行业，其工匠即踹匠，通行以匹为单位的计件工资，从布商收取工价。在整个清代，经常发生踹匠要求提高工资的劳资纠纷。《江苏省明清以来碑刻资料选集》中收录的数种相关碑刻，就是为了结束每次的争议所建的。在这些碑刻中，刻有原有及新改定的公定工价。这些工价与民间一般的工资水准到底有多大程度的关联虽然不得而知，但在反映清代同一业种工价变化这一点上，可以说是珍稀的资料。

表 4-10　清代苏州的踹布工价

单位：分/匹

年　份	基准银的种类	工价	备　考	出处页数
康熙九年	纹银	1.1	与旧例一样	33～34
康熙三十二年		1.1		34～37
康熙五十四年		1.13	与旧例一样	40～43
康熙五十九年	九七色	1.13	米贵时的增加额	43～46
乾隆四年		1.13		47～49
乾隆四十四年		1.3	三十七年以来？	49～50
乾隆六十年	陈平九八兑九六色银	1.3？		51～52
同治十一年	九八兑九六色银	1.4	与旧例一样	57～58

资料来源：江苏省博物馆编《江苏省明清以来碑刻资料选集》，三联书店，1959。

　关于这一史料，横山英和寺田隆信进行了分析。横山英「清代における踹布業の経営形態」『東洋史研究』19(3、4)、1961 年 1-3 月；横山英「清代における包頭制の展開—踹布業の推転過程について」『史学雑誌』71(1、2)、1962 年 1-2 月；寺田隆信「蘇州踹布業の経営形態」『東北大学文学部研究年報』(18)、1968 年。

表4-11　清代前期江南的工价

时间	地区	职种	期间	是否给予米饭（食事）	工价	备考	史料
万历年间	湖州	农业劳动（桑地）	一年	有	2.2两	夜工	①
万历中期	嘉兴府崇德县	榨油	一天		8分		②
崇祯十三年	苏州府嘉定县	疏浚河	一天		2分	官定	③
崇祯十六年	苏州府昆山县	疏浚河	一天		140文	官定	④
崇祯至顺治	湖州	农业劳动	一年	有	5两		⑤
崇祯至顺治	湖州	农业劳动	一年	有	3两		⑤
顺治年间	苏州	瓦木匠	一天		28文		⑥
顺治年间	苏州	小工	一天		14文		⑥
顺治十四年	太仓、嘉定	疏浚河	一天	无	7分	官定	⑦
康熙八年	宁波府鄞县	建筑	一天		40文	官定	⑧
康熙二十年	常熟、太仓	疏浚河	一天		4分	官定	⑨
雍正三年	松江府	修海塘	一天	无	5分	官定	⑩
雍正五年	太仓州	河工	一天		5分	公定	⑪
乾隆十年	常州府金匮县	抬轿小工、土工	一天	有	5分	公定	⑫
乾隆十年	常州府金匮县	抬轿小工、土工	一天	无	8分	公定	⑫
乾隆二十一年	苏州	染纸作坊工匠	一天	有	2~4分		⑬
乾隆三十三年	江苏省	官方的土木建设业〔匠	一天		5~6分	官定	⑭
乾隆三十三年	江苏省	夯夫	一天		5分	官定	⑭
乾隆三十三年	江苏省	夫	一天		4~5分	官定	⑭
乾隆末（18世纪末）	福建、浙江、江苏	雇役（小工）	一天	有	50~70文		⑮

续表

时　间	地　区	职　种	期间	是否给予 米饭（食事）	工　价	备　考	史料
乾隆末（18世纪末）	福建、浙江、江苏	庸役（小工）	一天	无	140～200文		⑮
乾隆末（18世纪末）	福建、浙江、江苏	木　工	一天	有	140文		⑮
乾隆末（18世纪末）	福建、浙江、江苏	木　工	一天	无	200文		⑮
乾隆末（18世纪末）	福建、浙江、江苏	小工、泥瓦匠、石工	一天	有	140文		⑮
乾隆末（18世纪末）	福建、浙江、江苏	居乡月俸公务人员	一月	无	300文		⑮

资料来源：①庄元臣《漫符斋草·治家约·立生规》；傅衣凌《明代江南地主经济新发展的初步研究》，收入傅衣凌《明代江南市民经济试探》，上海人民出版社，1957，第66页。②贺灿然的外地油坊劳动者赚取大量工资后聚众赌博狂饮，在石门镇内恣意妄为的情景。③康熙《石门县志》卷7《纪文》。该文描绘丁一群亦手空拳，穷困潦倒的外地油坊劳动者赚取大量工资而聚众赌博狂饮。④康熙《苏州府志》卷14。⑤《西北境水利备考》。对一般的工价都上涨，而疏浚河道的工价持还保持一如既往进行丁批判。《沈氏农书》。"五两"是杨园先生全集本（卷49）的数值。"三两"是学海类编本（集余六·艺能）的数值。⑥冯桂芬《显志堂稿》卷12《袁督父子家书跋》。⑦光绪《嘉定县志》。原记载是"每工给银五分，米二升，每升折银一分"。⑧李郁嗣《果堂文钞》卷5《果堂幽居铭》。⑨蒋伊一所记载的慕天颜疏浚白茆河工程的情况。在同书卷一所记载的慕天颜《再陈水利流》中，有"每工给银五分"的记录，可知当初的预算是每天五五分。⑩《雍正朱批谕旨》第25册，二年九月四日，鄂尔泰折。原文为"即以一带被灾之民召募充役，日给工食银五分，则不许自食无虞，兼可分赡家口"；《雍正朱批谕旨》第23册，五年四月十五日，魏可经折。原文为"每夫给银五分，数万民皆得养赡之费"；《金匮县规定脚夫斩夫上工每日工价即可苟索谕》《奉各宪严禁纸牙把持勒增工价水遵碑》。⑪《江苏省明清以来碑刻资料选集》，第66、68、524、525页。有关标准以上的工作，一个个（的份额）支付五分的伙食银。⑫《江苏省物料价值则例》（乾隆三十三年）。同书还就官府修建城垣、衙署、仓库等时的费用标准，在市场价格的基础上，对石材、木材等材料价格及工匠的工价做了规定。所谓莠夫，庙宇，庙宁，就是用杵夯实地的工人。⑬中川忠英《清俗纪闻》卷2《居家》。同时在该书卷中，关于乾隆末年的生活费记述道："下贱之人，一个人生活一人份额需要三四十文才能吃上肉食的，如果是三个人共吃三四十文的话用每百文合算每个单度日。好的饭食，只有鱼肉和蔬菜，吃不上肉食。"

从表 4-10、表 4-11 中的数值，要直接推测出工资的动向，进而推测出与一般物价相关联的实际工资动向几乎是不可能的，因此本节将通过若干记述史料来摸索工资的动向。

关于明末清初的浙江省嘉兴、湖州两府，有数种史料显示工资水平上升了。湖州府人朱国祯的《涌幢小品》（天启二年跋）卷 2《农桑》记道：

> 近年农夫日贵，其值增四之一，当由务农者少。可虑，可虑。

此外，同为湖州府人的沈氏，在崇祯末年所著的《沈氏农书》"运田地法、做工之法"项中，就农业劳动指出，雇用条件比一百年前有所提高，这一倾向在进入清代后得以延续。嘉兴府桐乡县人张履祥在顺治十五年所著的《补农书下》（《杨园先生全集》卷 30）中记述道："近年人工既贵，偷惰复多。"在苏州府，据《启祯记闻录》"顺治六年"条的如下记述，可知工资水平的提高。[①]

> 自鼎新以来，岁多丰穰，米价是年减至两许，然诸食用之物及诸色工价之作 [工作之价] 无不倍增。

关于康熙年间米价下跌时期的江南，反映工资动向的史料尚

---

① 　近年来涉及明末清初工资水平上涨的论文，参见北田英人「張履祥家の経営と雇用労働の抬頭—『楊園先生全集』の経済的分析・その一」『北大史学』(16)、1976 年；足立啓二「明末清初の一農業芙営—『沈氏農書』の再斟価」『史林』61（1）、1978 年 1 月。

无法找到。就米价上升时期的乾隆年间的情况而言，常州府阳湖县人洪亮吉在《生计篇》中记述道，整个乾隆年间，尽管随着人口增加，消费物资价格上涨，但士、农、工、商的收入"更加微薄"，他们的生计处于穷困状态。洪亮吉的论调给人的印象是，名义收入似乎也出现了下跌，但就像从表4-10、表4-11中能够看到的那样，名义收入降低的情况实际上是不可能的。可以推测，洪亮吉所言与其说是对现实趋势的观察，不如说是基于其理论要求的结果。不过，从表4-10来看，苏州踹布业工价的上升率远低于米价上升率，表明实际工资的确减少了，这一点倒可以成为洪亮吉观点的佐证。①

* * *

以上，对清代前期江南各种物价的趋势进行了探讨。除棉布、生丝、工资等方面略有不明确之处外，无论何者都与米价一样，呈现出从明末到顺治前半期上升→康熙时期下跌→乾隆时期高涨的趋势。因此，上述趋势可以看作清代前期江南物价变动的梗概。

---

① 从康熙年间到乾隆末年，以银来表示的米价上涨了三倍以上。参见本书第三章第二节。

补记：关于"实际工资减少"这一论点，夫马进批评指出："康熙五十九年、乾隆四年、乾隆四十四年碑文的内容是下令在米价高涨时实行浮动工资制，至于踹布工价的上涨率远低于米价上涨率这一点还不能断言，存在重新思考的余地。"夫马進「中国—明・清」『史学雑誌』89（5）、1980 年 5 月、209頁。笔者认为，乾隆四十四年的碑文是下令废除米价上涨时的工价补给，这一点笔者与夫马的看法不同；而康熙五十九年、乾隆四年的碑文，则正如夫马所指出的，是指示米价上涨时踹布每千匹添加二钱四分的工价（但并不是浮动工资制）。另外，乾隆年间碑刻上的货币单位未必是实际的银两，而可能是"七折钱"，这一点在后来才觉察到（参照本书第九章第四节）。

至于决定各商品价格的独特因素，本来应该考虑各商品的以下诸点：①价格形成的主要内在决定因素（生产价格、收益率等）；②供需关系——a. 需求的长期和短期变化；b. 供给的长期和短期变化。然而由于史料的限制，本章只论及了棉花②b，生丝、棉布②a，田①、②a 等。尽管不充分，本章还是就江南产的棉花与生丝在江南市场上的地位差异，歉收、兵灾等事件对主食谷物价格及其他各商品价格所带来的短期不同影响，以及土地价格的主要决定因素等，提出了一些看法。

本章是尝试将变动分析的观点导入过去以直接性结构分析为主流的日本明清经济史研究的一项准备工作。在上一章及本章中，勾勒出了物价的长期性动向。至于该动向由什么因素所引起，以及它给生产、流通结构以怎样的影响等相关问题，应在留意清代经济历史特征的基础上予以探明，这是今后的课题。

第五章

明末、清前期的国际贸易
与经济波动[*]

　　本书第三章和第四章，以清代前期江南米价及其他各种物价动向的长期性变化为中心进行了考察。制约这些物价变动的主要因素，不用说是多样而非单一的。就像后面各章也将论述的那样，笔者认为，分析伴随国际贸易的银的动向及与此相关的长期性变动局面，是整合地理解清代前期社会经济诸现象的一条途径。本章的课题是对清前期国际贸易的数量性动向，在尽可能的范围内进行综合性描绘，同时尝试为如何解释该时期明清社会经济的展开与国际贸易动向之间的关系提供一个假设框架。

　　明末以后经济中国际贸易的重要性，尽管受到众多研究者的关注，但可以说还几乎没有人尝试重构其国际贸易的全貌。其理由之一，可认为是当时还不存在有关对外贸易的全国性统计制度。

---

　　* 本章是在 1994 年 9 月 5~9 日上智大学举行的国际亚洲史协会第 13 次讨论会上的英文报告的基础上，大幅度修改而成。

虽说如此，明清时期的政府并非完全没有进行贸易及关税方面的统计。比如，清代的粤海关就曾制作有亲填册（商人自己记录缴纳的税额）、循环簿（纳税时交付给商人的纳税证明书底簿）及稽考册（根据循环簿，每日记载商人的名字与税额的册子）等，并据此在各会计年度向皇帝及中央政府进行税额报告（即奏销）。[①] 关于此类文书，由海关保存的，可以从道光《粤海关志》中管窥其一斑。此外，被送往北京的文书，除宫中档、军机档等过去以来就为学者[②]所利用之外，今后，随着题本等资料的利用变得更加容易，可以预想，大量数据的收集将成为可能。

如上所述，就粤海关来看，至少 18 世纪中叶以后各年度整体税收额的变化情况是可以掌握的。不过，想据此计算出广东的对外贸易额，除会计年度的特殊性这样技术上的问题外，还存在若干困难。第一，粤海关的税收所记录的是包括船舶税及货物从量税（按重量、长度、容积等为标准所课的税）在内的各种税目的合计额。因此，即使从税收的变化中可以推断出大致的交易量变化，但要复原交易额是不可能的。第二，粤海关管辖的不仅有国际贸易，还包括国内的海上交易。尽管从"粤海关惟赖彝船"[③] 这样常套的说法来看，外国贸易关系的税收显然占粤海关税额的多数，但要将外国贸易额通过税收额来正确地加以复原是不可能的。

总之，在当时的税务行政制度中，国内交易与国际贸易并

---

① 陈国栋：《清代前期粤海关的税务行政（1683～1842）》，《食货》第 11 卷第 10 期，1982 年。

② 陈国栋：《清代前期粤海关的利益分配（1684～1842）》，《食货》第 12 卷第 2 期，1983 年。

③ 《宫中档雍正朝奏折》第 8 辑，第 559 页。

没有明确区分。当时的清朝政府并不存在以国内交易与国际贸易有明确区分这一观念为前提，把输出、输入动向作为问题予以关注的想法。他们所关心的，主要是征税额的多少，以及与包括国内、国外在内的整体交易相关联的地方繁荣、治安维持等方面，因此对全国的国际贸易进行统计的动机缺乏，似乎是理所当然的。

因此，有关明清时代贸易数量丰富的资料，主要保存在英国及马尼拉等贸易对象国一边。有关明清贸易的量性研究，并非来自中国史方面的研究者，而主要来自研究贸易对象国历史的研究者。结果，这一时期对外贸易中的若干部分被非常精密地重构了，而整体的情况，不无遗憾还依然处于未详状态。

本章第一节将根据现在可以利用的文献及既往研究成果，暂且在现在可能的范围内，描绘这一时期对外贸易数量的整体图像。

探讨明末清初国际贸易与国内经济关系的难度，不仅仅在于贸易统计资料的不完备，即使有相当准确的统计资料，该如何论证国际贸易给予明清经济的"影响"也是个难题。既存在强调明清经济对国际经济环境的变化非常敏感的观点，也有外国贸易额与明清经济的总体规模相比是微不足道的，外国贸易不可能有大影响力的看法。[1] 即使外国贸易与国内经济之间数量上的比例可以正确地计算出来，由此而得出的结论也可能是多种多样的。其结

---

[1] William S. Atwell, "Some Observations on the 'Seventeenth‐century Crisis' in China and Japan," *Journal of Asian Studies* 45 (2), 1986; Jack A. Goldstone, "East and West in the Seventeenth Century: Political Crisis in Stuart England, Ottoman Turkey, and Ming China," *Comparative Studies in Society and History* 30 (1988), p. 116.

论的得当与否，应该说可以通过考察国内社会经济对应国际贸易盛衰节奏的变化来予以论证。

以几个时期为例的更为详细的考察，将放在后面的章节（本书第六章、第七章）中进行。本章第二节的目的，是把17~18世纪的国际贸易区分为几种情况，并对国内社会经济对应这样的情况转换所呈现出的变化该如何进行说明，提出一个概略的假设性框架。并且，如果规模相对较小的国际贸易能够对明清经济产生较大影响的话，那又是通过怎样的机制来实现的呢？对此本节也将尝试予以初步说明。

第一节 17~18世纪明清对外贸易结构

如上所述，由于不存在直接显示明清总体对外贸易量的统计，以下希望就明清的贸易对象，依次大概地介绍其贸易量的变化情况。另外，关于"贸易对象"一词，到底是意味着直接交易商人的国籍，还是表示所交易商品的产地或消费地？在这两种意义上存在很大的差别。这里由于受主要资料及既往研究状况的制约，姑且进行权宜上的区分，希望得到方家的理解。

一 北边（蒙古、俄罗斯等）

隆庆六年（1572），由于与蒙古议和，明朝在北边与蒙古的互市重新开放。这一互市被认为是每年银大量外流的"漏卮"，从而招致了当时文官的批判。而实际的交易量及银的外流量达到怎样的程度，关于明朝与蒙古的贸易，尚缺乏统计资料。小野和子从奏疏等的记载中估算出，1580年代马匹的交易量为每年20万~

40万两,[1] 可以推测总量不会超过100万两。来自蒙古的贸易输入品以马匹为主,也有家畜和兽皮。与此相对,明朝方面的输出除绢、棉布外,还有杂货。即使有银外流,其数量应该只在10万~20万两的水平。

明末,在女真人、蒙古人和汉人等杂居的辽东地区也有活跃的贸易活动。尽管缺乏显示其贸易量的统计,但我们不妨从和田正广所论述的李成梁的财政基础,[2] 来窥探辽东交易的大致规模。16世纪后期到17世纪初期辽东总兵李成梁维持着半独立势力,被称作"全辽商民之利尽笼入己"[3]。据1592年的弹劾文,李成梁每年从"夷虏"购入良马千匹、人参五千斤、貂皮三千张等,并高价转卖给明朝的官僚和商人。据和田的推算,来自贸易的总收益额估计在11万两。尽管有关李成梁的贸易收益率及其在全部贸易中所占的比例还不甚明了,尚停留在粗略估计的层面上,但整个辽东地区的交易规模也与和蒙古的交易一样,应当不会超过100万两。

进入17世纪后期,清朝在北边与俄罗斯开始直接接触。在17世纪末18世纪初的清俄贸易中,有来到北京的俄罗斯商队贸易及在库伦等地的个体商人贸易。俄罗斯政府派遣的商队在18世纪初期约为每两年一次,其销售额,比如在1727~1728年的商队是16万两。个体商人的交易额据说超过了北京官营商队的贸易额,给

---

① 小野和子「山西商人と張居正—隆慶和議を中心に」『東方学報』(58)、1986年3月、562頁。

② 和田正広「李成梁権力における財政の基盤-1-」『西南学院大学文理論集』25(1)、1984年8月。

③ 《明史》卷238《李成梁传》。

官营商队以沉重的打击。①《恰克图条约》签订后，商队贸易渐渐衰退，恰克图的互市，特别在 1750 年代后得到了进一步的发展。图 5-1 是以据俄罗斯公文书数据做成的表为基础制作的，显示的是恰克图贸易的变化情况。毛皮是俄罗斯的主要输出品，而作为清朝的交换物，除纤维制品外，也有银两外流。18 世纪末，尽管清朝的茶叶输出急剧增加，但由于俄罗斯禁止银的输出，所以银没有流入清朝。②

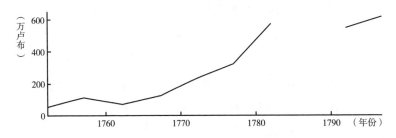

图 5-1　18 世纪后半期恰克图市场的交易额

说明：卢布与两的兑换率，18 世纪前期 1 两约等于 1.4 卢布，18 世纪末则 1 两在 2 卢布以上。数据为 5 年平均值。

资料来源：孟宪章主编《中苏贸易史资料》，第 134、148、163 页。

此外，清朝在西北边境与准噶尔及哈萨克族也有贸易。与准噶尔之间的贸易，在 1740 年代的最高峰时期，年平均额约为 7 万两。1760 年代以后，在伊犁与哈萨克族之间的贸易发展成为西北地区最大的贸易，比如 1772 年，在伊犁的贸易额约为 18 万两。③

① 吉田金一「ロシアと清の貿易について」『東洋学報』45（4）、1963 年 3 月。
② 吉田金一「ロシアと清の貿易について」『東洋学報』45（4）、1963 年 3 月；
　 孟宪章主编《中苏贸易史资料》，中国对外经济贸易出版社，1991，第三章。
③ 林永匡、王熹编著《清代西北民族贸易史》，中央民族学院出版社，1991。

不过整个 18 世纪，西北地区的年贸易总额似乎也止步于数十万两的水平。

二　朝鲜

在清朝与朝鲜的贸易中，有在中江等边境城市的互市，以及向北京朝贡时附带进行的交易两种。清朝输出的是生丝、绢织物；与此相对，朝鲜的输出品主要是人参和银。有关 17~18 世纪中朝贸易的统计资料，据本人所知并不存在。张存武综合了记述史料的记载，对其动向进行了总结：1700 年前后，朝鲜输出的银每年在 50 万~60 万两；从 18 世纪初到 1740 年代，其数量增加到 70 万~80 万两；其后，贸易额因朝鲜银不足而减少了。[①] 由此看来，中朝之间的贸易额，输出和输入总和，即使在最兴盛时期，每年应该不会超过 200 万两。

三　日本、琉球

关于以 17 世纪为中心的日中贸易规模，有相当多的研究。图 5-2 显示的是航行到长崎的中国船只的数量。众所周知，日本银与中国生丝是 16 世纪末 17 世纪初东亚最重要的贸易品，葡萄牙及荷兰等欧洲商人为了获取日中贸易的利润，展开了激烈的争夺。自 1630 年代日本实行所谓锁国政策开始，日中之间的贸易几乎由中国船进行。虽说如此，但中国船只的数量未必能正确反映日中贸易的实际规模。比如在 1650~1675 年清政府实行严厉的海禁时

---

① 张存武：《清韩宗藩贸易（1637~1894）》，"中央研究院"近代史研究所，1978。

期，航行到长崎的"唐船"（中国船），大多数是属于与清朝对抗的郑氏势力的船只。这些船只的出发地大部分不是中国本土而是南洋，虽称唐船，但从事的是日本与东南亚之间的贸易活动。其后清军占领台湾，解除海禁，航行到长崎的中国船数量急剧增加，但由于德川幕府限制贸易的政策，得不到贸易许可而不得不返航的船只也不乏其例。因此，贸易额与船只数并不是成比例增加的。德川幕府在 1685 年将中国船的贸易总额限制在 6000 贯（约 60 万两），1688 年又将中国船的数量限定为 70 艘。

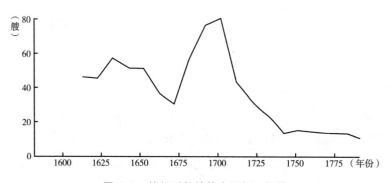

图 5-2　航行到长崎的中国船只数量

说明：10 年平均值。

资料来源：岩生成一「近世日支貿易に関する数量的考察」『史学雑誌』62 (11)、1953 年 11 月、11、13 頁；木宮泰彦『日華文化交流史』富山房、1955 年、652、655 頁。

图 5-3 是荷兰商馆资料所显示的 17 世纪后期航行到长崎的中国船只所进行的贸易额。有关 17 世纪前期日中贸易的情况，值得信赖的资料较缺乏，但是与 17 世纪后期相比，17 世纪前期的日中贸易更为发达则是不容置疑的。据小叶田淳推测，17 世纪初期，以"丁银"（日本所铸的纯度较低的银条）计算，日本每年有 400

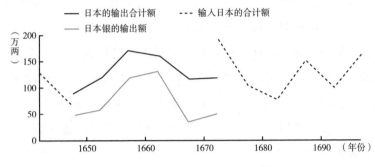

图 5-3　中国船在长崎的贸易额

说明：5 年平均值。

资料来源：岩生成一「近世日支貿易に関する数量的考察」『史学雑誌』
62(11)、1953 年 11 月、18、22 頁。

万~500 万两的银流向了海外，而其中的大半流入了中国。不过，
乔治·B. 苏扎（George B. Souza）对经由葡萄牙船的日本银输出
变化做了更为详细的研究，指出小叶田的推测略显过高。①

　　自 1668 年日本银输出被幕府禁止后，铜成为日本的主要输
出品。由幕府限定的中国船只数，1697 年一度提高至 80 艘，
1715 年限定为 30 艘，此后一再降低，1790 年限定为 10 艘。贸
易额的限制也在 18 世纪日渐严厉。不过，因为海产品等部分物

---

① 小葉田淳『金銀貿易史研究』法政大学出版局、1976 年、7 頁；George B.
Souza, *The Survival of Empire: Portuguese Trade and Society in China and the South
China Sea, 1630-1754.* Cambridge University Press, 1986, p. 58。其他的推算还
有 W. S. Atwell, "International Bullion Flows and the Chinese Economy circa 1530-
1630," *Past and Present* 95 （1982）；Yamamura Kozo and Kamiki Tetsuo, "Silver
Mines and Sung Coins—A Monetary History of Medieval and Modern Japan in
International Perspective," in J. F. Richards, ed., *Precious Metals in the Later
Medieval and Early Modern Worlds.* Carolina Academic Press, 1983；林仁川《明末
清初私人海上贸易》，华东师范大学出版社，1987；等等。

品不在限制之列，所以不能仅从限制额的变化得出日中贸易衰退的结论。①

关于琉球，田代和生研究了由琉球进贡船向中国输出的"渡唐银"输出定额的变化，指出其年平均值在 17 世纪末约为 6 万两，到 18 世纪前期约为 4.5 万两。② 不过，正如田代所指出的那样，规定额与实际输出额之间存在差异。近年来，有学者通过对《历代宝案》中所收文书的研究等指出，在渡唐银以外，琉球王府的追加投资银及官员、船员个人的资本银达到了相当大的数额。③ 当然，即使加上这些规定外的数额，琉球的银外流量应该也只停留在每年 10 万两左右的水平。

四　马尼拉

由中国帆船所经营的马尼拉贸易，主要为横渡太平洋的西班牙大帆船贸易提供商品。众所周知，西班牙大帆船贸易的主要品种是美洲银和中国生丝。有关中国帆船的马尼拉贸易，其统计资料已由皮埃尔·肖努（Pierre Chaunu）进行了整理。④ 图 5-4 表示的是航行到马尼拉的中国船只数量，图 5-5 表示的是中国船只所支付的输出、输入税（armoharifasgo）额。这一税额是以马尼拉

---

① 山脇悌二郎『長崎の唐人貿易』吉川弘文館、1964 年、164 頁。
② 田代和生「徳川時代における銀輸出と貨幣在高」梅村又次等編『日本経済の発展：近世から近代へ』日本経済新聞社、1976 年、237 頁。
③ 劉序楓「十七、八世紀の中国と東アジア」溝口雄三等編『アジアから考える』2（地域システム）、東京大学出版会、1993 年、104 頁。
④ Pierre Chaunu, *Les Philippines et le Pacifique des Ibériques* (XVIe XVIIe XVIIIe siècles). Paris: S. E. V. P. E. N. , 1960.

输入品市场价格的 6%、菲律宾输出产品价格的 2.5% 的比例来课征的。[①] 由于对作为马尼拉贸易特色的银的输出没有课税，因此要从这一税额来复原贸易额是不可能的。从图 5-5 也只能有限地了解马尼拉贸易的大致动向。

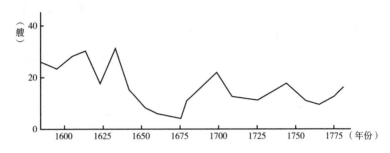

图 5-4　航行到马尼拉的中国船数量

资料来源：Chaunu, *Les Philippines et le Pacifique des Ibériques*, pp. 148-197。

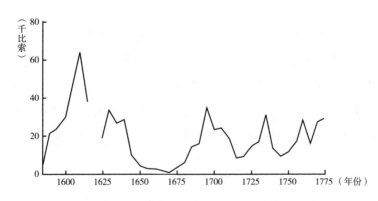

图 5-5　在马尼拉的中国船的进出口税额

说明：1 比索约等于 0.72 两，5 年平均值。

资料来源：Chaunu, *Les Philippines et le Pacifique des Ibériques*, pp. 199-219。

---

① 菅谷成子「十八世紀後半における福建─マニラ間の中国帆船貿易」『寧楽史苑』（34）、1989 年、44、47 頁。

关于 17 世纪初美洲银流入中国的情况，据先行研究推算，每年有 200 万~300 万比索（140 万~220 万两）。[1] 从图 5-4、图 5-5 中可以看出，由中国帆船所进行的马尼拉贸易在 17 世纪中叶急剧减少，此后虽然有所回升，但最终并没有恢复到曾经的繁盛水平。18 世纪后期，在中国—菲律宾贸易中，随着欧洲船所进行的地方贸易（亚洲区域内贸易）的增加，中国帆船所占的份额减少了。[2]

五　南洋贸易的总体情况

除马尼拉贸易外，显示中国帆船活动的量性数据很少，但关于 18 世纪在巴达维亚（今雅加达）中国帆船的贸易情况，有以荷兰东印度公司的记录为基础所进行的统计。图 5-6 显示的是航行到巴达维亚的中国船只和从澳门出发的葡萄牙船只的数目。据包乐史（Leonard Blussé）的研究，中国帆船在巴达维亚进行交易的最繁盛时期是 1690~1740 年。在此期间，尽管荷兰东印度公司没有向中国直接派遣公司船只，但是通过中国帆船得到了丰富的中国产品。[3] 乔治·B. 苏扎统计了 1680 年代到 18 世纪中叶荷兰东印度公司在巴达维亚对中国船只、葡萄牙船只的贸易规模。东印

---

[1] 百瀬弘『明清社会経済史研究』研文出版、1980 年、60 頁。此外，可参照 W. S. Atwell, "International Bullion Flows and the Chinese Economy circa 1530-1630," *Past and Present* 95（1982）, p. 74；全汉昇《中国经济史论丛》，第 444 页。

[2] W. E. Cheong, "The Decline of Manila as the Spanish Entrepot in the Far East, 1785-1826," *Journal of Southeast Asian Studies* 2（2）, 1971；菅谷成子「十八世紀後半における福建—マニラ間の中国帆船貿易」『寧楽史苑』（34）、1989 年。

[3] Leonard Blussé, *Strange Company: Chinese Settlers, Mestizo Women and the Dutch in VOC Batavia.* Dordrecht: Foris Publications, 1986, pp. 121-139.

度公司的购买额和销售额，平均每年分别约为 29 万 Rijksdaalder（rsd）和 15 万 rsd（分别约为 21 万两和 11 万两）。[①]

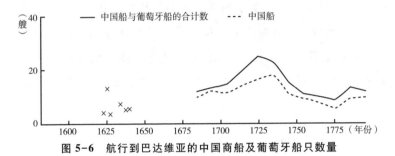

图 5-6　航行到巴达维亚的中国商船及葡萄牙船只数量

说明："×"号表示来自村上直次郎、李金明著作中个别年份的数值。

资料来源：Blussé, *Strange Company*, p. 123；村上直次郎訳註『バタヴィア城日誌』（1）、平凡社、1970 年；李金明《明代海外贸易史》，中国社会科学出版社，1990，第 118 页。

从中国东南沿海出发驶往东南亚的中国帆船，其目的地在当时被笼统地称作"南洋"或"南海"，其范围包括东起菲律宾、西迄印度次大陆的广泛海域。由于缺乏可供依据的统计，要正确估算中国帆船在南洋的贸易总额所达到的程度是困难的。先行研究对此做了如下推算。

计算明末南海贸易规模的基础资料，是向中国帆船颁发的贸易许可证（"引"）的数量。88 张引根据目的地分配，东洋和西洋各有 44 张。除东洋的马尼拉占 16 张外，其余各港口只有 2~3 张，即只允许 2~3 艘船出洋前往这些港口。引的数量是逐渐增加的，1597年达到 137 张。至于 17 世纪初期南洋贸易（菲律宾除外）的规模，据林仁川的推算，从事南洋贸易的船只数为每年 75 艘，每艘载货量

---

① Souza, *The Survival of Empire*, pp. 144, 148-149.

平均价额以 9 万两计,一年间输出的货物值达到 1350 万两。[1] 而据当时的官员报告称,由于中国商人忌避远距离贸易,未被使用的引其实大量存在,[2] 因此林仁川的推算似乎有些过高。

清初官员靳辅在 1670 年代末所上的奏疏中指出,如果解除海禁,江苏、浙江、福建、广东的商人每年可以向日本等海外地区输出 400 万两左右的货物,从而获得 700 万~800 万两的利润。[3] 靳辅的推算依据或许是海禁以前的经验。如果他的推算正确的话,17 世纪前期中国帆船海外交易(包括输出、输入)的总体规模将达到 1100 万~1200 万两的水平。从上述种种推算来看,日本贸易、马尼拉贸易的规模即使略微保守地估算为各 400 万两的水准,那么,以银流入为特色的日本、马尼拉贸易也占当时中国帆船贸易额的一半以上。

关于清代中国帆船贸易的量性资料,在日本、马尼拉及巴达维亚外几乎不存在。至于 1650~1662 年郑成功势力在南洋的贸易情况,杨彦杰曾尝试予以推算,认为郑氏每年派往南洋的船只数为 16~20 艘,采购了相当于 128 万~160 万两的南洋物产,而其中的一半左右输入了中国本土。[4]

表 5-1 是以宫中档为主要材料整理而成的从事外国贸易的中国帆船数量。当时从事南洋贸易帆船的主要出发港是厦门。从 1720 年代到 1750 年代,每年从厦门出发开赴海外或从海外返回原

[1]　林仁川:《明末清初私人海上贸易》,第 261~267 页。
[2]　李金明:《明代海外贸易史》,第 117 页。
[3]　《靳文襄公奏疏》卷 7《生财裕饷第二疏》。
[4]　杨彦杰:《1650~1662 年郑成功海外贸易的贸易额和利润额估算》,《福建论坛》1982 年第 4 期。

表 5-1　18 世纪中国出洋船只数量

单位：艘

年　份	出发港	船只数	资　料　来　源
1728	厦门→	21	YZ11：70；Ng57
1729	厦门→	25	YZ12：751；Ng57
1733	厦门→	28~30	YZ21：353；Ng57
1736	广州→	19	QL2：336；陈希育 224
1748	→广州	17	松浦
1750	→厦门	53	松浦
1751	→厦门	46	QL1：816；陈希育 241
1751	厦门→	50~70	QL1：815；松浦 986
1752	→厦门	65	QL3：777；陈国栋 71
1752	→广州	18	QL3：771；陈国栋 71
1753	厦门→	65	QL5：9；松浦
1754	→厦门	68	QL9：626；松浦
1755	→厦门	74	QL12：595；Ng57
1764	厦门→	40	QL21：224；陈希育 226
1768	厦门→	23	QL33：108；陈希育 226

　　注：YZ 代表《宫中档雍正朝奏折》；QL 代表《宫中档乾隆朝奏折》；Ng 代表 Ng Chin-keong, *Trade and Society: The Amoy Network on the China Coast, 1683–1735.* Singapore University Press, 1983；陈希育代表陈希育《中国帆船与海外贸易》，厦门大学出版社，1990；松浦代表松浦章「清代の海外貿易について」『關西大學文學論集』；陈国栋代表陈国栋《清代中叶厦门的海上贸易（1727~1833）》，吴剑雄主编《中国海洋发展史论文集》第 4 辑，"中央研究院"中山人文社会研究所，1991。资料略号后的数字，比如 11：70，表示第 11 辑第 70 页；人名后的数字表示该书的页码。

港口的帆船数，从 20 多艘增加到了 70 艘左右。与厦门相比，广州的帆船数量很少，18 世纪中叶，每年只有 20 艘左右的中国帆船从这里出发，开赴南洋。从 1733 年厦门官员的报告来看，与南洋进行交易的出洋帆船，它们装载的商品通常相当于 6 万~10 余万两。[①] 如果根据这一记载，将输出与输入以相同价额来计算的话，那么在 18 世纪前期，每年由厦门、广州出发的中国帆船进行的南洋交易相当于 600 万~1400 万两。1757 年将航行来的外国船只限定在广州的规定，并没有直接影响中国帆船的贸易，但从事南洋贸易的厦门中国帆船的数量从 1750 年代末开始逐渐减少。[②] 据约翰·克劳福德（John Crawfurd）的记述，1820 年代，有 295 艘中国帆船在东南亚海上从事贸易。田汝康根据这一数据估计，这一时期中国帆船的贸易额每年最低也有约 700 万元[③]（约 500 万两）。但需要注意的是，这些船不少为东南亚的华人所拥有，未必全是与中国本土进行交易的。

与马尼拉贸易相比，马尼拉以外的南洋贸易未必都是中国单方面的顺差。在明末的人们看来，与东洋（吕宋岛）的贸易给中国带来大量的银，相比之下，与西洋（东南亚西部）的贸易则基本上是物物交换。即使是 18 世纪前期，即在巴达维亚的中国帆船贸易的最旺盛时期，荷兰人也不需要对中国商品支付

---

① 松浦章「清代の海外貿易について」『關西大學文學論集』創立 100 周年記念特輯、1986 年 11 月、452 頁。

② Ng, *Trade and Society*, pp. 55–59；陈希育：《中国帆船与海外贸易》，第 224~226 页。

③ 本章作为货币单位所使用的“元”，指的是西班牙银元或者墨西哥银元，1 元大约相当于 0.72 两。田汝康：《中国帆船贸易与对外关系史论集》，浙江人民出版社，1987，第 25~28 页。

银。[1] 尽管清人曾指出，18 世纪中叶的南洋贸易每年为中国的东南沿海带来"千万"或"三百万"的银币，[2] 但是据我所知，能显示除马尼拉以外的南洋有大量银流入中国的确切证据似乎并不存在。

六 来自欧美船的贸易

众所周知，1757 年清政府将航行到中国的欧洲船限定于广州港。其实此前数十年间，航行到中国的欧洲船主要目的地是广州。关于 18 世纪航行到广州的欧洲船只数量，目前为止当以路易·德尔米尼（Louis Dermigny）制作的表最为完备（图 5-7）。欧洲船的到来呈一直增长之势，特别在 18 世纪后半期可以说是急剧增加。至于 1760~1800 年在广州的欧洲船只的贸易额，厄尔·普理查德进行了统计（图 5-8）。

厄尔·普里查德所制表没有对银的输入额加以统计。但是过去有不少学者主要以马士《东印度公司对华贸易编年史》的记载为依据，试图探明通过广东贸易而流入的银的数量。[3] 据余捷琼的整理推算，通过欧美船只输入中国的银额 1700~1751 年约为 6800 万元（年平均 130 万元，合 95 万两），1752~1800 年约为 1.0479 亿元（年平均 213 万元，合 156 万两）。[4]

① Blussé, *Strange Company*, p. 130.

② 《宫中档雍正朝奏折》第 21 辑，第 353 页；光绪《漳州府志》卷 33《蔡新传》。

③ 余捷琼：《1700~1937 年中国银币输出入的一个估计》，上海：商务印书馆，1940；小竹文夫『近世支那经济史研究』弘文堂、1942 年；百瀬弘『明清社会经济史研究』。

④ 余捷琼：《1700~1937 年中国银币输出入的一个估计》，第 36 页。

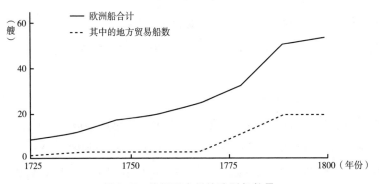

图 5-7　航行到广州的欧洲船数量

资料来源：Louis Dermigny, *La Chine et l'Occident: Le Commerce à Canton au XVIIIᵉ Siècle, 1719-1833*. Paris : S. E. V. P. E. N., 1964, pp. 521-525。

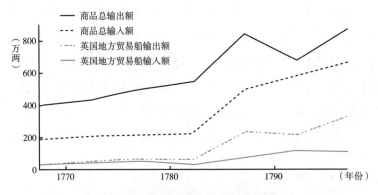

图 5-8　欧美商船在广州的贸易额

说明：不包括输出、输入银量，5 年平均值 。

资料来源：Earl H. Pritchard, "The Struggle for Control of the China Trade During the Eighteenth Century," *Pacific History Review* 3, 1934, pp. 292-295。

马士的数据不用说是非常有用的资料，但必须注意的是，马士的数据未必全面反映了欧美船只的动向，同时关于银流入量的统计还有欠缺。比如，就中英贸易关系堪称重要时期的 1740 年代到 1750 年代的银流入量，马士的数据就不完全。[1] 林满红利用彭信威根据马士的数据所制作的表，指出这一时期通过广州流入的银数量减少，并认为从这一结果可看出中国经济的萧条。[2] 然而，综合其他资料来看，1740 年代至 1750 年代毋宁说是广东贸易的发展时期，同时可以推测银的流入也是在增加的。第一，如图 5-7 所示，这一时期航行到广州的欧洲船只数量是增加的。虽然 1757 年后船只数量一度减少，但 1763 年后可以看到再次增加的趋势。[3] 在马士的著作中，记载了 1741~1753 年航行到中国的英国东印度公司 54 艘船的名单，但其中 42 艘船所输入的银的数量没有记载。因此，如果仅仅以其所记载的银的数量进行合计，对比前后时期会看到骤减之势，但必须注意的是，这单纯是由数据缺陷造成的。第二，这一时期通过英国东印度公司输入英国的中国茶和生丝，无论在数量上还是价值总额上，都呈增加之势。[4] 厄尔·普理查德在总结 1741~1757 年英国东印度公司的中国贸易动向后论述道："尽管中国方面进行了课税，但在欧洲保持和平的时期，交易急剧增加，只是随着七年战争的爆发才再次减少。"在他看来，可以说

---

[1] Morse, *The Chronicles of the East India Company Trading to China*, Vol. 1, Appendix.

[2] 林满红：《世界经济与近代中国农业——清人汪辉祖一段乾隆粮价记述之解释》，"中央研究院"近代史研究所编《近代中国农村经济史研讨会论文集》，1989；Philip A. Kuhn, *Soulstealers: The Chinese Sorcery Scare of 1768*. Harvard University Press, 1990, pp. 37–39。

[3] Dermigny, *La Chine et l'Occident*, p. 522.

[4] Earl H. Pritchard, "Anglo-Chinese Relations During the Seventeenth and Eighteenth Centuries," *Studies in the Social Sciences*, Vol. 17, Nos. 1 - 2, 1929, p. 216; Chaudhuri, *The Trading World of Asia and the English East India Company*, pp. 538–539.

"此事明确证明影响中英贸易的，不是中国方面，而是欧洲"。①

如图 5-7、图 5-8 所示，在 18 世纪后期，欧洲船的数量及交易额急速增长。同时通过与欧洲船的贸易，大量的银流入中国，也是众所周知的事。但是，如果抽取由欧洲船所进行的地方贸易来看的话，可以发现，与公司贸易（东印度公司垄断的亚洲和欧洲之间的贸易）不同，对中国来说未必是顺差。如图 5-7 所示，1780 年代，航行到广州的欧洲地方贸易船的数量急剧增加。图 5-8 反映的是由于地方贸易船对中国输入的增加，将输入总额上推的情况，结果总输出额与总输入额之差减少了。因此，尽管交易额在增加，但可以推断 18 世纪末流入中国的银在减少。

七 17~18 世纪明清的贸易结构

以上对 17~18 世纪明清的对外贸易情况，就今天所能利用到的数据进行了简单探讨。尽管这些数据中有不少未必精确，这里权且对它们加以综合，用图表示这一时期对外贸易大致的变动情况。图 5-9 是将各贸易对象地区包括输出、输入在内的贸易总额，每隔 25 年以圆的大小来表示；图 5-10 是用同样的方法，将银流入额以圆的大小来表示（银外流时，用灰色圆表示）。

至于 17~18 世纪明清对外贸易的特色，大致可以列举出以下几点。第一，与北边及朝鲜的贸易相比，在日本、马尼拉及其他南洋地区所进行的帆船贸易、广东欧美船贸易等东南沿海的贸易，所占的比重更高；第二，除了在北边有若干银外流，在这一时期，

---

① Earl H. Pritchard, "Anglo-Chinese Relations During the Seventeenth and Eighteenth Centuries," *Studies in the Social Sciences*, Vol. 17, Nos. 1-2, 1929, p. 122.

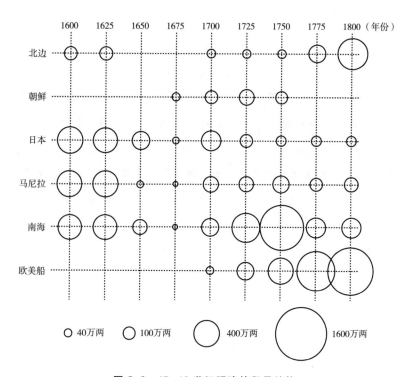

图 5-9 17~18 世纪明清的贸易结构

说明：圆的大小表示贸易额的大小。进出口合计包括银与商品。
"北边"包括蒙古、俄罗斯及西北游牧民族。
"日本"包括琉球。
"南海"指除菲律宾诸岛以外的东南亚各地区。
"欧美船"包括欧美的地方贸易船，但不包括澳门的葡萄牙船。

银一直是流入的；第三，贸易的规模呈 17 世纪前期繁荣→17 世纪后期缩小→18 世纪前期渐增→18 世纪后期急增这样的波动；第四，贸易的中心，是从 17 世纪前期的日本、马尼拉贸易，经过其后的衰退期，向 18 世纪中叶的南洋帆船贸易，以及紧接而来的 18 世纪后期广东及北边的对欧美贸易而变化的。

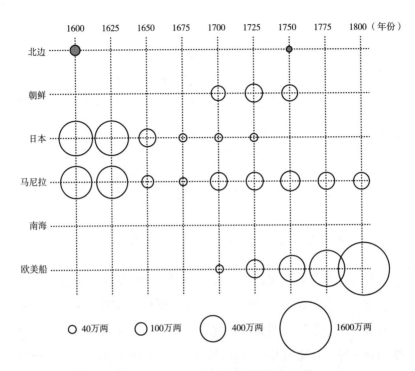

图 5-10　17~18 世纪明清的银进出口额

说明：圆的大小表示贸易额的大小。灰色圆表示银的外流额。
"北边""日本""南海""欧美船"所包括的范围同图 5-9。

若兼顾有关贸易方面的重大事件，将这两个世纪的对外贸易划分为若干个时期的话，可划分如下。

第一期：16 世纪末至 1630 年代的繁荣期；

第二期：1640 年代至 1680 年代前期，是继明清鼎革的混乱后实行了海禁，海外贸易因此急速衰退的时期；

第三期：1680 年代后期至 1750 年前后，是随着海禁的解除，外国贸易恢复的时期；

第四期：1750 年代以后，是对外贸易急速增长的时期。

在以下第二节中，将尝试素描各个时期的对外贸易结构与国内社会经济状况之间的关联。利用史料详细考察各时期经济状况的工作，将留待第六章后的各章进行，在本章中仅提示大致的变化情况。

第二节 明清的对外贸易与国内经济

一 第一期：国际商业热潮与明朝解体

海外银流入的增加，是 16 世纪末到 1630 年代明朝对外贸易的特色。这一时期贸易的中心是与日本及马尼拉的贸易，这两者都具有浓厚的银流向明朝的单方贸易的特征。换言之，贸易总额中银流入额的比重高是这一时期的特点。在 1600 年前后，一千数百万两的贸易总额中，银流入额估计占 400 万两。

大量的银流入，显示当时明朝对银的强烈需求。就像在本书第六章将较详细论述的那样，由于在北边与蒙古各部紧张的军事对峙，从全国征收上来运往北边的税银总额，在整个 16 世纪，从每年不到 100 万两增加到约 400 万两。在几乎没有开采国内银矿的情况下，[①] 每年大量税银被征收而去的全国农村，产生了对海外银的强烈需求。另外，16 世纪中叶，国外正值新大陆银及日本银生产增加，银的供给飞跃式扩大，这样就当然会形成海外银难以遏制地流向明朝的趋势。

---

① 百瀬弘『明清社会経済史研究』、37 頁。

然而，明政府实行海禁政策，不允许民间进行海外贸易。为对抗明政府的取缔，与东南沿海有力者阶层相勾结的武装走私贸易集团倭寇盛行，其产生的背景，正是当时明朝对银的强烈需求。1550 年代达到紧张极点的"北虏"和"南倭"问题，通过银的流通紧紧地联系在一起。

明朝于 1567 年解除了海禁，允许民间进行海上贸易。同时于 1571 年与蒙古诸部缔结和议，开放了北边的互市。这些政策可以说是明政府在深受"北虏南倭"之苦后做出的让步，并试图通过削减北边的军事支出、促使海外贸易活跃化以摆脱国家财政及民间经济窘境而采取的措施。

尽管海禁缓和后银的流入量进一步增加，但到 17 世纪初，以米价为代表的各种物价并没有上涨，同时知识分子对伴随银不足而产生的民间穷乏的抱怨不胜枚举（本书第六章）。尽管银史无前例地大量流入，但经济状况并未见好转，其原因到底是什么呢？

第一个原因是边境军事紧张的升级。与蒙古议和之后，北边军事上的紧张并没有消除。同时 16 世纪末以后，辽东、朝鲜方面的防卫成为新的紧急课题。由于军事支出的扩大，流向边境的银只增不减。第二个原因是从全国征收后运往边境军事地带的税银即使回流到内地，也只是集中在官僚、武将及商人等部分人手中，并没能使农村经济充分受益。其结果，形成了广大农村的穷乏及都市有力者阶层的富有这样显著的贫富差距，这是明末社会经济状况的一大特征。

重田德曾在关于明末乡绅支配形成的著名论文中，对林希元这一作为在幕后支持 16 世纪中叶沿海走私贸易的重要人物而受到官员弹劾的福建大乡绅予以关注，并形容他的势力为"宛如独

立王国"①。其实不仅在沿海地带，就是边境军事地区及各都市
中，虽说大小不一，但可以与官府抗衡的"宛如独立王国"的势
力簇生，这一情况可以说是明末社会特征的一大动向。这种贫富
之间反差鲜明的构图，一方面存在积聚有巨大财富的特权阶层，
另一方面存在广大食不果腹的农民，促使广大贫民为谋求生路及
保护，私下三五成群地集结于有力者之下，从而使得以有力者为
中心的半独立势力得以壮大。

东南沿海是这种势力大量存在的一个地域。与土地相比，他
们更以商业为财源，拥有武装船队，以东中国海为中心进行活动，
拥有像独立王国般自立的权力——率领有上千艘的船队。主要以
福建沿海为势力中心的海盗郑芝龙，就是其中一例。他在从事海
盗活动的同时，身兼明朝提督、都督之职。他与日本平户女性所
生的郑成功，在清朝入关后十几年间以反清活动威胁清朝的史实，
更是妇孺皆知。

此外，在北方，从 16 世纪末至 17 世纪初的近 30 年间，有在
辽东维持独立势力的朝鲜出身（另一种说法是女真人）的明武将
李成梁，以及与后金战败后盘踞于明与朝鲜国境附近岛屿来扩大
势力的明武将毛文龙等。他们一方面作为明朝武将，以军事力量
为基础，在得到中央政府军需物资资助的同时，纠集逃亡者，蓄
养家兵，独占交易之利。从经济上支持他们势力的，是辽东地域
以人参、马匹和皮革为中心的活跃的贸易。另外，他们在因贸易
热潮而膨胀的各国家和各种势力的夹缝中，私吞军费，使自己的
军事力量进一步壮大。

---

① 重田德『清代社会経済史研究』、190 頁。

安东尼·瑞德（Anthony Reid）指出，以 16 世纪至 17 世纪初为顶点的东南亚的"商业时代"，促进了东南亚各地区集权性国家的形成。[①] 然而就明朝来说，东亚的商业热潮对明朝的统治起到的毋宁说是离心力的作用。比照东南亚，或许可以说在明末的东南沿海地带，乘商业热潮而具备军事力量的小"集权国家"的萌芽簇生而起，溃蚀了明朝的统治。就像在接下来将要论述的那样，在明朝被推翻后争夺中国统治权的，正是在明末边境地区成长起来的商业性军事势力，这是值得关注的。

二　第二期：海禁与国家统一

1620 年代后期，从陕西爆发的农民起义席卷了除沿海地区外的全国。随着军事支出投放地由边境向内地转移，全国的物价急剧上涨。17 世纪三四十年代的对外贸易对国内经济的影响是难以估算的。伴随农民起义爆发而来的土地荒废，加上连续三年的自然灾害，使得都市和农村的人口都减少了。而且，李自成的农民军占领北京、崇祯帝自缢身亡、清军入关，王朝交替，使全国陷入混乱。实际上，对外贸易的影响在这样的骚乱中被埋没了。

清朝统治中国的头 10 年（1644～1654），尽管饱受战争创伤，但市场还是相当活跃的。就像本书第一章图 1-1 至图 1-3 所示，米价和土地价格在 1650 年代前后相当高。物价高或许可以归因于战乱造成的物资不足，但这一时期的价格高涨不仅限于

---

① Anthony Reid, *Southeast Asia in the Age of Commerce*, Vol. 2. Yale University Press, 1993.

粮食，而且后来海禁时期人们将顺治前期作为流通的活跃期予以肯定性的回顾。以此看来，可以说1650年前后不一定是生活困难的时期。

为了切断以福建沿海为据点抵抗清朝的郑成功势力的贸易，清政府在1655年强化了海禁政策，禁止民间的海上贸易，并且在1661年发布迁界令，把沿海之民移居内地，使海岸地带无人化。1630年代开始持续高涨的物价急剧下跌，正好是与海禁强化同时的事。此后，直至占据台湾的郑氏势力向清朝投降、清政府解除海禁为止的20多年间，当地人们所受的经济萧条之苦，将在本书第七章中论述，这里且不赘言。与第一期都市与农村之间所能见到的繁荣与贫穷的强烈反差相对照，可以说第二期的特色，正如当时的观察者所记述的那样，即使在大都市苏州的中心市场，百货也因滞销而堆积，士、农、工、商，无论哪个阶层都处于贫穷状态，都市与农村经济共同衰退。在第一期中，在银大量流入的基础上，银被积聚到部分有力阶层的手中，由此而出现的地域、阶层上的巨大经济差异成了问题的根源。与此相对，在银来源断绝的第二期中可以看到的是，都市的富裕阶层变得穷困，依靠他们消费度日的小民更是一贫如洗，这一穷匮连锁的现象。

海禁时期是清朝与郑氏势力及三藩这两大敌人全力决战的时期。这一时期也可以看作明末成长起来的各个半独立势力间霸权争夺的最后阶段。初期清朝自身，与其说是个狩猎采集的民族，不如说像前文所述，可以解释为一股在明末边境地区成长起来的具有商业—军事性质的势力。即由努尔哈赤率领的女真势力，是从16世纪后期开始，混合了汉人、蒙古人及朝鲜人等，在"竞争极其激烈而充满粗暴气氛的边境市场"[①] 中与其他许多半独立集团联合、斗争中成长起来的商业—军事集团之一。至于投降清朝、后被封为三藩的耿精忠、尚可喜、吴三桂，他们各人与清朝结合的情由各异，但可以看到相同的背景，即都具有企图通过投机性结合扩大自己势力的边境半独立势力特有的行为模式。即使是以复兴明朝为旗号对抗清廷的郑成功，其势力的起源，也是在东亚国际商业热潮中孕育的武力集团，这一点在前文已有论述。占领北京、直接推翻明朝的，是以内地贫困农村为根基的李自成农民军，但他们早早就退出了历史的舞台，统治中国的结果，成了乘边境、沿海地带的经济景气而成长起来的各集团之间的角逐。

清初的海禁带来了严重的经济萧条，无意间证实了从明末开始中国经济对海外贸易的依赖性。尽管如此，清朝重建国家秩序时，不得不实施严厉的海禁政策，这是非常有趣的。或许可以说，为了肃清明末以来持续存在的"外向型"经济圈及以此为基础成长起来的独立的军事势力，这是一个必要的手术。三藩之乱在1681年被平息，占据台湾的郑氏在1683年向清朝投降。最终在明末以来各势力的霸权争夺中胜出的，正是清朝。

三 第三期：清朝统治下的和平

清政府在1684年解除禁海令时，东南沿海的状况已与50年前大不相同。由于1630年代日本实行"锁国"政策，日本人的影

---

① 岩井茂樹「十六・十七世紀の中國邊境社會」小野和子編『明末清初の社会と文化』京都大学人文科学研究所、1996年、645頁。

子从东中国海消失了。曾经支撑了贸易热潮的日本银，由于产量减少，从1680年代开始几乎就没有输出。日本"锁国"后，葡萄牙在东亚的活动缩小，其贸易几乎限定于澳门与东南亚之间。失去台湾这一据点的荷兰，放弃了与清朝直接贸易的念头，在1690年取消了从巴达维亚向中国派遣东印度公司船。通往马尼拉的中国帆船的数量，与17世纪初相比，减少了一半。总之，16世纪后期到17世纪前期过热的经济潮已经过去，对清朝政治、经济统合的离心力减弱，有野心的冒险者所统率的独立势力已经消失。

这一热潮的终结，对清朝来说具有什么样的意义呢？根据安东尼·瑞德对东南亚商业热潮与国家形成关系的研究，在以16世纪末17世纪初为顶点的"商业时代"中兴盛起来的"绝对主义"国家，伴随1630年代到1680年代"商业时代"的结束而走向衰退。[1] 不过，贸易热潮的结束却给清朝国家的统一带来了有利条件。在17世纪末，虽然贸易的利润减少，但边境、沿海地区的军事紧张得到缓和，半独立的势力消失。担负这一时期海外贸易的，不是拥有堪与官府抗衡之力的武装船队，而是在官府的管理下进行贸易的小商人及御用商人。

第三期的特色之一，是中国帆船在南洋贸易中的比重增加了。比起17世纪初期，此时期与日本的贸易量减少了，在18世纪前期每年仅为100万两。18世纪前期，从欧洲起航的船每年约有10艘，其交易额不过200万~300万两。与俄罗斯的交易也停留在每年几十万两的规模。这是17世纪初高潮期的中心之一日本贸易减少、18世纪后期带动中国贸易额增大的欧洲船交易

---

[1] Reid, *Southeast Asia in the Age of Commerce*, Vol. 2.

仍不旺盛的低谷时期，南洋贸易在清朝的对外贸易中占据了最大的比重。

1717 年，清政府以出洋船只往往不回国，担心它们从事海盗活动为由，禁止中国帆船到南洋贸易。此政策一直持续到 1727 年。南洋海禁政策对清朝经济有多大程度的影响呢？对南洋海禁所带来的经济困难，蓝鼎元指出："既禁以后，百货不通，民生日蹙，居者苦艺能之罔用，行者叹致远之无方。"① 蓝鼎元的这一记述经常被引用。但是这一时期的米价及田价并没有出现特别明显的下跌（图 1-3），同时在记述史料中，记载全国贫穷的资料也几乎看不到。与康熙初年的海禁时期不同，银不足的问题在当时的经济议论中几乎不被视为问题。

实际上，南洋海禁与 17 世纪第三个 25 年（1650～1675 年）相比，许多方面的效力大为减弱。此禁令不适用于与日本及安南（越南）的贸易。欧洲船继续到达广州。甚至澳门的葡萄牙船也因"澳门西洋人非贸易无以资生"② 的顾虑，而允许其出航南洋。对走私贸易的处罚，也没有清初海禁时那么严苛。总之，南洋海禁的效力无论在时间上还是区域上，都处于较小的规模。

从 17 世纪末到 18 世纪中叶，清朝经济既没有过热，也没有严重的萧条，相对而言保持在一种平稳的状态。

四　第四期：农村的繁荣

18 世纪中叶是清朝经济的大变动时期。乾隆十一年至二十一

---

① 蓝鼎元：《鹿洲初集》卷 3 《论南洋事宜疏》。
② 《宫中档雍正朝奏折》第 3 辑，第 392 页。

年（1746~1766）的各物价上涨，被全汉昇称作"中国的物价革命"①。尽管从后来通过粮价清单等大量的谷价资料整理所得的时序系列数据来看，谷物价格呈缓慢上涨的趋势，称为"物价革命"有些不太适合，但是1750年前后谷物价格的较快上涨，在很多地区得到了证实。

关于这一时期物价上涨的原因，以乾隆十三年皇帝的咨问及各省督抚等的答复为代表，时人进行了议论。② 在议论中被列举的主要原因有人口的增加、商人的投机及常平仓谷的采购等。与此相对，在战后清代经济史研究中受到关注的，是来自海外的银流入。强调人口过剩、粮食不足的立场所导致的经济状况，应该是"困乏"的局面。而强调银流入效应的观点，则倾向于认为这一时期应该是"繁荣"的局面。这两者未必不能同时并存，以下就如何把握这一时期的经济局面进行一些探讨。

林满红以1794年汪辉祖的"往时米价至一百五六十文，即有饿殍。今米贵而人尚乐生，盖往年专贵在米，今则鱼虾蔬果无一不贵，故小贩村农俱可糊口"③ 等记述为线索，主张以1775年前后为分界线，清朝经济的状况发生了变化。即1775年以前的高米价是由人口压力所导致的粮食相对不足，因此上涨的只有米价。与此相对，此后的高米价是伴随货币量增加而来的收入增加所导致的物价普遍上涨。她认为，与乾隆初期40年为经济困难的时代

---

① 全汉昇：《中国经济史论丛》，第475~508页。
② 全汉昇：《中国经济史论丛》，第494~508页。
③ 《病榻梦痕录》，"乾隆五十九年"条。

相比，乾隆后期 20 年享受到的是经济的繁荣。[1]

对于这一点，笔者自身曾有所关注，但予以保留。对汪辉祖的"往年专贵在米"这一回忆性记述，可以不折不扣地予以相信吗？的确，米价上涨与生丝等的价格上扬之间存在若干的时间差，这一点从物价资料中大致得到了证明。此外，正如"上年各省粮价稍昂，一切货物销售颇艰，是以商贩稍觉稀少"[2] 等例所示，米价上涨有时会在一定程度上使其他商品的有效需求减少。但是，在目睹了当时经济状况的人们的记述中，有"至近日，米薪布帛诸食用物价三倍于前"[3] 的记载。同时，松江府人蔡显关于1755~1761 年的数次米价上涨，有"物竞贵而米价亦昂"[4] 的记述。这些史料显示，不仅是米价，各种物价都上涨了。因此将1775 年作为价格上涨性质的分界，似乎有重新探讨的必要。

尤其值得注意的是，这一时期米价上涨与土地价格上扬之间的关系。土地价格随米价的上涨而上扬是自然现象，但是就像在饥荒时所显现的那样，在家计因米价上涨而穷窘时，土地价格往往下跌。然而就现在所见的 18 世纪中叶的米价数据与田价数据来看，情况正好相反，田价的上升率反而超过了米价（图 1-3）。这一现象可以解

① 林满红：《世界经济与近代中国农业——清人汪辉祖一段乾隆粮价记述之解释》，"中央研究院"近代史研究所编《近代中国农村经济史研讨会论文集》，第 297 页；Lin Manhoung, "From Sweet Potato to Silver: The New World and Eighteenth-Century China as Reflected in Wang Hui-tsu's Passage about the Grain Prices," in Hans Pohl, ed., *The European Discovery of the World and Its Economic Effects on Pre-industrial Society*, *1500-1800*. Stuttgart, 1990, pp. 307-308.
② 《广东巡抚苏昌折》（乾隆十七年四月二十四日），《宫中档乾隆朝奏折》第 1 辑，第 788 页。
③ 黄印：《锡金识小录》卷 1《备参一·风俗变迁》。1752 年前后，常州府。
④ 《闲渔闲闲录》卷 5。

释为利息率的低下。别言之，这可以看作货币供给量相对货币需求增加了的旁证。尽管对于考察这一问题而言，目前拥有的价格资料还远不能说是充分的，但货币流通量的增加作为18世纪中叶价格上涨的原因之一，至少还是难以否定的。

18世纪后期，无论是贸易总额，还是银的流入量，都再度恢复到了一百数十年前的水准，这可谓是中国对外贸易的再度繁荣时期。但是，清代中期的社会经济状况与明末相比有相当大的差异，现就此差异进行若干考察。

第一，明末经济的繁荣是以都市及军事、贸易据点为中心。与明末广大农村明显的萧条相对照，清代中期是以农村为中心的繁荣。记述18世纪中叶经济状况的史料，在指出粮食问题紧迫与贫民穷困（本书第八章）的同时，对经济活动的活跃化及农民生产热情的提高也予以了关注。《锡金识小录》叙述道："至乡民，淳愿虽不如前，而力田之勤则前此所未逮。遇旱涝，前多畏难中辍，今则竭力营救，且有因凶岁免租而起家者。"记述者黄印指出，由于这种勤奋生产及朴实的生活态度，使得富裕起来的乡民可以高价买取居住在城市里的地主的土地，形成了"昔之田租，城多于乡而聚，今则乡多于城而散也"的状况。[1] 就像在本书第十一章所谈及的那样，这一时期围绕土地的激烈争夺，显示出土地投资过热。

资金因米价急剧上涨和土地价格高昂而流向农村的状况，在农村的萧条与都市的繁华形成鲜明对照的明末，是完全看不到的。尽管这一时期除通过贸易的银流入外，还有随越南、缅

---

[1] 参照本书补论3。

甸等银矿开采的银流入，[1] 银的流通量大幅增加。但是，在东南沿海地带，与银相比，铜钱的利用反而增加，且铜钱对银的比价保持在较高水准，这一点是近年来研究者关注的焦点。[2] 正如这些研究者所指出的，在这一现象的背后，可以认为存在如下情况，即在主要使用银的大宗远距离交易和主要使用铜钱的当地市场的双层结构中，当地市场交易的发展更加快速，因此对铜钱的需求增加了。

按照中国常用的说法，与明末是"金生粟死"的时代相比，清代中期是"金土同价"的时代。根据传统的经济观，"金生粟死"是衰退的象征，而"金土同价"是盛世的写照。以传统知识分子常套的时代观来看，可以将明末经济视作衰退之象，而清朝中期则为盛世。如果注意到这两个时期各自具有的明暗面的话，我们也不必与当时知识分子常套式的评价同调，但是，也不能把两者一概笼统称作"商品经济的发展时期"，其性质的差异还是有必要关注的。

第二，对外贸易的发展与国家统一之间的关系。如图 5-11 所示，18 世纪中叶以后，在包括常关、海关在内的所有关税中，海关税所占比重增大。同时，在海关税中，粤海关的税收又占到了压倒性的比重。尽管关税额不一定能正确表示国内商品流通量的动向，但可以推测的是，在这一时期的全国商品流通中，广东贸易所占的比重是很高的。

---

① 和田博徳「清代のヴェトナム・ビルマ銀」『史學』33（3、4）、1961 年 4 月。
② 足立啓二「明清時代における銭経済の発展」中国史研究会編『中国専制国家と社会統合：中国史像の再構成 2』文理閣、1990 年；黒田明伸『中華帝国の構造と世界経済』名古屋大学出版会、1994 年。

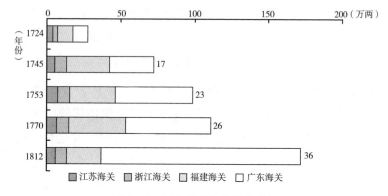

图5-11　四海关所征收的关税额

说明：右边的百分率，表示四海关每年的关税合计额占关税总额之比。

资料来源：彭泽益《清初四榷关地点和贸易量的考察》，《社会科学战线》1984年第3期；香坂昌纪「清朝中期の国家财政と関税収入」『明清時代の法と社会：和田博德教授古稀記念』汲古書院、1993年；《宫中档雍正朝奏折》。

　　明末对外贸易的发展，是与周边地域半独立势力的成长相关联的。但是在清代中期，直至1790年代蔡牵等海盗集团在华南沿海猖獗活动之前，并不存在能够与官府抗衡的海上势力，也不存在欧洲势力与国内分裂动向勾结的现象。作为这一时期清朝将欧美船贸易的窗口集中于广州并进行相对稳定控制的背景，可认为是因为存在包括农村在内的经济繁荣促使国内商品流通活跃化，使得外国贸易的利润能顺利流向内地的经济结构。明末的商业发展是以军事上的紧张为背景，与农村的贫困相表里的。与此相比，清代中期的商业发展是在相对和平的国际环境下，伴随农村的繁荣而推进的。明末的地域性、阶层性经济差距之大，促使人们为寻求有力者的个人庇护而集结成长为"宛如独立王国"般的各种势力。与此相比，在清朝中期，逼迫人人去寻求私人庇护关系的生活基础的不稳定性有所减轻，这一情况也可以看作明末与清朝中期的不同所在。

* * *

关于欧洲经济，过去所观察到的物价动向，以及以物价为指标的长期性经济局面的变动，是一个包含了相当大地域差的复杂过程，这一点已为人们所指出。但是从宏观上看，则存在至 17 世纪初扩大→17 世纪中叶后缩小→18 世纪前半期后扩大这样的变化，这已经成为研究者的共识。[1] 大体上看，从第一期到第四期，明清对外贸易的动向及物价的波动是与这样的世界性动向联动的。林满红明确指出了 18～19 世纪清代经济的世界性联动问题。[2] 全汉昇则就 18 世纪清代"物价革命"论述道："因为中国与美洲的距离（与欧洲—美洲相比）较远，故美洲白银的输入中国，在明朝中叶以后，或在十六七世纪，虽然已经开始，但大规模的流入中国，事实上比流入欧洲要晚得多，因此，中国的物价并不像欧洲那样早在十六七世纪便已开始上涨，而迟至十八世纪才发生激剧的波动。"[3] 如上所述，16～18 世纪明清物价的长期动向与欧洲的物价波动大体一致。从这点来看，18 世纪中叶清朝的物价波动

---

[1] F. P. Braudel, "Price in Europe from 1450 to 1750," in E. E. Rich and C. H. Wilson, eds., *The Cambridge Economic History of Europe*, Vol. 4. Cambridge University Press, 1967.

[2] 林满红：《世界经济与近代中国农业——清人汪辉祖一段乾隆粮价记述之解释》，"中央研究院"近代史研究所编《近代中国农村经济史研讨会论文集》；林满红：《中国的白银外流与世界银产减产（1814～1850）》，吴剑雄主编《中国海洋发展史论文集》第 4 辑。

[3] 全汉昇：《中国经济史论丛》，第 506 页。

未必是迟来的物价革命，可以说是与同时代欧洲局面转换联动的事态。

本章所尝试进行的比较，在显示将明清经济动向置于国际经济波动的视野中进行解释的可能性的同时，也表明不应该把国际经济环境对明清经济的影响单纯化。同为银流入期的明末与清代中期，银的流入给国内经济所带来的影响及其社会性、政治性后果，都存在相当大的差异。至于外国贸易能在何种程度上给国内经济以怎样的影响，与其说是贸易量本身的问题，不如说与国内经济的性质问题有关。

在清朝经济总体规模中，贸易额所占的比例是难以计算的，这里姑且进行大致的推算。关于总体规模，可利用刘瑞中将 1700 年、1800 年清朝人民纯收入（自给部分也计算在内）分别推算为 7 亿两、20 亿两这两个数据。[1] 另外，将贸易额分别估算为 1000 万两、3000 万两（图 5-9）。这样的话，贸易额在国民纯收入中所占的比例就都在 1.5% 左右。1700 年，英国商品贸易总额（含再输出）为 1200 万英镑，[2] 在国民纯收入中所占的比例高达 26%。若与之相比，可以说清朝经济对贸易的依存度很低。然而，就像从清初海禁对国内经济的影响可以看到的那样，从文献史料来看，贸易对清代经济的意义不可谓不重大。

这里值得注意的是，清代的对外贸易是典型的顺差，最大的输入品就是银。与一旦入消费者之手就被消费掉的普通商品不同，货币的特征是投放到市场上的量即使很少，也会经人们之手传递，

---

① 刘瑞中：《十八世纪中国人均国民收入估计及其与英国的比较》，《中国经济史研究》1987 年第 3 期。

② 宫崎犀一等编『近代国际经济要览』东京大学出版会、1981 年、53 页。

即通过所谓"购买力连锁"产生出几倍的效果。这一效果到底有多少倍，与市场结构的性质有关。

假如以形象的图景来描绘清代市场构造的话，可以将它看作通过水路连接、有落差的小贮水池群。各贮水池仰赖更上一级的贮水池供水，在这一点上贮水池是开放的结构。然而，同级的贮水池之间并不具备充分的水路网，可以说与动脉逐渐分支至由毛细血管相连的结构相似。每个贮水池的底都很浅，上一级贮水池时刻供给的水（货币）流对贮水池来说是非常重要的。从整体上看，这个贮水池群的最大水源是国外贸易。从东南沿海港口流入的水，经过一级一级的贮水池，滋润着全国。同时，国家财政（清朝中期，仅正式的财政每年就有 3000 万～4000 万两的规模）也从各贮水池中往上吸水，然后排放出去，就像强制性的回流水泵一般，促进水的流动。

这样的市场结构姑且称之为"地域连接型"。这与全国经济总体被整合成大贮水池般的"统一国民经济型"不同，同时与相互之间孤立分离排列的贮水池群般的"地区隔绝型"也不一样。在这里并不存在全国规模紧密结合的分工体系。与此同时，各地域也不具备不与其他地域交流也能存立的封闭的经济结构，各地域的经济深深依赖于外部的动向。

对于这种类型的经济结构及依靠这种结构的国家来说，主要的危险有两类。第一类，水源的水供给停止，或者水的外流；第二类，各个贮水池拥有独自的水龙头，贮水池相互之间的关联被切断，国家对其失去控制。实际上，明末以后经常面临这样的难题。清初海禁时期的经济问题就属于第一类之例，而明末的问题则可以说属于第二类。到了 19 世纪，清朝再次面临这些问题。在

19世纪前期，鸦片流入和银流出造成经济混乱。而19世纪中叶后，由于列强的压力，各地开设了通商口岸，海关的运营控制在外国人手中。本书第十二章将论及清末市场论，可以说也是以明清的这种经济结构为前提，围绕如何看待清末的经济问题而展开的讨论。

第三篇

第六章

关于明末土地市场的一次考察[*]

在关于清代经济的初步考察中，笔者一直主张，解释当时各种各样的经济现象时，与参照直线不可逆的经济发展模型相比，更为有效的方法，是关注繁荣—萧条这种起伏交替的波动性经济局面，并将诸经济现象理解为对这些经济局面的合理性对应。并且，经济局面转换的契机，主要是贸易状况及财政政策决定的货币因素的变化。[①] 不用说，这些议论现在仍然没有得到充分的论证，还只是停留在"假说"的阶段。另外，研究的对象也还只是以清代，特别是清代前期为中心。本章将对这一"假说"在说明明末经济状况时多大程度上有效的问题，进行一些基础性讨论。

作为清代经济史"前史"的明末经济史，笔者曾进行了若干史料、文献收集工作，这当中模模糊糊形成的对 16 世纪经济的印象，呈相当复杂的面貌，不是繁荣或萧条这样单纯的框架所能

---

　　[*]　本章原刊于『山根幸夫教授退休記念明代史論叢』汲古書院、1990 年。
　　[①]　参见本书第一、三、四、七章等。

完全容纳得下的。即长距离商业的发展、都市的繁荣、新奇的风俗及华丽的消费所点缀的 16 世纪经济，与该世纪系海外银大量流入的开始期结合起来考虑的话，确实可以看出与 18 世纪清朝的繁荣期类似的"繁荣"景象。然而，如果把目光转向农村，当时的有识之士在观察 16 世纪农村经济之后所指出的，大体上是农民的穷困与弃农、农村的疲敝与土地需求的衰退等悲观的景象，而这正好与清朝在 17 世纪后期等"萧条"期所能见到的景况极其相似。

这种 16 世纪农村的穷困，也许可以用"被卷入商品经济的中小地主、农民的没落"这样一般性的话语来加以解释，并将它看作所有商品经济发展所伴随的不可避免的现象。不过，将 18 世纪农村的景况与 16 世纪农村的景况做一比较，不可否认的是，虽然同为商品经济的发展期，但可以看到，农产品价格的暴涨和狂热的土地投资致使资金流向农村，造成土地和粮食不足成为问题的 18 世纪，与货币不足导致赋役负担过重、农民出售土地的 16 世纪，正好形成相反的情形。16 世纪农村的这种萧条状况，明末在多大范围存在，同时又是什么样的具体原因造成的呢？

在本章中，希望对能够反映明末农村经济状况的土地需求动向，以有限的史料，尽可能地加以揭示，同时就这一现象的背景进行初步探讨。

第一节　明末土地价格动向

首先让我们来看看明末实际土地价格的动向。在现在可供利用的明代土地价格资料中，可以提供土地价格动向且已经整理好的统计数据，主要是徽州文书中的契约书及置产簿之类。利用这些资料已经制成的土地价格表有几种。在这当中，对了解明代土地价格长期性动向上有用的资料，据我所知有以下两种。

第一，赵冈、陈钟毅在 1980 年所发表的土地价格表。[①] 这个表从南京大学及北京的中国社会科学院经济研究所藏的徽州文书中所包含的置产簿、契约文书中挑选出 1500 余种水田价格，按每 10 年的平均值制作而成。在地区上以安徽省徽州府，浙江省衢州府、严州府和杭州府及江西省广信府为对象，在时间上是 1487～1910 年。图 6－1 的曲线 A 是赵冈等制作的土地价格表的明代部分。

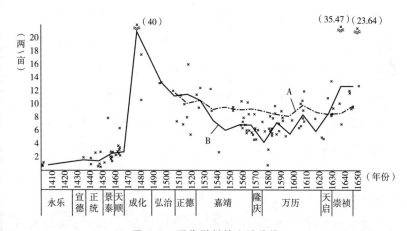

图 6-1　明代徽州的土地价格

---

① 赵冈、陈钟毅：《明清的地价》，《大陆杂志》第 60 卷第 5 号，1980 年。同一内容的表另见 Chao Kang, "New Data on Land Ownership Patterns in Ming-Ch'ing China—A Research Note," *Journal of Asian Studies* 40（4），1981；Chao Kang, *Man and Land in Chinese History: An Economic Analysis*. Stanford University Press, 1986。

第二，由刘和惠、张爱琴在 1983 年发表的土地价格表。[1] 这个表与赵冈、陈钟毅的表不一样，并没有对土地价格资料进行加工，而是直接用安徽省博物馆藏 156 件明代徽州土地买卖契约文书的数据做成的一览表。在这 156 件文书中，价格以银为货币单位来表示的有 104 种，与仅明代部分就达 402 种价格资料的赵冈、陈钟毅做成的表相比，其取样数显然较少。不过，这个表的优点可以说是涉及了赵冈等的表所没有覆盖到的 15 世纪，以及由于各个价格都得以表示，所以其数值分布的上下幅度也十分明显。另外，这个表中记载的几乎所有契约文书，都收录在安徽省博物馆编的《明清徽州社会经济资料丛编》第 1 集[2]，可以根据原件来查核其内容。在本章中，为使长期动向可视化，用与赵冈、陈钟毅表相同的方式进行加工，每 10 年进行平均（10 年间的总价格数除以总亩数），在图 6-1 中用曲线 B 来表示。另外，为表示价格的分布幅度，将各个价格在图中打上"×"记号。

根据上面 A、B 两条曲线图来探寻 15 世纪到 17 世纪前期徽州土地价格的动向，结论如下：15 世纪前期每亩稳定在银 1~2 两的土地价格，从 15 世纪中期开始逐渐上涨，到 1570 年代暴涨。曲线异常急剧上升的原因之一，显然是由于被每亩 40 两这样突出的数值所强行拉升。但同一时期其他的价格都显示出在 10 两以上的高价位，这一时期土地价格水平急剧飙升的情况还是显而易见的。

---

[1] 刘和惠、张爱琴：《明代徽州田契研究》，《历史研究》1983 年第 5 期。另外，值得注意的是，土地价格的数值由于亩制等的差异存在很大的不同。刘和惠、张爱琴在该文中指出："徽州地区的土地被分为四级：上田每亩的面积为 190 步、中田为 230 步、下田为 260 步、下下田为 300 步。"

[2] 中国社会科学出版社，1988。

进入 16 世纪，A、B 两条曲线都显示出长期的下降趋势。在 16 世纪后期跌至谷底的土地价格，直到 17 世纪初，基本上处于平稳的持续状态，到 17 世纪第二个 25 年（1625～1650），曲线 A 呈微弱、曲线 B 则呈非常显著的上升趋势。据此可知，16 世纪至 17 世纪初大致可以说是土地价格的低落-停滞时期。

以上所举的是以徽州地域价格资料中所见的土地价格动向，这种土地价格动向能在多大程度上代表全国性土地价格动向呢？同时，与农村的经济状况又有怎样的关联？下面主要从记述史料着手，并通过与全国经济状况的关联，来分析明末土地价格的动向。

第二节　农村经济状况与土地需求

成化二十三年（1487）成书的丘濬《大学衍义补》卷 35《屯营之田》有如下记述：

> 今承平日久，生齿日繁，天下土地价格，比诸国初，加数十倍。

如此记述表明，在整个明代前期，人们认为土地价格一直呈上升趋势。嘉靖《太平县志》（浙江）卷 2《地舆下·风俗》中编者记述道：

> 余闻之故老，国初新离兵革，人少地空旷，上田率不过亩一金。……至成化、弘治间，民浸驯善，役轻省费，生理滋殖，田或亩十金。

此记述所显示的土地价格动向，基本上与上述徽州的土地价格动向相符。

这一土地价格上涨的倾向在 16 世纪初迎来了转折。在此后到明朝灭亡的约一个半世纪里，土地价格的动向就当时人们的感觉来说，大致可以划分为三个时期。

第一个时期从 16 世纪初期到 16 世纪中期，在年号上包括正德、嘉靖。据时人的认识，这个时期是伴随赋役负担的增加、农村凋敝和土地价格低落的时期。

带有嘉靖七年自序的俞弁《山樵暇语》卷 8 中记载了这样一则逸闻。

> 弘治间，常熟桑民怿尝访一富翁，适值其主买田立契，忙不加礼。桑遂口占一绝，诮之云："广置田庄真可爱，粮长解户专相待。转眼还看三四年，挑在担头无处卖。"近年以来，田多者为上户，即金为粮长应役，当一二年，家业鲜有不为之废坠者。由是人惩其累，皆不肯置田，其价顿贱，往常十两一亩者，今止一二两，尚不欲买。盖人皆以丧身灭家为虑故也。江南之田，惟徽州极贵，一亩价值二三十两者，今亦不过五六两而已，亦无买主。

也就是说，土地价格昂贵的弘治年间文人桑怿所作的讽刺绝句，在此后变成了现实，徭役负担增加的结果，使得土地价格急剧下跌。此外，王鏊在《吴中赋税书与巡抚李司空》[1] 中也指出

---

[1] 《王文恪公集》卷 36。1520 年代初。

由于徭役负担的沉重，土地需求急剧减少。

> 三役（解户、斗户、粮长）之重，皆起于田。一家当之则一
> 家破，百家当之则百家破。故贫者皆弃其田以转徙，而富者尽卖其
> 田以避役。近年吴下田贱而无处售，荒而无人耕，职此之故也。

另外，根据南京人顾起元在《客座赘语》卷 2《户口》中的
记载可知，赋役负担增加导致的土地价格下跌趋势甚至持续到了
嘉靖中期，即 16 世纪中叶。

> 嘉靖中年，田赋日增，土地价格日减，细户不支，悉鬻
> 于城中，而寄庄户滋多。

以上所列举的有关 16 世纪前期土地价格下跌的史料，仅仅以
江南为对象。如果从更大的范围来说，这样的土地价格下跌，可
看作以正德年间为分界线、在全国范围内都能感觉得到的严重的
农村经济贫困化的一环。与弘治年间的盛世相比，强调正德、嘉
靖年间衰退的论调，应该说是当时人们常套式的言论，不胜枚举。
在此姑且列举其中几则典型的例子。嘉靖年间人张治的《涿州北
河胡良渡舟记》记道：

> 泛观四方之民，弘治而上，家余藏帑余积，山林川泽余利
> 也。……至于今，上下恤恤然称匮乏，诛赋日繁重，力役弗已。①

---

① 《张龙湖先生集》卷 6。

《天下郡国利病书》原编第 2 册《北直》中所引《大名府志》则指出，不独江南，华北之民也贫困化了。

> 孝皇帝（弘治）时，号为极盛，与两汉相当。正德来，征需滋烦，民或不给，间多水旱凶荒，数转徙无着。故四十余年以来，男女稍孳息……而里甲渐耗。

而各史料所列举的贫困化的主要原因也大致一样，就是赋役负担的增加。尽管这一负担的沉重程度要从统计上进行实证是比较困难的，但时人对赋役负担增加的强烈切实感非常明显。在赋役的重压下，赋役科派的不合理性和不均衡现象表面化。在 16 世纪后期所进行的各种形式的赋役改革尝试，就是希望通过征税法的合理化来缓和这样的重压。

土地价格动向的第二个时期，是从 1570 年前后到 17 世纪初的时期。一些记述史料指出，这一时期主要以赋役改革为契机，土地价格开始上涨。在江南，具有划时代意义的事件是，隆庆年间应天巡抚海瑞（1569～1570 年在任）所实施的改革政策。万历《江宁县志》卷 3《税粮》中记载的著名的姚汝循《寄庄议》，就南京的状况指出，巡抚海瑞的税粮改革通过纠正徭役负担的不均，土地需求渐渐增加，土地价格有了上涨。前文提到的顾起元《客座赘语》卷 2《条编始末》中，也谈到了海瑞赋役改革有"于是土地价格日增，民始有乐业之渐矣"的效果，对姚汝循的看法是个补证。

在南京以外的人们也指出了土地价格上涨的情况。松江府人许乐善在《复太府蔡晴符民情风俗问》中，向万历三十二年至三

十六年任松江知府的蔡增誉提议取缔回赎时说:

> 近年习风盛行,常常告回赎田产,有卖过七八年十数年
> 或一二十年者,巧立名色,隐情捏告。盖因近来土地价格陡
> 贵,或希图重价赎出转卖者有之,或明知不肯容赎,侥幸告
> 准,希图加绝者有之。①

这一提议指出了土地价格的上涨与田产诉讼增加的关系。这
种围绕田产的诉讼之风盛行的起源,在松江一般可追溯到海瑞出
任应天巡抚的时代。略举一例。范濂在《云间据目抄》卷 2 中
记道:

> 田产交易,昔年亦有卖价不敷之说,自海公以后则加叹
> 杜绝,遂为定例。有一产而加五六次者,初犹无赖小人为之,
> 近年则士类效尤,靦然不顾名义矣。稍不如意,辄驾杠抢奸
> 杀虚情,诬告纷纷,时有"种肥田不如告瘦状"之谣。

范濂慨叹海瑞以后,不仅小民百姓,就连士人也要求找价
(追加土地价格)而盛行诬告的风气。因为以抑制豪强为方针而
到江南赴任的海瑞所实施的政策,与在松江府引发的百姓对乡绅
激烈的反抗运动②有关,所以在这里,海瑞被当作诬告盛行歪风的
始作俑者。但考虑到围绕土地纷争增多的经济背景时,正好从侧

---

① 《适志斋稿》卷 8。
② 有关这样的民众反抗风潮,以《云间据目抄》为代表的松江士大夫的记录还
有很多。

面证明了以海瑞赴任前后为界，对土地的需求开始转向增加的情况。在赋役的沉重负担达到最高峰时期被甩手出售的土地，在通过改革而使沉重的负担得到缓和之后，再次激起了人们的需求。应该注意的是，在江南，土地价格上涨也不是一律从1570年代开始的。光绪《嘉定县志》卷8《风俗》中记述道：

> 明万历初，弃田如敝蹝。折漕后，田乃大昂。

这里，嘉定县土地价格的上涨，被归结为万历二十一年实行的漕粮纳银化这样该县独特的情况。应该说，与各地区赋役问题解决方式的多样性相对应，其缓和过程也是多种多样的。

在江南之外，如在福建，16世纪后期土地价格上升的现象也能见到。清初莆田县人陈鸿的《熙朝莆靖小纪》“康熙三十三年”条中记道：

> 明嘉靖已［以］前，有田租五十石者，要养马一匹，养夫一名，名曰马户、夫保。……络绎答应，苦累破家，乡官户亦不免，故富贵者不敢多置租。当时士大夫畏清议，归来官囊皆淡，无豪强兼并之风。民有限田，家无甚穷，谷无甚贵。迨庞军门洞悉民瘼，条陈利弊，将本折色什赋差徭编入条鞭，总为一则，照米纳银于官，官自雇倩答应，民得息肩。明末仕改清操，捆载而归，求田问舍，每户数千租。郭尚书租至一万三千石，惠洋庶民方南川租亦一万二千石。富者千仓万箱，往往闭粜。每至春末，谷价涌高。由是富者愈富，穷者愈穷，田租每石价值七八两。

此记述指出，嘉靖以前，大规模拥有土地是深受忌避之事，直到福建巡抚庞尚鹏（1576～1578 年在任）实施一条鞭法，加上绅士层追求致富之风，使得大土地所有制得到发展，米价与田价同时上涨。顺便指出，在福建，经常能见到用"田租几石"或"田租每石价值几两"等来表示田地的面积，大致可认为田租一石相当于田一亩。[①]

万历四十年刊《泉州府志》卷 6《版籍志上·田土》中，指出了万历初年伴随土地价格的上涨而发生的土地开发与纷争的情况："迩岁土地价格腾踊〔涌〕，人争寻丈尺寸之利，近田间土，岁有垦辟，揃削山麓，填夷沟岸，而界至相邻，彼此互争……讼端繁矣。"万历二十七年刊《南靖志》[②] 中也有"漳俗缙绅日盛，则田价日高，田价日高，则趋利者日众，而官民日益多事矣"这样指出漳州府土地价格上涨的记事，可以说也证明了 16 世纪后期福建土地需求的增加。

总之，根据以上记叙性史料，我们看到了江南、福建土地价格恢复的情况。但是，上节所示的徽州土地价格曲线图中，并没能反映这样的土地价格上涨的动向。并且，从谈论 16 世纪后期农村状况的史料来看，指出农村萧条状况的材料仍然很多。

在反映 16 世纪后期土地价格恢复的史料中，土地价格恢复的契机都被认为是赋役改革，显示出该时期作为拥有土地负面因素的赋役负担得到缓和，是土地价格上涨的主要原因。那么，被认为与拥有土地的利益成正比关系的农产品价格的动向，这一时期

---

① 三木聪以同安县乡绅蔡献臣的文章为例，论证了租一石大致相当于一亩。三木聪「清代福建の抗租闘争と国家権力」『史学雑誌』91（8）、1982 年。

② 《天下郡国利病书》原编第 26 册《福建》

又是怎样的呢？

在经常被引用的彭信威制作的明清时代的米价表①中，全国性以银作为货币单位的米价从15世纪初期的每石2~3钱，在15世纪后半期有所上涨，在1500年前后为每石5钱左右；此后到1610年代的100多年间，持续保持在每石5钱左右的稳定状态。笔者收集到的以江南为中心的记述史料，也证明了16世纪米价停滞的状态。比如"（有关每石米的价格）夫五钱者江南之平价也，七钱者折色之极则也"，②"米有贵贱，贵时值银六钱以上，贱时不满四钱"，③"秋成后，米价最高亦不能过五六钱"，④"昔在万历，石米四五钱，百货皆贱"⑤，等等。可见从嘉靖初年到万历年间，江南米价一直停留在每石5钱的水平。

这样的米价停滞，在当时的人们看来，与其说是谷物丰富、生活稳定的指标，毋宁说是与生活的贫困相关联的。靳学颜在著名的《讲求财用疏》中，论述了因"银两不足"而导致物价低落及生活贫困、财政拮据的情况。

> 今天下之民，愁居慑处，不胜其束湿之惨。司计者日夜忧烦，遑遑以匮乏为虑者，岂布帛五谷不足之谓哉？谓银两不足耳。……钱法一政，久矣其不举矣。钱益废则银益独行，银独行则豪右之藏益深而银益贵，银贵而货益贱。⑥

---

① 彭信威：《中国货币史》，1954，第460页。
② 唐顺之：《唐荆川集》卷4《与李龙冈邑令》。1530年代。
③ 万士和：《万文恭公文集·条陈南粮缺乏事宜疏》。1566年前后，南京。
④ 赵用贤：《松石斋集》卷27《上申相公》。1588年前后，常熟。
⑤ 任源祥：《鸣鹤堂诗集》卷3《熟荒二》。宜兴。
⑥ 《皇明经世文编》卷299。

太仓州人王锡爵在致顾冲庵巡抚的书简中也指出，银贵米贱导致农业不兴。

> 不佞闻敝州故老有言，今日所以年荒而米贱者，由于银贵。银贵由官司之解多而用缺少。米贱则耕农愈无利而田愈荒。[1]

郭子章在《钱谷议》中，关于谷贱银少与百姓穷困则有这样的叙述。

> 今天下比年往往病年歉矣，而谷愈贱。……今天下比年往往病谷贱矣，而民愈饥。……此其故非谷之多也，患在银之少也。夫银少则不得不贱售而输之官，贱售则谷益乏，谷乏则民养日微，民命日蹙。[2]

在郭子章看来，16 世纪后期的农村经济是因银不足而使谷物价格低廉，最后导致了萧条状况的出现。

那么，16 世纪后期的"银不足"是什么原因造成的呢？这里让人感到无法理解的是，16 世纪后期正是来自日本及新大陆的银流入大增的时期，对中国来说，应该是银的流通量顺利增加的时期。[3] 尽管存在着被认为支撑了明末清初商品经济发展的大量的银

---

① 《王文肃公文集》卷 18。1593~1594 年。
② 黄宗羲编《明文海》卷 78。
③ 有关明末银流入的情况已有大量研究，目前可参照的有小叶田淳『金銀貿易史研究』；百濑弘『明清社会经济史研究』。
　　补记：在本书第五章中，对有关中国所有的银流入量的变化情况进行了估算。

流入，但为什么会出现"银不足"这样的问题呢？

在明末，以东南为中心流通的银通过征税机构被吸纳上来，投放在北边的军事地带。以百濑弘为代表，一直有研究者指出银大量地从东南流向西北。[1] 作为"银不足"的原因，当时人强烈感觉到的，也是这一银的流向。

在经常被引用的郝敬的《钱法议》中谈到了银流向北边的情况。

> 今海内行钱，惟北地一隅，自大江以南，强半用银。……举天下之人用其最少者，若之何不匮？况逐年九边之费，往而不返，顷者天府之入，又闭而不出，银非雨之自天，非涌之自地，非造之自人，奈何不竭？竭而强取则民病，取之不得则国病，必然之势也。[2]

前引郭子章《钱谷议》中还指出，"互市之法"即隆庆五年的马市再开后，银单边性地流往国外。

> 计今国家天下常供四百余万两，而发边独二百万两。往年发边之银，所得者皆吾民也。吾边之民又转贸易而归于腹之民，军民相化，边腹相通，而天下之银故在也。自互市之法起，而发边之银岁入于虏者，一去而不复还。

---

[1] 参见百濑弘「明代の銀産と外國銀に就いて」『青丘学叢』(19)、1935 年 2月；百濑弘『明清社会経済史研究』、39-44 頁。

[2] 孙承泽：《春明梦余录》卷 47。

在陈懿典《客问开矿利害对》中，担心天下财计枯竭的"客"同样指出了由于马市再开，银两大量外流的情况。

> 自款市以来，中国之锱岁费虏中者几百万，积之二十余年，不下二千万。此二千万者，往而不返，如归尾闾，不复流注于内地。何怪官民之两困也。[①]

这种天下的银全被倾注到边塞"漏卮"[②]的感觉，是大多数经世论者所共有的。这样流向北边的银在实际上有多大规模呢？这一点将在下节讨论。

对16世纪后期土地需求状况与国家财政之间的关联，若进行假设性说明的话，大致如下：16世纪后期的赋役改革确实为很多地区带来了土地需求的上涨，不过，这些改革是以通过对科派方法的合理化来纠正赋役不均的弊端为重点，赋役负担本身并没有减轻。因此，从全国农村来看，仍然是年年有大量的银被征收上去。尽管有海外银的流入，但银荒谷贱的萧条状况仍然继续，未能改观。16世纪后期的改革虽然减轻了拥有土地的危险性，但并没有使拥有土地的利益得到增加。即使到1610年代，正如谢肇淛在《五杂俎》卷4中的如下著名记载所示，华中广大地区土地需求很低，可以说正是由上述原因所引起的。

---

① 《陈学士先生初集》卷28。
② 说起"漏卮"，容易令人联想到鸦片战争前有关银流向海外的议论。不过在《皇明经世文编》等收录的有关明朝北边问题的议论中，这一用语也经常被使用。比如卷426陈于陛的《披陈时政之要乞采纳以光治理疏》、卷51姚希孟的《代当事条奏地方利弊》等。

> 江南大贾，强半无田，盖利息薄而赋役重也。江右荆楚五岭之间，米贱田多，无人可耕，人亦不以田为贵，故其人虽无甚贫亦无甚富。

上述银荒谷贱的状况在 1610 年代至 1620 年代开始发生变化，至 17 世纪中叶，人们意识到的是农产品价格暴涨的问题。而与此相伴的是，土地价格出现了非常显著的上涨，这可以说是土地需求的第三个时期。

这一时期的物价上涨，当时的人们就已经感觉到它具有非常明显的划时代性。比如，苏州府吴江县人陆文衡在《啬庵随笔》卷 3 中就记道：

> 余幼时，米价每石止银五六钱，万历戊申大水才一两三钱，即有抢米之变，嗣后无在一两内者。

康熙《嘉定县志》卷 3《祥异》在记载了万历四十八年灾害之后，附记道："自后，米无岁不贵。"另外，就像常熟人刘本沛在《虞书》中所说的那样，江南从万历末年到天启元年是物价开始上涨的时期。

> 百物腾贵，始于天启元年辛酉闰二月。予儿时白米五钱一石，鸡肉二分一斤。宴客用小碗，且多衬盘，民有糟糠不给而饿死者。近来米曾粜四两一石，肉二钱一斤，鸡五钱一只。宴客皆用大碗，且有用锡镟者，而民齿日繁。物情物理，

未可解也。①

在彭信威的全国米价表中，1620 年代的平均米价也达到了
1610 年代的 1.6 倍，显示出了急剧的上涨。正如刘本沛在引文的
后半部分也将信将疑地指出的那样，这一物价上涨不是由于物资
的不足，而是伴随消费生活的改善，这一点意味深长。

关于这一时期的土地价格上涨，在探讨清代前期江南物价动
向的本书第四章中，作为与清初顺治年间的土地价格上涨相关联
的内容，已经依据天启《海盐县图经》及叶梦珠《阅世编》简单
地论及。这里且来看《阅世编》卷 1《田产一》论及明末清初松
江府田产需求的文字中，与崇祯年间有关的部分。

> 崇祯中，华青美田每亩价值十余两，上海田美者每亩价
> 值三四五两。缙绅富室最多不过数千亩，无贱价之田，亦无
> 盈万之产也。

这里所指出的，是不存在被低价转让的土地，也没有发生像
后来顺治年间那样激烈的土地争夺，以及稳定的土地市场的状况。
江南以外，福建同安县乡绅蔡献臣在《与吴旭海新令君》中，就
本县土地价格"田种一斗、出租一石者，旧止价五六金，渐增至
七八金，而今且增至十一二金矣"② 的记述，也显示出该时期福
建土地价格的上涨情况。

---

① 转引自谢国桢编《明代社会经济史料选编》（中），福建人民出版社，1980，
第 184 页。
② 《清白堂稿》卷 10，1638。

第三节　银的流向与土地需求

——暂定的假说

以上不避杂沓地对明末土地需求的时期性动向进行了探寻，最后想就决定明末土地需求动向的主要原因进行简单总结。

从 16 世纪到 17 世纪初，总的来说是土地需求停滞的时期。造成这一停滞的背景，可以说是为了满足北边的军事需求，从全国征收税银运往北边的银的流向。不仅仅是土地征收负担的增加，导致人们忌避拥有土地这一直接的原因，并且以下方面也值得考虑，即征收的银的大多数并不是用于内地支出，而是被运往遥远的北边，从而经常出现银不足的情况，农产品价格的停滞降低了拥有土地的利益。

那么，实际上，从全国征收上来运往北边的银，在数量上达到何种程度呢？从中央政府（主要是户部的太仓银库）运往北边作为经常性军费支出的京运年例银的总量，过去已有寺田隆信等人的考察。[①] 在这里，根据全汉昇、李龙华所制作的表，将太仓银库的岁入额、岁出额及与此关联的京运年例银额的动向用图来表示（图 6-2）。据此可知，1540 年代为百万两左右的京运年例银，在同一世纪的第三个 25 年（1550～1575）中增加到二百余万两，在第四个 25 年（1575～1600）增加到了 300 万两至 400 万两。据全汉昇和李龙华的计算，这样的年例银支出占太仓银库总支出的

---

① 寺田隆信「明代における邊餉問題の一側面—京運年例銀について—」『明代史論叢：清水博士追悼記念』、1962 年；全汉昇：《明代北边米粮价格的波动》，《新亚学报》第 9 卷第 2 期，1970 年；等等。

60%~80%，从而成为如图 6-2 所示的太仓银库慢性赤字的原因。①

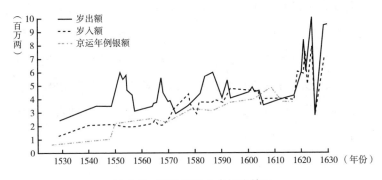

图6-2　明代后期太仓银库情况

　　说明：其中有低于实际数额而被加以注释的数据，并且也没能收集到所有年份的数据。在此为了描绘出一个大致的趋势，简单地用线加以连接，使之图像化。

　　资料来源：全汉昇、李龙华《明中叶后太仓岁入银两的研究》，《香港中文大学中国文化研究所学报》第 5 卷第 1 期、第 6 卷第 1 期，1972 年。

　　然而，仅从上述白银北流的动向，就认为 16 世纪中国银的绝对流通量减少了的看法，显然有些草率。其理由之一，当然是海外银的大量流入。据推算，在 16 世纪末，其每年规模在几百万两的水平，与京运年例银大致不相上下（参见本书第五章）。理由

————————

① 太仓银库的岁入并不代表当时中央政府银收入的全部，其他如宫廷内的承运库及兵部、工部等都拥有自己的财源。此外，运往北边作为财政支出的，不光有京运年例银，还有不经过太仓库直接运往北边的粮食的折银部分。不过，太仓银库的岁入及京运年例银在中央政府的银收入及向北边的国家的银支出方面，分别占有主要的位置。顺便指出，据黄仁宇估算，1578 年前后国家财政的总体规模——包括田赋、徭役、盐课及其他现物部分和纳银部分，也包括中央财政和地方财政在内——最多约为 3700 万两。参照图 6-2 所引全汉昇、李龙华文章；Ray Huang, *Taxation and Governmental Finance in Sixteenth Century Ming China*. Stanford University Press，1974。

之二，是投向北边的银的回流。如前所述，马市再开后，运往北边的银“如归尾闾，不复流注于内地”，这一点正是当时人们担心之所在。不过，万历初年马匹的交易额，官市与私市两者加起来也只有20万~40万两，即只有太仓银库岁出430万两的5%~9%。[①] 并且如果考虑到马匹价格的一部分用作收购内地生产的纺织品的话，通过马市的银外流在北边财政的总体规模中只占很小的一部分。要进行准确的论证虽说不太可能，但可以认为投向北边的银的大部分还是回流到了内地。

问题是那些银的去向。银从农村不断地被征收上来，总体正在增加的银，并没有使全国的农村得到好处，而是不均衡地分布在部分地区及大都市富裕阶层的手中，这一情况在百濑弘前引论文《关于明代的银产与外国银》中已经被指出过。可以推测得到，与一般农村的萧条状况正好相反，这样的银的不均衡分布，在个别地区制造出了孤立的“繁荣”。并且与此相应，我们可以提出在土地需求状况上存在很大地区差异的假说。首先使人想起的，是从全国征收来的银集中投放到北边，而有关北边土地价格的资料，现在还无从找到。另外，从作为海外银流入口的福建的有关情况来看，谢肇淛在前引“江南大贾，强半无田”的引文后接着记述道：

> 闽中田赋亦轻，而米价稍为适中。故仕宦富室，相竞畜田，贪官势族，有畛隰遍于邻境者。至于连疆之产，罗而取

① 小野和子「山西商人と張居正—隆慶和議を中心に」『東方学報』(58)、1986年3月、562頁。

之；无主之业，嘱而丐之；寺观香火之奉，强而夺之。黄云遍野，玉粒盈艘，十九皆大姓之物。

此记述指出，与江南及江西、湖广土地需求量低相比，在福建，由于土地需求的增大而产生了激烈的争夺。据罗友枝关于 16 世纪福建海外市场的扩大与商业性农业发展之间的关系，从福建各种地方志中收集到的田价资料所指出的情况来看，土地价格的暴涨，即使在福建范围内，也仅限于漳州府等享受到海外贸易之利的海港地区。[1] 可知作为海外银流入窗口、享受丰富的银流通便利的福建海港地区，在土地的需求上，也显示出与其他地区略为特异的状况。

这一时期土地需求的状况，如果将它理解为与以征税机构为杠杆而强制形成的全国性银流通，以及作为流通结果的银的不均衡分布密切相关的话，那么，当时的土地需求因地区的不同而呈现出很大差异的情况就很自然了。在本章中，姑且只将这一地区差异的存在作为假说予以提出。由于史料收集不充分而无法进行的实证，且留作今后的课题。

* * *

本章通过对土地需求动向的实证性研究，来阐述明末经济的一个侧面。以土地价格的动向为线索，将它区分为从 16 世纪初期

---

[1] Evelyn S. Rawski, *Agricultural Change and the Peasant Economy of South China.* Harvard University Press, 1972, p. 77.

到 16 世纪中叶土地需求的急剧下跌期、1570 年代到 17 世纪初期的停滞乃至逐渐恢复期，以及 1620 年代到 17 世纪中叶的上升期等三个时期。与此同时，对其背景中银的流通与土地需求动向之间的关系进行了考察。土地需求问题由于与所谓"商品生产与地主制"、赋役制度、贸易与银流通等明代社会经济史研究各主要领域密切相关，因此有必要在消化大量的先行研究的基础上进行慎重探讨。本章只不过是初步提出问题并为此做了些基础性的工作。

二战后日本的明史研究与战前相比有了很大的发展。在其发展的背后，可以说对明末这一时代有观点和评价上的大转换。在同时代人的传统明末观中，明末大概是一个混乱与衰退的时期，即使商品经济呈现繁荣景象，也不过是国家强行掠夺下的昙花一现。然而，战后明代社会经济史研究的主流，通过赋予这一商品经济与历史普遍性发展阶段相关联的进步意义，将明末这个时代解读为中国史上重要的发展时代，可以说这样的问题关心是支撑明代史研究急速发展的重要原因。从这样的观点来看，本章这样强调国家掠夺在明末经济中的重要性的议论，或许被认为是与学术进步背道而驰、回到传统观点的落后看法。然而重要的，并不是要在繁荣或贫穷的时代这样二者必居其一的印象中做出选择，而是要解明繁荣与贫穷这对对照鲜明却像硬币的正反两面般相为表里地推进的明末时代，其背景的具体情况。当我们仔细地研究所谓"明末清初商品经济的发展"时，与其说那是一个以生产力的发展为原动力的直线、不可逆的过程，不如说是一个被动的、受财政政策及贸易状况左右的曲折多变的过程，这一方面是难以忽略的。

第七章

关于康熙年间的谷贱问题

——清初经济思想的一个侧面

众所周知，清代康熙朝和乾隆朝并称为盛世。然而，对生活在康熙年间特别是其前期的知识分子来说，绝不会将其看作繁荣的时期。相反，"尽管政治稳定，但人们为什么日渐贫困"这样的问题，成为关注经济的知识分子共同面临的课题。[①] 当时的经济问题，是以普遍的价格下跌，[②] 以及与此相伴而来的销路停滞、收入减少这样不景气的形式出现在人们眼前的。本章以直面这一现实问题的清初知识分子，从何处发现问题之所在，以及提出了怎样的解决对策这样的分析为中心，即试图通过对当时经济思想中一个侧面的分析，来探讨清初经济的性质。

---

① 康熙年间物价低落导致的贫困化问题，在本书第三章第二节的"二、康熙年间的低米价"中进行了探讨，因此这里省略原载时注记中所引用的若干资料。

② 有关顺治末期到康熙前期约半个世纪（17世纪后期）的物价低落情况，在本书第三、四章中，以江南为中心进行了论述。

就像从后面将要介绍的诸议论中可看到的那样，当时人们在经济论中几乎没有追求体系性及原理的明确性。即便是富于历史素养的有识之士的言论，其本质上也是一些针对眼前各个经济课题而提出的时评。并且只是在当时的经济常识范围内，也就是说，并没有超越平常人的观察范围。尽管如此，姑且不论当时经济论的论点本身得当与否，通过分析他们思考方法的特有形态，还是可以得到有助于考察清初经济结构的线索。对清代的知识分子来说，他们极其自然的经济思考框架本身——包括其片面性和不明确性——难道不可以说打上了作为产生其思考母体的时代经济特征的烙印吗？

通过对经济论的分析来论证明末清初经济性质的尝试，以北村敬直的开拓性研究为嚆矢，其后被森正夫等人继承和发扬。[1] 这些研究可以说主要是以当时地主制的变化发展这一动

---

[1] 北村敬直的《关于明末清初的地主》[『歴史学研究』（140）、1949 年 7 月] 被认为是战后明清地主制研究的出发点之一的论文，然而其经济思想史式接近法的独创性，在过去并未得到足够的重视。在将这篇论文收入著作时，作者对各章重新附加标题，如"同时代人所见的明末清初的社会与经济"等。"同时代人所见的"这一用语频繁使用，表明作者对这一方法的关心。森正夫的相关论稿有「明末の江南における「救荒論」と地主佃戸関係」『高知大學學術研究報告（人文科學）』（17）、1969 年 3 月；「18 世紀における荒政と地主佃戸関係」『高知大學教育学部研究報告』第 1 部（21）、1969 年 8 月。综合这两篇文章而成「16-18 世紀における荒政と地主佃戸関係」『東洋史研究』27（4）、1969 年 3 月；「「官田始末考」から「蘇松二府田賦之重」へ-清初蘇松地方の土地問題と顧炎武-」『名古屋大學東洋史研究報告』（6）、1980 年；等等。此外，就主仆关系问题而言，有细野浩二「明末清初江南における地主奴僕関係—家訓にみられるその新展開をめぐって」『東洋学報』50（3）、1967 年 12 月。论述思想与社会经济关联的论文还有很多，这里所列举的是具有小林昇所谓的"对经济史的学史式（或思想史式）探索"——而不是从经济史的角度说明思想史——的方向性的几种著作。（转下页注）

态过程为焦点。与此相对，本章希望把考察的重点放在使包括
地主经营在内的各经营形态相互联结的货币流通问题上，从静
态上来把握明末清初经济体制的特征。可以说，与繁荣时代相
比，在困难时期人们更能通过其病理感悟到经济体制的特征。
因康熙年间的萧条而显现化的明末清初经济体制的脆弱性，其
根源到底是怎么回事？本章希望就这一点提出一种尝试性
解释。

（接上页注①）小林昇编『イギリス重商主義論』御茶の水書房、1955 年、あと
がき。

补记：本注没有写得十分明晰，但笔者在这里希望阐述的内容如下。把经
济思想史与经济史结合起来说明时，一般所采用的是以经济史上的事实为
论证的前提，来说明和评价当时经济思想的方法。但与此相反，通过经济
思想来探明当时经济事实的方法也值得去自觉追求。笔者对这个方向的兴
趣到现在也没有改变。但就像"通过分析经济思想来探明经济的性质"
"经济思想的框架，被打上了该时代经济特征的烙印"这样本书中的措辞所
表达的那样，当时笔者认为，作为时人主观产物的"经济思想"和作为客
观现实的"经济特征"是有区别的，并且前者会反映后者。与此看法比较，
笔者现在的看法有所变化。形成"经济特征"的毕竟是人们的行动，决定
人们行动的毕竟是人们对状况的判断与选择。如果从这一点出发来思考的
话，所谓"经济特征"归根结底不外乎是人们的"经济思想"。这里所说
的经济思想，不一定是知识分子的经世论，而包括一般民众所共有的没有
被自觉化的经济常识。当然对于个人来说，"地主制"也好，"市场的开放
性特征"也好，当时的经济特征也会被看作来自外部并决定人们行为的客
观结构。但是究其根源来说，毕竟不外乎大多数人所采取的行为结果，而
大多数人的行为又是基于人人所共有的经济观念，即他们对各种经济现象
所赋予的意味，以及他们采取某种经济行动时的动机，等等。过去笔者提
出"通过经济思想去接近经济特征"的方法时，以为经济思想是主观的产
物，而经济特征是客观的存在，两者还是不同的。但现在笔者的看法是，
探究当时的经济常识本身，就是在解明当时的经济特征，两者本来是一体
的。像这样所谓"主观主义"的研究方法，在本书第二章中有若干提及。
此外，在未收录到本书中的社会史关系的诸论文中，有些也明确采用了这
样的研究方法。

　　关于康熙年间的不景气，佐伯富、全汉昇等都曾提及，[①] 但尚未在明清史学界达成共识。并且，在佐伯富和全汉昇的研究中，货币数量的动向作为通过刺激产业而决定景气和萧条的因素，仅被他们当作不言自明的前提来加以论述。对于当时的景气与萧条是什么，其产生的结构又是怎样等问题，并未得到充分的说明。宫崎市定十多年来所倡导的从景气与萧条这一经济波动的角度来说明中国史的尝试具有开创意义，但笔者认为，如果我们不是将当时的景气与萧条和近代资本主义制度下的经济循环笼统地类比来理解，而是将它作为与近代资本主义制度具有本质区别的当时经济结构所导致的一种现象来理解的话，宫崎的学说一定可以被最有效地活用于明清社会经济史的研究中。[②]

　　以下，在第一节中就康熙年间物价低落的大致情况进行探讨，第二节中就有识之士关于这一物价低落的见解进行论述，在第三节中就这些经济论的经济史背景进行若干考察。

---

① 参见「中国近世史発展と銀の問題」佐伯富『中国史研究』第 3；全汉昇《清康熙年间（1662~1722）江南及附近地区的米价》，《香港中文大学中国文化研究所学报》第 10 卷上册，1979 年。

② 宫崎市定的《书评：吉川幸次郎〈宋诗概说〉》［『東洋史研究』22（1）、1963 年 9 月］，是最早明确提倡经济波动论的文章。在 1977 年出版的《中国史》（上）中，他以稍加整理的形式对经济波动论进行了阐述。不过，"纵观中国历史，进入近世的宋代后，景气变化的周期与前代相比要短得多。……众所周知，这一周期的长度此后变得更短，到最近甚至几年间就为一个周期"（第 78 页）等叙述，由于没有明确区别前近代与近代景气波动性质上的差异，其着眼点的价值可以说大为减弱。此外，有关货币动向对明清经济的影响与社会构造关联地考察的论文，有彭泽益《鸦片战后十年间银贵钱贱波动下的中国经济与阶级关系》，《历史研究》1961 年第 1 期；W. S. Atwell, "Notes on Silver, Foreign Trade, and the Late Ming Economy," *Ch'ing-shih wen-t'i* 3（7），1977。虽然他们的研究时段与本章不同，并且对他们的论点也未必全部同意，但还是受到了很大的启发。

第一节　康熙年间物价低落概要

　　在本书第三章和第四章中，对康熙年间江南三角洲的物价低落情况进行了论述。其实当时物价低落的现象不仅限于江南，而是一个全国性的问题。湖南、福建等的米价也与江南一样，出现了下跌。在第三章第二节中所引用的魏际瑞及唐甄的论述，都是将伴随物价下跌的贫困看作"天下""四海之内"的全国性现象。① 至于引起

---

① 就米谷（粮食）输出中心的湖南东北部来看，到顺治九年为止，米价几乎连
　年上涨，从每石 2 两涨到 10 两。乾隆《岳州府志》卷 29；康熙《长沙府志》
　卷 8；康熙《耒阳县志》卷 8；康熙《宁乡县志》卷 2；等等。不过，由于康
　熙三年、四年的丰收，谷价（一般约为米价的一半）下降到每石 1 钱左右。
　康熙《安乡县志》卷 2；乾隆《澧州志林》卷 19。据赵申乔《自治官书》卷
　7《支剩米石照七钱折征疏》的记载，康熙二十七年、二十八年，民间的米价
　约为每石 5 钱。康熙四十六年后的约 10 年，从奏折中的报告来看，湖南米价
　大致分布在大丰收时的每石 5 钱及歉收时的 1 两 3 钱之间。李发申、李锡及赵
　申乔的奏折，《宫中档康熙朝奏折》。而作为米谷输入地带的福建沿海地区，
　由于与郑成功势力之间的抗争及迁界引发的混乱等，到康熙初年为止，米价
　也没有稳定下来。据海外散人的《榕城纪闻》，陈鸿、陈邦贤的《清初莆变小
　乘》[以上两书收入中国社会科学院历史研究所清史研究室编《清史资料》
　（1），中华书局，1980] 及康熙《漳浦县志》卷 4、康熙《海澄县志》卷 14
　等的记载，到康熙三年为止，米价维持在每石 3~6 两的昂贵状态。康熙《漳
　州府志》卷 33 有"康熙五年六年连岁大熟，自此米价平至二十余年"的记
　事，以及康熙三十二年刊《海澄县志》卷 14 有"康熙五年六月，彗星见西北
　方，米价平，自此始。以后虽贵，一斗不过三四分"这样的记事，显示出康
　熙前期米价的低落。陈鸿、陈邦贤的《熙朝莆靖小纪》记载了莆田县从康熙
　二十三年到三十六年几乎每年的谷价，大致贱时为每石 2 钱，贵时约为 6 钱。
　据奏折所载，康熙四十六年以后的米价在每石 6 钱到 1 两 5 钱之间上下波动。
　吕犹龙、吴英、张伯行、梁鼎的奏折，《宫中档康熙朝奏折》。
　补记：另外，在《宫中档康熙朝奏折》所收的闽浙总督觉罗满保的满文奏折
　中，也有大量的福建米价资料。其中所报告的米价，以康熙五十二年闰五月
　福州的 2 两 3 钱为最高，平常分布在每石 8 钱至 1 两 2 钱。

这一物价低落现象的主要原因，由于缺乏值得信赖的统计资料，所以无法进行充分论证。但是，社会动乱后生产的恢复与银流通量的动向应该可以看作其主要的原因吧。然而，由于就前者而言，要进行数量上的推断是不可能的，这里只对后者进行简单探讨，希望可资后考。当然，这里将银流通量与物价动向联系起来加以论述，并不是相信这两者之间有机械的对应关系。就像在后面将要介绍的那样，在当时的议论中，货币的增加是作为消除滞销货物而使交易量增大，同时促进雇用而被期待的。也就是说，与假设交易量及流通速度一定时货币量与物价成比例关系的狭义货币数量说的思维方式不同，建立在当时人们实际感觉基础上的期待，是随着货币的增加而来的交易量的增大，而不是货币量与物价之间机械的比例关系。尽管如此，考虑到通过海外贸易及财政支出等投放到中国国内的银对应产品需求而流通的具体过程时，银流通量的动向与物价动向之间，通过需求动向，无疑存在某种程度上的正比关系。①

---

① 如本章第二节中将要介绍的各经济论可见，货币流通量与物价之间的对应关系（广义的货币数量说），对当时的人们来说是一种常识。清初人并不认为货币流通量只不过使物价水平上下波动而已，从而不关心货币流通量，相反，由于认为货币流通量的增加能带来人们所希望的物价上涨（对于在萧条期生活过的人们来说，其对物价上涨的期望是不言自明的），因此货币流通量的增加被大家所期望。不过，明末徐光启在《屯田疏稿·用水第二》（《徐光启集》卷5）中曾说道：

臣窃谓，欲论财计，先当论何物为财。唐宋之所谓财者，缗钱耳。今世之所谓财者，银耳。是皆财之权也，非财也。古圣王所谓财者，食人之粟，衣人之帛。故曰生财有大道，生之者众也。若以银钱为财，则银钱多将遂富乎？是在一家可，通天下而论，甚未然也。银钱愈多，粟帛将愈贵，困乏将愈甚矣。

　　康熙年间银流通量减少的主要原因有二。第一个原因，就像一直以来被学者指出的那样，为封锁倡导复明的郑成功的海上势力而在顺治末年颁布的海外贸易禁止令，[②] 导致了海外银输入的减少。当时的中国，银的来源有国内银矿开采的银和海外贸易流入中国的银两种。国内银的产量，从明中期开始本身就少，随着明末税矿之祸的问题化，明朝停止了采矿。清初仰承明末的做法，仍然没有对银进行开采。因此，在明末清初，来自海外银的流入几乎就成了银的唯一来源。[③] 有关 16、17 世纪流入中国的银的数量问题，有很多论著进行了考察和论述。[④] 当时银的主要来源途径有从新大陆经菲律宾流入中国的新大陆银；从欧洲经印度、

（接上页注①）这一敏锐的论述指出，货币的增加只会导致物价上涨，绝不是什么好事。有关货币数量说的一般双重性问题，可参照平濑巳之吉『实物分析と貨幣の分析』前編、未来社、1979 年。

补记：正如徐光启所论述的那样，在当时的文献中，用"财"这一用语表示银（货币）的情况很多。另外，货币非财、实物才是财这样的主张也并不少见。明清时代人对"财"的观念可以说是耐人寻味的问题。慕天颜：《请开海禁疏》，《皇朝经世文编》卷 26《户政一·理财上》；魏世傲：《奢吝说》，《皇朝经世文编》卷 35《户政二八·钱币》；《民财议》，宋应星：《野议》；钱维城：《养民论》，《皇朝经世文编》卷 11。

②　顺治十三年的禁海令（海外贸易禁止令）、顺治十八年的迁界令（对东南沿海居民强制迁移，使海岸无人化）发布后才被彻底执行。有关其过程，可参照浦廉一「清初の遷界令の研究」『広島大学文学部紀要』（5）、1954 年 3 月。

③　关于明代中国银的来源，可参见百濑弘「明代の銀產と外國銀に就いて」『青丘学叢』（19）、1935 年 2 月。关于明末停止采矿的过程，梁方仲进行了论述。梁方仲：《明代银矿考》，《中国社会经济史集刊》第 6 卷第 1 号，1937 年。

④　可以参考的主要有小竹文夫『近世支那経済史研究』；百濑弘「明代の銀產と外國銀に就いて」『青丘学叢』（19）、1935 年 2 月；全汉昇《明清间美洲白银的输入中国》，《香港中文大学中国文化研究所学报》第 2 卷第 1 期，1969 年。

补记：有关 16~18 世纪银流入中国的情况，在本书第五章中进行了总体推算。

东南亚进入中国的新大陆银;[①] 从当时产银能力很强的日本流入的日本银等三种。有关第一条途径的情况,过去有不少人进行了推算,以由西班牙船只运到菲律宾的新大陆银几乎全部流入中国这一推断为前提,在17世纪前期,估算其年额可能在100万~200万两。[②] 有关第二条途径的情况,过去几乎未被推算过。与菲律宾、日本等以银作为主要输出产品的地域不同,来自输出胡椒和苏木等到中国的南洋的银流入量比较少。[③] 至于第三条途径,有关1648年以后日本银的流入情况,可以根据岩生成一的研究对每年的情况进行推算,其结果如表7-1所示。

表 7-1 中国本土船输入的日本银

单位:千两,艘

年 份	A 日本银输出	B 中国船数	C 中国大陆船数	D 输入中国的日本银	备 考
1648	179	17 *	10	106	
1649	545	50 *	45	491	
1650	683	70	59	576	
1651	475	46 *	33	341	
1652	567	50	37	419	
1653	352	56	37	232	

---

① 当时从欧洲各国进入亚洲的银几乎都是西班牙银币。关于这一点,可参见百瀬弘『明清社会经济史研究』、87-88 页。

② 参见百瀬弘『明清社会经济史研究』、50-61 页;全汉昇《中国经济史论丛》,第 437~446 页。

③ 明末人何乔远在《请开海禁疏》(《镜山全集》卷 23)中指出,从泰国、柬埔寨等国的银输入并不多。"盖海外之夷,有大西洋,有东洋。大西洋则暹逻、柬埔寨、顺化、理摩诸国道,其国产苏木、胡椒、犀角、象齿、沉檀、片脑诸货物,是皆我中国所需。东洋则吕宋,其夷佛郎机也。其国有银山出银,夷人铸作银钱独盛。我中国人若往贩大西洋,则以其所产物相抵,若贩吕宋,则单是得其银钱而已。"

续表

年　份	A 日本银输出	B 中国船数	C 中国大陆船数	D 输入中国的日本银	备　考
1654	818	52 *	41	645	
1655	466	45	40	414	
1656	524	57	40	368	清·禁海令
1657	245	51	32	154	
1658	1103	43	40	1026	
1659	1940	60	47	1519	
1660	2015	49 *	35	1439	
1661	2577	39	32	2114	清·迁界令
1662	1294	45 *	35	1007	
1663	541	29	16	299	
1664	1666	39 *	16	684	
1665	804	36	11	246	
1666	723	33 *	2	44	禁止日本银输出
1667	455	30	4	61	
1668	342	43	18	143	
1669	30	38	15	12	
1670	39	40 *	16	16	
1671	95	38	7	18	
1672	896	46 *	4	78	

注：＊表示存在误差。A栏是据图5-3统计出的由中国船从长崎输出的银的数量（按1贯＝100两换算）；B、C栏是据图5-2统计出的来自中国各地的总船数和除南洋、台湾等外的中国大陆出发的船数；D栏是笔者在假定各船运出银两相同，且仅本土船所运出银两完全流入中国这一前提下，根据A×C÷B的计算公式推算出的日本银输入量，仅能对趋势提供一个极其粗略的了解。

资料来源：岩生成一「近世日支贸易に関する数量的考察」『史学雑誌』62（11）、1953年11月。

　　1661年之后，日本银的输入还在继续。据此可知，1656年禁海令及1661年迁界令之后，尚不能断言海外贸易完全停止。但是康熙十八年前后江苏巡抚慕天颜曾说：

> 犹记顺治六、七年间，彼时禁令未设，见市井贸易，咸有外国货物，民间行使，多以外国银钱，因而各省流行，所在皆有。自一禁海之后，而此等银钱，绝迹不见一文。[①]

可以看出，新大陆银的流通急剧减少了。据推算，大概在海禁、迁界前后，这三条流通途径加在一起，每年银流入量的减少额在100万两以上。

作为银流通量减少的第二个原因，是当时国家财政紧缩的性质。随着明清交替时期动乱的终结，由于全国性征税的再次进行和军事支出的减少，清政府的财政状况得到了好转。户部银库是贮藏了征收自全国的银两的最大保管库，从户部银库中银的数量变化，可以窥见清政府的收支状况。户部银库银贮藏量的变化，如本书第十三章图13-1所示。[②] 据张玉书《纪顺治年间钱粮数目》的记载，据说顺治八年、九年，中央政府每年的财政赤字为87.5万余两，十三年以后为400万两以上。[③] 而据图13-1，康熙六年户部银库积贮银约250万两，十一年约为1800万两，十二年增加到约2100万两，由于"三藩之乱"而一时剧减，但到康熙中期再次急速增加。每年积贮银数的差额，是征收额与支出额的差额，比如对康熙六年至十二年的差额加以平均来看的话，每年大约有

---

① 慕天颜：《请开海禁疏》，《皇朝经世文编》卷26《户政一·理财上》。
② 有关清代户部银库积存银额的情况，参见本书第十三章。
③ 张玉书：《文贞公集》卷7。

300 万两的银从流通中被抽取出来，贮藏到户部银库。①

　　以上，与来自海外的银流入的减少一起，由于政府实行紧缩政策，在民间流通的银两不但增加额减少了，其绝对数量每年也减少了数百万两。② 约一个半世纪后，在鸦片流入造成银外流成为严重问题的鸦片战争前的十多年间，银的外流量每年估计在 200万~1000 万两。③ 如果考虑到银的总流通量在这一个半世纪里急速增加的话，④ 康熙年间每年数百万两银流通量的减少对当时经济的影响之大，是可以看得出来的。⑤

---

① 但是，清初三藩拥有与中央政府相匹敌的财政规模，如果要论述财政政策，三藩的财政也是应该考虑进来的。平瀬巳之吉『近代支那経済史』中央公論社、1942 年、105-112 頁。此外，在明清时代，有时大官僚私人的银蓄积达到相当于国家财政规模几分之一程度的规模，这一点已经被指出过，但这些银的数量要推算是不可能的。佐々木正哉「清代官僚の貨殖に就いて」『史学雑誌』63（2）、1954 年 2 月。

② 除此之外，作为称量货币的银在切割时所产生的损耗也达到一个不容忽视的数量。据康熙年间河道总督靳辅估计，这个数量每年为 300 万两。参见《靳文襄公奏疏》卷 7《生财裕饷第二疏》；安部健夫『清代史の研究』創文社、1971 年、547-548 頁。

③ 很多论著试图对其进行推算，可参照严中平等编《中国近代经济史统计资料选辑》，科学出版社，1955，第 27~29、36 页。

④ 据介绍，明末人蒋臣推算崇祯末年中国的银总流通量为 2.5 亿两，这一推算的依据不详。寺田隆信「明末における銀の流通量について—あるいは蒋臣の鈔法について—」『田村博士頌寿東洋史論叢』、1968 年。另外，据 R. M.马丁（R. M. Martin）的估计，道光年间中国银的流通量约为 5 亿美元（3.6亿两）。R. M. Martin, *China: Political, Commercial and Social*, Vol. 1. London, 1847, p. 176. 尽管要推算绝对量是困难的，但其增加的倾向正是上引各文要论述的。

⑤ 对铜钱及信用货币的动向也应进行考察。这里值得指出的是，清初铜钱的使用范围，与在此前后的时期相比反而是变小了（有关江南城市的相关情况，参见本书第三章第一节）；纸币的发行，清代前期只是在顺治八年至十八年进行过，其发行量也不多。清初，包括民间的钱票之类在内，据我所知并没有发行纸币之例。彭信威：《中国货币史》，上海人民出版社，1965，第 807~808 页。

第二节　清初经济论诸相

一　对不景气的认识

就像在本书第三章中已经谈到的那样，始于顺治末期的物价低落，因对农民造成了特别的打击，而被附以"谷贱伤农"（谷价低落损害农民利益）的评论。这样的论述在当时是很多的。[①]"谷贱伤农"的观念本来是与"谷贵伤民"（谷价的上涨使民——这时指士、工、商[②]——受损）相对的，这样的认识作为春秋末战国初范蠡与李悝之言，最迟在汉代已为人们熟知。[③]与"谷贵伤民"似乎是理所当然的、没有必要特别说明相比，"谷贱伤农"具有随着物资（谷物）的相对丰富反而导致其所有者的贫困这一讽刺意味，经常被后来的有识之士提及。[④]谷贱的结果是农产品销售者的穷困，以及与此相伴而来的土地出售、田价下跌及乘机进

---

① 太仓州人陆世仪在其诗《水田谣》中注释道："谷贱伤农，今始验之。"《陆桴亭诗集》卷5。据注释，作于顺治十三年。在道光《璜泾志稿》卷7《琐缀志·灾祥》中，作者如此记述了顺治十四年谷贱时的感想："杜工部曰，今年谷贱大伤农，是也。"此外，松江府人董含在《三冈识略》卷5关于康熙五年"熟荒"的记事中，有"古人云谷贱伤农，信然"的记述。无论何者，都带有古人所言的正确性现在终于亲身得到体验的意味。参见本书第三章。

② 在《汉书》卷24《食货志上》中，关于李悝尽地力说的部分，有"籴甚贵伤民，甚贱伤农"之句。韦昭注曰："此民谓士工商也。"不用说，这是与谷的卖家"农"相对的作为谷物买家的士、工、商。

③ 参见胡寄窗《中国经济思想史》（上），上海人民出版社，1962，第六、九章。

④ "谷贱伤农"是与西欧的"丰收的不幸"等语性质相同的反语。"谷贵伤民"时，这个"谷贵"通常是与歉收导致产量减少等极易把握的背景相联系的。然而，在"谷贱伤农"的事态中，平常察觉不到的市场经济的实体性力量，作为使人受苦之物为人们所察觉。

行的土地集中，这些是这一时期突出的社会现象。①

其实，"谷贵伤民，谷贱伤农"一语仅着眼于农产品的卖家将农产品交换为货币这样一次性的交换。也就是说，它仅仅反映了农产品出卖时的价格对卖家与买家所带来的完全相反的影响，而明显忽略了卖家（农民）的收入会转换为对其他商品（比如手工业制品）的购买力而出现这一点。然而，康熙年间还不限于此，就像下面将要论述的那样，随着价格的低落，卖家收入减少，对其他商品的购买力下降所引起的全面性销路萎缩的过程，被当时人视为严重的经济问题，这一点是值得关注的。康熙十八年前后，河道总督靳辅将当时江苏、浙江的情况与20年前相比较，作如是说：

> 臣屡闻江浙士民之言，谓顺治初年，江浙等处一切丝粟布帛器具各物，价值涌贵而买者甚多，民间资材流通不乏，商贾俱获厚利，人情莫不安恬。近来各物价值颇贱而买者反少。民情拮据，商贾亏折，大非二十年前可比等语。臣又闻江浙士民云，伊等邻里宗族戚友，顺治初年，凡十家之中，富足与平常可以度日者居其七八，穷窘者居其二三，然亦告贷有门，觅食有路，而不至于大困。迩来家家穷窘，即有外貌平常似乎可以度日，而其内中空虚，俱岌岌然，有朝不保夕之势，求其真正富足者，百家之中，不过二三家而已等语。

---

① 关于这一时期田价低落的情况，松江府上海县人叶梦珠在《阅世编》卷1《田产一》中有所记述。

言人人同。①

就像在本书第三章中已引用的那样，江西幕友魏际瑞就康熙十年前后的情况指出，就连苏州、杭州、江宁、福建这样繁华的地方也是"今则昔值一两之货，只要五钱、三钱亦无人买"。而在其故乡江西，则是"抵银一两可买谷十一石，民尚多饥饿者"。据魏际瑞的观察："其负贩工作之人，每言愿食贵谷，盖以贵谷则富者有银，可以雇工兴作及买置货物，而小民得沾其利。今富者皆穷，则穷民愈无处趁食矣。"②

此外，康熙前期生活在苏州的唐甄也记述道：

> 至于今，银日益少，不充世用。有千金之产者，尝旬日不见铢两，谷贱不得饭，肉贱不得食，布帛贱不得衣，鬻谷肉布帛者，亦卒不得衣食，银少故也。当今之世，无人不穷，非穷于财，穷于银也。于是枫桥之市，粟麦壅积，南濠之市，百货不行，良贾失业，不得旋归，万金之家，不五七年而为窭人者，予既数见之矣。③

可见各论者都指出，销路停滞不仅限于谷物，其他商品的销路也一样。并且，关于这一现象，就像在魏际瑞和唐甄文中用下划线标明的文字能见到，以及与靳辅文中加下划线文字所描绘的

---

① 靳辅：《靳文襄公奏疏》卷7《生财裕饷第二疏》。
② 魏际瑞：《四此堂稿》卷1《总括大意》。
③ 唐甄：《潜书》下篇上《更币》。文中的枫桥、南濠都是苏州城外的大市场。

顺治年间情况相对照所显示的康熙年间的情况一样，当时人所认识到的，是富人收入减少，通过其支出的紧缩，从而使其周围小户人家的收入减少这一波及性的因果关系。[①] 在此或许有必要略加注意的是，这一波及性因果关系，不单是用任意的甲的收入减少引起其他的乙、丙等的收入减少这样抽象的理论来加以说明，而是用富人及依赖于富人消费而生存的贫民这一具体形象来加以说明的。当时人将重点放在富人消费的作用上，而不问小户人家从富人那里得到的收入去向，这暗示他们认识到的上述收入减少的连锁，不是富人与小户人家之间相互的、永恒的循环过程，而是从富人向小户人家单方面地波及的过程。这一情况与不景气时期把扩大消费的主体寄托在富有者身上的见解是相联系的，对此后文将有进一步的分析。

二　对以银纳税的批判及废银论

作为上述不景气现象的原因，当时最被注目的是货币问题。就像前引唐甄的记载能见到的那样，当时与铜钱并列为主要流通货币的银的不足，被认为是不景气的原因。关于当时的银不足，正如上一节所述，当时的有识之士已经认识到，与为封锁郑氏势

[①]　而且，顺治丁酉年（十四年）的情况应该说是清初谷价低落的起点。参见本书第三章。对此，苏州府吴江县人陆文衡在《啬庵随笔》卷 3 中对富家收入与小户收入的关联做了记述："至今日民间以米贵为常，顺治壬辰、癸巳在三、四两外，而小民工作昂价比往常数倍，有田之家以少米易多金，侈靡如故，两不相病。丁酉有秋，石米不值五六钱，饔餐似乎易给，而富家岁入不足供诸费，百从节缩，贫民亦遂无处趁钱，一时交困，所云谷贱防农者非耶。"

力的禁止海外贸易政策及明末开始停止开采银矿等各政策有关。[①]
与此同时，有一部分人认为，将银这一贵金属用作纳税和流通手
段，才是问题产生的根源。

最为典型地体现出银不足的，是在纳税时。在明末以后税额
的大半是通过固定的银额从土地上加以征收的税制下，[②] 农产品价
格的低落意味着税收负担的实质性增加。顺治末年到康熙初年重
税的问题化，[③] 是不能与同时期能见到的物价低落、银价上涨的状
况割裂开来考察的。

顾炎武的《钱粮论》描写了康熙初年谷贱时山东、陕西农民
的穷困状况，并将其本质原因求之于赋税不用农产品而用货
币——并且是稀缺的金属银——来征收，对此他做了如下的论。

夫凶年而卖其妻子者，禹汤之世，所不能无也。丰年而
卖其妻子者，唐宋之季，所未尝有也。往在山东，见登莱并
海之人，多言谷贱，处山僻，不得以银输官。今来关中，自
鄠以西，至于岐下，则岁甚登，谷甚多，而民且相率卖其妻
子。至征粮之日，则村民毕出，谓之人市。问其长吏，则曰，
一县之鬻于军营而请印者，岁近千人，其逃亡或自尽者，又

---

① 参见顾炎武《亭林文集》卷1《钱粮论》、慕天颜《请开海禁疏》及靳辅《生
财裕饷第二疏》等。

② 有关明中叶以后赋役制度的改革情况，有大量的研究成果，可参考小山正明
的简明归纳。小山正明「赋・役制度の変革」『岩波講座世界歴史』第12、
岩波書店、1971年。

③ 江南的减赋请愿就是其例。有关减赋请愿的情况，可参照高橋孝助「清朝専
制支配の成立と「小土地所有者」—清初の江南における「重賦」問題を素
材にした場合」『歴史学研究』（421）、1975年6月。

不知凡几也。何以故？则有谷而无银也，所获非所输也，所求非所出也。夫银非从天降也，矿人则既停矣，海舶则既撤矣，中国之银在民间者，已日消日耗，而况山僻之邦，商贾之所绝迹，虽尽鞭挞之力以求之，亦安所得哉？故谷日贱而民日穷，民日穷而赋日绌……①

在《钱粮论》接下来的部分中顾炎武所论述的有关流通、纳税手段历史性变迁的考察，是以《日知录》等也能见到的货币史知识②为基础，其旨在论证赋税本来是以百姓所生产的实物缴纳，银纳税制在历史上其实是特殊的形态。并且他提议，为克服这一穷困局面，应该"凡州县之不通商者，令尽纳本色，不得已，以其什之三征钱"。这种建立在同样问题意识基础上几乎相同的观点，以及几乎相同的历史性考察，是黄宗羲、任源祥、李塨等同时代的部分思想家所共同的。③ 在他们眼里，随着物价低落而来的赋税负担的增加，已经成为一个紧急的社会问题。

其实，银不仅像上面所指出的那样被认为缺乏作为纳税手段的资格，而且甚至连是否具备作为流通手段的资格也成了问题。

---

① 《亭林文集》卷1。从文中所述的顾炎武在陕西的见闻，可以推定是康熙二年的情况。顾炎武在康熙二年1次、康熙十六年后多次到陕西旅行。据顾炎武外甥徐乾学的《题舅氏亭林先生钱粮论后》和《殿试策》（均收入《澹园文集》卷36）可知，徐乾学在康熙九年殿试对策中吸取了《钱粮论》的论点。因此，《钱粮论》应作于康熙九年之前。关于徐乾学的这一记事，参考了「耗羡提解の研究」安部健夫『清代史の研究』、556页。

② 《日知录》卷11的各篇文章，特别是《银》《以钱为赋》等。

③ 黄宗羲：《明夷待访录·田制三》。康熙元年、二年前后所作。任源祥：《鸣鹤堂文集》卷1《赋役议下·食货策》。后者谈到了顺治十八年和康熙三年的米贱问题。李塨：《瘳忘编》。康熙二十二年所作。同时，在《平书订》卷1李塨为门人王源的著作所做的注中，也能看到其反银的议论。

唐甄《潜书》下篇上《更币》论述道：

> 夫财之害在聚，银者易聚之物也。范为圜定，旋丝白璨，人所贪爱。囊之，瘗之，为物甚约，一库之藏，以钱则百库，虽尽四海而不见溢也。大吏则箕翕斗〔籴斗〕，岁运月转，轻于隼逝。一骡所负，以钱则百骡，虽累百万而人不觉也。盖银之易聚，如水归壑。哀今之人，尚可恃此以为命乎？

这里可以看到，唐甄认为除了废银用钱，便没有解决货币不足问题的办法。①

此外，黄宗羲在《明夷待访录·财计一》中，基于银成了唯一的流通及纳税手段、采矿的停止、商贾官吏对银的掠夺等理由，来解释"银力竭"的现状，并对废除金银作为货币的优点做了如下说明。

> 废金银，其利有七：粟帛之属，小民力能自致，则家易足，一也。铸钱以通有无，铸者不息，货无匮竭，二也。不藏金银，无甚贫甚富之家，三也。轻赍不便，民难去其乡，四也。官吏脏私难覆，五也。盗贼肤箧，负重易迹，六也。钱钞路通，七也。

---

① 本书引用部分之后有如下内容："救今之民，当废银而用钱。以谷为本，以钱辅之，所以通其市易也。今虽用钱，不过以易鱼肉果蔬之物，米石以上，布帛匹以上，则必以银，涓涓细流，奚补于世。钱者泉也，必如江河之流而后可博济也。"

　　黄宗羲所举理由的第一点和第四点等，乍看起来给人以他的议论是对金银所象征的流通经济本身进行批判、带有复古主义性质的印象。[1] 此外，唐甄的议论也带有对贪爱银的掠夺者进行套话式道德批判的口吻。然而，考虑到这样的废银论是对货币不足的深刻认识的产物，我们容易看出，其目的正是在于实现货币丰富化，从而保障其顺利流通。他们是在"银力竭"（黄宗羲）、"（银已成）涓涓细流，奚补于世"（唐甄）这样的认识下，寻求能够替代银的货币。银之所以不适合作为货币，是因为它是"易聚物"，是"人所贪爱"，因此容易被囤积、掠夺而常常招致流通量减少的贵金属。与此相比，铜钱是在储藏、搬运上不方便，而且不易被囤积、掠夺的贱金属货币。在货币不足的情况下，货币的价值储藏手段功能与作为流通手段的功能，是被对立地加以认识和把握的。在废银论者的议论中，铜钱的不方便——作为价值储藏手段功能的阙如——被视为恰好可以保障各地区足够的流通量这样作为流通手段的优点。[2]

---

[1]　彭信威《中国货币史》中的论述即是认为黄宗羲的废银论具有复古性质的一例。彭信威《中国货币史》，1965，第898~899页。彭信威是在古代中国货币思想史的脉络中，对黄宗羲进行定位的。与此相比，从17世纪到鸦片战争的"中国早期启蒙思想"的问题意识下把握黄宗羲货币论的侯外庐的观点，其评价正好相反。在侯外庐看来，黄宗羲的目的是批判储藏货币，实现国内市场中货币的充分流通，由此而认为黄宗羲的货币论具有近代特征。笔者对侯氏的观点也是基本赞同的，但认为侯氏所谓"国内市场"的性质，是个有待进一步探讨的极有意思的问题，将在下面的第三节中就这一问题做一些尝试性探讨。侯外庐：《中国早期启蒙思想史》，人民出版社，1958，第147~150页。

[2]　此外，王夫之在《读通鉴论》中对使用银的批判，与唐甄、黄宗羲的批判具有极其相似的论调。不过，王夫之的基调是对贪官污吏的搜刮及盗贼的抢夺本身的非难和警戒，对货币不足的危机感比较轻微。王夫之：《读通鉴论》（中），中华书局，1975，第699~701页。

三 钞法论

当时的有识之士已经认识到，为了克服财政困乏的局面而发行没有金属货币储备的货币，将不易流通。比如黄宗羲在批判明末草率的发钞计划①时，主张钞的发行应该以铜钱储备为基础，仅发行以轻便为目的可以兑换的钞票，否则是无法流通的。② 在黄宗羲看来，要消除货币不足问题，只要废弃银而使用铜钱就能实现。钞的功效，不是直接用来消除货币的不足，而只在于解决搬运铜钱的困难这一点。即他并没有通过信用货币来补充货币不足的意图。在此，先暂不讨论这种以轻便性为目的的钞法论，而想就以消除货币不足为直接目的、让实际价值小的货币参与流通的议论做一些探讨。

清初山东省淄川县人唐梦赉于康熙十五年"谷贱时"所写的《筹饷卮言》中，对铜钞的有利性进行了详细论述。③ 所谓铜钞是什么呢？据唐梦赉说，要消除货币不足就必须依赖铸钱，用铜七八斤（1斤等于16两）铸钱一千枚，以此与银一两进行交换④的过去方法具有：第一，浪费铜；第二，由于搬运不方便，不能成为

---

① 关于这一发钞计划，可参照寺田隆信「明末における銀の流通量について—あるいは蒋臣の鈔法について—」『田村博士頌寿東洋史論叢』。

② 《明夷待访录·财计二》。顾炎武同样认为钞的功用只在于其轻便性。《日知录》卷1《钞》。

③ 唐梦赉：《志壑堂文集》卷9。唐梦赉是顺治六年进士，关于其回乡后设立义集（无税集）等，可参照山根幸夫「清初の華北の市集と紳士·豪民」『明清史論叢：中山八郎教授頌寿記念』燎原書店、1977年。此外，在《志壑堂文集》卷1中有几点与义集相关的记述。

④ 从顺治十四年到康熙二十三年，铜钱1枚的重量是1钱4分，其成分构成为铜七亚铅三。彭信威：《中国货币史》，1965，第754页。此外加上损耗部分的话，铸造钱1000枚，需要铜七八斤。

纳税手段；第三，银与钱之间的公定比价与市场比价之间的差额，给官、民带来危害等弊端。因此，应铸造精巧的铜币，使一两重的铜币可与银一两进行交换，五钱重的铜币可与银五钱进行交换，这就是铜钞。① 简单地说，就是使当时重量相同而价值差在一比一百以上的铜与银，以相同的名义价值来使用。其原理可认为与中国自宋开始经常被采用的纸钞的原理相同。唐梦赉也说"至于纸钞，亦可以济时艰"，只是因为纸币容易"损湿浥烂"而不予采用。②

对于唐梦赉来说，挽救面对三藩之乱的清朝国家的财政危机，是发行铜钞的第一目的，③ 铜钞发行不仅于国家，于民间也有利，其理由还不止一个。在《筹饷卮言·或问十二》中，唐梦赉列举了发行铜钞能为百姓带来的利益。

> 盖今日谷贱极矣。以山东论，斛斗四五石，才可纳官银一两，滨海之地，几于八九石，才纳一两。民间有谷熟遍野，算收之尚不足以供正赋，乃弃家而逃者有之矣。诚铸钞籴谷，

---

① 上面有关铜钞的说明，出自《筹饷卮言·或问四》的记述。"此前铸钱，每铜七八斤，铸康熙钱一千，作银一两，则用铜太多，无利者一。用铜多，既不能致远，则不可纳税，而流通之地少，无利者二。纳税用银，则银价之低昂，钱不得而操之，于是官俸役食，驿路兵粮，领钱一千作银一两，而一千之数，民间只算银七钱，则官民皆苦，不利者三。又采铜不继，铸工浩烦，而外局之炉停矣。今一切宜酌其害而去之，铸造精工，轮郭坚好，铸钞一两重者作银一两，铸五钱重者作银五钱。"
② 前述《筹饷卮言·或问四》的末尾有如下记述："至于纸钞，亦可以济时艰，但损湿浥烂之后，官收官换，或至归于无用耳。"
③ 《筹饷卮言》的开头是以某人如下的发问开始的："目今黄河横决，大役方兴，漕白过淮衍期，天仓积贮宜讲。且军需浩繁，捐纳节制，国无不开之例，臣无不竭之忠矣。亦有何术可以佐军兴之用而纾司农之忧者乎？"说明铜钞的发行就是作为面对此危机的有效策略被倡导的。

则谷之数必稍稍流通，此利民者一。谷之贱方极而银之价又临深以为高。若谷之贱亦以银而贱也。今夫贩银者，常累月而不至，盖河北物产甚少，而银之输解，不向南则向北，银何术而复归？固无怪其不至也。若在官征粮，银钞各半，则民间受银之累亦减半，利民者二。

在上面的引文中，作为铜钞优点的第一点和第二点被强调的，是在可售往他处的物产少、缺乏银的华北农村，可扩大纳税时农产品的销路和丰富纳税手段。在引文接下来的部分则论述了由于铜钞是计数货币，便于纳税，以及由于货币的丰富化，使得用货币采购军粮成为可能，从而省去现物搬运的劳役等。[1] 但唐梦赉主张的重点，应该是解决前面第一点、第二点中所列举的农村货币不足的问题。总之，也是源于——货币不足才是导致人人穷困的主要因素——这一时人的普遍见解。

唐梦赉对像铜钞这样实际价值与名义价值相乖离的货币不能流通意见的反驳，显示出他对货币本质的独到见解。在他看来，银本来与铜、铁、金、锡一样，是"制器之物"，不具有特别的价值。到近代，由于布帛菽粟太重，不便于搬运，在纳税、运输时，银被作为"交质之符"而加以使用，其得以为"符"，不过是因为"上下交信"而已。其实，银只不过是"饥不可食，而寒

---

① 《筹饷卮言·或问十二》此引文部分之后，列举了以下优点："且银有低潮，银有耗羡，封粮之时，打银倾销种种费民，今纳钞则无是类也，利民者三。且直省籴米，则穷民转粟百里，冬春之间，皆有以为生，利民者四。若军前买豆刍，则军前之民无运粮之苦，养马处买豆刍，则养马处之民无运草豆之苦，利民者五。若天仓既足而白粮可折，东南之民力稍纾，利民者六。况军需无忧，必不至有加派预征之事，良民之利，不可亿计矣。"

不可衣"① 的东西，实际的"宝"是菽粟。而银之所以作为菽粟之
"质"而能够流通，是与"交券""信符"一样被当作"天下之契"
的缘故。在此共同观念之下，白银流通既久，却形成了"银之势贵
如山岳，而菽粟之贱反如泥"这一眼下的趋势。钞也与银一样，无
非是"契"，而不是实际的"宝"。如果官府将钞分配全国并使之成
"契"，用钞来进行采购、纳税，"上守其信，而下守其法"的话，
也应该能与银一样被流通使用的。② 在这里，名义主义的货币观可
以说得到了非常明确的表达。③ 这样的名义主义，显然不单单是对

① 这一观念在西汉晁错的贵粟论（《汉书》卷 24《食货志上》）中已经出现，
是中国历史上相当著名的一种货币观。这一观点在看轻金银珠玉方面与重农
抑商的主张相通，同时与所谓名义主义货币观具有亲近性，因此甚至被看作
提倡政府在货币政策中掌握主动权议论的支柱。唐梦赉是以后者的文理来使
用此语的一个典型例子。徐光启的重视粟帛与前者的文理相近。徐光启：《屯
田疏稿・用水第二》，《徐光启集》卷 5。

② 上面，关于唐梦赉货币本质论的说明，依据《筹饷卮言・或问五》如下的论述：
"或者谓，银之为物也，山川之精，天地之宝，所以古今皆重之而流通久。今
以铜钞一两重者遂作银一两，铜钱五钱重者遂作银五钱，毋乃低昂大过，轻重
悬殊，不可行乎？是大不然，当铸山造币之先，银亦与铜铁金锡等为制器之物，
不若后世之重也。近代以来，念布帛、菽粟，质重而不可以及远，故纳贡于王
朝，输资于远地，乃以银为交质之符，而就其物产，奔走商贾焉。其可以为符
也，上下交信故也。其实银之为用也，饥不可食，而寒不可衣，于此集百万之
众，守之于深山穷谷，而不能宿饱，而后知银之非宝，菽粟为宝。而银为之质
也，如交券然，如信符然，此天地之契也。故持此以往，而人皆信其可用也。
用之既久，则宝之益重，银之势贵如山岳，而菽粟之贱反如泥。……积粟之方，
莫如铸钞以与天下为契，官以之收粟则行于民，民以之纳税则行于官。钞也者
亦契也，而非宝也。上守其信，而下守其法，如何而不流通乎？"

③ 银不是宝、菽粟才是宝这样的想法在当时并不罕见。不过，当时不仅对作为
称量货币的银的纯度哪怕有百分之一的杂质也会被视为问题，而且对本来是
计数货币的铜钱，也是按照不同的材料价值来流通的。可以看出，清人至少
可以说在实际生活中具有牢固金属主义感。唐梦赉的特色，不光在于指出了
银即"符"，还在于确信所有货币，只要"上下交信"，便与其原材料的价值
无关，能够按其实际面额流通这一点。

货币实际价值的无知，或为挽救国家财政而为货币贬值正当化狡辩的结果。货币流通量的增加是对普遍穷困的救济良策这样当时多数论者共有的信念，唐梦赉同样拥有。他所看到的铜钞的效用，与其说是通过国家权力，强制百姓接受恶质货币，筹集物资这样单方面的过程，不如说是对依靠货币流通量的增加恢复景气这一共同课题，欲通过货币贬值的方法来加以实现。并且，名义主义的货币论是让它能够实现的保证。[1]

四　银输入论

当时银不足的直接原因，是清初的海禁与明末开始银矿开采的停止。既然已经被认识到，那么最容易想到的解决方法，应该是通过开采银矿和解除海禁，以增加银的流通量。与银矿开采所带有的产量无法期待、工费繁多、骚扰百姓等诸多令人担心的可能性相比，通过解除海禁而输入银，可认为是更有利且可靠的对策。[2] 我们可以来看看作为这种银输入论代表的河道总督靳辅和江宁巡抚慕天颜的论述。他们都从如何解决三藩之乱所带来的财政

---

[1] 唐梦赉的钞法论，在多大程度上为当时的知识分子阶层所认识、支持或批判，想了解这一点是困难的。从《志壑堂文集》所收唐梦赉的书简来看，可知他曾经对魏象枢、高珩等好友解释钞法论。又，当时的大文人陆陇其在《三鱼堂日记》卷7"康熙十九年十一月二十日"条中，有在唐梦赉家中听讲钞法论内容的记载。此外，《皇朝经世文编》卷53《户政二八·钱币》下收录了康熙年间举人丘嘉穗的《铜钞议》、李呈祥的《论铜钞序》及高珩的《行钱议》3篇有关铜钞的文章。高珩、李呈祥是唐梦赉的好友，《论铜钞序》是作为《志壑堂文集》的序而写的。

[2] 慕天颜的《请开海禁疏》及靳辅的《生财裕饷第二疏》都谈到了开矿政策。慕天颜反对开矿，他说道："盖矿业之开，事繁而难成，工费而不可必，所取有减，所伤必多。"靳辅虽提倡开矿，但对公家（朝廷）是否有直接利益持保留意见。

匮乏的立场出发来论述银的问题。①

靳辅在论述江浙士民穷困状况后主张：

> 臣细察舆论，实因海禁太严，财源杜绝，有耗无增，是以民生穷困，至于此极。……臣反复筹维，莫若另为立法，将商人出洋之禁，稍为变通，方有大裨于国计民生也。……至商舶回时，凡一切带来货物，如苏木、胡椒之类，亦俱照例一体收税，虽金珠亦然，惟白银一项，毋论多寡，俱免抽分。……臣闻内地绸丝等一切货物，载至日本等处，多者获利三四倍，少者亦有一二倍。江浙闽粤四省，但得每省每岁有值银一百万两之货物出洋，则四省之民，每岁可增货财七八百万。②

慕天颜则在《请开海禁疏》中说道：

> 番舶之往来，以吾岁出之货而易其岁入之财，岁有所出，则于我毫无所损，而殖产交易，愈足以鼓艺业之勤。岁有所入，则在我日见其赢，而货贿会通，立可以祛贫寡之患。银两既已充溢，课饷赖为转输，数年之间，富强可以坐致。③

---

① 从慕天颜前注疏开头部分中所引户部之疏，以及靳辅前注疏末尾"倘果蒙皇上允行……闾阎日见殷康，仓库益加盈足，而所收税课亦可资兵饷之用"等语来看，可知他们的议论是以充裕兵饷这一当时的重大问题为目的的。
② 靳辅：《生财裕饷第二疏》。
③ 慕天颜：《请开海禁疏》，《皇朝经世文编》卷26《户政一·理财上》。

在这些银输入论中，乍看起来有点像单纯地将银视为财富①而奖励外国银流入的论调。比如，靳辅的疏中有由于海禁"财源杜绝，有耗无增"这样的论述，以及慕天颜有"搂此二十年来所坐弃之金钱，不可以亿万计，真重可惜也"②这样的感叹。对他们来说，像为什么银的流入会带来中国经济的繁荣这样的问题，没有特别说明的必要，是不言自明的道理。因此，我们容易将他们的见解，与单纯的"银即财富"论混同起来。但在他们文章中明显可见的是，他们认为之所以银流入是繁荣的关键，不是银在中国国内大量存在本身，而是银可以使目前的滞销消除，"鼓艺业之勤"，使"货贿会通"这样的过程。③在认为货币流通量的增加是解决目前不景气的良策这一点上，这些银输入论者与明确否认"银即财富"论的废银论及钞法论者是相同的。只是，银输入论者对银作为货币的适合性及其丰富化的可能性不抱怀疑，这一点正是他们区别于废银论者及钞法论者之所在。

银输入论者的目的，不仅仅是克服国家财政的穷匮状况。就像我们看到的，他们对能直接充盈国库的关税收入并不执着，这是值得关注的。靳辅所倡导的关税政策——对商品输入按规定课

---

① 这里所谓"单纯地将银视为财富"的观点，是对个人家计和国民经济不加区分，把个人增加银积蓄的愿望直接看作也是国家的愿望而期待银流入这样的意义上使用的。从这一观点出发，国内银的量被看作国家财富的指标，而不管银在国内如何被使用。

② 慕天颜在《请开海禁疏》中论述道："即此而言，是塞财源之明验也。可知未禁之日，岁进若干之银。既禁之后，岁减若干之利。搂此二十年来所坐弃之金钱，不可以亿万计，真重可惜也。"

③ 就像从靳辅的关税政策中所能见到的那样，对他来说，黄金的流入是没有必要的，因为黄金不是流通手段。靳辅在疏的开头论述道，由于银有操世宝之权，所以才重要（而不是财富本身）。

税，而对银输入则不课税——与其说直接对财政有帮助，不如说是以促进银的流入为目的。即在海外贸易与解决财政危机之间，还需要通过银流入来促使民间经济活跃化这一媒介。

五　反储藏论

上面我们在讨论废银论时已经看到，银之所以不适合作为货币，在于银具有"易聚物"、容易储藏这样的性质。这样的反储藏观点，如果不是从银的性质这一货币论的方面，而是从富裕之家的消费倾向方面来论述时，则会表现为独特的奢侈论。这里不妨来看看前面已经提及的江西省宁都县人魏际瑞的外甥魏世傚的议论《奢吝说》。

> 奢者之靡其财也，害在身。吝者之积其财也，害在财。害在身者，无损于天下之财，害在财则财尽而民穷矣。今夫奢者，割文绣以衣壁柱，琢珠玉而饰其用器，倡优饮酒，日费百万，然必有得之者，其财未始不流于民间也。而暴殄天物，僭礼逾法，害身而伤家，或则其子孙受之，饥寒流离，以至于死，故曰害在身。今夫吝者，菲衣恶食，吊庆之节，不修于亲戚，杯酌干糇之欢，不接于邻里，惟以积财为务，有入而无出，甚则坎土穴墙以藏埋之，是故一人小积则受其贫者百家，一人大积则受其贫者万家。①

害身伤家的奢侈，从社会性立场来看胜过俭约。魏世傚的这

---

① 《魏昭士文集》卷7。

一论点虽然是以轻松的讽刺性小品写就的，但仍与康熙年间的现实问题有关，即在如何打开销路停滞这一问题意识下，把富家的奢侈性消费看作购买力的期待所在。[1]

在同一篇文章中，魏世俲接着以"（财之）往而不返者"为"如五代宋室输金币于北国，或以金银市易番夷珠玉珍异者"，同时以"消而不存者"为"屑金以为漆，或以镀诸器用服饰者"。显然他在批判这些行为[2]时，对于他来说，奢侈问题终究就是货币问题。担心金银外流的口吻，与黄宗羲等废银论者的口吻[3]具有明

---

[1] 奢侈消费具有社会功效的观点，在被认为作于战国后期至汉代初期的《管子·奢侈篇》中就已经出现。关于中国史上这样的奢侈论，可参见 Lien-sheng Yang, "Economic Justification for Spending: An Uncommon Idea in Traditional China," in Lien-heng Yang, *Studies in Chinese Institutional History*. Harvard University Press, 1961。

补记：近年来有关论述明末奢侈论的专论有林丽月《晚明"崇奢"思想隅论》，《历史学报》第 19 期，1991 年；林丽月《陆楫（1515~1552）崇奢思想再论》，《新史学》第 5 卷第 1 期，1994 年。陈国栋对陆楫的崇奢思想从经济理论的角度进行了分析。陈国栋：《有关陆楫〈崇奢辨〉之研究所涉及的学理问题》，《新史学》第 5 卷第 2 期，1994 年。

[2] 前引文章的后段有如下记载："夫天下之财，不之此即之彼，周而复者，势使然也。然亦有往而不返者，如五代宋室输金币于北国，或以金银市易番夷珠玉珍异者是也。有消而不存者，屑金以为漆，或以镀诸器用服饰者是也。他虽水火之焚溺，其质苟存，固未有不出于人间者。"

[3] 比如，黄宗羲在《明夷待访录·财计一》中，对"银力竭"的情况有如下论述："二百余年，天下金银，纲运至于燕京，如水赴壑。承平之时，犹有商贾官吏，返其十分之二三，多故以来，在燕京者，既尽泄之边外。而富商大贾达官猾吏，自北而南，又能以其资力，尽敛天下之金银而去。此其理尚有往而复返者乎？夫银力已竭而赋税如故也，市易如故也，皇皇求银，将于何所？故田土之价不当异时之什一，岂其壤瘠与？曰否，不能为赋税也。百货之价亦不当异时之什一，岂其物阜与？曰否，市易无资也。当今之世，宛转汤火之民，即时和年丰无益也，即劝农沛泽无益也，吾以为非废金银不可。"

补记：对于银流向北方乃至边外的危机感，在明末的经济论中也能见到。从明末到清初的连续性也有必要予以考虑。参照本书第六章。

显的共同性。同时可以看到，他所认可的奢侈中，贵金属的非货币性使用绝对不在此列，即只有通过奢侈将贵金属作为货币投放到社会才能接受奢侈。[①]

不用说，在当时的常识里，奢侈是被看作危害的。比如，同样是遭遇康熙年间的萧条期，但为了度过这一萧条期，从家训中一味训讲俭约的安徽省桐城县官僚张英[②]，其立论是彻底地从家计的观点出发的。他认为，通过自给和节制来使货币支出减少，是避免家势没落之道。并且，将奢侈看作社会性危害的多数论者——比如黄宗羲——也把奢侈理解为是与虚礼和迷信并列，使百姓破产和贫穷化的有害风俗之一。[③] 即奢侈的危害基本上是从家计的观点予以把握，通过模仿和竞争，大家小户流行的奢侈都被看作社会问题。黄宗羲以"娼优之费，一夕而中人之产；酒肆之费，一顿而终年之食；机坊之费，一衣而十夫之暖"的论述，将奢侈消费与一般消费相比较，指责前者过于奢侈。然而，从认为富人的消费即百姓的收入的魏世傚式的立场来看，上面的句子原封不动，也能成为论证奢侈性消费对社会有用的证据。

---

① 魏世傚的这篇文章在《皇朝经世文编》卷 35《户政二八·钱币下》中也有收录。在收集了大量有关钱法、钞法等货币政策具体运用的文章的《钱币》卷中，其中的《奢吝说》乍看起来给人归类不当的印象。不过，从《奢吝说》本质上就是货币论这一点来说，这样分类是十分合适的。

② 论及张英家训《恒产琐言》的论文，有北村敬直「明末·清初における地主について」『歴史学研究』（140）、1949 年 7 月；本书第十章；Hilary J. Beattie, *Land and Lineage in China: A Study of T'ung-ch'eng County, Anhwei, in the Ming and Ch'ing Dynasties.* Cambridge University Press, 1979；等等。

③ 《明夷待访录·财计三》。

第三节　清初经济思想与经济体制

一　清初经济论中的货币解决

经济停滞的对策，大多数是以货币论的形式被提出的，这可以说是上述诸经济论的一大特色。对于当时多数的论者来说，对货币的追求绝不是基于其原材料的贵重。就像从废银论和钞法论能够明确看到的那样，对金银的物恋是作为庸俗的贪念而受到排斥的。为此甚至连"只有生产于民，并衣食于民的布帛谷物，才是真正的财富"这样的农本主义伦理也被拿来助战。不仅如此，他们还热切盼望增加货币，对增加货币的政策寄予厚望。那是因为在他们看来，货币流通量的增加就是销路的扩大。

换言之，为解决清初的萧条，时人所注意到的是有效需求从何而来的问题。而且有效需求等同于货币的观念，可以说是他们共同的特色。对在中国出现的货币不足论所具有的意义，过去几乎没有被认真探讨。在此作为粗浅的尝试，希望就时人的思考方法所具有的意义，以及这一思考方法的产生与现实背景之间的关联加以考察。下面，首先对作为清初货币论根基的对供求关系均衡的悲观意识，其次把货币与有效需求同等看待的思考方法，从当时的市场性质及其与反映这一市场性质的时人的市场观念之间的关联做些探讨。

清初的萧条被时人理解为单方面的恶化过程。随着物价的低落而来的自然需求扩大和供给减少，会使供求关系自动得到调节，景气状况也会自动恢复这样的可能性，是时人所没有考虑到的。这是为什么呢？从供给面来说，可以指出的是，当时的物价低落与其说使得供给减少了，不如说反而使它增加了。①由于定额银纳税的负担及债务返还的需要，在物价低落的情况下，为了得到一定数量的银，人们被迫把更多的产品商品化。此外，无论是地主还是直接的生产者，当时出售商品的卖家，其不是为了追求利润，而是为了维持家计，这一情况使不利的出售行为得以持续。从需求面来看，就像在本章第一节中所论述的那样，清初物价低落是以海外贸易的中断而引起的海外需求的减少，以及紧缩政策所导致的财政需求的减少为起点的产物。这一情况使得自然需求的扩大没有空间。因为，以海外需求、财政需求为起点的销路收缩受到的是单方面的影响。清初人们在发觉销路停滞时，他们所看到的，不是由于价格高而迫使买家压缩购买，而是由于价格低贱使得本应该成为买家的人收入减少，从而使得他们无力购买商品这样全国性的贫穷状况。

　　供给对价格的逆弹性，以及海外需求、财政需求的重要性等上述特征，其相互之间并不是没有关联。商品交换，主要出自包

---

① 这可以说是供给对价格的逆弹性现象，是值得考察的与资本主义经营不同的小农经营特性。在明清时代的长江中游和华北等地区，在表述价格时，很多不是以每单位谷物量的价格多少（即一石几钱）来表达，而是以每单位货币量的谷物量（即一两几石）来表达。这应该可以理解为，在出售谷物人们的脑海里，与"一石能卖多少钱"这样的意识相比，更具有"为了得到一两银必须卖出几石谷"这样的意识。这种意识是与供给对价格的逆弹性密不可分的。在明清时代的史料中，主要是以与纳税相关联的形式，指出谷贱和商品化量增加之间的关系。《筹饷厄言》，唐梦赉：《志壑堂文集》卷9；李腾芳：《增饷议》。

括自给部分的家计的需要，似乎是这两大特性得以结合的一个重要原因。即由于拥有自给的部分，产品能够以与生产费用相背离的低价格出售。[①] 同时，自给部分制约了国内市场，提高了海外需求、财政需求等外部需求的相对重要性。这两大特性容易带来整体的供求不平衡，形成供需无法自动达到均衡的不稳定的经济体制。与此同时，正是由于这样不稳定的经济体制，促使人们尽量确保作为最低保障的自给部分，并把投资转移到比较安全的土地投资上。

如上所述，清初的萧条可以看到是累积性的恶化过程。为了截断物价低落与供给过剩之间的恶性循环，使现有的状况得到改变，出台一些扩大有效需求的政策是必要的。那么，为什么被提出的对策主要是货币政策呢？

正如我们已经看到的那样，康熙年间的萧条，多数论者是以"银不足"来理解的。当时铜钱可以说是被看作停留在地方市场内部，专门作为市场内部交易的媒介货币；与此相对，银则被看作市场间交易的媒介。对于生活在当时地方市场的人们来说，银的流入意味着什么呢？第一，意味着来自区域外的需求。正如在唐梦赉的文章中所能看到的"河北"（黄河以北）由于物产少，"贩银者"足迹罕至，银无法得到的说法，[②]或作为表现市场兴旺而经常被使用的"南北大商，岁赍白镪，辐辏而至"这样

---

① 当然，以地租形式征收而来的谷物，之所以可以以低价出售，可认为是因为它是与生产费用无关的剥夺品。

② 参见唐梦赉《筹饷卮言·或问十二》。此外，从顾炎武《日知录》的文章中也能够感觉到"商人携银而来"的意味。

套话式形容，① 显示出对于清初的人们来说，来自区域外的需求，是以客商带来的银这一极其具体的形象来理解的。第二，这样所得到的银并不是要支出在区域外部的商品上，而是期待它作为区域内部的商品及劳动力的有效需求而出现。② 银从外部流入，并且不外流，在地区内开始源源不断地产生出有效需求，这正是处于萧条期人们的期待所在。相反，本来应该向区域内部支出的银，以某种形式——包括剥夺的形式——外流而去，使有效需求减少，是当时的人们所憎恶的。在时人的脑海中，将银与有效需求同等看待的情由，应该可以像上面这样解释吧。

作为这样把银与有效需求同等看待背景的市场观是什么呢？第一，那就是，从外部以货币的形式出现，同时又以货币的形式流向外部的购买力的动向，对市场的盛衰来说是重要的、开放的而非地方性自足体制的市场观。这是与认为市场中的交易基本上是建立在区域内部分工基础上的交换这样封闭性市场观全然相对的市场观。概而言之，在后者看来，购买力是市场内部的问题，与货币的流出和流入是没有直接联系的。第二，对于清初的人们来说，货币的流出和流入，就像前面说过的那样，与其说具有供求平衡的趋向，不如说是受外部情况制约的，对于市场本身来说，是作为独立、偶然的因素出现的。因此，需要密切注视货币的动向，并进行政策性对应。

---

① 此引文是清初黄与坚《忍庵集·文稿一·太仓田赋议》中对过去棉花市场活跃的描述。此外，关于明代上海棉布市场的"富商巨贾，操重赀而来市者，白银动以数万计"（叶梦珠《阅世编》卷7《食货五》）的描述，以及关于清初双林镇生丝市场的"吴越闽豪至于海岛，皆来市焉。五月，载银而至，委积如瓦砾"（唐甄《潜书》下篇下《教蚕》）的描述等也是这样。

② 参见本章第二节第一项中所叙述的富人与贫民之间的关系。

从建立在封闭性市场观基础上的古典派经济学的观点来看，所谓购买力，并不是以货币而是以被用于交换的实物来表现。这里，市场的内部被认为已具有基本完成的分工体系，买卖主体之间是将自己所拥有的商品投放到市场，并从其他人投放的商品中取得所需之物这样的关系。基本上，产品是相互提供销路的商品，即使存在暂时的供求不平衡，也会在市场内部被自动调节。因此，货币所起的作用，只不过是使这样的实物间的交换关系更为顺利地进行罢了。[1] 像上述这样的思考方法，对清初的人们来说是很自然就能想到的吗？

重田德在《清初湖南米市场的一考察》中，分析了与作为基本经济地区的江南发生有机结合的落后地区湖南的米谷（粮食）市场的性质，在指出湖南米市场的地主市场性质的同时，也谈到其受制于客商活动这一特点。[2] 他指出，不仅向江浙的米谷输出受到客商的支配，即使在省内的佃户购买地主的米时，佃户的购买力也需要向省外输出土特产品来支持，这样，湖南米市场就具有在双重意义上从属于客商的性质。将湖南米市场的这一性质，与明末清初江南的手工业制品市场对比来看的话，江南的手工业制品市场不是以地主，而是以直接生产者作为卖方，这一点与湖南的地主性质的米市场是有区别的。但是，江南手工业制品市场也

---

[1] 众所周知，认为货币只不过是一层覆罩在实物交换上的面纱这一古典派经济学的观点，是在批判重商主义的货币重视论中出现的，像同时代的马尔萨斯，以及后来的凯恩斯这样的反批判者也不乏其人。如果把清初的货币论与同时代的西欧重商主义货币论相比较的话，一定会是个有趣的课题，在本章中暂且不进行更深入的探讨。

[2] 重田德「清初における湖南米市場の一考察」『東洋文化研究所紀要』（10）、1956 年 11 月。

不具备以建立在直接生产者相互分工基础上的交换为主体的封闭性"局部市场圈"的性质，可以认为是主要以外部的需求为对象（因此受客商制约）的特产市场。在外部需求增加的情况下，客商云集作为市场繁荣的指标而被称道。反之，客商的减少则成为给农民生活以打击的象征。[①] 外部需求的重要性，不仅仅是"落后地区"的特色。对于生活在这种依赖于外部市场中的人们来说，他们感觉到产品的销路不是在分工体系中相互、稳定地得到提供，而是由外部情况所决定的不稳定的独立变数。并且，这一外部需求，像前面说过的那样，是作为货币的流入来理解的。在国内市场日渐扩大的 18 世纪后期的英国，人们对销路的无意识放心感，使得人人相信货币具有中立性。从这一意义上或许可以说，正是清初销路的危机感使得人人都在追求货币。

从明代后期开始，华中、华南商品生产的发展当然是以生产力的发展为前提的。不过，生产力的发展不一定能自动地使商品交换活跃化。在产品的有效需求无法指望时，即在明白即使生产了也会受到滞销之苦时，劳动只会停留在不完全的就业状态，潜在的生产力将以得不到实现而告终。生产力的发展这样一般性的说明方法，对明代后期以后海外需求（以及以此为起点波及性产生的国内需求）增加成为潜在生产力的实现和商品经济发展的牵

---

① 关于江南手工业制品广阔的销路问题，可参考西嶋定生「支那初期綿業市場の考察」『東洋學報』31(2)、1947 年；佐伯有一・田中正俊「十六・七世紀の中国農村製糸・絹織業」『世界史講座』第 1 卷、東洋経済新報社、1955 年。西嶋定生曾开拓性地指出江南手工业制品市场的客商从属性，参见西嶋定生『中国経済史研究』東京大学出版会、1966 年、740-741、898-899 頁。

引力这一点，显然没能予以明确说明。① 对新需求的迅速回应和繁荣，以及另一方面新需求断绝时中国经济所显示的脆弱性，可以说是中国市场的开放性所导致的双重局面。②

从 15 世纪开始逐渐实行的赋役纳银，在通过强制性地制造出民间对银的需求、促进产品商品化的同时，通过财政支出也制造出了对商品的需求。但银的需求与商品需求没有顺利地协调，特别在经济落后的地区成了严重问题。与明后期之后的银流入相对应，华中、华南诸市场以直接或间接依赖银流入的形式发展，并且随着这一发展，税收负担的大部分实现纳银化。也就是说到了明末，中国经济从体系上更加依赖于银流入，这是康熙年间的人们尝到不景气苦头的原因之一。

二 地域社会与萧条

尽管清初的论者们共同面临不景气这一现实课题，并且他们想到的对策中也有共通之处，但他们的论点之间还是存在相当大的差异。这一差异不是单纯以着眼点的偶然分歧所能说明的。这

---

① 关于海外需求在明清商品生产中的牵引力意义，笔者觉得 "银的流入可促使商品经济活跃化" 这样的想法似乎已成为当今学界的一种常识。但对此的实证性或理论性说明，还有待于今后的进一步研究。
　　补记：本书第五章对海外需求的动向与国内经济之间的关联进行了长期性的概论。

② Rawski, *Agricultural Change and the Peasant Economy of South China*. 以 16 世纪的福建和 18 世纪的湖南为例，论述了外部需求的扩大对农民经济的影响。罗友枝把市场扩大看作一个直线发展至今天的过程，其所注重的仅仅是对应外部需求而来的商品经济的发展像，对依赖外部需求的市场的脆弱性这一点并未论及。而处于她所做的两个个案研究中间期的清初的萧条，可以说正是表现出这一脆弱性的现象。

一差异主要表现在如何来认识和评价国家、官僚、商人、地主与贫民诸阶层手中货币被积聚及消费的具体过程。即问题不仅仅在于货币量的多寡，当触及分配这一点时，就会出现围绕经济的社会性、制度性方面的意见对立。这些意见的对立，并不是以明确的争论形式出现，但在他们议论背后还是透露出了各自的基本立场。在此，就以问题意识最为敏锐的废银论者的议论为中心，来探讨他们的经济构想。

废银论的根底，是对国家、官僚的银掠夺所抱有的强烈反感。围绕以税银流通为一大动脉的全国货币流通问题，在黄宗羲等废银论者与靳辅、慕天颜等银输入论者之间，可以看出他们明显不同的立场。或者说，前者所要批判的，是被后者无意识地当作前提的经济构想。靳辅等人的银输入论，是以三藩之乱所引起的国家财政窘迫为直接契机的。银输入论者的最终目的，在于使国家财政充裕。为了达到这一目的，繁荣民间经济是必需的，为此他们主张促进海外贸易。也就是说，他们的目的是要使由国家主导收放的货币通路更丰富、更有效地运转。对于他们来说，以铜钱甚至现物这样极其不便之物来作为流通和纳税手段加以使用，是不合理的甚至是时代的错误。

对废银论者来说，情况正好相反。就像黄宗羲的"二百余年，天下金银，纲运至于燕京，如水赴壑"[①] 等语所表现的那样，银被夺去并储藏起来被认为是"银力竭"的原因之一。因此，采用不便运输、储藏——不便掠夺——的货币形态，对地

---

① 黄宗羲：《明夷待访录·财计一》。

域经济①是重要的。同样具有"货币不足"的危机感，但靳辅等人置身于中央政府的立场，把"银难以集中于中央"视为问题。与此相对，黄宗羲等从地方市场的角度出发，切切实实地感觉到了"银从地方被夺走"。废银论者主张不选择作为市场间流通手段的银，而是选择作为市场内部流通手段的铜钱，正是银流通危机之际地方市场的防御性对策。在这一意义上，废银论可以说与靳辅等人中央集权的意图尖锐对立。②

钞法论可以说是为了克服废银论者所指出的银的稀少问题而提出的。尽管如此，黄宗羲还是对钞的发行——缺乏金属货币准备的纸币供给——持批判态度。对黄宗羲来说，唐梦赉极为乐观地坚信的官府的信用创造力，几乎是不可相信的。出于对从明末开始的中央政府的不信任，对黄宗羲来说，缺乏储备基础的钞的发行，简直就是诈骗。

作为不景气的对策，从现实性和有效性来说，就像后面所实现了的那样，海禁的解除——银输入论——在当时可以说是最"正确"的答案。钞法论能否实现，这里还没有明确回答的准备，但至少可以说，废银论是这三者中最脱离现实的方案——不

---

① 所谓"地域经济"是一模糊用语，在这里应该理解为他们作为银被夺走的一方而大致意识到的一个范围。比如，黄宗羲在说"富商大贾……自北而南……尽敛天下之金银而去"等话时，这个"南"也当是指一个地域。

补记：与开放性市场结构如影随形出现的，是防御性的经济地方主义，在银不足的时期能见到的同时，也会随着物价昂贵、粮食不足时期的紧张气氛而出现。参照本书第八章。

② 沟口雄三将黄宗羲政治思想的新意归结为把治世的根本从君主转移到自私自利的民（百姓）。从本章所论的作为废银论者的经济论出发，也能看到与其政治论相吻合的一面。沟口雄三「「明夷待訪録」の歴史的位置」『一橋論叢』81（3）、1979 年 3 月。

是从与外部需求相呼应的地域性分工着手，而是单纯地用铜钱代替银，这样只会更加不便，货币不足（即销路停滞）的问题最终应该是得不到解决的。不过，与把当时的经济体制作为不言自明的前提的银输入论等相比，正是由于废银论在当时的体制中不能实现，即正是由于作为对症疗法的非有效性，其敏锐之处才得以凸显。废银论的新颖之处，尽管乍看起来具有复古的外观，但那是对当时以中央掠夺地方为原动力之一的银经济性质进行的直观批判。

那么，废银论者想排除国家和官僚的掠夺而予以保护的地域经济，其具有的结构又是怎样被理解的呢？我们不妨来看虽不是废银论者但是坚决反对掠夺的魏际瑞的观点。魏际瑞在论述民间随物价低落而穷困的状况时，作为穷困的原因，他举出了"剥者之众"这一点。作为掠夺者的具体例子，他列举了"在内则权要、六部和科道等官……在外则总督、巡抚、巡按御史、巡盐御史、钞关部员、司、道、府、厅、州、县、首领、佐贰；额外则藩王、将军、章京、总兵、提督、将弁；非官而剥之者则乡绅、衙蠹、旗丁、营兵，光棍、土豪"等。[1] 而作为其根本原因，他指出的是朝廷只会掠夺，而不进行必要支出的紧缩政策。值得注意的是，这里魏际瑞把"富人"看作受掠夺的民间经济的关键角色。即如"今富者皆穷，则穷民愈无处趁食矣"等所能见到的那样，他认为富人作为商品购买者、雇工雇用者，其收入动向直接

---

① 魏际瑞：《四此堂稿》卷 1《总括大意》。在说明"剥者"之后有如下文字："推言其本，则在朝廷惟以言利为先，只有邸报之所抄，言钱言谷者十之八九，丝毫必较，而部中只以搜刮克减为事，驳费则减而又减，备用则裁而又裁，不患价之不足、用之不备，地方各官何能不取于民？"

左右周围百姓的经济状况。

这样的观点在唐甄的富民论中得到了更为明确的表达。唐甄指出，富人拥有众多的交易对象，通过巧取豪夺灭一富家，就会夺去借以为生的百家之业。其说如下：

> 里有千金之家，嫁女娶妇，死丧生庆，疾病医祷，宴饮赏馈，鱼肉果蔬椒桂之物，与之为市者众矣。缗钱镏银，市贩贷之；石麦斛米，佃农贷之；匹布尺帛，邻里党戚贷之，所赖之者众矣。此借一室之富可为百室养者也。海内之财，无土不产，无人不生，岁月不计而自足，贫富不谋而相资。是故圣人无生财之术，因其自然之利而无以扰之，而财不可胜用矣。①

接着，唐甄以"虐取者谁乎？天下之大害莫如贪，盖十百于重赋焉"，谴责了贪官，并且责难了以裘、锦绣、装饰品及工艺品等所炫示的贪官的奢侈。

在魏际瑞的议论中，以朝廷为首的诸官僚、乡绅、胥吏等被列入了掠夺者之列，与文意上被认为是被掠夺者的富家相对照。在唐甄看来，夺取富家的主体是贪官，其危害甚至比重赋和寇盗更甚。官僚等掠夺者的消费，尽管可能具有与民间富家一样令周

---

① 唐甄：《潜书》下篇上《富民》。此外，唐甄也注意到受官吏掠夺之害的对象，除了富人的消费支出，还有农村的商品生产。"陇右牧羊，河北育豕，淮南饲鹜，湖滨缫丝，吴乡之民，编蒉织席，皆至微之业也。然而日息岁转，不可胜算。此皆操一金之资，可致百金之利者也。"这一记述指出运用零碎资本而期待其产生大利的那一萌芽，被官吏的残暴掠夺所摘取了。这是一个非常有意思的论点，在此暂不多做讨论。

围的小贩雇工得到好处的社会效用，但是这一方面在他们的议论中都被忽略了。对于富家，被强调的也只是通过它的消费和借贷供养了平民百姓的一面，而对可能包含有来自对平民百姓剥夺的富家的收入来源并未涉及。对他们来说，掠夺阶层与被掠夺阶层之间，是以怎样的标准来划分的呢？有生命力的自然经济秩序的中坚者与依靠非自然威力对此进行侵扰者之间，怎样来加以区别呢？[1] 成为他们批判对象的掠夺者，是官僚、大贾、乡绅和胥吏等。在那里，我们大致可看到的是官府权力的滥用，或者非在地性等特征。然而，说到底，什么是对社会有用的消费，什么又不是？什么是社会容许的掠夺，什么又不是？这样的基准从经济学的角度来说是暧昧不清的，甚至不得不说只是听凭各自主观立场的感觉。既然与贪官等掠夺者相对的，不是生产者大众，而是与贪官一样是掠夺者和不生产阶级的"富家"，那么掠夺者和被掠夺者区分暧昧这个问题就没法解决。据我所知，清初关注大众消费的论者尚未见到。[2] 在康熙年间的不景气中谋求扩大销路的人

---

① 魏际瑞说道："盖剥者之众，害之者久，譬如草木日则砍伐，夜则啮践，无一刻得遂其生也。"他以损害草木的行为来比喻掠夺。唐甄也以栽柳者与拔柳者的比喻来说明自由放任之利与掠夺干涉之害。他说："不扰民者，植枝者也，生不已也。虐取于民者，拔枝者也，绝其生也。"被作为"阳明以后的明代思想界的根本情调"的"生生""生生不容已"的感觉，可以说已渗透到了清初的经济思想中。島田虔次「中国近世の主観唯心論について—万物一体の仁の思想」『東方学報』(28)、1958 年 3 月、38 頁。

补记：但是，将经济的诸部分看作具有生命性关联的感觉，以及忌避通过掠夺使生命根源枯竭的态度并不限于明末，在以农为本、以工商为末的本末思想中一直流传。这一情况笔者在后来才察觉到。参见本书第十二章补论 4。

② 在清末陶煦的《租核》中，可以看到从本质上对劳动大众的消费与富家的消费加以区别，并且重视前者的观点。关于清末的这种议论，参见本书第十二章。

们，都把目光投向了富家的消费。这一大众消费论的欠缺，除了当时的论者们不论有意还是无心地受到拥护富家这一自身立场的制约，把维持和扩大消费的论点用作拥护富家的根据，应该还可以看到，当时的知识分子脑海中所反映的经济现实中，并没有把劳动大众的需求看作重要的有效需求。

上述清初的拥护富家论，与明末东林派的拥护富家论具有基本相同的框架。他们所用的论调本来就具有两面性，在强调来自上面的掠夺时，就成了对豪强、贪官污吏的猛烈批判。而在对抗来自下面的批判时，则以"富家固穷民衣食之源也"（钱士升①），为富家进行辩护。② 只是，在清初萧条时期富家穷民俱困的状况下，富家和穷人的对立没有被强烈地意识到，因此，拥护富家论主要具有对上述贪官、大贾等进行批判的性质。在贫民只有通过富家的消费才可以得到好处的设想下，富家收入的增加就成了能够代表社会普遍利益的象征。如上所述，他们将企图在国家、官僚掠夺之下予以保护的地域经济，设想为以富家为中心的具有阶层性结构的经济。

---

① 钱士升：《为早定人心以消乱盟事》，《嘉善县纂修启祯条款》卷4《建言》。明末崇祯九年提出的此疏，其目的是对武生李琏批判江南缙绅富家的专横，并建议没收其财产的疏进行反驳。在疏中，作为富家存在的理由，钱士升除了列举饥馑时的救恤、地方上的防卫等，还说道："富家之用物也宏，凡养生、送死、宾客、游观之费，百工力役皆仰给焉。"其意显然是指富家的消费能产出穷人的收入。

② 沟口雄三并不把明末士大夫阶层中批判豪强和拥护富家看作两种相对立的论调，而是从"中坚地主的立场"这一观点来统一地加以把握。本节依据沟口论文处甚多。溝口雄三「いわゆる東林派人士の思想—前近代期における中国思想の展開－上－」『東洋文化研究所紀要』（75）、1978 年 3 月。

＊　＊　＊

　　清朝的物价、贸易政策从清朝长期物价波动的趋势来看，康熙前期是可与道光年间，以及从同治后期到光绪前期相提并论的三个低落期①的第一期。同时，如果从世界史的角度来说，是在16～18 世纪银流入亚洲通商圈的趋势中，因清政府所实施的军事、财政政策而导致国内银流通暂时减少的一个独特时期。本章所介绍的诸议论，不一定是康熙年间特有的。可以说整个明清时代，在货币不足和销路停滞成为问题时，多少带有些共同性质的议论曾反复地出现。大概针对开放性地依赖外部的市场所遇到的同质危机，自然会导出与之相应的相似对策。但是，康熙年间的萧条，与以前的萧条相比更为广泛和深刻。由于还未带有 19 世纪以后所能见到的来自欧美势力侵略的危机感，康熙萧条期的诸议论，尚处在传统的不景气论框架中，并且具有最为丰富的内容。这样的康熙前期的经济论，与以后清朝的经济政策有怎样的相互关联呢？以下试对进入景气时期的清朝物价和贸易政策进行简单的展望，以代替本章的结论。

　　对于直面萧条的清朝知识分子来说，与高物价相伴的货币的充分流通，是打开销路停滞的期望所在。而通过康熙二十三年降服郑氏、占领台湾后再次开放的海外贸易，货币的充足化自然地

① 关于清朝长期性物价动向，可供参考的有王业键《清代价格的长期趋势（1644～1911）》，《香港中文大学中国文化研究所学报》第 2 卷，1972 年。补记：关于近几年来急速发展的清代物价数据的整理状况，可参考本书第一章。

得到了实现。而且，随着康熙后期物价的上涨，高物价反而作为社会问题引起了官僚的注目。康熙四十五年苏州府人黄中坚所著的《平粟价议》，就是站在期待高物价的地主富家的立场上，对地方官的米价抑制政策进行批判。

据黄中坚的记载，康熙四十五年米价上涨之际，知府吴中立通过严罚来禁止人们惜售，有粟之家陷入了战战兢兢的状态。当时反对这一禁令是"上干宪禁，下触众怒"，没有敢议论者，但黄中坚固守地主的立场而数落了禁令的不是。他回顾了过去的谷贱时期，指出尽管当时到了即使歉收依然谷贱的地步，农民无法纳税而遭受处罚，官府也没有采取任何对策，现在生活才富裕了一点，却立即要抑制米价，这可以说是不公平的，通过强制来统制物价也是不可能的。他论述道，现在的政策是当局由于过分担心无业游民骚乱，不适当地实行保护"游惰之徒"而压制"力耕奉上者"的政策。[1]

---

① 黄中坚《蓄斋集》卷 4《平粟价议》及其末尾的附记中有言："设当谷贱之日，而为之禁曰，尔毋贱卖，尔毋贱买，则虽三尺童子，亦知其不可矣。独奈何而可禁其贵哉？且夫粟之贵贱，亦不尽系乎岁之丰凶，往者岁比不登，而粟价复贱，每石不过白金五六钱，又不能得现直，而浸寻以至不可问者有之。农民困于征求，曾不得少宽旦夕，因而毙于敲朴者比比以。今甫得少苏其困，而又欲从而禁之，岂持平之道耶？大抵民之有粟者，皆力本业供赋税之良民也，其愿粟贱者，皆游手好闲逐末利仰机巧而食者也。国家金钱粟米力役之征，莫不于农民取之，岂其爱农民反不如其爱游民，顾愿农民少而游民多，故一遇粟贵则什百为群，流言唱议，以耸当事之听，在当事特以有粟之家必其温饱，即少抑之不为害，而此嗷嗷者，皆吾赤子，不有以慰之，或因以不靖，故不得已而为之禁耳。然而是使游惰之徒得计，而力耕奉上者失业也。康熙四十五年，米价约一两三钱，太守吴（讳中立）严禁遏籴，并滥及本地买卖，伺察告奸者四布，无辜罗害不可胜计，有毙于杖下者，人情汹汹，有粟之家卧不贴席，当时有言及不当禁者，上干宪禁，下触众怒，其敢议乎？然其禁实非是，故私为此议。"关于黄中坚的地主立场，可参见森正夫「「官田始末考」から「蘇松二府田賦之重」へ─清初蘇松地方の土地問題と顧炎武─」『名古屋大学東洋史研究報告』（6）、1980 年。

　　黄中坚攻击的对象是"游民"（以及拥护游民的官宪），相对于贫困阶层来说，其守护富裕阶层的态度毫不掩饰，乍看起来与唐甄等的贪官批判有相对立的印象，然而其期望高物价、排除官吏干涉及拥护富家等基调，与萧条期作为批判掠夺而出现的拥护富家论之间，具有明显的共同性。至康熙中叶为止的米价低落及因此而来的土地所有者的贫困状况，在黄中坚的记忆中仍然清晰可见，他对高物价的这种固执态度，应该与这样的现实背景联系起来加以理解。

　　在站在米谷出售者立场的黄中坚看来，当时的官宪对米价上涨从而招致都市居民不安是警戒过度。然而这样的警戒态度是以康熙帝为顶端的当时官场所共有的现象。在康熙中期以后的米价上涨之际，康熙帝经常发布担忧米价上涨的告谕，这时看不到把米价上涨看作销路停滞得以解除的观点，而是常常从米谷供给相对不足的观点来论述价格的上涨。比如，在康熙三十七年的上谕中，就将"浪费米谷于无益之事"看作米价上涨的原因，而在三十八年的上谕中把湖广米外运的减少、五十六年的上谕中把人口的增加作为米价上涨的原因加以指出。① 比照在康熙前期谷贱之时极其自然地将物价低落归因于货币不足的情况，这一物价上涨局面中，货币的原因几乎完全被忽视，只将目光投向实物不足这一方面的情形是很奇妙的。然而，这一看似不同的说明方法，实际上应该说是来源于当时市场的开放性这一相同情况。由于开放性市场中供求的不稳定性，与

————————

① 参见康熙《东华录》卷 14 "康熙三十七年三月戊子"条、"康熙三十八年元月戊戌朔"条及《圣祖实录》卷 272 "康熙五十六年四月丁酉"条。

商品及银的"过剩"相比,"不足"常常作为紧急的问题被人们意识到。外部需求的扩大,经常轻而易举地突破地方市场供给量的界限,从而引发与地方市场内部需求者之间的紧张关系。[1]

"实物不足"的意识,在围绕海外贸易的议论中也出现过。比如,康熙四十七年为防止因米谷销往海外使江浙的米价上涨而申请实行海禁的劳之辨的奏疏,[2] 以及乾隆二十四年企图通过禁止生丝外运来抑制生丝价格上涨的李兆鹏的上奏[3]等就是其例。这些或为清政府所采纳,或不被采纳。总之,清政府对通过海外贸易奖励银输入的政策,并没有一贯的明确态度。而关于海外贸易重要性的主张,的确不乏其例。来自东南沿海诸省地方官及乡绅这一议论的基调,与靳辅及慕天颜的银输入论如出一辙。[4] 不过,无论何者,这些都是针对海禁及贸易限制,以及诸如此类的尝试而被动地提出的。出于抑制物价或军事目的而反复进行的海禁、贸易限制的尝试,以及与此相对的,从保护销路的立场出发反复提出的反对海禁、反对贸易限制论,似乎成了当时议论贸易的一

---

① 重田德对作为这一紧张关系实例的清代前期湖南发生的遏籴、抢米事件,与市场构造相关联地进行了分析。重田德「清初における湖南米市場の一考察」『東洋文化研究所紀要』(10)、1956 年 11 月。

② 《圣祖实录》卷 232,"康熙四十七年正月庚午"条。

③ 《乾隆朝外洋通商案》,《史学旬刊》第 18 期,1930 年。李兆鹏奏折。

④ 参见主张解除康熙末年开始的第二次海禁的蓝鼎元的《论南洋事宜疏》(雍正二年作,收入《鹿洲初集》卷 3),乡绅蔡新对以乾隆六年的杀害华侨事件为契机的海禁论进行反驳的意见(光绪《漳州府志》卷 33《人物六·蔡新传》),以及乾隆二十九年闽浙总督杨廷璋、福建巡抚定长联名请求放松生丝输出禁令的《请复丝筋出洋旧例疏》(《皇清奏议》卷 55)等。

对范畴。①

　　海外贸易的银的流入，在清朝强盛时期的中国是过于常见的事态，即在整个 18 世纪几乎没有出现因与周边各国的竞争及商品输入的增加等而出现的贸易逆差问题。清朝政府似乎也因此疏于有意识地维持和扩大海外需求。关于鸦片战争前的清朝海外贸易观，经常被提起的"地大物博"的自给自足的中国经济观，以及作为恩惠的外国贸易观，可以说正是 18 世纪景气的产物。而康熙年间萧条期的海外贸易观，显然不是那么一回事。

　　总之，康熙初年的论者们所主张的维持、扩大销路的政策，并没有被清朝官僚作为一贯的政策有意识地加以追求。随着危机的远去，危机的意义也被抛到了九霄云外。最后，康熙初年的萧条对策论并没有脱离被动的、对症疗法式的时务论的框架，就那样在清朝的兴盛时期被淡忘了。

―――――――――――

①　但是，笔者并不想把清朝政府的这一贸易限制（统制）行动单纯地以"蒙昧主义"来理解。尽管当时的中国经济对来自海外的银存在依赖性，但正因为这种依赖性，对容易与中央政府产生离心力作用的东南沿海与海外的经济联系，中央政府如果想要以自我为中心来维持中国经济的向心性，就需要实行强有力的统治。从这一角度来看，清朝的贸易政策与清朝国家性质有密切的关系。在日本史学界，锁国政策论被认为是幕藩制国家论中不可或缺的一部分。同样，在清朝史研究中，贸易政策和国家性质的关系也是具有重要意义、值得探讨的问题。

第八章

清代中期的经济政策基调[*]

——以 1740 年代的粮食问题为中心

　　本章是以 1986 年 8 月在箱根举行的"中国近现代经济史讨论会"上笔者的报告为基础写成的。在该讨论会上，给笔者的课题是，从与近代国家经济政策特征进行比较的视野，来论述清朝国家的——或以清朝国家为例的中国传统国家的——经济政策的特征。本报告是为了讨论中国近现代经济政策特征的素材，从这一定位出发，如果仅仅是对清代经济政策的种种案例做实证说明的话，可以预想，对与会的各位近现代史研究者来说，内容将会是索然无味的。那么，从近现代史研究的立场来看清朝经济政策史时，浮现出来的本质问题点将是哪些呢？或许将会漏失许多饶有趣味的问题，这里还是试予以归纳，并列举如下。

　　第一，清朝国家的阶级基础是什么的问题。在战后的日本明清

　　*　本章原刊于『近きにありて』(11)、1987 年 5 月。

社会经济史研究中，希望探明作为中国革命对象的中国封建制的性质，即从近代往前追溯的问题关心，是主要的潮流之一。[1] 1960 年代至 1970 年代，解答中国"封建制"中的中央集权国家所处的位置这一难题，成为明清史学界的重要课题。当时研究者努力的一个方向，是要验证赋役制度及赈恤制度等所显示的国家政策的意图、支配理念是支持、强化地主对佃农的支配，其结果是给了中国封建制论又一个新的支柱。然而，在清代广泛存在的自耕农的地位，以及将没有土地的农民也看作皇帝赤子的一君万民观念（至少在观念上）根深蒂固的存在，对清朝国家经济政策的阶级性质——包括"阶级性"这一问题设定自身所具有的意义——提出了仍未解决的问题。

　　第二，清朝国家的结构性质问题。从近代国家制度及国民经济形成的观点来看时，清朝国家与经济显示出的又是一幅怎样的图景呢？与清末以后的分裂状况相比，在鼎盛时期，清朝国家的中央集权支配似乎得到了顺利贯彻。然而，乍看起来是排除地方自治、自律观念的高度中央集权的清朝支配体制，在其末端存在着中央统制鞭长莫及的公私混淆的暧昧成分，同时如果没有这些暧昧成分的存在，统制功能也是无法发挥作用的。[2] 这正好可以理

---

[1]　比如，田中正俊在《中国的变革与封建制研究的课题（一）》的开头就明确提出了这样的问题。田中正俊「中国の変革と封建制研究の課題（1）」『歴史評論』（271）、1972 年 12 月。

[2]　岩井茂树对清朝财政制度的总体面貌进行了概括："国家财政在其坚硬外壳的表面下，附着了些柔软、暧昧但不可或缺的'私''公'的（地方）财政。"这样的双重性质，不仅在财政制度上，而且在清朝的整个支配制度中也存在。岩井茂树「清代国家財政における中央と地方—酌撥制度を中心にして」『東洋史研究』42（2）、1983 年 9 月、46 頁。

补记：对于如何看待一方面看起来是高度"集权"，另一方面又似乎极其"分权"的中国总体秩序面貌的问题，笔者有不成熟的个人见解。参见岸本美緒「比較国制史研究と中国社会像」『人民の歴史学』（116）、1993 年 7 月。

解为是与地方经济在以地方特产的外运为媒介强烈依靠全国性贸易的同时，却不能在整体上形成紧密的社会分工的清代经济双重性质相重合的形象。对国家及经济系统，当政者是以怎样的构想来支持当时的经济政策的呢？是向"近代"过渡途中之物，还是原理性质完全不同的构想呢？

第三，作为区别中国传统国家与清末以后的经济政策的明显特征，过去被指出的，是国家对经济发展的态度差异。认为近代中国经济政策的基本特征，是以振兴工商业为中心、朝着"富强"努力的论者，极其自然地将传统国家的经济政策看作与之相对的，具有"重农抑商"的基调，对工商业发展进行抑制的静态性质来理解。然而，这样的看法存在对传统中国的经济政策过于简化的危险。摆在传统"重农抑商"论者面前的现实，与其说是缺乏活性的固定不变的社会，毋宁说是过于"自由"的经济制度。他们议论的重点，可以说是在批判政府的放任政策导致商人的横行与劳动人民的贫困这一点上。就传统经济政策的性质而言，将它拟定为"介入"还是"放任"这样二者必居其一的问题，是没有什么意义的。相反，具有意义的问题，应该是在"介入"与"放任"之间做出选择时的传统思考原理。

本章将带着上述问题关心，以清朝强盛时期18世纪中叶的粮食政策为题材进行探讨。在这一时期的粮食问题上，围绕贫富对立、地方间的经济矛盾、介入与放任的政策争论等，上述诸问题以具体而尖锐的课题而表面化。详细弄清这些问题中的某一方面，无疑是有用的工作。但是，本章的目标，是尝试论述当时具有多面性的粮食政策中一贯终极的政策目的，即当时的当政者在经济层面上所追求的"正义"是什么的问题。这个问题虽然有些杂乱，但若能为近现代史研究与前近代史研究之间的对话提供些许的素材，则甚感荣幸。

第一节　1740年代的粮食问题

首先来简单探讨作为这一时期粮食政策背景的粮食问题的性质。正如本书第一章、第三章中所指出的，从1740年代到1750年代，中国的米价向新的高水准推进（图1-1、图1-2）。就连当时人们也觉察到的那样，这次的米价上涨，并不是灾荒一过就恢复到原有水平的一时性现象，而是受长期的构造性粮食状况的逼迫而出现的。[①] 过去的研究将18世纪中国物价上涨的原因归结为，海外银的流入及人口的增加。如果把货币流入和人口增加都看作16~18世纪所谓"资本主义萌芽"时期经济繁荣所具有的特色现象的话，那么，1740年代的粮食问题，也可以说是这一长期上升局面中所遇到的一道难关。[②]

对清朝政府来说，这一时期的直接问题，是地方上粮食暴动的频繁发生。表8-1中所示的情况，仅是《大清实录》中记载的

---

① 赵青黎：《请减谷价兴水利疏》，《皇朝经世文编》卷38《户政一三·农政下》。

② 全汉昇：《美洲白银与十八世纪中国物价革命的关系》，《"中央研究院"历史语言研究所集刊》第28本，1957年。

补记：另外，本章接下来的论述中，将16~18世纪的300年描述为一贯的"长期上升局面"。但是正如本书第五章、第六章等所述，实际情况并非如此简单。笔者现在的观点是，1750年前后粮食供需的紧迫，不仅是中国持续了几个世纪的长期物价上涨、人口增长的产物，同时还与18世纪中叶所发生的世界规模经济格局的转换有很大关系，这种世界性的同步值得关注。

较大规模的暴动。除此之外，比如就乾隆七年冬到翌年春的情况，有记载道：

> 湖广、江西、江南等处，抢粮之案，俱未能免，而江西尤甚。一邑之中，竟有抢至百案者。夫约计一案聚有一二十人，统计百案，则村村相接，处处效尤，几一二千人。其为害匪浅鲜矣。①

表 8-1　乾隆初年的粮食暴动

六年	八月，广东潮阳等县闹赈，嘉应州遏籴，广州抢米(148-6,康548)；九月，江苏靖江、崇明挟制官府出示减租(151-20)；十月，江苏崇明抗租(153-23,康30)；十二月，江苏丹徒、宝应告灾罢市(157-26)
七年	八月，江苏高邮、宝应、怀安闹赈罢市(173-6,康563)；福建诏安抢米(173-23)
八年	闰四月，福建南平要求平粜罢市(191-14,康579)；六月，江西大庾(余)等县抢米频发(195-7,康572)；七月，贵州毕节、铜仁索借米谷(197-29)
九年	五月，直隶滦州抢谷(217-22)；九月，浙江淳安抢米(224-25)，浙江上虞勒借富户谷米(225-25)
十一年	八月，福建上杭抗租[罗日光](273-26,康579)；江苏宿迁闹赈(273-27,康564)
十二年	五月，河南偃师强借仓谷(290-2,康568)

---

① 《上谕条例》乾隆九年《户例·歉岁劝谕富户平粜米谷》所引都察院左副都御史范璨的上奏。

续表

十三年	一月,浙江余姚强籴斗殴(306-13);二月,福建瓯宁抢米［老官斋］(309-4,旬27、28);四月,江苏沛县抢米,萧县妇女闹赈(313-24,康566);五月,江苏青浦遏籴(314-12,康592,旬29);苏州抢米［顾尧年］(314-25,康583,旬29);厦门抢米(315-2,康580);江苏吴江遏籴(315-5,康593,旬29);浙江乐清、松阳强借米谷(315-7);八月,江苏通州、如皋纠众遏籴抢当(332-7,康591);山西阳高纠众告灾(323-35)
十六年	五月,浙江黄岩等县聚众请籴(389-3,康584);闰五月,江西峡江、临川等县抢米(391-25,档1-19);六月,浙江常山等县抢米(393-4);七月,浙江安仁聚众阻运仓谷(395-23)
十七年	二月,江苏江宁等抢米(409-12);四月,浙江温州、台州等府抢米(412-6,档2-458);五月,福建福鼎、霞浦抢米(414-10,档2-630);八月,湖南湘乡闹赈(417-22,康570,档3-553)
二十年	九月,江苏昆山报灾抗官(497-32);十二月,江苏泰州等闹赈(502-33)

注:以雍正十三年至乾隆二十年实录的记载为中心制作而成。括号内没有记号的数字,比如148-6,是《高宗实录》卷148第6页之意。同一事件数次连续提到时,指出第一次出现的情况。年月是实录记事的年月,未必是实际事件发生的年月。

对于其他史料,能够见到更为详细的记事时,主要的附记在括号内。康587代表《康雍乾时期城乡人民斗争资料》第587页;旬29代表《史料旬刊》第29期;档2-458代表《宫中档乾隆朝奏折》第2辑458页。

关于清代前期的粮食暴动问题,更为全面的年表,堀地明已经做成。参见堀地明「清代前期食糧暴動の行動論理」『史林』77(2)、1994年3月。

据此记述来看,十来人规模的小暴动可以说是不计其数。这些暴动,史料上一般用抢米(抢夺富室、商店等的米谷)、抗租(不缴纳地租)、遏籴(暴力阻止粮食外运)及闹赈(要求救济贫穷者的骚乱)等不同用语来表示,但事实上可以将它看作一系列相互关联的事态。略举数例来说,显示抢米与遏籴

关联的记述有:

> 有等强悍不法之徒,罔顾宪典,或遇年岁歉薄,米谷价值昂贵,辄敢倡首邀众,即向殷实之户,强行借贷,强借不允,随而强抢。并借禁止邻封搬运,公然鸣锣钉牌,拦途殴夺。是此强横无忌,鱼肉良民富户,目无法纪。①

再者,如下记述则显示抗租与遏籴的关联。

> 宁州等处山僻州县,一班无赖棍徒,每于青黄不接之时,假公济私,赴道府州县公呈,巧以禁贩为题,实为卖贩张本。将商贩大船米谷,得钱私放,业户庄田租谷,拦阻不准运回。甚至各处佃户比比效尤,不独拖欠租谷,抑且结党乡禁,将田主租谷勒令本庄粜卖,以致置产输赋之家,反受有粮无租之累。②

更有甚者,遏籴、抢米还向闹堂事件转变,例如:

> 始而禁阻出境,继而邀同坐索,适有一二奸民,乘机从中恫愒,遂至攫取无忌。……其闹堂辱官,则丰城县有黄天爵等,于四月十六日至县堂,挟制知县朱怀忕,给票押令富家出粜……吉水县有刘茂隆等,于闰四月十四日闹至县堂,

---

① 乾隆八年,湖南。《湖南省例成案·刑律·贼盗》卷1《严禁纠众强抢米谷》。
② 雍正末乾隆初,江西。赵弘恩:《为严禁囤积高抬阻运租谷以济民食事》,《玉华堂集》。

口称知县徐大坤将官谷运往丰城贩卖，咆哮无状……崇仁县有詹纳等……诱惑无知男妇，向前拥挤求赈，毁轿裂衣。[①]

在过去的研究中作为阶级斗争尖锐化的表现而被个别地指出的湖南抢米风潮和福建罗日光的抗租暴动，[②] 也可以理解为是18世纪中叶连续发生的系列粮食暴动的一环。这些粮食暴动，从总体来看，又具有怎样的特征呢？

抗租和抢米骚乱在中国历史上并不鲜见。从长期来看，作为这些暴动背景的粮食问题的发生，可以理解为自明末开始的"经济发展"问题的表面化。这里由于篇幅无法详细论述，大致可以说，当时中国谷物流通具有如下特色：第一，并不是建立在地域内已经完成的工农业分工基础上，而是经由全国性市场的等级构造，谷物被购买力片面集中的经济中心地带吸取而去的强开放性的流通体系；第二，这种开放但缺乏稳定性的谷物流通，通过谷物输入地带农民经营的兼业化及输出地带的集约化，导致的不是商业大经营的发展，而是包含自给成分的小农经营的发展；第三，与农民经济的小农式发展相表里，寄生地主、商人阶层作为散弱的直接生产者和开放的市场之间的媒介，成长为从自由的谷物流通中受益的利益阶层。1650～1675年，因海外贸易禁止而导致的

---

① 乾隆八年，江西。《两江总督尹继善奏折》，中国人民大学清史研究所、档案系政治制度史教研室合编《康雍乾时期城乡人民反抗斗争资料》，中华书局，1979，第574页。

② 参见重田德「清初における湖南米市場の一考察」『東洋文化研究所紀要』（10）、1956年11月；近藤秀樹「清朝権力の性格」『岩波講座世界歴史』第12、岩波書店、1971年。

货币不足，致使谷物销路阻滞，给中国经济以打击。[①] 而 18 世纪中叶粮食供求的紧迫，从相反的方面，使当时开放的流通构造的脆弱性显现。

当时的粮食问题，让地方社会的人们感觉到的，是富人营利与贫民生存的矛盾。常州府无锡县人黄印在《锡金识小录》（乾隆十七年序）卷 1《备参上·米价》中记述道：

> 今一石价抵昔三石也。富民一岁之收，比昔三岁之入。贫民一日之食，比昔三日之餐。富益富，贫益贫。贫百而富一，已伏不靖之机，而富民之奸者，犹思私粜出境，以希厚利，能保民之无怨乎？幸锡民情弱，不敢公肆抢劫，仅于出境米船拦截泼水，冀留米以活邑人，其情亦可悯矣。当事者每护富民而惩贫民，何哉，必重罚富民以戒奸贪，而薄责贫民以示惩创，斯得其平耳。

这里，黄印在指出当时米价上涨的同时，从保护地方民众生存的立场，批判了富人以营利为目的的粮食外运。正如重田德在有关湖南米市场的文章中已开拓性地指出的那样，[②] 围绕粮食的地域间的紧张，加剧了围绕地主富人营利的阶级间的紧张。即支撑当时粮食暴动的民众感情，可以说是对市场开放性质进行防卫的地方主义与从民众生存的立场对富人营利予以责难这

两者的结合。

对于这样的问题，国家又采取了怎样的立场呢？与地方居民的立场不同，从欲统制全国流通的中央官僚的立场来说，通过自由的谷物流通发挥作用的分工结构，既然在漫长的历史过程中已经形成，那么在谷物输入地区也有"嗷嗷待哺"的民众存在，单纯靠抑制谷物输出地区富人的营利活动，显然是无法解决粮食问题的。自由流通是当时粮食问题激化的主要原因，但是如果没有粮食的自由流通，清朝经济就无法维持。这正是决定粮食政策时的两难存在。

另外值得注意的是，当时粮食暴动中的地方主义、反富人感情，并非扎根于村落及地域社会固有的传统经济秩序，而是以国家应该保障分布在全国各地的人人生存这一普遍主义理念为背景的现象。以官府的减租命令为借口而发生的乾隆十一年福建抗租暴动为代表，当时的粮食暴动往往从官府的命令中寻找正当性的根据。就像乾隆十六年浙江常山县事件中所发生的"米价稍昂，富民囤积米粮。道员郑基公言将来必致抢夺，奸民一闻此言，遂先抢夺一家"[①] 那样，抢米事件的发生，仅源于地方官对富人囤积进行批判的一句欠虑之言。在暴动的民众心目中，国家不应该是对抗的敌人，相反，民众对官府命令过高的期待、过激的反应，才是当时当政者忧虑之所在。

清朝政府对粮食暴动采取了严厉的镇压态度也是事实，然而从成为暴动背景的各种矛盾来看，清朝政府的态度——至少从当时人们的认识来看——并不是站在某一方的立场而与另一方鲜明

---

① 《高宗实录》卷393，乾隆十六年六月甲寅上谕。

敌对的态度。那么，贯穿清朝粮食政策的基本方针，到底应该怎样理解呢？[1] 下一节将在综观清朝中期粮食政策复杂全貌的同时，就当时粮食政策中可能的选择手段，以及当中政策摇摆的过程，进行简单的探讨。

第二节　清代的粮食政策

一　粮食流通的限制

地方上频繁发生的粮食暴动，不能不引起清朝政府对粮食全国性流通所引起的地方紧张的注意。对此，清朝政府的方针并不是对各地方的粮食供求进行自律性调整，而是希望通过促进全国规模的高效流通来解决问题。正如已经被指出的那样，地方官的遏籴令（禁止谷物外运令），在康熙年间还能够较为自由地颁行，但是从雍正年间开始，对遏籴的禁止被强化。[2] 从全国的百姓都是皇帝的子民、地方官希望确保一个地方的粮食是偏心地方的观点出发，地方官的遏籴受到了严厉的谴责。乾隆帝也基本将

---

① 王国斌的博士学位论文以湖南为中心，是分析清代粮食问题与粮食政策的力作。在论文中，王国斌论述道："清朝国家对商业并没有单纯地采取一贯的系列政策。对于谷物的流通，官方的态度因长距离流通路线中其管辖地域所处的位置不同而有所不同。……关于长距离交易与地方的流通之间何者优先的问题，国家的暧昧显示出国家并没有在（作为经济发展的两大方向性的）特殊化与多样化之间进行明确的选择。"（第 413~414 页）笔者基本赞成此观点，同时本章试就这一"暧昧"的理由做进一步考察。R. Bin Wong, "The Political Economy of Food Supplies in Qing China," PhD thesis, 1983.

② 重田德『清代社会经济史研究』、49 頁。

禁止遏籴作为一贯的方针。① 乾隆二年八月对颁布遏籴令的州县官等制定了降级、罚俸的处分。此后亦然，在七年十一月的上谕、十三年五月的户部议、二十年十二月的上谕等中，禁止遏籴的论调非常坚决。但是如二十年十二月上谕中的"向来地方官怀私邀誉，罔顾大体。虽有遏籴之禁，而阳奉阴违者，仍复不免"所示，在粮食情况紧迫之际，对民间的私禁没有积极取缔等实质上企图遏籴的地方官并未绝迹。另外，作为促进全国性粮食流通的政策，还有乾隆七年决定的免除米豆关税的措施。不过这一措施以缺乏抑制谷物价格的效果为由，在十三年被取消了。②

上述促进流通的方针，与政府只是不介入民间流通、完全自由放任的政策不同。民间流通本身的局限性和问题点被意识到，同时希望通过国家的介入予以矫正。只要民间流通是以营利为目的，各个商人和地主就自然会利用囤积居奇及惜售等手段来抬高售价。至少从短期来看，地主、商人的这种操纵阻碍了民间粮食有效、充分地流通，使得市面谷物量减少，这是不可否认的。对于以营利为目的的谷物流通与丰富市场谷物供给之间的矛盾，政府经常是积极介入的。

乾隆元年到三年朝廷激烈争论的禁止酿酒问题，就是其中的一例。以方苞为中心的严厉禁止论者与以孙嘉淦为中心的反对严

---

① 尽管上谕等形式上是在乾隆帝的名义下发布的，但在政策决定上，乾隆帝个人到底起到多大作用，是一个难以论证的问题。这里想举出的是，乾隆十四年十二月的上谕说道："朕临御至今十有四年，事无大小，何一不出自朕衷独断。"《高宗实录》卷354，第30页。

② 《高宗实录》卷49，第3页；卷178，第15页；卷314，第36页；卷502，第10页；卷164，第8页；卷329，第26页。

厉禁止论者之间展开了这场论争。① 特别以华北地区具有大众性需求的烧酒（以高粱为主要原料的蒸馏酒）为对象，主要的争论点为：①禁止酿酒对防止耗费谷物的效果；②对酿酒业者及作为原料的谷物生产者的利弊；③实行公正有效取缔的可能性；等等。乾隆二年的王公大臣、九卿会议，对此做了"各于本省，因时制宜，实力奉行，以观成效"的根据各省情况采取相应措施的指示，而对酿造烧酒原料的踩曲（使用麦子制造的曲子），采取了严厉禁止的方针。然而实际上，地方官根据方针所实施的禁止踩曲、烧酒的情况是各种各样的。李卫任直隶总督时，一年有 364 宗案件、1448 人被检举。与此相比，自孙嘉淦任总督后，则处于"禁约太宽"的状态。乾隆六年五月时，严格实行禁曲的只有河南一地，直隶、山东、山西、陕西等地并没有厉行禁止，其结果是"贩卖流通，去路既广"。到乾隆十六年，直隶总督方观承因米价上涨而上书请求禁止，封锁宣化府缸房（酿酒场所）。对此，过去曾热心于禁止酿酒的乾隆帝，对实行的可能性表示怀疑，并没有下旨予以禁止，而只是限制了酿酒量。② 此后，随着粮食紧张状况的缓和，对酿造烧酒的禁止和限制，除饥馑时的地方性措施外，几乎没有成为值得议论的问题。

作为对民间谷物流通的限制，这一时期成为议论对象的另一个问题是禁止囤积。富家及商人囤积粮食，经常被一些全国或地

---

① 关于这一论争过程，可参见川久保悌郎「清代乾隆初年における焼鍋禁止論議について」『弘前大学人文社会』(33)、1964 年 3 月。

② 《高宗实录》卷 52，第 14 页；卷 83，第 35 页；卷 127，第 18 页；卷 142，第 12 页；卷 389，第 10 页。

方性的禁令指斥为导致投入市场的谷物量减少和价格上涨的主要原因。① 如云南布政使陈弘谋在乾隆初年的告示，可谓是最为严厉的。他将米价上涨的原因归结为"富户唯利是图，将米囤积，观望不粜"及"有一等奸牙乘此高抬其价，以致穷民受累"，除强制囤积粮食的富家减价出售外，还课以罚米，散给贫民，以此惩戒"为富不仁者"。甚至对那些故意哄抬价格的奸诈之徒，给予"一经拿获，立毙杖下"这样强硬的警告。②

与一般的囤积同样被视为问题的是粮食典当。正如安徽巡抚范璨在乾隆九年所指出的，在禁止囤积令下，为了逃避囤户之名，一些射利之徒往往将买来的粮食典于当铺，从当铺取得资金进一步买米入当，即典当的利用成为以少量成本巨额购买囤积粮食的手段。③ 此风气特别盛行于江浙一带，人们将此称作"盘当"，据说可以千两的成本获得四五千两的利润。关于这样的粮食典当，乾隆九年四川道监察御史马燧的上奏及十二年陕西道监察御史汤聘的上奏等都指出其危害。朝廷按照他们所议，采取了严厉禁止的对策。④

与禁止酿酒一样，禁止囤积、典当等问题也成了朝廷争论的对象。反对禁止囤积的论调，与江西等抢米事件的连续爆发上报相伴而来，⑤ 乾隆八年前后进一步表面化。乾隆八年五月的上谕在命令地方官劝谕富家出售粮食时指出：

---

① 《高宗实录》卷161，第23页；卷177，第30页；卷198，第17页。

② 陈弘谋：《培远堂偶存稿·文檄》卷4《禁囤积高价示》。

③ 《高宗实录》卷215，第23页。

④ 《上谕条例》乾隆九年《户例》；《高宗实录》卷286，第24页；《上谕条例》乾隆十二年《户例》。

⑤ 《高宗实录》卷195，第7页。

> 但周急之道，出于义举。百姓众多，良顽不一。若出示
> 晓谕，勒令蠲粜，则奸民视为官方所宜然，稍不如意，即存
> 攘夺之心，其风断不可长。近闻湖北、湖南、江西、福建、
> 广东等省，多有此等案件。夫拥仓庾以自利，固属为富不仁，
> 而借周恤以行强，尤属习恶不法。[1]

这一上谕的重点，在于采用不诱发暴动的劝谕方法。以乾隆
九年左副都御史范璨的上奏及乾隆十三年两广总督策楞的上奏为
代表的反对禁止囤积论，其论据包括担心禁止囤积条例会成为抢
米暴动的导火线；囤积行为具有调整供求关系的积极效果；取缔
囤积的繁杂与不公正等。详细的探讨将放在下节进行。而到最后，
政府对此问题也没有做出明确的决定，随着粮食危机的远去，问
题本身也就不了了之了。

二　仓储政策

以上概观了针对民间流通的国家限制问题。对于民间谷物流
通所具有的局限性及问题点，清朝政府并非仅采取限制自由经济
活动的消极对应。清朝粮食政策的显著特征之一，应该说从官方
以补充民间流通的形式进行积极整备的作为国家部门的谷物流
通——仓储政策的充实中，可以看得出来。

关于清代的常平仓政策，以及与此并称为"三仓"的社仓、
义仓的情况，过去的研究很多，要进行归纳是不容易的。这里暂
不考虑围绕仓库运营方法等问题，只以常平仓所代表的官方流通

---

[1] 《高宗实录》卷193，第13页。

与民间流通之间的竞争关系，以及这一政策的展开为焦点进行考察。在此之前，首先根据星斌夫的著作《中国社会福利政策史研究——以清代常平仓为中心》，[1] 在必要的最小范围内对常平仓制度加以说明。设置常平仓的方针，在顺治、康熙时期就存在，但是其施行颇为缓慢，在进入雍正时期后才正式实施，到乾隆时期才名副其实地成为诸仓的中心。与从明至清初一直存在的预备仓，以及在清代与常平仓并列发展的社仓、义仓相比，常平仓的特色是，其所收储的是通过采购和捐监（为取得监生资格的捐纳）所收纳的官谷，置于县城内，由官方管理、运营，有很强的官治性质。其功能以通过粮食买卖稳定价格为主，辅以出借及饥馑时的赈恤。

在乾隆初年米价上涨、粮食困难之际，清朝当初采用扩充捐监法[2]等确保仓谷的策略，努力充实仓储。然而仓储的充实，虽然在将仓谷投放到市场时具有抑制谷价上涨的效果，但在购买补充仓谷时，则必然与民间商人竞争，推高谷物价格。这一情况在乾隆四年已引起关注，浙江巡抚卢焯、贵州道监察御史孙灝、御史

---

① 星斌夫『中国社会福祉政策史の研究—清代の賑済倉を中心に』国書刊行会、1985 年。
　补记：本文写作后，关于常平仓制度，一些研究成果相继发表，不仅对常平仓制度史，还对清代经济史、国家史中常平仓的作用进行了更深入的挖掘和探讨。参见山本進「清代前期の平糶政策—採買・倉儲政策の推移」『史林』71(5)、1988 年 9 月；黒田明伸「清代備蓄考—資産形態よりみた経済構造論」『史林』71(6)、1988 年 11 月；Pierre-étienne Will, trans. by E. Forster, *Bureaucracy and Famine in Eighteenth-Century China.* Stanford University Press, 1990；Pierre-étienne Will and R. Bin Wong, eds., *Nourish the People: The State Civilian Granary System in China, 1650-1850.* Center for Chinese Studies, The University of Michigan, 1991。
② 《高宗实录》卷 61，第 1 页。

徐以升等先后奏请通过削减采购额以稳定米价。① 卢焯是浙江巡抚，孙灏、徐以升都是浙江人，包括言及浙江的情况等在内，他们的内容多有重复，可以推测三者之间存有某些联系。他们指出近年来官方采购过多，导致长江流域米价上涨，因此提议将官方的采购限于非常时期（徐以升），或按"官三民七之法"，限制官方采购的比例（卢焯）。对于这些限制采购的提案，大学士等经过议论，以"官三民七"的实施反而会导致规定繁杂，损害供需均衡，以及平时若不备荒，一旦到了非常时期将措手不及等理由驳回提案。

然而，在米价上涨的全国性、长期性被深刻感受到的乾隆七年前后，购买粮食补充谷仓的困难，以及对稳定米价的负面影响，重新引起政府的注意。在乾隆八年四月的上谕中，乾隆帝承认米价上涨的原因在于购买粮食补充谷仓，于是决定，虽常平仓的原额不可缺，但向邻省采购与捐监收米则一概暂停，等米价下跌后再行购买补充。② 但是，停止向邻省采购和捐监收米的措施必然导致仓谷的不足，于是他在翌年正月下谕：

> 今因有停止采买之令，遂任仓谷缺少，置而不理。一处
> 如此，各处效尤，将来必致粜借无资，又似昔年仓谷，有名
> 无实。如此因循，固非设立常平本旨，又诋朕停止采买之本

---

① 《上谕条例》乾隆四年户例《官商采买米石因地因时办理》；《湖南省例成案·户律市廛》卷34《采买仓谷听官商各自交易严禁牙行不许高抬时价》；孙灏：《酌减采买额数疏》，《皇清奏议》卷35；《上谕条例》乾隆五年户例《米谷因地因时采买》。

② 《高宗实录》卷189，第1页。

意乎?①

　　此谕旨以责备督抚怠慢的形式，督促确保仓谷。是年二月，各省恢复了缴纳实物的捐监。②

　　在三年后的乾隆十二年十二月，乾隆帝就米价上涨的原因及其解决对策咨问各省督抚。③ 就米价上涨的原因，乾隆帝列举了囤户居奇、户口繁滋、水旱偏灾及仓储采购四点，但是咨问的重点，以及各省督抚申答的重点都在第四点，即仓储政策上。针对这一咨问，从次年正月到八月，各省督抚相继提交了答复。④ 整理其中有关仓储政策的意见来看，倾向于缩小仓储的，有护理安徽巡抚舒辂、署理湖北巡抚彭寿葵、湖南巡抚杨锡绂、两江总督策楞等，他们主张以定额的半数到八九成，或以现在的实有储存量为限度，采购不超过这一限度；主张维持仓储额的，有河南巡抚硕色、贵州按察使介锡周、甘肃巡抚黄廷桂、陕西巡抚陈弘谋等；而作为中间意见的，有提议应考虑地域性差异，改善采购方法者。从地域上看，谷物商品流通不发达的西北、西南地区的督抚比较强调积储的必要性。与此相对，处在谷物流通干线上的地区则倾向于主张缩小积储，这是容易理解的。以这些答复为基础，从十三年七月到十二月，中央政府定下了结论，在云南、西安、甘肃这些边境及军事要地，以乾隆年间的定额为基准；福建、广东、贵州

---

① 《高宗实录》卷 209，第 8 页。
② 《高宗实录》卷 211，第 16 页。
③ 《高宗实录》卷 319，乾隆十二年十二月戊辰上谕。
④ 关于这些答复的内容，参见全汉昇《乾隆十三年的米贵问题》，《庆祝李济先生七十岁论文集》，台北，1965；Wong, *The Political Economy of Food Supplies in Qing China*。

等省，地处山地，商贩不通，以比雍正年间的旧额稍多的现额予以固定；除此之外，其他各省都减少定额，恢复到雍正年间的旧额。[①] 据星斌夫的研究，乾隆十三年，对仓储额的抑制，加上常平仓功能的多样化，使得这一年成为清代常平仓政策的一大转折期。

综上所述，乾隆初年的仓储政策，每逢数年一度的米价小高峰，议论就会增多，并在积储的必要性与采购致使米价上涨的两难中摇摆。但以乾隆十三年为契机，朝积储政策缓和的方向转换。

三 税粮蠲免与减租

在本节的最后，将论述这一时期的税粮蠲免问题。税粮蠲免本身未必是粮食政策，而且乾隆初年也不是蠲免政策特别显著的时期。但是在因粮食不足而贫富对立加剧的时期，围绕税粮蠲免及其与此相伴的贫富间分配问题，就会与当时的粮食政策相互交错。税粮的蠲免从大体上来区分，有灾害蠲免和特恩蠲免两大类。在乾隆初期，乾隆帝除了在十一年到十三年对全国的钱粮轮番免除，还经常在灾害时进行蠲免。就蠲免本身而言，无论自己还是他人，都认为这是善政，没有人持反对意见。问题是，正如乾隆帝在即位后不久的雍正十三年十二月的上谕中所言，国家的恩泽也应惠及佃户等贫民。

> 治天下之道，莫先于爱民。爱民之道，以减赋蠲租为首

---

① 《高宗实录》卷318，第44页；卷319，第6页；卷331，第33页。
补记：此外，这样的仓储额削减对策实际上并没有实行，到乾隆末年为止仓储量继续增大的情况，已被近年的研究所指出。参见山本进「清代前期の平糶政策—採買・倉储政策の推移」『史林』71(5)、1988年9月等。

务也。惟是输纳钱粮，多由业户，则蠲免之典，大概业户邀恩者居多。彼无业贫民，终岁勤动，按产输粮，未被国家之恩泽，尚非公溥之义。①

国家的恩泽也应惠及佃户等贫民这一目标，同样是毫无异议，但是，具体应该采取怎样的策略来实现呢？

从蠲免特别应该使贫民得到实惠的立场出发，主张设立有差别的蠲免额的提案被零星地提出。比如乾隆四年两江总督那苏图上奏道：

> 蠲免原为贫民。请此次饬令各州县查明凡额征银五钱以下，概准蠲免。五钱至五两者，计全免穷户之外，将所余之数，均匀分数蠲免。其额征五两以上，毋庸蠲免。至佃户纳租，向照免数量减，仍恐富户隐瞒取索。不若止免贫户钱粮，较减租得有实济。

对此乾隆帝下旨："卿能如此悉心酌议，如此担当办理，实属可嘉之至。"② 此外，乾隆二十二年六月的上谕命令蠲免河南受灾地区时，指明不包括富家。

> 将乾隆二十三年应征地丁钱粮概予蠲免，此朕优恤穷黎之意。其富家大族，田连阡陌者，如亦一例邀恩，是国家旷

① 《高宗实录》卷9，第2页。
② 《高宗实录》卷91，第18页。

典，为若辈附益之资，殊非惠鲜本怀。着该抚查明，田逾十顷以上者，不必蠲除。倘田本一家，而分寄各户，希冀滥邀蠲豁，即行按律治罪。①

另外，在对同年同月乾隆帝南方巡幸所经地方及上年秋因歉收州县进行税粮减免时，托恩多上奏，应区别大小户，首先对小户进行蠲免。对此乾隆帝下谕："所奏甚是……大户少占一分，则小户多受一分之益。"②

然而，从蠲免的恩泽应惠及贫民的观点来看，随着蠲免出现的减租也是值得关注的问题，过去出于对清朝国家阶级性质的问题关心而予以关注的，正是这一点。③经君健的近作《论清代蠲免政策中减租规定的变化——清代民田主佃关系政策的探讨之二》④，利用实录及成案汇编等史料，收集了从康熙九年到乾隆六十年约20个关于蠲免时的减租规定，追寻其变迁的轨迹。据此，作为乾隆初期蠲免时减租的国家方针，在雍正十三年十二月的上谕、乾隆五年五月雅尔图就减租方案向户部的答复、十年七月就全国性免税时减租的大学士的答复、十一年八月就福建罗日光抗租暴动的上谕及十四年三月答复山东学政李因培减租案的上谕等中能够共同看到的，无疑是在蠲免税粮时尽管劝导减租但不强

---

① 《高宗实录》卷540，第3页。
② 《高宗实录》卷541，第25页。
③ 参见森正夫「16-18世纪における荒政と地主佃戸関係」『東洋史研究』27（4）、1969年3月；近藤秀樹「清朝権力の性格」『岩波講座世界歴史』第12；宮崎一市「清代財政の一齣-2-清代初期の租税減免について」『釧路論集』(9)、1977年11月。
④ 《中国经济史研究》1986年第1期。

制——与"劝导减租"相比，更强调"不强制"——为基调的
方针。①

康熙、雍正年间的减租政策明确指出了减租率及减租额，与
此相比，乾隆年间减租规定的显著特征是不明示减租的额度。然
而，这并非固定不变的方针。比如从乾隆五年政府对雅尔图减租
方案的对应如下：过去受灾时的减租率，若受灾达五分时，免除
钱粮一分，其减额部分按地主七、佃户三的比例进行分摊。对此
雅尔图认为对佃户的减租率过于微小，提议应命令地主免去五成
的地租。② 受灾十分之年，则租全免。这看似极端之论，不过是当
时以华北为中心广泛实行的分租，即定率租的原理。对于这一上
奏，乾隆帝的旨意是，对当时的河南，按照雅尔图的请求执行，
至于其他各省是否照此实行，则由大学士、九卿复议。③ 可见，至
少在河南，雅尔图的提案是被认可的。但是大学士、九卿的复议，
是遵照继雅尔图提案后河南道监察御史陈其凝提出的反对意见，
认为不应该官方规定减租率，而驳回了雅尔图的主张。陈其凝的
议论内容大致如下，在河南存在分收（定率租）和包纳（定额
租）两种方法，即使是包纳，其额的上限规定为十分，地主与佃
农对纳租的比率根据每年的收成进行商量。因此，受灾五分之年，
如果根据恩旨免除一分的话，那是将纳租额减少到十分额数中五
分的基础上再减一分，变成四分，并不是像雅尔图所说的缴纳九
分。因此，雅尔图的提案没有意义。此外，来自官方的减租命令

① 《高宗实录》卷9，第2页；卷120，第5页；卷254，第4页；卷273，第26
页；卷336，第16页。
② 雅尔图：《心政录奏疏》卷2《奏为请定交租之例以恤贫民事》。
③ 《高宗实录》卷118，第6页。

可能引发抗租。[1] 他们对雅尔图方案的批评，除了指出雅尔图的提案已经作为民间习惯被实行这一事实，这一时期政府经常表露出的对抗租的担心，也是主要理由之一。最后，雅尔图的提案被驳回，依然如雍正十三年十二月的谕旨，对减租率采取不明示的方针。

如上所述，尽管雅尔图的提案最终被驳回，但并不是因为违背了雍正十三年的谕旨而从一开始就得不到认可，而是从河南租佃关系的实情出发，判定他的减租政策有害无益而予以驳回的。在抗租频发的江苏等地，以保障地主收租为目的，地方官对减租率经常给予明示。比如乾隆十年七月江苏巡抚陈大受在《江苏蠲免钱粮酌议事宜》中奏道：

> 吴中佃户抗租，久成锢习。况业户现邀恩免，顽佃尤得借词赖租。今酌议业户收租照蠲免之银，酌减分数，如业户邀免一两者，应免佃户五钱。

结果乾隆帝的旨意是："所议尚属留心，行之则仍在人（地方官）耳。"[2] 在乾隆二十四年九月江苏巡抚陈弘谋的《业佃公平收租示》中，劝诫佃户抗租道：

> 为此晓示苏松常太等业田人等知悉，除佃户已经完租，业主已经饶让，彼此相安者，毋庸另议外，凡有未曾完租者，

---

① 《上谕条例》乾隆五年户例《遇灾收租业户自行酌量减免不必官为定例》。

② 《高宗实录》卷245，第23页。

各照田内所收分数完纳租米，如有分数未明者，即将所收各半均分。①

可见，尽管减额的基准不同，但是对减租率和纳租率都给予了明示。此后，在乾隆三十二年四月的上谕中，在漕粮减免之际命令道："各业户等，照每亩应蠲漕米数内，又令佃户免交一半。"又于乾隆三十五年正月的上谕中轮免钱粮之际命令道，"照应免粮银十分之四，令佃户准值减租"，即劝告各地主照蠲免额的四成减租。② 可见，明示减租率的例子在全国范围内也并非不存在。

如上所述，蠲免税粮时没有明示减租额，而是任由地主裁量的方针，是乾隆年间的特色，但也未必是一贯的固定不变的原则。并且，从几个明示减租额的减租提案被中央政府驳回的例子来看，这样的提案也经常由地方官提出——而且并没有对既定的法令提出异议和要求改正的明确意见——每次经中央高级官僚会议被驳回，这样重复的过程，不得不让人考虑这些上谕、条例之类是否具备作为法令的性质。这一点想在下节中进行讨论。

---

① 《培远堂偶存稿》卷 45《江苏二》。

② 《高宗实录》卷 783，第 20 页；卷 850，第 12 页。宫崎一市和经君健两人都认为乾隆年间这样的明示减租率是例外情况，雍正十三年谕旨的基调并没有改变。笔者的观点将在下一节中阐述。宫崎一市「清代財政の一齣-2-清代初期の租税減免について」『釧路論集』(9)、1977 年 11 月；经君健：《论清代蠲免政策中减租规定的变化——清代民田主佃关系政策的探讨之二》，《中国经济史研究》1986 年第 1 期。

第三节　清代经济政策中的不干涉论

上节以禁止酿制烧酒、禁止囤积等限制流通的问题，以常平仓为主的仓储政策，以及减免税粮时的减租问题为中心，概述了清代中期粮食困难时期政府的粮食政策。其政策决定上的相关争论点似乎都可以归结为，对粮食流通和分配，政府是介入还是放任民间的自由经济活动。在这些议论中，作为各种主张基础的正当性，可以从哪里去寻求？人们在议论这样的问题时，又企图通过怎样的理论来说服对方？在本节中，希望就围绕粮食政策讨论当时人们所共有的思考构架，以不干涉论为中心，略微详细地加以探讨。

围绕粮食问题不干涉论的主旨，大而言之可以概括为两个问题意识。第一个问题意识是，自由放任可以带来高效粮食流通的主张，反而言之，就是把政府的介入当作阻碍高效流通而予以批判。

乾隆九年，左副都御史范璨根据自己任安徽巡抚时的经验，这样批判了伴随处罚规则和强制的禁止囤积政策。

> 臣窃虑富家平日必有亲熟之牙行，既不许其闭籴，自群趋于便捷。其深山穷谷之中，驮运尚艰，若滨水州县，舟楫可通，何难朝呼夕至，搬运一空？夫向日所患，民之贫者无担石之储，空虚犹居半也。迨富者一无留余，此日之空虚，乃真空虚也。……臣愚以为，民间患其浪费而喜其积蓄，所以崇墉比栉，古人最重盖藏，诚以天时难测，新旧交接之

际，重可虞也。……设当其时，非富民之尚有盖藏是赖而谁赖乎？①

也就是说，只要富户不囤积民间就能有廉价的谷物流通的说法，只是片面之词，如果严禁囤积，富户将谷物卖至外地，反而会导致本地域内的谷物不足。富户的囤积，具有防备紧急时的积储功能，不应该加以阻止。

乾隆十二年末米价上涨时，在答复皇帝的咨问中谷物流通自由化立场非常明确的两广总督策楞，对囤积、典当问题大致提出了如下意见。现今米价上涨的原因，在于官方稳定米价政策存在缺陷。第一，价格统制。官方规定价格、检举囤积户和米牙（行）、对米价实行检查等繁杂措施，使得米商的费用增加，结果导致米价上涨，同时阻碍了粮食的流通。第二，出售粮食令。村落中富户所拥有的储蓄本来是歉收时的依靠，现在由于禁止囤积政策，富户储存的米减少，且招致了贫民强行要求出借粮食及抢夺粮食的恶习。第三，对粮食外运的稽查。客商在外运粮食时，在装运地刁难阻止，并且对民间的遏籴事件处罚很轻，从而给商人以不安感，导致粮食流通不畅。第四，禁止典当。以前农民用米典当，可以设法周转家计。自禁止典当后，农民不得不在米价低贱的收获期出售、在米价上涨的青黄不接时购入，这中间遭受了很大的损失。以上，策楞指出由官方介入的稳定米价政策起的都是反效果，并强调与停止采购常平仓米一道，让粮食在民间自然流通。最后，他以采取消极、放任政策的提议来结束奏文。

---

① 《上谕条例》乾隆九年《户例·歉岁劝谕富户平粜米谷》。

> 总之治粟如治水。澄之则清，淆之则浊。必知真确，方
> 可施行。如尚在两歧，不妨姑缓。……今日米价之昂，实筹
> 办之过，非法之弊也。①

在要求重新考虑常平仓政策的削减采购论者的议论中，也有通过与高效流通的关联来主张不干涉政策的。比如，御史徐以升在乾隆四年的上奏中大致论述如下：流通之术不若商贩自行转运，争利恐后，见闻最速，又无簿书期会之烦，书吏舞弊之患。然而官买一开，价值高腾，且官为贱卖，以致商贩裹足不前，闭门观望。②

上述这些自由流通论，主张的并不是直接立足各个经济行动者立场、作为权利的"经济自由"，显然其立论的依据，是通过个人对私利的追求而实现流通的高效化。

而不干涉论背后的第二个问题意识，在于防止粮食暴动这一点。

在蠲免税粮时不明示减税额的乾隆朝的方针，其背景中存在政府对减租令会引起抗租暴动的担心，这已经不止一次被指出。然而，这样的担心不仅限于抗租暴动，在政府对当时各种各样的粮食暴动的关切中都能见到，比如范璨指出的对命令富家出售粮食会诱发抢米的担心。

> 若大张告示，不许久贮，保无奸顽之辈，声言朝廷之惠

---

① 《高宗实录》卷311，第43页。
② 《上谕条例》乾隆五年户例《米谷因地因时采买》。

爱穷黎若此，煽惑良全，纠党成聚，或踵门凌辱，或逞殴行凶，或本属小康而妄称巨户，或稍留食用而指有余藏，或勾通地方总甲而私相勒诈，或朋比衙门胥吏而装点捏呈，其尤甚者，本其挟制之有因，肆其抢夺之恶习。此皆未可定者而富民不重累乎？①

或者，在担心发生以减租命令为借口的抗租上谕中所指出的：

佃民多属贫无聊赖，其中贤否不一。丰收之岁，尚不免凌其佃户抗负租息。今若明降谕旨，令地方大吏出示饬遵，在田主既不能强以必从，而顽佃更得借端抗欠，甚至纷争斗殴，狱讼繁兴，田主惩前戒后，势将收田另佃，贫民转致失所。②

再者，在提议劝谕富民主动赈恤贫民的上谕中所指出的：

御史王显绪所奏，东省办赈，请令殷实之家，具呈自行养赡灾民，交部议叙一折。……地方官亲自散赈，饥民尚恃众恼涌，往往多事。富民非宗族，即姻戚邻里，无相临之势。强梁者多予之而无厌，不至攘夺劫掠不止。于是而执官法以绳之，彼灾民救死不赡，尚忍绳之以法乎？若纵而不问，是长乱也。③

---

① 《上谕条例》乾隆九年《户例·歉岁劝谕富户平粜米谷》。
② 《高宗实录》卷 336，第 16 页。
③ 《高宗实录》卷 313，第 3 页。

这些议论的共同之处，就是认识到要求民间地主富人救济贫民的指令，会诱发以此为借口的骚乱。从这里，一方面导出的是回避强制要求地主富人救济贫民的不干涉态度，随之而来的，是在官方权威的背景下，通过官府直接救济贫民，减少纠纷的发生。可以说，这一方针是乾隆初年积极赈恤政策的背景之一。因此，从这一时期不强制救济贫民中所能见到的不干涉态度，并不是基于地主富人这一民间有力者对周边贫民的支配观念，即不是建立在承认民间势力自治社会观的基础之上，相反，这是与不信任民间势力的自治能力，官府不得不保障每一个贫民生存的一君万民理念密切关联的。

概观当时不干涉论的逻辑，可以说都是以国家的放任和不干涉将带来流通的高效化或社会安宁的普遍利益——当时人们所认为的——为依据。这一性质普遍适用于所有的国家经济政策，所以或许会被认为是毫无意义的。同时，以普遍利益为当然目标的中国式论述方法，也可以被看作只是为了隐蔽地主富人阶级利益的表面化姿态。但是至少，这的确不同于以作为人格自由之必然结果的经济自由，或历史上持续存在的民间势力的自治主张为背景，将国家介入看作权利侵害加以批判的议论方法。不可否认的是，大约同时期的西欧，围绕"经济自由"的议论，不仅是作为社会稳定的手段，而且是具有以历史传统为基础，或以自然权利的理论性为基础来正当化各种权利间相互斗争的一面。而且，从理念上支撑国家制度不可逆变革的，正是"经济自由"论中的这种权利论方面。与此相比，清朝粮食政策中的"自由"论，是以放任与介入何者对普遍利益的实现更为有效这一手段的选择为问题所进行的议论。即使当时谷物自由流通的发展是中国历史上前所未有的现象，这样的思考框架自身也是传统之物。

这一思考框架的性质，也表现在选择放任或介入的政策决定的态度上。对皇帝、官僚来说，政策的分歧是怎样被认识，又是以怎样的方针来决定政策的呢？在当时的上奏文及上谕中，经常以"宽"与"严"，或"过"与"不及"这样的二元对立的形式来定位政策的性质。乾隆五年七月己丑的上谕，就是富有趣味的一例。其大致内容如下：

> 据御史沈世枫奏称，近年以来之督抚，每以寻常政务，不足以结主知而动众听，于是逞臆见以变法，矜一得以邀功。其说以为利民，而其实利未见而害随之……雅尔图抑令业主免租，李卫禁止躧曲……凡若此者，不过以身居大吏，欲见长以示振作，得可邀功。……伏祈特降明旨，申谕各省督抚，毋矜奇鬻异以逞其聪明，毋好大喜功冀邀夫嘉奖等语。朕临御寰宇，执一中以理万几。大臣为国宣猷，亦惟能协于中，方无过不及之弊。乃数年以来，朕见督抚中，阘茸委靡，苟且因循。……故遇有努力向前，勇于任事者……量加奖许，以示鼓励。若谓朕之简用督抚，所尚在此，而督抚意中，以为如此即足以副朕之期望，则全不知朕心者矣。沈世枫所奏亦不为无因，而亦有似是而非之处。……伊所陈奏，皆指办事失之太过者而言。若如硕色之报荒不实，尹会一之捕盗不力，不又失之不及乎。过与不及，皆非中道，为圣人之所不取。①

---

① 《高宗实录》卷123，第11页。

从上述上谕可知，雅尔图及李卫的积极干预政策被视为"过"。除了将"过"与"不及"进行对比外，正如过去也曾被指出的那样，在统治初期经常萦绕在乾隆帝脑中的，是"宽"与"严"的二元对立。[①] 在即位后不久的上谕中，他大致这样说道：

> 大抵皇祖圣祖仁皇帝时，久道化成，与民休息，而臣下奉行不善，多有宽纵之弊。皇考世宗宪皇帝，整顿积习，仁育而兼义正，臣下奉行不善，又多有严峻之弊。朕缵承统绪，继述谟烈……必如古圣帝明王，随时随事，以义理为权衡而得其中，乃可以类万物之情，成天下之务。故宽非纵弛之谓，严非刻薄之谓。朕恶刻薄之有害于民生，亦恶纵弛之有妨于国事。尔诸臣尚其深自省察，交相劝勉，屏绝揣摩迎合之私心，庶几无旷厥职，而实有补于政教。[②]

"过"与"不及"的对比是关于官员态度的用语，"宽"与"严"是关于政策内容的对比，这两个对比概念未必重叠。然而重要的是，正确的政策方式应该是在这两项对立之间执"中"，或者得"中"。这一表达方式中的所谓"中"是什么呢？"中"这一无内容的用语实际上指的是什么呢？其实，无内容才是"中"的正确含义。"中"的含义无非是对如下这种态度——臆测皇帝的意志在"过"或"不及"、"宽"或"严"这样固定的方针中，

---

① 萧一山：《清代通史》，商务印书馆，1928，卷中，第一篇第一章；戴逸：《乾隆初政和"宽严相济"的统治方针》，《上海社会科学院学术季刊》1986 年第 1 期。

② 《高宗实录》卷 12，第 30 页。

对此迎合并遵循外在的、固定的基准进行统治的态度——的否定。正面地说，所谓"中"，就是不固执于固定的方针，随时随事，根据情况，为得到最好的实质性效果而虚心努力。在当时的上奏文及上谕中频繁出现的"有治人无治法""因时制宜""因地制宜"等语，可以认为是这一相同思考方法的各种表达。

因此，上谕等所示的各种中央层面的决定，未必是严密制约地方官员的行动、不能越雷池半步的框框。相反，这些中央层面的决定，只是类似于汇总了根据各个地方、各个时期的情况所实施的无数政策向量并指示基本方向性的指导方针。正如前面已经提到的那样，尽管中央决定对蠲免税粮时的减租额采取不明示的方针，但是地方官经常提出与此相抵触的提案，并每次受到审议。这样的情况不正可以从中央政府决定的指导方针性质中得到理解吗？清朝的地方官在被要求遵循中央方针的同时，又被期待不拘泥于方针，而是通过周密的观察，顺应情况，为达到社会的安宁而采取最有效的对策。

以"中"这一无内容的大原则——然而正因为无内容，才无法被否定——为基础，以顺应状况、取得最好的实质性效果为目的的态度，必然赋予政府的政策方针以对症疗法式、试行纠错式的性质。随着情况的变化，方针也理所当然要变。同时，在某些方针明显行不通时，也可以简单地向相反的方针转变。清朝粮食政策中乍看起来似乎毫无原则的"摇摆"振幅，应该可以从这样的清朝政治的基本性质中来加以说明。汇集于清朝各种条例集及会典事例之类的庞大条例，正好显示了在蜿蜒曲折中不断推行的清朝各种政策的轨迹。这样一来，如果仅从中挑选几个例子来论证清朝国家的结构性变化，就隐含了随意说明的危险。通过探讨几个条例，并不能证明偶尔选出的这几个条例所示的方向性不是蜿蜒前行过程中的局部，而是整条河流流向大的不可逆的转换。①

以上，就清朝中期的粮食政策问题进行了初步考察。那么，如果以这样的考察为基础，要对清朝经济政策的性质问题做一个暂定概括的话，将会是怎样的呢？姑且对应本章开头的问题设定，试加以总结。

第一，阶级基础问题。清朝经济政策的实际结果，的确遵循的是地主富人等经济强者的利益。但是，至少从政策决定者的主观意图来说，其所追求的是社会的安宁与大众的和谐生存这样普

---

① 在明清法制史方面，既有仁井田陞等将法令的改变解释为随着阶级关系不可逆变化的法律结构的质变，也有滋贺秀三、高桥芳郎等人认为法律构造基本不变，只是为了更加细密地把握现实，而做了些技术性修改的观点。本章的研究对象虽然属于社会经济史方面，与法制史的研究对象有所不同，但对于粮食政策的变化，笔者的看法接近于后者。滋贺对于法的调整过程的印象是"加减砝码以求天平平衡般的微妙调整的摆动"。滋贺秀三『清代中国の法と裁判』、129 页。对此，本章的印象是像河水奔流的曲折过程。这种不同是法制史与社会经济史对象不同的反映，但还是可以看到两者的共同本质。这一本质可以用"以实质性的最适合点为目标的试行纠错"来说明。

补记：关于乾隆年间的粮食政策与"中"的观念，秦蕙田的经筵讲义在解释《易》的"龙德而正中者也"时有非常有趣的议论（《皇朝经世文编》卷 1《治体·政本下》）。秦蕙田在论述"执中"就有必要权衡轻重，"本一善政，而奉行未当，以致不合乎中者"时，列举了下例。如为行积贮这一善政，官吏强行采购，结果导致米价暴涨，百姓罹苦。此外，压制地主保护佃户，结果导致地主穷困，不得不卖田于顽佃，顽佃则以抗租故智逆施于官吏，从而导致抗粮的刁风。秦蕙田指出，所有这些都是由于所行之法未得"平"，故难免失"中"的结果。出发点再好，所行之法不当，也会失"中"；相反，即使看上去带有弊端，但在一定程度上顺势而为，则未必不能合"中"。秦蕙田的这一论述明确表达了如下态度，即政策的正确性不是脱离实际情况而仅根据政策的内容本身来判断，而是重视综合了政策执行过程中各种各样具体因素——包括人民的纯朴或者顽固的风气，胥吏、差役对政策的阉割和滥用等——而得出的结果，据此来判断施政的是非。在这里，秦蕙田用"称物之轻重""权衡"即以秤的平衡等比喻来表达官吏根据情况来判断的过程。

遍性的利益，而不是维护地主富人这一小部分人的社会利益。实际上，对地主富人进行压制的政策并不少见。如果考虑到社会安宁与大众和谐生存这一目的本身，就是要维持现存的阶层性社会结构的稳定的话，那么，清朝经济政策的阶级性质，是不言自明的。然而与此同时，国家所追求的正当目的，并不是维护社会各构成要素所拥有的固有权利，相反，所有个人、集团的利益被认为应从属于社会的普遍性利益。如果将此视为中国传统经济思想特征的话，那么，缺乏维护阶级利益的想法才是意味深长的问题。

第二，国家结构问题。在广大的中国，粮食问题以各种各样的形式出现，地方官被要求与此相适应、"因地制宜"地解决问题。但是，这并不意味着地方官可以按照地方利益独立决定经济政策。比如为了确保地域内粮食的遏籴政策，被看作地方性的利己主义而严加禁止。"因地制宜"的根基，毋宁说是不相信终极利益对立的极其普遍主义信念的存在，即只要随时随事以义理来权衡，就自然而然能和谐地解决。在清朝的经济政策中，中央指令只不过是一种指导方针，地方则根据情况而采取多样的政策，但是这并非企图积极地确定中央指令所不及领域的自治主义，相反，在当时的人们看来，这是为了使中央统治的触手能更为灵活地触及各个角落的手段——尽管在实际上与放任没有什么不同。

第三，经济政策中的介入与放任问题。正如从本章所能见到的那样，清朝政府经济政策的特征，绝不能说是压制性的全盘介入。就像等待水自然地澄清一样，寄望于民间经济的自然调整力的放任论，也是非常强有力的，政府在相当程度上被这一力量所左右。当时围绕介入与放任的议论，并不是诘问介入与放任的伦理是非，而是根据当时的情况来判断作为社会稳定手段的优劣。

因此，政策一旦碰到僵局就可以简单地被转换。如果必须以介入或放任来表达当时经济政策的特征的话，那么或许可以说，那既不是介入，也不是放任，而是在介入与放任之间"摇摆"——在介入与放任之间进行实质论、结果论的判断与选择。

* * *

以 19 世纪后期为界线，中国经济政策的当然课题，是从维护社会安宁的静态目标，向追求富强和经济发展的动态目标转变。更确切地说，中国迫不得已地被卷入没有后者就不可能实现前者的状况。本章所论述的经济政策的传统特征，在这个过程中有怎样的发展呢？对此笔者的看法还不成熟，但作为讨论的素材，谨阐述若干个人见解如下。

史华慈（B. Schwartz）在其著名的严复评传中，探讨了欧美自由主义思想在传入中国之际所经历的微妙的意义解读的偏移问题。即对于严复来说，自由主义的价值并不是像西欧所认为的在于个人的自由本身，而是在于认为自由主义所产生的"能动性、目的性行为、气力、进取性"能成为中国发展的重要精神支柱。对严复来说，所谓自由主义，是实现富强这一目的的手段，而不是对压制个人的国家及组织力量——只要这些有助于发展——从原理上的反抗。[1] 史华慈强调了传统儒教的反经济性质与近代富强论之间的断层，将严复对自由主义理解的特征，主要从严复具有

---

① B. I. Schwartz, *In Search of Wealth and Power: Yen Fu and the West*. Harvard University Press，1964.

落后国家的危机意识来加以说明。然而，如果进一步往前追溯的话，严复的自由观与传统中国经济思想中的自由论——作为达到全体社会福利手段的自由放任——可以说具有某种亲近性。当然，严复所关注的问题是与精神性、内发性的能动力量相关的，这与苦心于解决粮食问题的清代中期官僚的放任政策，其问题的深度迥异。但是，在中国的传统经世论中，"自由"常常被看作为了全体福利的手段，这一思考框架在深层为严复所继承。

在"稳步"与"急进"① 之间曲折摸索的现代中国经济路线，其中能显示中国特色而被既往研究者关注的，是带有平均化和集团化特征的"急进"方面。在中国的传统经济思想中，"经济自由"论——在全社会的名义下批判国家的过度介入，主张自由放任有益于全体利益的观点——作为一种强大的潮流一直存在着。

对于现代化来说，多大程度的自由化是最恰当的呢？如果要从这一提问方法及在此之下自由化和紧束化不断反复交替的过程中，发现与传统中国的经济政策具有超越现象性、表面性的相似之处的话，则或许在于如下这种相同的政策形成方式上。即政策不是作为不同利益阶层对抗力的均衡点而形成——这种情况下，在政策变更过程中，各社会性实体所具有的阻力相互作用——而是当政者作为社会全体利益的体现，在摸索最合适的政策过程中拟定政策。不用说，现在中国的各种政策，并不能看作与清朝一样是"因时制宜"的权宜手段，而是每每以科学真理及对革命的忠诚这样科学、伦理的正当性为基础出现在人们面前的。

---

① "稳步与急进"这一用语，借用自卫藤沈吉。衞藤沈吉「中国革命における稳步と急進」『中央公論』83（7）、1968 年 7 月。

第九章

关于清代的"七折钱"惯例[*]

　　从明代中期到清代,在中国,银与铜钱是主要的流通货币。并且,银一般是用两、钱等重量单位来表示的称量货币。与此相对,铜钱是以表示其个数的"文"为基础单位来表示的计数货币。^① 这是中国经济史的常识。然而,清代中期以后,在以江南三角洲为中心的若干地区,存在比如"七折钱若干两"这样尽管是铜钱,但以"两"等重量单位来表示的特殊惯例。这种惯例下的铜钱,在史料中虽有"八折串钱""六八钱"等多种名称,但在本章中,我们姑且采用其中较为常见的名称,以

---

　　* 　本章原刊于『お茶の水史学』(30)、1987 年 4 月。

　　① 　这里之所以没有用"银以其重量来表示,铜钱以其枚数来表示"这样直截了当的表达法,而是以略显拐弯抹角的方式来表达,是由于作为银计算单位的"两"和作为银本身重量的"两",以及作为铜钱计算单位的"千文"和实际铜钱的千个,并不一定是一致的。

"七折钱"①　惯例这一用语来总称此惯例。

　　"七折钱"惯例仅仅是偶然的地方惯例，还是蕴藏着事关明清货币制度基本性质的某些问题点呢？关于这一点，这里还无法予以回答。或许这只不过是毫无意义的部分地区的惯例也未可知。果真如此的话，本章的探讨就难免被非难为钻牛角尖似的多事者。然而，对物价史研究来说，为了防止在作为研究基础的物价资料的搜集过程中可能发生的错误，进一步推敲像"七折钱"惯例这样特殊的价格表示法，可以说多少还是有意义的。

　　据我所知，专门论述"七折钱"惯例的论著尚不存在，②　并且这一惯例似乎也还未成为明清经济史研究者的共识。在本章中，笔者将对偶然见到的"七折钱"惯例的诸例加以整理，希望就这一惯例所发生的时间、地域范围及其用途阐述几点见解。

第一节　"七折钱"是什么

　　1889 年，就职于中国海关的马士对中国各地货币、度量衡的抽样调查中，有两例类似"七折钱"惯例的报告。③

---

①　"七折钱"这一用语，在狭义上应该是指与八折钱、六折钱等相对的一两等于七百文的以两为单位的铜钱。本章用加引号的"七折钱"一词来总称包括八折钱、六折钱等在内的各种以两为单位的铜钱。"以两为单位的铜钱"或"钱两"等用语可说是更为精确，但有点生硬，因此在这里将使用史料中较为常见的用语。

②　不过，正如后面将要指出的那样，佐佐木正哉就这一问题有重要的论述。佐々木正哉「阿片戦争以前の通貨問題」『東方學』(8)、1954 年 6 月。

③　H. B. Morse, "Abstract of Information on Currency and Measures in China," *Journal of the China Branch of the Royal Asiatic Society* 24, 1889–1890.

来自南京的报告如下：

> "杭银"是银的一种，只用于特殊的目的。然而这只不过是计算的手段（并非实体）。"杭银"一两仅等于铜钱七百文。其用途，似乎仅限于支付从事婚礼、葬仪者的工钱及衙门差役的费用。

而有关福州的报告指出：

> 仅在土地买卖时，才使用被称作"纹广"的想象上的两，通常相当于制钱八百文。这是出于防止银市波动，并没有其他实质的交易意义。

正如金古（F. H. H. King）在其著作中所指出的，这一"杭银"和"纹广"，虽被称作"银"并用"两"来计算，但这个"两"所指的内容只不过是七百文或八百文的铜钱，每"两"相对的铜钱数并不受银钱比价行情的影响。在这一点上，这一计算单位与银并无关系，而是与铜钱有关的计算单位。[①]

上述情况与当时中国各地大量存在的短陌惯例具有相同的性质。所谓短陌，就是本来应该以一百枚铜钱称作陌，一千枚铜钱称作一串、一贯等，而以较少的枚数分别称陌、串和

---

① F. H. H. King, *Money and Monetary Policy in China 1845–1895.* Harvard University Press, 1965, p. 66.

贯的做法。① 与一串相当的铜钱数，因地方而各异，从与一千文相差不大的九百八十文等，到北京的五百文，甚至东北各都市的一百六十文，存在很大的差。② 某些地区对短陌惯例中所称的"串"或"贯"，以"七折钱"惯例中的"两"来称呼——如果这样考虑的话，"七折钱"惯例可以理解为短陌惯例的一个变种。③

然而，在使用的是与银有关的"两"为单位这一点上，"七折钱"惯例比其他的短陌惯例略显特异。并且，其产生过程比较明了，其使用虽多样但似乎仅限于特定的用途，这些点是耐人寻味的。以下就按此惯例所见的时间范围、地域范围及用途来加以探讨。

第二节 "七折钱"惯例的开始期

19世纪中叶，苏州府常熟县人郑光祖在随笔《一斑录杂述》

---

① 有关中国史上的短陌惯例，过去的研究颇多。近年研究成果有井上泰也「短陌慣行の再検討—唐末五代時期における貨幣使用の動向と国家」『立命館文学』(475/477)、1985年3月。

② 金吉通过很多实例进行了考察。King, *Money and Monetary Policy in China*, chap. 2.

③ 实际上，"七折钱"这一用语也使用于一般钱文表示的短陌惯例中。比如在中国第一历史档案馆、中国社会科学院历史研究所合编的《清代地租剥削形态》（中华书局，1982）所收的刑科题本中，能见到"种麦工本七折钱二千文"（第6页）等，就是此例。也就是说，这里实际是用铜钱七百枚作为"一千文"来表示的。该书中见到的以钱文表示七折钱史料的地区和时期有乾隆三十年江苏宝山县（第6页）、乾隆五十一年安徽英山县（第475页，不过是八折钱）、乾隆三十四年江西铅山县（第685页）及乾隆三十年江苏奉贤县（第779页）。

六 《银钱贵贱》中记述道：

> 自余所知，乾隆四十年以前，我邑钱与银并用。……
> 银一两兑钱七百文，数十年无所变更。故我邑至今银钱之
> 价已大更，而俗语尚以七十文钱称一钱银子（七文钱称一
> 分），七百文钱称一两银子，七十称十两，七十千称百两，
> 循其旧也。乾隆四十年后，银价少昂。五十年后，银一两
> 兑钱九百。

据此记述，乾隆初年，由于银一两等于钱七百文这一行情持
续了很长时间，因此产生了将钱七百文称作银一两的习惯，后来
钱价虽下跌，但这一习惯仍然延续。

陈昭南在关于雍正、乾隆年间银钱比价的研究中，分析郑光
祖的这一记述后指出，数十年间银钱比价没有变化的说法难以置
信；从记述的洋银价格的部分来看，乾隆四十年后，银价在一两
九百五十文以上。陈昭南以此为由，对这一史料的可靠性表示怀
疑。[1] 然而如图9-1所示，姑且忽略细微的波动，仅从银钱比价
的大体趋势来看，乾隆前期与其后相比，是钱价稳定地维持在高
水平的时期。

乾隆前期在物价上涨显著[2]的同时，有关货币使用的情况也
呈现出一大变化，即如黄印《锡金识小录》卷1《备参上·交易
银钱》的记事所示，在常州府无锡县、金匮县，以乾隆五年、六

---

① 陈昭南：《雍正乾隆年间的银钱比价变动（一七二三—九五）》，中国学术著
作奖助委员会，1966，第29~30页。
② 本书第三章、第四章。

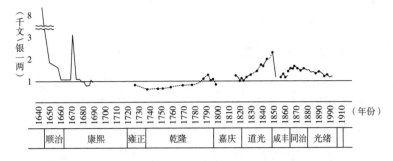

图 9-1 江浙银钱比价波动

资料来源：1645~1690 年，上海，叶梦珠《阅世编》卷 7《钱法》；1730~1781 年，陈昭南《雍正乾隆年间的银钱比价波动（一七二三—一九五）》，第 17 页；1819~1866 年，佐々木正哉「咸豊二年鄞県の抗糧暴動」『近代中国研究』(5)、東京大学出版会、1963 年、201 頁；1866~1904 年，小林幸夫「清末の浙江における賦税改革と折銭納税について」『東洋学報』58(1・2)、1976 年 12 月、60 頁。

年为分界线，出现了从使用银向使用铜钱的转换。此外，乾隆三十二年因文字狱被杀的松江府举人蔡显在《闲渔闲闲录》卷 8 中也记述道：

> 康熙中，凡交易用银。雍正间，银钱参使。尔来惟正之供，必经银匠易银完纳，其他大小事，靡不用钱，朱提久不见矣。民间法马夹剪，几成虚置。[1]

如上所述，在当时市面交易中，发生了铜钱代替银被大量使

---

① 这一记事在孟森的《闲闲录案》中有介绍。孟森：《心史丛刊三集》，商务印书馆，1917。

用，乍看之下似乎是货币史上的倒退现象。①"七折钱"惯例的产生，与这一变化不无关系。七折钱惯例成立的过程，可推测为尽管铜钱在市面上被大量使用，但在人们的心目中，价格仍然用银来表示，因此尽管交易中亲手交付的是铜钱，但价格是在一定的换算率下用银来表示的。

在我所知的范围内，实际的价格资料中，有关"七折钱"惯例的最早例子，是乾隆二十六年，在苏州府吴江县记录地主购买田地的账簿《世楷置产簿》②（苏州博物馆藏）中，作为田价记录的"7折串钱二两"③。在记录了从顺治十六年到道光三年的597件买卖的该置产簿中，与至乾隆三十年代为止几乎全部用银

---

① 为什么会出现这样的现象，是清代货币史上非常有趣但是过去很少被关注的问题，期待对这一问题能有专论出现。

补记：乾隆年间的铜钱问题正在迅速地成为清代经济史研究中关注的焦点。以《乾隆的钱贵》[『東洋史研究』45(4)、1987 年 3 月]为代表的黑田明伸的一系列研究，经过改订收入黑田明伸『中華帝国の構造と世界経済』。除此之外，主要的研究有足立启二「明清時代における銭経済の発展」中国史研究会編『中国専制国家と社会統合：中国像の再構成 2』；足立启二「清代前期における国家と銭」『東洋史研究』49(4)、1991 年 3 月；薫武彦「乾隆初期の通貨政策―直隷省を中心として」『九州大学東洋史論集』(18)、1990年 1 月；等等。这些研究未止步于钱流通扩大这一货币史事实上，并指出了"农产品市场的扩大"、"小商品生产的货币史表现"（足立启二），"能形成地区内流动性的钱与承担地区间结算的银的机能断裂"、"非均衡型市场经济的纯化"（黑田明伸）等经济史上的重要意义。

② 这一史料及后面将要提到的《世禄挹记》，是白凯思（Kathryn Bernhardt）善意地将她于 1982 年从苏州博物馆抄写的资料，让笔者复印并利用，在此对她深表谢意。

补记：另外，这一史料此后在洪焕椿编的《明清苏州农村经济资料》中以一览表的形式进行了整理。洪焕椿编《明清苏州农村经济资料》，江苏古籍出版社，1988，第 90~144、168~171 页。

③ 用阿拉伯数字书写的"7"，表示这个数字在原文书中是用苏州码子即中国记账数字记录的。

两表示相比，乾隆五十年代后几乎全是用钱文表示。能够看到用"七折钱"表示的，是在转变的过渡期，即从乾隆二十六年到嘉庆八年的银两表示和钱文表示同时并存的时期。如果在这一置产簿中"七折钱"惯例最早出现的乾隆二十六年是该惯例实际成立期的话，那么，就可以证明郑光祖把乾隆四十年以前数十年间的银钱比价稳定期看作这一惯例起源的记述是正确的。此外，作为显示乾隆二十年代后期"七折钱"惯例已经形成的例子，有后面将要叙述的苏州猪行的碑文，以及前述资料集《清代地租剥削形态》所收《江苏元和县倪汉林等顶买并加绝褚苍培租田耕种》中"乾隆二十八年间，倪阿再故父倪汉章与兄倪汉林，合出七折钱二十二两，顶得褚苍培租田十亩五分耕种"等，可知《世楷置产簿》中的比例并不是孤例。

第三节　"七折钱"惯例的地域扩展

在由 19 世纪末旅居中国的马士提供的上述报告中，以两表示铜钱的用例仅南京用于支付庆吊及福州的土地买卖两例。然而，散见于清代各史料中的"七折钱"的用途并不仅限于此，其地域也不仅限于这两个地方。在本节中，希望以"七折钱"主要被使用的不动产关系的用例为中心，对其使用的地域范围加以确认。

一　江南三角洲地带

1. 常州府

在东京大学东洋文化研究所（以下简称"东研"）所藏清代

后期的土地文书群①中，与常州府有关的两组史料可以明确证明这里曾盛行"七折钱"惯例。

"东研"所藏武进朱氏文书，包括从乾隆五十九年到道光十四年的卖田契 36 件，在所有的卖田契中都使用"七折钱"。其格式，各契大致相同，这里选取与"七折钱"有关的部分。例示如下：

> 卖契②
> 立卖田文契管纪宗，今将……上下脚田贰亩参分……今因正用，情愿卖到朱名下耕种办粮为业，当日凭中议定得受上下脚田价银贰拾柒两陆钱正，其银随契交足……
> 计开　制钱柒折足兑，取赎时柒式足串……
> 嘉庆陆年拾贰月　日立卖田文契管纪宗（押）……

如果仅从契约的正文来看，似乎是以银支付的，但从后面"计开"以下的内容可知，这实际上是"七折钱"。这一注释估计是卖田时 1 两 = 700 文，后面回赎时是 1 两 = 720 文之意，即回赎时增加约 3% 的铜钱额。③

---

① 关于这些土地文书群的大致内容，参见浜下武志等编集『東洋文化研究所所藏中国土地文書目録·解説』（上·下）、東京大学東洋文化研究所附属東洋学文献センター、1983·1986 年。本章利用了"东研"所藏文书群的若干种。在该书中，担任每种文书群的解说者如下：武进朱氏文书——上田信、无锡陈氏文书——久保亨、江苏文书——臼井佐知子。关于"七折钱"，在这些解说中以对文书词语注解的形式被个别地提及。

② 文书号 2-7。

③ 上田信提到了这一比例的差异，认为"两者之差（平均每两 20 文）可推断为具有利息的意义"。浜下武志等编集『東洋文化研究所所藏中国土地文書目録·解説』（上）、32 页。

"东研"所藏从 18 世纪后期开始到 19 世纪的无锡陈氏文书，同样能见到"七折钱"的大量使用。卖田契中的价格表示法，与武进朱氏文书大体相同，在契约中写有"田价银若干两正"字样，后面用小字注释"计开回赎钱串七十二"等。与朱氏文书的不同之处是，只指出了回赎时的比率。出售时以银支付，仅在回赎时以同样两数的七二钱支付也是可能的，但是从当时钱日渐贬值的趋势来看，这样就会造成卖田与回赎时价格悬殊的结果，因此这种可能性不大，应该是卖田时也使用"七折钱"支付，只是在契面上没有写明罢了。此外，在房屋宅地的卖契（文书号 11-60 等）、房屋租借时的顶首（保证金）及租金（文书号 11-35 等），以及总甲等的劳务承包费（文书号 11-4 等）中，也使用了七二串、七折四底串等各种"七折钱"。[①]

2. 苏州府

关于苏州府城及其周边地区，在下一节叙述的行会关系的史料中，也能见到一些使用"七折钱"的例子。

在前述《世楷置产簿》及同为苏州博物馆收藏的《世禄挹记》等与乡村土地买卖相关的材料中，能够见到从 69 钱到 72、75、76、77、78、80 折串钱等多种多样的"七折钱"。《世禄挹记》可推测为元和县的置产簿，记录了从乾隆三十七年到光绪十二年的 188 起买卖。当中以"七折钱"交易的，有从嘉庆十七年

---

① 此外，川胜守通过分析《嘉庆租簿》，推测它与"东研"所藏无锡陈氏文书原本是同一式样的东西，其中也能见到"七折四底钱四两"的用语。川胜认为，这些以两表示的价格，本应该是"田价用银缴纳"，但实际上以铜钱缴纳。川勝守「一九世紀初頭における江南地主経営の一素材—九州大学所蔵『嘉慶租簿』の分析を通して」『九州大学東洋史論集』(14)、1985 年 12 月、225、226 頁。

到同治九年的 16 起。

3. 松江府

华亭县人姜皋在附有道光十四年自序的《浦泖农咨》中，指出了乡里的贫困化及田地价格的低落，并论述道：

> 三十年前，亩值七折钱五十两者，及甲戌歉收后，已减十之二三，自癸未至今，则岁岁减价矣。癸巳冬间，此等田欲以易钱十千，无受之者。

在这一记述中，尽管用"七折钱"表示和用钱文表示的价格混合存在，但可以知道田价从 35 千文下降到了 10 千文以下，即跌到了原来的 1/3 以下。

从后面将要叙述的行会史料中可知，上海县也存在使用"七折钱"的情况。

从上述包括南京的"杭银"及常熟郑光祖的记述来看，在江南三角洲地带，"七折钱"惯例大致分布在从南京到武进、无锡、常熟、元和、吴江、华亭、上海等江南三角洲北部到东部一带。在"东研"所藏的土地文书群中，江北的通州、宝应及三角洲南部的嘉兴县等文书中看不到使用"七折钱"的例子。现在可供调查的文书还极其有限，毫无疑问还不能得出在江北及江南三角洲南部不存在"七折钱"惯例的结论，不过首先可以确定的是，在江南三角洲北部及东部地区，能够广泛看到"七折钱"惯例。

二　福建

前述马士调查中已经指出，福建存在名为"纹广"的以两表

示的铜钱，该地区的情况又如何呢？众所周知，福建与土地有关
的文书，有傅衣凌介绍的永安县文书群。^① 永安清代属于延平府，
地处距福州逆闽江—沙溪而上 250 千米左右的福建西部山区。傅
衣凌在介绍该文书时，选取从明代嘉靖年间到清末光绪年间的 21
件买卖、典田契约，将契价（以银计价）制作成表。其中的 8 件
契约记录了如表 9-1 所示的铜钱换算率，除第一件外，我们能见
到的换算率都是银一两＝钱八百文。

表 9-1　永安土地文书中的银钱换算率

嘉庆六年银 7 两 5 钱	折钱 1000 文
八年银 25 两（九八色）	折钱 20000 文
十三年银 6 两	折清钱 4800 文
道光元年银 6 两	折铜钱 4800 文
六年银 5 两	折清钱 4000 文
同治二年银 9 两 5 钱	折清钱 7600 文
四年银 15 两	折钱 12000 文
光绪十七年银 5 两 5 钱	折清钱 4400 文

　　佐佐木正哉敏锐地将常熟郑光祖的记述与这一事实联系起来
指出："嘉庆时银一两＝钱八百文本来就存在疑问，而同治、光绪
年间的情况也与此一样，那是令人费解的。然而依然一律按照银
一两＝钱八百文来折算，恐怕是如前文提及的郑光祖所云'俗语
尚以七十文钱称一钱银子'那样，由于此地区长期维持银一两＝
钱八百文的比价，所以在实际行情已经变动之后，仍然在形式上

---

① 傅衣凌：《明清时代永安农村的社会经济关系——以黄历乡发现各项契约为根据的一个研究》，傅衣凌：《福建佃农经济史丛考》，福建协和大学，1944。

继续使用。"① 该文书中虽然没有使用"纹广"一词，没有采用"纹广若干两"这样直接的表达方式，但是从以银表示的价格每次都换算成钱的表示方式来看，其实际情况显然与"纹广"是相同的。此外，据杨国桢近年来的介绍，在福建北部的土地文书中，能见到一个嘉庆九年的银一两＝钱八百五十文换算率的例子，② 姑且附记于此。

三　其他

如上述福建的例子所示，尽管在名义上用银两表示，但实际上授受的是与市面银钱比价不同的比率固定的铜钱，结果其所表示的银两与现实的银无关，只不过是铜钱若干文的别名。这样的例子在其他地方也能见到吗？在《清代地租剥削形态》的刑科题本中，散见几种可能属于这一情况的材料。比如，在与乾隆二十二年浙江黄岩县的杀人事件相关的例子中，加害者为使受害人之妻不提起上诉，"小的凑了二十六千四百文钱作银四十四两"交给了对方。此外，乾隆四十六年，在湖南邵阳县，有出卖田地时"议价银七十六两，每两作钱七百六十文，共钱五十七千七百六十文"的例子。前者一两＝六百文，后者一两＝七百六十文的比率，对照当时全国银钱比价分别为一两＝七百五十文以上、九百文左右③的情况，可知都是过低的。即使采用的不是把铜钱直

---

① 佐佐木正哉「阿片戦争以前の通貨問題」『東方學』（8）、1954 年 6 月、2 頁。
② 杨国桢辑《清代闽北土地文书选编（二）》，《中国社会经济史研究》1982 年第 2 期，第 109 页。
③ 参见陈昭南《雍正乾隆年间的银钱比价波动（一七二三—一九五）》，"二、银钱比价的长期波动"。

接以两为单位来表示的七折钱这样成熟的形态，只要使用的是与
市场比价不同的固定比率就可看作广义的"七折钱"惯例的话，
那么，该惯例可能在全国范围内广泛存在。

第四节　"七折钱"的用途

那么，"七折钱"是否被用于日常生活中的所有场合呢？答
案似乎未必如此。据我所知，在以下的领域能见到"七折钱"的
记载。

一　不动产买卖契约

关于"七折钱"在不动产买卖、出租及劳务承包等领域的
使用情况，上节已略加阐述，这里且不赘言。此外，在记录了
18 世纪末航行到长崎的清朝商人所介绍的江苏、浙江、福建等
地风俗的中川忠英的《清俗纪闻》中，收录了有关卖子的文书
样本，其内容为："立卖身文契某人，今因衣食不周，情愿央中
保某人等，将自己所生嫡子某，卖到某府为仆，三面议定自价
七折制钱若干两……"① 这里可见到"七折钱"的使用，姑且附
记于此。

二　经营资金

"东研"所藏江苏文书中的"议墨"（文书号 8-22），其内容
是对嘉庆年间一个家族经营的三家典当铺、栈房（仓库）及房屋

---

① 中川忠英『清俗紀聞』第 1、平凡社、1966 年、図版 100 頁。

的资本加以合并计算，在家族内部重定经营分配的情况。臼井佐知子已经对此进行了解说，[①] 这里仅对"七折钱"惯例颇有意义的资本计算法进行简要说明。文书的相关部分如下：

> ……山寿典本七七钱捌万四千参百零捌两参钱壹分五厘，加贯五分；宝泰典银本陆百柒拾两零零二分；八零钱本五万参千参百柒拾贰两四钱柒分捌厘，加贯参分；丰寿典本七四钱陆万壹千零拾四两贰钱五分，加贯五分；栈本七四钱壹万五千玖百拾玖两贰钱玖分，加贯参分；典屋照原卖契价银钱，照典总划算，均不加贯。银钱悉照时价。今将三典结总存典本贰拾壹万四千陆百拾四两参钱参分参厘，贯玖万参千陆百四十玖两捌钱壹分捌厘，房屋银钱生财等五万柒千五百二拾两零陆钱陆分，共计通足钱贰拾柒万零零捌拾四千五佰玖拾柒分，银壹万参千参百拾柒两捌钱四分贰厘，四股均分，每得银参千参百念玖两四钱陆分，通足钱陆万柒千五百念壹千壹百四拾玖文……

将数据部分用表来表示的话，如表 9-2 所示。由于有 77 钱、80 钱、74 钱及银等各种货币表示法，计算比较复杂，大略如下：即 f 是三家典当铺及栈房原资本金的合计额（a+c+d+e，照理 b 也应该加进去，然而不知为何没有加）。所谓"加贯"，是表示增资部分对原有资本的比率，g 是三家典当铺及栈房增资部分的合计，即 0.5a+0.3（b+c）+0.5d+0.3e。这个 f 与 g 再次加到 h 上，钱

---

① 浜下武志等编集『東洋文化研究所所蔵中国土地文書目録・解説』（下）。

与银分开，合计起来的数字是 i 和 j。并且，i 与 j 各自按四股均分后的数字是 l 和 k。

表 9-2　苏州三家典当铺的资金分配

山寿典	本（77）	84308.315 …… a
	加贯 5 分	
宝泰典	本银	670.02 ………… b
	本（80）	53342.478 …… c
	加贯 3 分	
丰寿典	本（74）	6101425 ……… d
	加贯 5 分	
栈	本（74）	15919.29 ……… e
	加贯 3 分	
三典总存典本		214614.333 …… f
贯		93649.818 … g
房屋银钱		57520.66 ……… h
共计通足钱（文）		270084597 …… i
银		13317.842 …… j
四股均分　银		3329.46 …… k
通足钱（文）		67521149 ……… l

仔细观察可知，合计的方法有两种。第一，不考虑 77 钱、80 钱、74 钱及银之间的差异，单纯地将用两表示的价格加以合计。f、g 的计算方法就是这样进行的，并且 h 也是将契文中各种表示法所表示的契价单纯相加的结果。第二，将 77 钱、80 钱、74 钱等各种"七折钱"先还原为钱文表示的价格，再加以合计，这就是 l 的计算方法。在 h 中，由于各种"七折钱"的明细不甚明了，要复原实际的合计过程是不可能的，如果将 h 中所包含的各种

"七折钱"每两对应铜钱数的加权平均数假设为约 781 来计算的话，则为：

$$770a \times 1.5 + 800c \times 1.3 + 740d \times 1.5 + 740e \times 1.3 + 781 \times (h - j + 1.3b)$$

这样可得到相当于 l 的价格。所谓 h−i+1.3b，就是通过如下方法计算出，即如果 h 中所包含的银两数用 x 表示，"七折钱"两数用 y 来表示的话，则为：

$$x + y = h, \quad x + 1.3b = j$$

从这两公式可以得出：

$$y = h - j + 1.3b$$

上述计算有些繁杂，主要是各种"七折钱"及银的各自"两"所具有的价值不同，因此，尽管可以对它们单纯地相加，但是在"四股均分"需要正确计算时，则必须将钱文与银两分别还原，再行计算。由于"七折钱"介入其中，计算起来就变得非常繁杂了。

三 行会、会馆方面

在辑录了有关明清时期江南地方行会碑文的《明清苏州工商业碑刻集》及《上海碑刻资料选辑》[①] 等资料集中，也能见到一些有关"七折钱"的记载。

----

① 苏州博物馆、江苏师范学院历史系、南京大学明清史研究室合编《明清苏州工商业碑刻集》，江苏人民出版社，1981；上海博物馆图书资料室编《上海碑刻资料选辑》，上海人民出版社，1980。以下分别简称为《苏州碑刻》和《上海碑刻》。

1. 行会的入会金

在苏州的小木公所（木器制造业的集会所）道光二十四年碑刻所记载的条规中有如下规定：

一、议外行开张吾业，<u>先交行规钱四两八钱</u>。①

这一以两为单位表示的铜钱，一两所含的铜钱枚数并不清楚。后文所示为重建公所的捐款额，为一千四百文、七百文、三百五十文等，由于大多是七百的倍数或分数，大致可推测一两＝七百文。此外，在同为苏州的梳妆公所章程（光绪二十一年）中，有

一、议外方之人来苏开店，遵照旧规入行，<u>出七折钱二十两</u>。②

此下分六条，对重新开店、开张时应支付的金额做了规定。这一规定作为带有明确年月的"七折钱"资料，是在我所知的范围内最晚的例子。

2. 捐助金

在记录建造、修理会馆等的捐助者、捐助额的碑文中，也能见到使用"七折钱"的例子。在上海《浙绍公所捐置义地姓氏碑》（道光十一年）中，能见到"毛艺敬堂捐七折钱壹佰两"的记录；同为上海的《重建三圣阁捐款碑》（道光二十八年）中，

① 《苏州碑刻》，第136页。
② 《苏州碑刻》，第139~140页。

也能见到"众布业捐柒折钱壹佰陆拾两正"等记录。此外，在苏州的《全晋会馆应垫捐输碑记》（乾隆四十二年）中，能见到的是如"大顺号助钱十二两"这样"七折钱"的种类并不明确的记录。[1]

3. 交易及工价支付

在诸行业的日常经济活动中，"七折钱"在多大程度上被使用了呢？显示该情况的例子虽然很少，但还是能见到一些。

在立于苏州阊门外毗陵会馆的《猪行公建毗陵公墅碑》（乾隆二十七年）中，有如下规定：

> 向后铺户给客猪钱，每两照七三串足底，各行铺画一遵行，毋许短少。[2]

此碑规定肉铺支付给猪肉商人的价钱为"七三串足底"（另外也称"七三折足钱"）。或许各不同业种都有这样特定的公定折钱率。[3]

有大量研究苏州踹布业（棉布抛光业）的工价，[4] 也能见到

---

① 《上海碑刻》，第 211、32 页；《苏州碑刻》，第 334 页。

② 《苏州碑刻》，第 250 页。

③ 如果真如此，这一情况就与孟元老《东京梦华录》中关于北宋都城开封"都市钱陌，官用七十七，街市通用七十五。鱼、肉、菜七十二陌，金银七十四。珠珍、雇婢妮、买虫蚁六十八。文字五十六陌。行市各有短长使用"的记述相似。孟元老：《东京梦华录》卷 3。

④ 主要的专论有横山英「清代における踹布業の経営形態」『東洋史研究』19（3、4）、1961 年 1—3 月；横山英「清代における包頭制の展開—踹布業の推転過程について」『史学雑誌』71（1、2）、1962 年 1—2 月；寺田隆信「蘇州踹布業の経営形態」『東北大学文学部研究年報』（18）、1968 年；全汉昇《清代苏州的踹布业》，《新亚学报》第 13 卷，1980 年。

与"七折钱"相关的情况。首先不妨来看相关事件的过程。在乾隆四十四年的《苏州府议定踹匠工价碑》中，在规定每匹布工价（包括薪、菜、米各部分）为一分三厘的基础上，还记载道：

> 该商等给发坊主伙食银两，应照陈平九（中缺 18 字）银一两给钱八百二十文。无论钱价长落，概不许再（中缺 16 字）永远遵守。①

由于脱落之处太多，很难充分理解其意思，但"无论钱价长落"，将一两＝八百二十文的换算率固定了下来的规定，还是看得出来。这一情况参照嘉定县《奉宪严禁踹匠工价钱串碑》（乾隆四十年），将更加明朗。在嘉定县南翔镇，应布商"踹坊工价钱串，请照苏城之例，每银一两给钱捌佰贰拾文，画一给发，勒石永遵"的请求，做了如下规定：

> 查踹布工价，虽多寡不一，总按布匹之长短、大小、阔狭定价，较与苏郡工价无亏。所给钱串，遵照详定之例，每银壹两实给足钱捌佰贰拾文。嗣后无论米薪钱价长落，不许再行借端滋事，恃众告增。②

这一固定换算率到乾隆六十年被废止。在该年的《元长吴三县会议踹布工价给发银两碑》中，规定工价不能用钱（在固定比

----

① 《苏州碑刻》，第 78 页。
② 《上海碑刻》，第 100 页。

率下），而应该用银来支付。

> 嗣后各布号给发端布工价，遵照新定章程，统以陈平九
> 八兑九六色银给坊。该坊户即以布号所发之银，亦以陈平九
> 八兑九六色，每两给匠九钱五分，听其自行换钱。余银五分
> 留坊，以为添备家伙之用。布号、坊户不得再以钱文放给，
> 其所发银两，亦不得轻平短色。①

乾隆四十年代不顾市场银钱比价波动而命令维持固定比率的
规定，乍看起来是极不合理的。那是由于我们将工价规定中的每
匹一分三厘联想为具体的银，并且以为必须支给与这些银两市价
相当的铜钱之故。然而，被规定为"一分三厘"的工价，应该以
固定比率下的铜钱支付，还是用银（或将银按市价来换算的铜
钱）支付？这一问题，可以置换为这"一分三厘"的数额，是
"七折钱"惯例下一定数量的铜钱的别名，还是指真正的银的问
题。在银几乎从日常交易中销声匿迹，"民间法马夹剪，几成虚
置"（蔡显）之后，存在这样一个时期，即在江南人们的心目中，
两、钱、分等单位表示的不是实际的银，而是一定数量的铜钱。
这是"七折钱"惯例产生的自然基础。如此考虑的话，乾隆六十
年规定中所言的"'一分三厘'本来指的是银，必须用银来支付"
这一基础观念本身，对当时的人们来说或许就是一种新发现，即
需要一个观念的转变。

---

① 《苏州碑刻》，第 79 页。

四　庆吊时的犒赏

南京"杭银"的例子已经前述。在太平天国时期苏州府吴江县人柳兆薰所记的日记中，也能见到以两为单位的铜钱用于犒赏的例子。比如儿子考取了生员，在入学之际与"报友"（以通知考试合格等的喜庆事为谋生职业的所谓"报喜人"）夏瑞，围绕贺仪额进行讨价还价的记述如下：

> 廿四日……报友夏瑞讲贴报，已许六串钱八十两，曾不餍足，只好听之，相持不下已三日矣。吾辈入学之费，浮滥若此，所谓门户太大，不易支持也。
>
> 廿五日……报友夏瑞坐讲五天，今始落肩，连亲友报金在内，自贴洋廿五元，约合六八钱八十五两，又零支钱五两不算，约归九十两。较之余当日先大人开销，已多十余千文，可云从丰。①

这里被报友夏瑞死皮赖脸取去的贺仪额，是用以两为单位的"六串钱"和"六八钱"来计算的。其中实际支付的可能也有银元，但总额是换算成"六八钱"来计算。

从清初开始就能见到贺仪、犒赏等实际支付金额与额面不一致的情况。比如，康熙年间人施闰章的《蠖斋诗话·钱陌》中，就举出了古代的短陌习俗，并附带说：

---

① 柳兆薰：《柳兆薰日记》，《太平天国史料专辑》，上海古籍出版社，1979，第105~106页。

今京师宴集，席赏率三十文当一百，亦古遗俗也。

此外，清初上海人叶梦珠的《阅世编》卷 8《交际》中有如下记载。

前朝交际宾宴，以及吉凶往还，犒劳各色人等赏封，俱用九成外银八折。本朝顺治之初，渐用六折，后因行银滥恶，通用不过六七成，因改赏封为纹银四折。康熙以来，减至三折。今甚有封标一两而内止纹银二钱者，文胜日甚矣。衙门使费亦然。

在此，不管是用钱文还是用银两，可以看到从清初开始，犒赏时就存在用比内在价值夸大的额面来表示的特殊支付方式。"杭银"及《柳兆薰日记》中以两为单位的铜钱之例，或许是这种习俗与乾隆开始的"七折钱"惯例相结合的结果。

五　饮食店

据反映清末货币使用情况的大平贤作的《清国货币一斑》（1905）记载，铜钱根据一吊中所含私钱的比例分成各种等级，其中私钱占五成以上的劣质品，只能在"茶馆、理发店及其他贺仪等"中使用。[1] 这虽是关于钱文的记载，与"七折钱"没有直接的联系，但显示出在对茶馆等服务业的支付方式中，有与"贺仪"支付相通之处，这也可以说是容易了解的。实际上，从民国

---

[1]　转引自宫下忠雄『中国幣制の特殊研究：近代中国銀両制度の研究』、38 頁。

时期的清史研究大家孟森的回忆中，也可以见到与"杭银"相同的货币在饮食店使用的例子。在 1916 年刊《心史丛刊》所收的《闲闲录案》中，孟森记述道：

> 二十年前市井交易，如饮食店之类，尚以两钱分计数折钱，每两不过七百文，此则清初之所遗也。

据此可知，"七折钱"惯例在 19 世纪末似乎仍残留在饮食店之类的地方。不过从孟森的口吻中也可以知道，这是在民国初年已经过时的现象。

六 其他

在一般商品的买卖中，其价格在多大程度上以"七折钱若干两"的形式表示呢？在我所知的范围内，书价中有这样的例子。据道光二十五年刊范锴《华笑顾杂笔》卷 3 记述，在苏州有名的藏书家黄丕烈所出版的书目中，有"书价制钱七折某某两"这样以两为单位来表示价格的情况。

然而，从当时交易大宗的谷物、棉花、生丝及棉布等来看，在我所知的范围内，并没有用"七折钱"来表示的例子。当然这有可能是因为笔者的史料收集范围过于狭小，还不能马上得出在这些商品中不存在用"七折钱"表示的结论。但是，在谷物等存在大量价格资料的商品中未能发现用"七折钱"来表示的例子，相反，在史料很少的书价等中却能见到，这一情况是不是也能暗示"七折钱"用途的有限呢？

* * *

　　综合上述分析，"七折钱"惯例的形成过程大致如下。"七折钱"惯例形成的背景之一，是乾隆前期即18世纪中叶，货币流通从使用银向使用铜钱的转换，这一转换在江南及福建非常急剧。另一个背景是，在此前后，银钱比价长期处于相当稳定的状态。保持过去用银两表示价格的方法不变，而实际支付用的是铜钱，并且采用的是过去长期习惯了的固定比价，这样的方法对时人来说是极其自然的。在时人的头脑中，代替市面上缺乏的银的，是以两、钱等为单位的一定数量的铜钱。并且，就如上节所述的行会方面的例子所见，为了防止换算时的纷争，由官方设定固定比率让大家遵守，也可说是很自然的事情。

　　然而此后，铜钱的使用占优势，并且即使到钱价下跌非常明显的18世纪末以后，"七折钱"惯例还残存着，这似乎有点不可思议。在一两＝七百文的比率与实际情况不一致、"七折钱"的"两"与银两丧失关系时，为什么铜钱不与"两"这一单位断绝关系，而回到原来的钱文表示上来呢？19世纪末福建"纹广"的记述者，将"纹广"存在的理由归结为"出于防止银市波动"。如果这样的话，直接用钱文表示价格就可以了，没有必要特意用含混的两来表示。在买卖土地时的契税支付等关系上，或许可认为有用银两表示的必要，然而我所见到的用"七折钱"表示的卖契，全部都是白契（还没有支付契税得到官印手续的契约书）。同时，在钱价下跌的情况下，使用像一两＝七百文、八百文这样高钱价的比率，会提高以两表示的价格，进而提高契税额，这对当事者来说是不利的。

　　不过，"七折钱"惯例在18世纪末以后并没有得到普遍的使用，而似乎只是用在有限的用途上，这一点必须予以关注。不动产买卖、出租，代理劳务、包工，人身买卖，表示商店的资本，行会的入会金、捐款，贺仪、小费类，饮食店的支付及书价——上述这些在18世纪末以后有证据证明使用了"七折钱"的领域，它们之间是否能够找到什么共同点？对此姑且可以指出的是，与按照每天变化的行市进行交易，交易差额的存在才是利润源泉的谷物等商品相比，上述这些领域更具有要求价钱固定、不随时间变化而变化的特性。并且，在这些领域中的货币授受，与其说是单纯地以利益为目的的当场交换，毋宁说是与具体的人际关系深相纠缠的。允许笔者凭直观印象来说的话，"七折钱"的使用，不是在货币由于其顺畅的流通性受到重视的领域，而是在货币的授受起到把人与人结合起来的黏性作用的领域。当然，这样的说法还不能完全解释"七折钱"惯例残存的理由，而我们需要进一步提问，如果上述推测正确的话，那么，为什么要在这些地方使用"七折钱"来表示呢？这就与当时的人们对银与铜钱所分别赋予的社会意义如何这一大问题有关，这是留待今后的课题。

　　最后想附带指出的是，在江户时代后期日本的西南地区，也能普遍见到与"七折钱"惯例相类似的惯例，即"本应该以'贯文'为单位的钱价，却用'贯匁'为单位来表示的各种方法"。①据藤本隆士、岩桥胜的研究能见到这样用"匁钱"来表示钱价的

---

　　①　藤本隆士「近世西南地域における銀銭勘定」『福岡大學商學論叢』17（1）、1972年7月、39頁。

地区，以九州为中心，波及中国（指日本本州岛西部的山阴道和山阳道地区）、四国地区。^①关于"匁钱"的形成过程，藤本与"九六钱约数型"并提的"将银与钱之间的某个汇率固定下来的银钱比价型"，^②恰与"七折钱"的形成过程相吻合。在使用银和使用钱的转换交叉的局面中所形成的这种惯例，或许在当时货币制度下是自然而然产生的。此外，两位论者的文章中所指出的"银钱比价型"匁钱的例子最早只能追溯到宽延年间（1748~1751），与中国的"七折钱"几乎一致，这也是非常有趣的。

以上，对清代后期"七折钱"惯例的轮廓进行了素描。这里得以介绍的史料或许只是"七折钱"相关资料的极少一部分。通过新的资料推翻本章的论述是非常可能的。这里暂时就所能见到的资料进行了论述，期待方家教正。

补论 2 清代不动产买卖中的货币使用

清代中期从使用银向使用铜钱的转换，在江南，其形式是非常急剧和明显的，既往研究已予以了关注。然而，这一转换在多大地域范围内得以展开，在这一点上，可以说未必已经明了。笔

---

① 藤本隆士「近世西南地域における銀銭勘定」『福岡大學商學論叢』17(1)、1972 年 7 月；岩橋勝「近世後期西南地域における貨幣流通—柳井津小田家棚卸張を中心として」『西南地域史研究』(2)、1978 年 11 月；岩橋勝「伊与における銭匁遣い」地方史研究協議会編『瀬戸内社会の形成と展開—海と生活』雄山閣、1983 年；岩橋勝「近世中後期土佐における貨幣流通—いわゆる八銭勘定を中心として」『西南地域史研究』(6)、1988 年 4 月。

② 藤本隆士「近世西南地域における銀銭勘定」『福岡大學商學論叢』17(1)、1972 年 7 月、40 頁。

者在撰写作为本书第九章基础的论文英文版时，[①] 为了把握其时代变迁状况，对清代中国各地不动产买卖契约中使用过货币的若干地区制作了图表。在契约文书中，货币的种类经常被详细记载，可供窥探货币使用实态的一端。但是，即使契面上显示的是银两，而实际上支付的有可能是铜钱或银元，因此不可以原封不动地相信契面的记载。比如以"纹银"等来表示时，实际上授受的可能是劣质银，或者标示"纹银几两"时，并非指实际的银，而表示的是计算单位，这样的情况往往存在。那么，以这样的计算单位的货币表示法，在时期上又有怎样的变化呢？这一问题本身就足以成为货币史研究中非常有意义的对象。在这里，姑且将所收集到的数据用图表来表示，并附加若干说明，以作为本章的补论。

就从其他资料也能证明存在"七折钱"惯例的苏州来看，以1770年代前后为分界线，极为清晰地显现出从银两表示向铜钱表示的转换。"七折钱"在这一过渡期登场，也是一目了然的。至于银的种类，到康熙年间为止，大概仅有"银几两"的表述，种类并没有明示。从雍正七年前后开始，"九五银""九七银"等的记载开始增多。在东京大学东洋文化研究所藏的有关苏州的文书（三、苏州周氏文书，四、苏州金氏文书）中，银的种类是特定的（九五银、元丝银等），而且对秤的种类往往做了详细的注记（曹平、法马入山号等）。关于铜钱的种类，有通足钱、六底足钱等很多标记。所谓六底足钱，大概就是以六百文为一串的短陌，与"七折钱"不同，不是以"两"，而是以"文"为单位来表示。

---

① "The 'Seventy-percent Cash' Custom of the Mid-Ch'ing Period," *Memoirs of the Research Department of the Toyo Bunko*, No. 49, 1991.

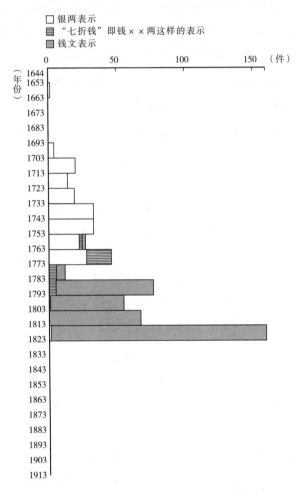

图 9-2 苏州土地买卖契约中使用货币的情况

说明：从图 9-2 到图 9-7，柱状图表的长度表示纵轴中十年间契约文书件数的合计情况。

资料来源：《世楷置产簿》，苏州博物馆藏。

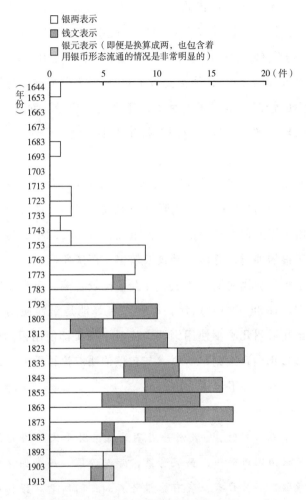

图9-3　北京不动产买卖文书中使用货币的情况

资料来源：清代北京契约文书，东京大学东洋文化研究所藏，文书群第10号。

在北京，尽管以银两表示一贯占多数，但从19世纪初期到中叶，也能大量见到铜钱的使用。关于银的种类，有纹银、好圆系银（乾隆三十七年首次出现）、松江银（同治十一年首次出现）等；至于铜钱，京钱（以北京为中心使用的短陌）的使用非常多。而"七折钱"惯例，在我所知的范围内，似乎并不存在。

在山东（图9-4），能见到以1760年代为分界线，急剧地向铜钱转换的情况。至于银的种类，几乎没有记录。而关于铜钱，从乾隆末年开始，京钱的使用变得相当多，但未见到"七折钱"使用的例子。

在徽州（图9-5），用银两表示始终占压倒性优势，这是其特征。尽管契面用银两表示而实际上用铜钱支付的可能性也值得考虑，但由于银的种类及秤都规定得很细，可见实际中流通的还是银。至于银的种类，总体上是纹银较多，嘉庆年间，元丝银占优势。至于秤，清代前期九四平、九五平比较普遍，道光年间以后曹平增多。18世纪中叶以后，尽管江南等地是铜钱使用的活跃期，但是在徽州几乎不使用铜钱，甚至小买卖都使用银。这一点据王瑬《钱币刍言续刻》所收《与包慎伯明府论钞币书》所引用的包世臣来函中如下记述可知。

予五六岁时，[①] 徽州一府不见钱，若千文则用竹筹长尺许，零用则以碎银，虽买青菜，皆以碎银。买菜佣袜中皆带一厘戥，小铺户家，皆有熔银之具，日间所卖碎银，夜则倾成氂锭。

不过据包世臣所言，此后50年，徽州知道以竹札代替铜钱的

---

① 1780年前后。

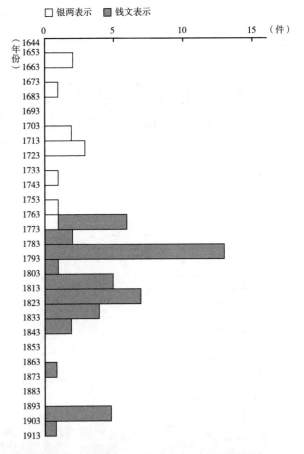

图 9-4 山东不动产买卖文书中使用货币的情况

资料来源：张维华等编《曲阜孔府档案史料选编》第 3 编第 6 册，齐鲁书社，1980。

人已很少，由此可认为铜钱的使用在徽州逐渐普及了。

至于徽州使用"七折钱"的例子，有《明清徽州社会经济资料丛编》第 1 辑第 420 页的道光三年找价契中"七折典钱柒两整"

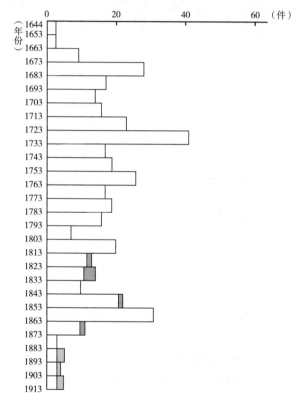

图 9-5　徽州土地买卖文书中使用货币的情况

资料来源：安徽省博物馆编《明清徽州社会经济资料丛编》第 1 辑，中国社会科学出版社，1988。

的记载，以及《徽州千年契约文书 清·民国编》第 2 卷第 24 页记载的乾隆四十六年（典）当契中"七折钱陆两整"的记载等若干例。据《民商事习惯调查报告录》记载，即使在民国初年，在安徽省英山县的契约文书中，也有"七十钱若干两"的记录。此外，在浙江庆元县，也有报告说："契约上只填银若干两，而未书库平纹银等字样者，实系一种草银，每两则折合制钱七百文。"①由此可知，"七折钱"惯例在安徽、浙江的部分地区也曾存在。

在清代的福建沿海地区，通过中国帆船的出洋贸易，以墨西哥银币为中心的洋银大量流入进来。图 9-6 是以福建南部漳州府龙溪、海澄两县的契约文书为材料制作而成的。这一地区作为明代中国帆船贸易中心，到清代被厦门所取代。由于洋银流通的盛行，从图中也可以看出 18 世纪后期以后使用洋银的优势。在 18 世纪中叶以前，几乎都是用"银几两"这样的表示法，这里实际上用于交易的不一定就是银锭，可能是用重量来计算的银币。此外，即使从 18 世纪中叶以后的表示法来看，"佛面银几大元"这样明确的记数表示很少，而"佛面银十大元重六两足""佛面银库秤重六十四两八钱正""佛面银二十六元每元六钱正"这样与银两之间保持关联的表示方法则较多。在这些交易中所使用的银币，是以其金属性内容来评价，还是实际上以个数计算，两的表示只是来自个数的机械换算呢？这一点仅从契约文书的记载还无法判断。因此，图中所显示的银两表示与银元表示的不同点，实际上还是不清楚的。在图 9-6、图 9-7 中，包括"佛面银几两"的表述在内，可推测实际上使用的也是银币形态时，则归类为

---

① 《民商事习惯调查报告录》，第 900、1058 页。

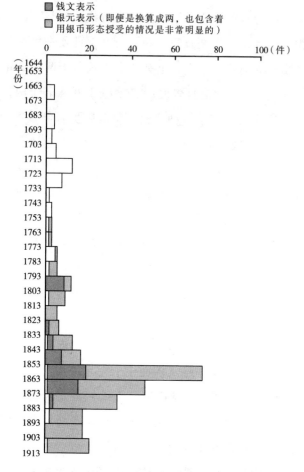

图 9-6　闽南不动产买卖文书中使用货币的情况

资料来源：杨国桢主编《闽南契约文书综录》，《中国社会经济史研究》1990 年增刊。

"银元表示"。在银币的种类明确表示时，"佛面银"比较多，在 18 世纪也能见到"花边银"。从 19 世纪末开始，"龙银"（日本的

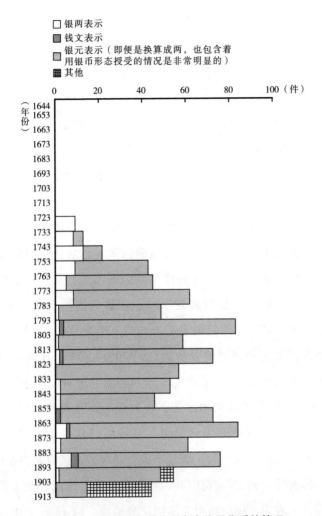

图 9-7 台湾不动产买卖文书中使用货币的情况

资料来源：王世庆编《台湾公私藏古文书影本》第 1~7 辑。

贸易银币或中国国内发行的银币）开始增多。

以 19 世纪中叶为中心，能见到若干使用铜钱的情况。在杨国桢从福建北部诸县（建宁、瓯宁、南平）一千多件契约文书所制作的统计中，也显示银的使用在 19 世纪中叶开始减少，铜钱的使用开始增多，19 世纪末银的使用再次增加的情况。[①]

在台湾（图 9-7），总体上洋银的使用占压倒性优势。货币的种类在 18 世纪是"剑银""花边银"，从 18 世纪末到 19 世纪是"佛面银"占优势，到 19 世纪末"龙银"增多。19 世纪末 20 世纪初，"其他"项目增多，那是在日本占领下金圆（日元）表示法增多的缘故。

以上是利用可供追寻清代相当长时期内货币使用状况的契约文书群，就若干地区的情况制作而成的图表。从使用银向使用铜钱的转换，出现得最明显的是苏州及山东等地。陈春声对广东省各地方志所记载的米价资料货币表示法进行的整理研究也认为，顺治、康熙、雍正年间的银表示占 60%～70%，这一比例在乾隆、嘉庆年间发生逆转，铜钱表示达到了 70%～80%，其转换点明显是在乾隆十六年前后。[②] 在北京，也可以确认从 18 世纪后期开始到 19 世纪，铜钱的使用增多了。在福建南部及台湾，以 18 世纪中叶为分界线，从银两表示向银元表示的转换非常明显。另外，像徽州那样，银两表示的优势几乎未曾动摇的地区也是存在的。

总体来看，到 18 世纪中叶为止，无论哪个地区，至少就契面情况而言，较为单纯的银两表示居优势地位。以 18 世纪中叶为转机，各地区呈现出各不相同的情况。并且，仔细观察契约文书中所使用的货币，可以看到，在银两名义下授受铜钱、洋银的个数

---

① 杨国桢：《试论清代闽北民间的土地买卖》，《中国史研究》1981 年第 1 期。
② 陈春声：《市场机制与社会变迁——18 世纪广东米价分析》，第 167 页。

表示与重量表示并存，以及使用短陌的铜钱等情况。这显示出用
"银两""银元""铜钱"等单纯的分类无法予以整理的复杂面貌。
在大的方向上，尽管能看到铜钱或银元这些计数货币的使用增加
了，但值得注意的是，这也未必显示已在全国实现了单纯均质稳
定的货币制度。关于银两与银元的换算率、银秤的种类及其使用
时期等，若通过细致调查，应该可以更加详细明晰地了解各地方
货币使用的实态。以上所述，仅仅是概略的观察。

第四篇

第十章

关于《恒产琐言》[*]

本章所论及的《恒产琐言》一文，是由备受康熙帝信赖，历任礼部尚书、文华殿大学士等职的汉人官僚张英留给子孙的家训。除了《恒产琐言》，张英留下的家训还有《聪训斋语》。^① 或许因为张英及其子孙在官界飞黄腾达的缘故吧，这些家训被收入诸多

---

* 本章原刊于『東洋学報』57（1/2）、1976 年 1 月。

① 《恒产琐言》《聪训斋语》均为张英文集《笃素堂文集》所收。本章使用的《笃素堂文集》是康熙三十七年序、东京大学东洋文化研究所藏本。以下的引文如无注释，均出自《恒产琐言》。

补记：原论文出版后拜读了 Hilary Beattie, *Land and Lineage in China: A Study of T'ung - ch'eng Country, Anhwei, in the Ming and Ch'ing Dynasties.* Cambridge University Press, 1979. 该书通过对以张英为首的桐城县诸宗族的分析，来阐明明清中国地方支配阶层的性质。关于张英与《恒产琐言》，这是首先应该参考的研究。何炳棣等人从以科举资格为基准的狭义的"绅士"定义出发，主张明清时代阶层的高流动性。相对于此，希拉里·贝蒂（Hilary Beattie）这本书的主要目标在于，为读者提供一个以土地所有和宗族结合为基础的略显稳定的绅士阶层像。该书可以说是通过详细的事例研究，对英语圈的明清绅士研究动向产生颇大影响的著作。有关该书的介绍及评论，见岸本美绪「明清時代の一地方社会—H. ビーティ氏の近著をめぐつて」『御茶水の史学』（25）、1982 年 4 月。

丛书，在整个清代甚为普及。甚至连清末的曾国藩在写给他的儿子曾纪泽等人的家书中，也把《聪训斋语》视为与康熙帝的《庭训格言》相提并论的必读书目。[1]

随着清朝初年统治阶级的奢侈化，地主子弟或出于贫穷，或为了在商业活动中赚取更高额的利润，变卖田产者比比皆是。面对这种风气，张英撰写了《恒产琐言》，力举土地投资的安全性，严厉劝诫子孙不得变卖田产。1949 年，北村敬直对《恒产琐言》进行了分析，将地主拟分为经营性乡居地主和寄生性城居地主两大类，认为明末清初（16、17 世纪）是地主的主要形态从前者向后者过渡的时期。这一观点成为战后日本明清地主制研究的起点。[2] 然而构成这一立论依据的观察对象的张英本人，其生活又如何呢？本章拣取《恒产琐言》中北村论文所舍去的部分，围绕张英进行整理，即仅为所谓"拾遗"之作。本章的意图不是要从这一个例出发推导出某个一般性结论，而只是想对张英所处的社会经济环境做一具体考察，以阐明张英《恒产琐言》所阐述的观点在明清地主制中所占的位置。

第一节　张英的家世

张英家是安徽省安庆府桐城县屈指可数的名门望族之一。在《张氏宗谱》的列传篇中，记录了张英的祖先迁居桐城后到清末

---

① 《曾文正公家训》卷下，同治四年九月三十日的书简。
② 北村敬直「明末・清初における地主について」『歴史学研究』（140）、1949年 7 月。

为止张氏一族的事迹。① 从第一代到第九代（张英这一代）的部分是由张英执笔的。据此可知，明初洪武、永乐年间，从江西的饶州府鄱阳县瓦屑坝迁居到桐城的贵四是桐城张氏的祖先。元末鄱阳是陈友谅与朱元璋的战场，以致"民迁至江北者比比皆是"，② 张氏祖先应该是为了逃避战乱而迁居桐城的。③

　　始祖贵四定居于离县城东北 30 余里的土铜山。④ 在贵四及其子永贵一代，战火终于平息，不过恐怕仍处于流离所致的困境。到四世张鹏时，家族已然兴盛，成为村里知名的人家。尤其在张鹏的儿子张木时，家族增加到近百人，居住的房屋鳞次栉比，拥有的土地纵横相连，据说当地人因此将其地称作张家塂。直到清末，张氏的族人还居住在这块土地上。道光十七年，族人张承华记述在巡回祭扫散布于桐城县内的张氏祖先墓地时，到张家塂祭奠张鹏之墓的情景道："塂中本族前来与祭者十余人，衣冠未能尽整，长者殷勤问讯，犹见姻睦之风。少者则一饭而散。"⑤ 墓祭似

---

① 光绪十六年序。

② 李大振序。《李氏宗谱》在多贺秋五郎的《宗谱的研究资料篇》中编号为 298。以下宗谱类所附记的数字均为该书中的编号。多贺秋五郎『宗譜の研究・資料篇』東洋文庫、1960 年。日本现存的桐城县宗谱，笔者已见到 55 种。在 53 个宗族中，以元末明初从鄱阳迁来者为始祖的有 21 种，其中提到瓦屑坝这一地名的有 12 种。

③ 不过包括张英家在内，关于始祖的记述在多大程度上正确，存在着疑问。从桐城的宗谱来看，除了张英的家世，还有别的张氏也以贵四为始祖，但是二世以后的人名与张英家完全不同，而且不存在通过始祖贵四与张英家世相联系的确凿证据。

④ 以下记述主要根据《张氏宗谱・列传》。关于始祖的居住地，列传中有"桐之东南乡，地名土铜山，去城三十余里"的记述，宗谱的其他部分记的是"土铜山"。从道光续修的《桐城县志》的绘图来看，土铜山在县城东北。可以推测，应该为 1933 年测量的地图中位于县城东北约 18 千米处的土铜山。

⑤ 《张氏宗谱》卷 21《先茔祭扫记》。

乎是以城居的族人张承华巡回各墓地主持祭祀，而居住在墓地附近的族人前来参加的方式进行的。在松山，有数十族人参加墓祭，墓祭之后，张承华把数石稻谷（可能是从墓田上收获的）分与族中的穷人。以此来看，墓祭并非张承华单独的个人行为，即使是形式上的，也是以城居的张承华为中心，全族人共同参加的活动。然而，从张承华描写张家塝族人的口吻中也可以推测出，即使这些留在祖先传下来的土地上耕作的族人之间，作为族人有所交往的话，他们与城居或者居住在别处的族人，除了此时，平时几乎没有来往，除了扫墓等稀少的情况，几乎没有相识的机会。

五世的张木，在其长子张淳 17 岁时就已故去，其遗产足够使张淳不需要费心于维持家族生计，而可以专心学习。结果张淳在隆庆二年考中进士，成为家族中最早的官僚。张淳之子张士维便是张英的祖父。张士维在成为生员之后便放弃了科举的念头，但是其后仍然学习朱子学，并参与以叶燦、方大镇等桐城乡绅为中心的讲学会——桐川会的创立。

张士维的长子、少时便被视为秀才的张秉文，在万历三十八年，年纪轻轻便中了进士，历任户部主事、福建及广东地方官，崇祯六年出任山东布政使，从这时开始桐城被卷入明末动乱的旋涡。崇祯七年，桐城县城发生骚乱。[①] 紧接着第二年，张献忠等率

---

① 道光《桐城县志》卷 23《兵事》记述道："先是，县士大夫，类多长者，皆有德于其乡，而民莫不畏官府敬士。迨天启、崇祯中，世家巨族，多习为淫侈，其子弟僮奴，往往侵渔小民为不法。于是，奸民积不能堪，而两人（黄文鼎、汪国华）遂为乱首，烧富家第宅，掠金钱，建旗帜，营于北门之外。"此记述将这次暴乱视为针对富家蛮横的小民"反乱"。但也有一种说法将此看作"豪于资而志不逞"的奴仆张儒拥戴其党徒汪国华为盟主而起的"奴变"。蒋臣：《桐变日录》，转引自傅衣凌《明清之际的"奴变"和佃农解放运动》，《明清农村社会经济》，三联书店，1961，第 98 页。

领的流民军进攻桐城。这一年，张士维的第四子即张英之父张秉彝，携全家前往金陵（南京）避难。此后，到明灭亡的甲申年（1644）为止，一家为避乱而往来于桐城与金陵之间。张英生于崇祯十年，正好是生活最不稳定的时期。其间，在崇祯十二年，张秉文在任职所在地山东与入侵的清军作战时殉难。张家从田地获取收入的来源断绝，在金陵的生活非常困苦。当时，身为监生的张秉彝被提拔为府里的通判，这应该是个摆脱穷困的好机会，但是张秉彝听从了妻子"此时鱼轩翟茀何如羊裘鹿车耶，遗荣偕隐，愿效古人（现在这样的时期，与其追求荣华富贵，不如模仿古人归隐回家，一起过朴素的生活）"的建议，于崇祯十七年回到桐城，在山中过着隐居的生活。

顺治初年，一俟兵火平息，张英的家族便搬到城市居住，张英与其兄张杰一起勤勉于举业，康熙二年考取举人，六年成为进士。但就在康熙六年，由于父亲去世，张英归居乡里。康熙十一年，他再次进京，被授予翰林院编修之职。此后，直到康熙四十年引退为止，他主要以翰林院高官的身份侍奉康熙帝，讲授学问。虽说是高官，但几乎不参与具体行政事务，与官界的政治斗争无涉，只是作为天子的学问先生，凭借其谨慎正直的人品而深得康熙帝信任。在清初这个时期，天子笃爱儒学、重用汉人官僚担任儒学之师一事本身，可以说具有在士大夫阶层扩大清朝支持者的政治意义。张英充当日讲起居注官，受到康熙帝注目，恰好是在"三藩之乱"开始的康熙十二年。在"三藩之乱"处于顶峰的康熙十六年，康熙帝设立了南书房入直制度，张英和高士奇是最初受选入直者。南书房入直制度是由于过去在紫禁城外居住的日讲官按规定时间进讲的制度不能满足康熙帝的需要，而让专任讲官入直在城内的南书房，以满足皇帝不时召问的产物。此制度一方面是因为康熙帝好学，另一方面是在"三藩之乱"时为收揽汉人士大夫人心而制定的策略。[1] 从这一政治作用的视角来看，可以想象录用张英，是因为张英本人的人品让人感觉不到所谓政治性，对收揽汉人士大夫之心的政策将起到积极的效果。

张英的六个儿子当中，有四人中进士后成为高官，其中第二子张廷玉，作为雍正年间至乾隆初年与鄂尔泰一起权倾朝野的人物而尤为著名。这一时期也是张氏在官界的全盛时期。乾隆六年，左都御史刘统勋向皇上奏请应略抑制张氏及与他世代联姻的姚氏二姓晋升时说："臣窃闻，舆论动云，桐城张、姚两姓，占却半部缙绅。今张氏登仕版者，有张廷璐等十九人，姚氏与张氏为世姻，仕宦者有姚孔鈵等十三人。"[2] 由此可知张氏势力之大。此后，张氏的势力虽说有所衰弱，但直到清末，各辈都出过数名进士，依然是桐城屈指可数的名门望族。[3]

关于张氏在乡里所从事的社会活动，在《张氏宗谱》等中可以看到很多记载。如果将它分为代表地方利益对官府做工作的活动及直接增进地方福利的活动的话，前者例如张英向巡抚杨素蕴致书，让他停止把向来由渔户缴纳的鱼课采购税目分摊到地丁项

---

[1] 吴秀良：《南书房之建置及其前期之发展》，《思与言》第 5 卷第 6 期，1968 年，第 7 页。

[2] 《国朝耆献类征》卷 21 《刘统勋传》。

[3] 何炳棣有关于张英家世的介绍，据光绪十六年序《张氏宗谱》，按各辈计算出了张英的子孙中拥有生员以上资格者及仕宦者的数量，以及其在族人当中所占比例。据此可知，随着子孙人数的增加，资格保有者与仕宦者的比例当然呈减少的趋势，但即使是从张英开始算起到第七代，男性子孙 113 人当中，有 30% 是资格保有者，19.4% 是仕宦者。Ping-ti Ho, *The Ladder of Success in Imperial China*. Columbia University Press, 1962, pp. 137-141.

之下；另外还有张英向巡抚徐国相致书，使其废止了排年里长的徭役等。① 这些都是张英在京时所为之事。

至于后者，比较大的事情就是张廷玉拿出皇上所赐的祭祀张英用的一万两白银的一半，用于建设桥梁。② 这不单是张氏一族所为，其姻戚姚氏也予以了协助。除此之外，饥荒时的赈恤等活动，可谓不胜枚举。

关于民国时期的张氏，翻阅人名鉴之类的记载，也找不到什么值得一提的人物，只有北京大中华日报社社长张传纶，可推测为张氏族人。不过，与 1927 年创刊的《民彝》杂志相关的人员中，有数人为张氏族人。这一杂志是以桐城出身者为中心，以振兴中国固有的学问为目的而创办的，马其昶、林纾等桐城派有名人物曾为其撰文。虽说基本上不涉及政治问题，但还是刊有政治文章数篇，表明的是北京政府的立场。从张英开始算起的第八代张诚、第九代张家骢也时常为之撰稿，张家骢为马其昶的女婿，据说曾留学日本。

第二节　张英的家产经营

张英初次分得财产是在顺治五年，当时他 12 岁。③ 顺治十五年，张英亲自管理庄田事务，独立经营家业。但由于张英城居，且体弱多病，其家计穷困，此后大约一年就沦落到将其妻姚氏陪

---

① 张廷玉：《澄怀园文存》卷 15 所载张英行述。

② 张廷玉：《澄怀园文存》卷 10《良弼桥记》。

③ 以下有关析产的叙述，出自《恒产琐言》。另参照北村敬直「清代における湖州府南潯鎮の棉問屋について」『經濟學雜誌』57（3）、1967 年 9 月。

嫁物悉数抵押或变卖的境地。① 因分家析产，张英所得只有田地
350 余亩。此时正值桐城田价极其低廉（表 10-1、图 10-1），还
未谙土地重要性的张英，与仓促间难以变卖的田产相比，更希望
以银为财产。以此来看，张秉彝在析产时，采取的不是把所有种
类的财产均分的方式，应该也有以银代替田产予以继承的。张秉
彝有七个儿子，在顺治五年时，长子张克俨已经去世，而第六个
儿子张夔、第七个儿子张芳还未出生，所以析产是在张载（当时
33 岁）、张杰（23 岁）、张嘉（19 岁）和张英（12 岁）四人之间
进行的。顺治十二年前后，二子张载放弃举业，隐居湖畔，亲自
耕种继承下来的数十亩田，过着半农半渔的生活。② 康熙二年，中
了举人的张英，第二年又析得 150 余亩土地；康熙六年，为了筹
措参加会试的费用，不得不把这 150 余亩土地变卖。虽说在同年
会试中合格，成为进士，但因其父去世，该年就归居乡里，直到
实际出仕为官的康熙十一年，一直都生活在桐城。

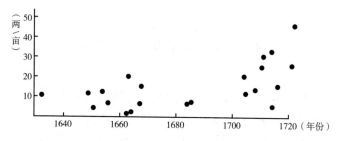

图 10-1　顺治、康熙年间桐城的田价

说明：根据表 10-1 制作而成。

---

① 《笃素堂文集》卷 11《诰封一品夫人亡室姚氏行实》。
② 《笃素堂文集》卷 9《湖上先生传》。

表10-1 顺治、康熙年间桐城的田价

单位：石，亩，两

年份	种石数	田亩数	堰塘	租石数	山地	庄园	其他	价格	平均每亩价格	史料	备考
万历四十六年	7.9							79		邹(953)	
崇祯五年	8.5	8.5						90	10.6	董(923)	
顺治四年	2.04	3.93	①2(1.5)		有		松园1	44.65	11.4	严(1208)	
六年	13	21	②3(0.7)		2片	1所		94	4.5	李(298)	
九年	0.5	0.4	3(0.2)					5	12.5	周(359)	
十一年	2	2.6			有		棉地	16	6.2	孙(553)	
康熙元年	0.7	1	1(0.2)		有	屋基1片		20	20	孙(553)	
元年	1.5	2.3			1片			4	1.7	孙(553)	
二年	0.5	0.6						1.5	2.5	孙(553)	
五年	0.75	0.55			2片			3.5	6.4	孙(553)	
五年	0.7	0.1			1片			1.5	15	孙(553)	
二十二年	8	16.5	2(0.3)		有	7间	牛棚1,石磙2.等	105	6.4	高(505)	
二十三年	8.5	15	(1.2)	60		宅1区		107.5	7.2	邹(953)	
四十一年		50						1000	20	③	中田
四十二年	7.5	7.35	(0.36)		1片	1所	石磙1	88	12.0	董(923)	
四十五年	8.6	12.8	②1(0.5)	64				170	13.3	齐(957)	④廉价
四十八年	0.4	0.64	2	4.5				16	25	黄(844)	

续表

年份	种石数	田亩数	堨、塘	租石数	山地	庄园	其他	价格	平均每亩价格	史料	备考
四十八年	3	2.4	⑤3(0.2)		2	5间	择厂1,棉地1,等	⑥72.5	30.2	黄(844)	
五十一年	0.3	0.4	4(1.595)		1	3间	基址,园圃等	⑦13	32.5	赵(977)	
五十一年	14	21.5364			有			110	5.1	孙(554)	⑧廉价
五十四年	5.5	5	⑨1(0.5)	28(小租1)	1片	1所	园圃	80	16	李(288)	
五十八年	2	2.5	2		有	3间	棉地,竹园	114	45.6	孙(554)	
五十八年	0.55	0.88		5.5			圩堘,树木	23	26.1	黄(844)	

注：这是从桐城县诸族谱中大量收录的祭田卖契中挑选出顺治、康熙年间部分，来氟探田价的上下波动趋势。只是由于推算田价的山场、庄屋等价格忽略不计，因此未必是准确的田价。但从图10-1中应该还是能看出廉熙中叶以后田价上涨的趋势。对契约以外能够用于推算田价的记事资料，也适当地加以利用。

史料栏中的姓和号码是表示收有田契族谱中的族姓与多贺秋五郎前述书中的连续号码。

①此外有垠。②除此之外，庄屋的水利权。③戴名世《砚庄记》。④因原来归族人所有。⑤除此之外，有塘的水利权（四股之一）。⑥除此之外，功仪银1两6钱。⑦除此之外，功仪银5钱。⑧买家与卖家是近亲。⑨这口塘归共同使用。

张英所继承的 350 余亩土地，大部分位于县城东南约 60 里的松山脚下、松湖岸边。这一点从张英的多首松湖畔之田的吟怀诗中可以看出，如《笃素堂诗集》卷 3《忆松湖用东坡先生游孤山韵》中写道：

> 桐之阳，有松湖，粳稻再熟佗地无……世业遗自先大夫，岁收百斛度朝晴……

同时，张英诗集《存诚堂诗集》卷 25《长康作松湖山村图赋此二首》中的一首写道：

> 两两渔舟点暮烟，芰荷粳稻满平川。
> 湖山不独堪留赏，下有吾家二顷田。

此外，同书卷 4《首见白须》描述了这样悠然自得的场景。

> ……湖边二顷田，丰年谷犹剩……

姑且不论二顷（200 亩）这一数据的可信度，[1] 但可以推断其大部分田产在松湖畔。

张英的祖先购入与祖居地张家塝相距甚远的松湖畔土地的具体时间不详，但可以确认的是，在张英的曾祖父张淳这一代，就

---

[1] "二顷"一语，自《史记》卷 69《苏秦列传》中"且使我有洛阳负郭田二顷，吾岂能佩六国相印乎"的名句开始，多被用于表达土地所有的规模不大但稳定的含义。张英诗中的"二顷"或许也包含此意吧。

已经在松山附近拥有土地。《张氏宗谱》卷 21 列举桐城各地分布的张家祭田中，在《松山鲍家嘴墓前田》一项下注明了"大参公（张淳）遗"。在张英的时代，张氏似乎在这一带拥有相当多土地。《存城堂诗集》卷 6《拟古诗》中，张英描绘松湖畔田的诗句有"阡陌罕异姓"。其二哥张载隐居的地方，也是这个松湖畔。或许这块土地后来也是张氏族人世代居住的地方，故清末的张承华也在《先茔祭扫记》中写道："吾家乡居者，松山为多。"①

然而，这些田为稻谷两熟田。在前引《忆松湖用东坡先生游孤山韵》中就有"粳稻再熟伦地无"之句；在《笃素堂诗集》卷 2《题石谷画米家山二首》的注中，也有"吾家湖上有先人旧业，田非腴壤，独蚤禾先秋而登"的记述。另外，《存诚堂诗集》卷 1《拟古田家诗》中的"我有湖畔田，沙泸非沃壤……蚤禾常薄收，晚禾亦丰穰"这首诗也可以印证。早稻为三月下种，六月收获。五月在其他田下种，培育秧苗，六月再把这些秧苗种植在早稻收获后的田地上，九月收获晚稻。② 既要收割早稻，又要种植晚稻秧苗时，是农民最为繁忙的时节。《恒产琐言》中有"早种一日，有一日之益。故晚禾必在秋前一日"的说法。在相邻的怀宁县，也能看到类似记事："早稻不及秋而刈。刈之日，家家皆于外乡雇

---

① 《张氏宗谱》卷 21。

② 乾隆年间的举人程瑶田在《九谷考》（嘉庆八年序，收入程瑶田《通艺录》）"稻"条中写道："余至安庆府桐城县之枞阳镇，土人云，其地有山田，有圩田。围田稻岁一收。山田地气暖，岁再熟也。三月下种，六月获者，为早稻。五月于别田下种生秧，至六月早稻获后，犁其田而莳之，九月乃收，是为获而再熟者也。"参见天野元之助『中國農業史研究』御茶の水書房、1962 年、330 頁。

老农，拼力及时（不错过季节）以事晚稻。"① "清道光以前……
每刈早稻种植晚稻……农人争天时，一刻千金，率晨刈昼犁而夜
种之，农家之忙，无过于此。"② 不过，据民国《怀宁县志》所记
述的当时晚稻收成还抵不上支付耕耨的费用，大家都放弃二季作
而改为一季作来看，过去田地两季加起来，也不见得比只种一季
田的收成多。就相邻的庐江县的"田一岁再收。早禾既刈即植晚
禾，高田仍可种麦。田租以田之肥瘠为差等。麦与晚禾皆属佃人
私收"③ 这一记述可知，小麦和晚稻都是佃农的私人收入。在当
时江南的稻、麦一年两作地带，存在一般把副种的麦收全部作为
佃户收入的惯例，④ 晚稻似乎也可以看作一种副种作物，但由于桐
城张英的田地主要是以种植晚稻为主，⑤ 所以成为佃农私人收入的
可能是早稻的收成。从《存诚堂诗集》卷 18《立秋次日食新》和
《笃素堂诗集》卷 7 的《尝新》等诗⑥来看，似乎有在早稻收成后

---

① 道光《怀宁县志》卷 7《物产》。
② 民国《怀宁县志》卷 6《物产》。
③ 道光《庐江县志》卷 2《疆域·风俗附》。
④ 李彦章《江南催耕课稻编》所收林则徐的序。参照天野元之助『中国農業史研究』、370 页。不过林则徐此文中提到，苏州佃农副种作物不是水稻而种小麦的理由，是苏州存在种麦则给佃农，种稻则必须缴纳地租给土地所有者的惯例。也就是说，这里的再熟稻，无论是早稻还是晚稻，都是收租的对象。
⑤ 种植双季稻时，有些地方以晚稻为中心，有些地方则以早稻为中心，这点可见于道光《怀宁县志》卷 7《物产》中有关双季稻的如下记述："总铺、十里铺、黄狄坂等处宜晚稻，早稻不及秋而刈……三桥坂、高河铺等处宜早稻，晚禾所以仅偿耕耨之费。"张英的田地，从前引"蚤禾常薄收，晚禾亦丰穰"来看，恐怕是以晚稻为中心。
⑥ 《立秋次日食新》一诗的内容是："风雨时和乐有年，蚤禾新刈傍湖田。尊开酒库应无算，菜送园官不取钱。荐庙白炊香稻熟，留宾红割锦鳞鲜。太平自愿为农老，幽雅常吹七月篇。"《尝新》也有相似的内容。

以新谷供奉家庙的习俗，这种早稻也许就是民国时期桐城常见的所谓副租（租外负担[1]）的一种。

康熙二十一年，张英为埋葬其父，告假归乡。归乡之时，康熙帝赐予白银 500 两作为张英十年侍讲的犒劳，张英用其中一半购买墓地，打算用剩余的一半购买山林中的田地数亩作为休息场所。[2] 恰好友人左橘亭[3]把张英早就希望得到的龙眠山中的土地让与他，张英以此地为别业，取名"赐金园"。龙眠山是县城西边的风景胜地。

另外，康熙三十六年前后，[4] 张英在离赐金园不远的芙蓉岛购置土地，康熙四十年致仕后，在这里经营别业。在被称作双溪的两条河流的交汇处，四面环山、膏沃平衍之田数顷一展而开，这一带便是张英别业的入口处。芙蓉岛一带田地的一半为张英所有，他在别业四周不设篱笆，任由樵夫自由通行。[5]

这些别业主要以田为主，[6] 那么张英所拥有的包括这些别业在内的田地，总亩数有多少呢？在《恒产琐言》中，张英曾提到"预置田千余亩"。由于置田就是购置田地，所以除继承的 350 余亩外，张英自己购置的田地应该有千余亩。因此，张英所有的土

---

[1] 郭汉鸣、洪瑞坚的《安徽省之土地分配与租佃制度》（上海：正中书局，1936，第 70 页）列举了桐城的租外负担有租鸡、菜油、棉花、鸡蛋等。同书第 61 页所载的六安县永佃契约书（1935）的例中，除租稻 24 石之外，还记载应缴纳新米一斗、酱麦一斗、磽鸡一只、粿皮一片的内容。

[2] 《笃素堂文集》卷 8《赐金园记》。

[3] 《左氏宗谱》卷 126 记载，左橘亭，讳国治，左光先（东林派左光斗弟）的第三子，比张英年长 10 岁，附贡生。

[4] 《聪训斋语》卷上有："山中向营赐金园，今购芙蓉岛，皆以田为本。"同书卷上所写的是康熙三十六年春之事。

[5] 《笃素堂文集》卷 8《芙蓉溪记》。

[6] 《聪训斋语》。

地在执笔撰写《恒产琐言》时，有一千三四百亩。《恒产琐言》的写作，据推算大概在康熙三十年、三十一年，即张英 55、56 岁时。① 此后，包括芙蓉岛的别业在内，张英所拥有的土地数量无疑进一步增加了。这里姑且以 1350 亩作为张英田地总亩数，来探讨这些田地到底能给他带来多少收入。

在江南，据说一般每亩地的租额是 6、7 斗到 1 石 5、6 斗，平均为 9 斗。② 但是张英所有的土地的租额并非这个数字。

《张氏宗谱》卷 21 列举了张家的祭田，分别记载了各分散田地的种石数、亩数、租石数。从其中张廷玉辈以前所购置祭田 12 例来看的话，位于松山鲍家嘴的祭田，合计种为 22 石 5 斗，亩数为 38 亩 9 分 7 厘 5 毫，实际租额为 144 石，③ 每亩田的租额大约

---

① 《恒产琐言》中有"余与四方英俊交，且久阅历世故多，五十年来见人家子弟成败者不少"的记述，说明至少是 50 岁（即康熙二十五年）以后所作。另外，由于康熙三十六年所写《聪训斋语》卷上提到"守田之说，详于《恒产琐言》"，可知《恒产琐言》写作于康熙三十六年以前。另外，以《恒产琐言》中提到的"听陕西岁饥，一石价至六七两"为线索，查得雍正《陕西通志》卷 47《祥异二》中有"（康熙）三十年陕西大饥，三十一年陕西饥疫"的记载，并且有关陕西一带大饥馑的记载，在康熙年间只这两年才有，可知将《恒产琐言》的写作时间定在康熙三十年至三十一年是没有问题的。

② 参见叶梦珠《阅世编》卷 4 中记载的明末清初松江府各县的租额，以及陈恒力编著、王达参校的《补农书研究》（中华书局，1958）第 27 页。不过，在江南一带普遍使用的亩的大小，和官方规定的亩的大小并不一致。在桐城，正如后面将要叙述的那样，在明末万历年间全国丈量土地时，所定亩的大小是全国规定大小的三倍左右。但在该次丈量时，江南的部分州县，地方官以多丈出的亩数来邀功，用每亩面积小于规定大小的标准来丈量（例如浙江省嘉兴府，可参考前述陈恒力著作第 293~295 页）。因此，在江南通常使用的"一亩"，其面积应该比规定的一亩要小。

③ 在这个租额的基础上加上"小租"4 石。根据民国时期的农村调查，安徽省所使用的小租这一用语，表示的是如下意思。与"转租制"有关。与佃农直接向田主租借土地的"原租"不同，"转租"是佃农通过被称作（转下页注）

为 3 石 7 斗。另外，龙眠山双溪的祭田，种为 83 石 2 斗 5 升，亩数为 118 亩 8 分 4 毫，田租为 458 石 2 斗 5 升，平均每亩租额大约为 3 石 9 斗。与前述江南三角洲地带租额的差异，可能是因为度量衡的不同。这里可以考虑到的是"石"的差异和"亩"的差异，但是关于前者尚缺乏可供依据的史料，因此姑且对后者做一考察。

明朝万历年间，为了准确把握全国各地的田地总额，进行了土地丈量，桐城也在万历九年和十六年两次对土地进行了丈量。[①]康熙十四年序《安庆府志》卷 15《艺文》上记载的"丈量碑文"，显示的应该是万历十六年丈量土地时的规定。[②] 据此可知，在万历九年的土地丈量中，丈量出了原有土地总量 3 倍左右的土地亩数。在九年时被丈量出的土地，在账簿上一律 3 亩折算成 1 亩。因为每亩赋税相同的话，则出现肥田与瘠田之间赋税负担不公平的问题，因此在十六年丈量时，规定把田划分成九等，以中中田的三对一的折算率为标准，修正了各级的折算率。在实行这

（接上页注③）"包佃人""揽头""二田东"等承包人来租借土地，除了缴纳正式的租额，还要向包佃人交纳被称作"小租"的附加费。另外，在巢县、桐城县等地，有佃农向"代理收租人"交纳"小租"的记载，但这个"代理收租人"与前述"转租制"中的"包佃人"是否不同，还不清楚。金陵大学农学院农业经济系调查编纂《豫鄂皖赣四省之租佃制度》，南京金陵大学农业经济系，1936，第 21、69 页。并且，清初的"小租"与民国时期的"小租"是否相同，也不确定。

① 从道光续修《桐城县志》卷 9《人物志·名宦》"章守诚"条可见万历十六年知县章守诚丈量土地的记述。另外，后述的"丈量碑文"，叙述的是万历九年土地丈量的情况。

② "丈量碑文"自身虽没有日期，但是姚文然在《姚端恪公文集》卷 9《与朱云门中丞书》中提及"万历十六年碑文"所载的规定时，其叙述内容与"丈量碑文"相同，从而做此推断。

一丈量法时，上级指示，不折算亩数，只改变每亩赋税数量，但桐城知县章守诚认为，如果不折算亩数，则亩数将变成原来的3倍，将来容易成为增加粮差的借口，因此他坚决贯彻折亩的方针。从上述来看，至少纳粮时桐城1亩的面积，相当于全国标准的3倍左右。前述租额比江南高，可能就是使用大亩来计算的结果。①

桐城亩的面积，虽说比江南三角洲亩的面积要大，但1350余亩这一数量，对于一个大官僚而言绝不算多。据说与张英同时入直南书房的高士奇，从一介贫穷书生一跃成为拥有家资40余万两，在浙江省平湖县购置土地上千顷者。② 并且，稍晚在康熙二十四年入直的徐乾学，据说在江苏无锡县购置田地1万顷。③ 与之相比，张英所拥有的土地数量，给人的印象可谓是小巫见大巫了。

那么，张英所拥有的土地数量，在桐城县内到底处于什么样的位置呢？据被认为写于顺治末年到康熙初年间桐城乡绅姚文然的《与赵太守书》④ 所言，桐城的排年（里长户）本身拥有的土地数量是五六百亩至七八百亩。由于桐城的里数有40余，⑤ 每里规定有十个里长，因此拥有500亩到800百亩土地的有四五百人。清初，桐城的土地数量在4000顷左右，⑥ 其中里长阶层所拥有的土地数量占了总数的一半以上。剩下的土地主要是由更小规模的

① 关于折亩问题，何炳棣有以中国全境为对象的考察。Ping-ti Ho, *Studies on the Population of China, 1368–1953*. Harvard University Press, 1959, pp. 102–116.

② 王先谦：《康熙朝东华录》卷10，康熙二十八年九月壬子。

③ 王先谦：《康熙朝东华录》卷10，康熙二十八年十月癸未。

④ 《姚端恪公文集》卷9。

⑤ 康熙六十年序《安庆府志》卷5《田赋》中有"桐城原编肆拾柒图，省后为肆拾贰图"字样。

⑥ 道光《桐城县志》卷2《田赋志》。

土地所有者占有，还是由免除里长之役有特权的特大地主所占有，这一点还不得而知。总之，张英所拥有土地的规模，在其仕宦之初还没有达到里长户的标准，但在一代之内就扩大到了这一标准的两倍左右。

在张英的全部收入中，田产所得无疑占据其大半。在土地上的直接劳动力主要是佃农，这一点张英有所提及。他在《聪训斋语》中提到了"山中耕田锄圃之仆"值得爱护的质朴，另外在诗中也能见到"欲自营十亩，课仆春山中"① 这样的句子。虽然这些奴仆是专事耕作的，但是正如《聪训斋语》中"古人所云躬耕，亦止是课仆督农，亦不在沾体涂足也。阅耕是人生最乐"等句所显示的，张英本人喜欢的只是观赏农作之业，让奴仆耕种别业的数亩田地，只是出于兴趣，而不是像出租土地给佃农那样作为支撑家计的主要收入。

居住在城里、励志于科举时的张英，对田庄的事务毫不关心，与佃农一年也不过只见数面。在《恒产琐言》的一节中，有张英根据自己的体验所描写的城居地主一年春秋两次出巡田庄的情景。其中有视管理田产为鄙事、恓恓至庄的主人，不知自家田地界线，不知佃农勤惰，对塘堰及山林树木的情况及稻谷时价等一无所知，而致"听（管理庄园）僮仆之言，深入茅檐，一坐一饭一宿，目不见田畴，足不履阡陌，僮仆纠诸佃人环绕喧哗，或借种稻，或借食租，或称塘漏，或称屋倾，以此恫喝主人，主人为其所窘，去之惟恐不速"的境地。

代替城居地主管理田庄全部事务的是僮仆。《恒产琐言》

---

① 《存诚堂诗集》卷 1《拟古田家诗》。

中特别强调的中心点之一，就是不要把田庄管理事务完全托付于僮仆，地主本人于监督之事不能懈怠。这是因为，如果怠于监督，僮仆不仅会把主人应得的部分私吞，而且会滥用为再生产而应支出的费用，由此而危及再生产的进行。从前面引述的佃农向田主提出修理塘堰和庄屋要求的情景，可以看出塘堰和庄屋的修理费都由田主负担。但是在张英看来，"人家僮仆管理庄事，以兴塘几石、修屋几石，为开账时浮图合尖之具"，①怠于塘堰培筑的结果，会招致"一遇亢旱，田禾立槁"这样的事态。

在前引文中，有"（佃人）或借种稻，或借食租"之句，表明也存在佃人纳租后仅靠留在手里的稻谷不可能进行再生产的情况。然而在张英看来，这样的佃农属于"劣佃"之属，生产热情高的"良佃"，"家必殷实有体面"。另"良佃""性必耿直朴野，饮食必节俭"，而不会像"劣佃"那样，在僮仆的唆使下欺瞒田主。这种乐观的看法是非常有趣的，关于这一点将在下节中进行考察。

接着来大致计算一下张英的土地能给他带来的收入。如果按田亩数为 1350 亩，田租额取前述松山和龙眠祭田租额的中间数每亩 3 石 8 斗②来看，一年可得米 5130 石。桐城县的田赋，每

---

① 所谓"为开账时浮图合尖之具"，大概指的是虚假做账，隐瞒恶行之事。参见《新五代史》卷 57《李崧传》。

② 据说祭田等族产的田租，由族人耕作时会采取优惠措施稍为减少。天野元之助『支那農業経済論』（上）、改造社、1940 年、58 頁。这里暂且假设为个人所有的非族人佃户租种之田的租率计算。不过对表 10-1 中有记录田租石数的祭田，按亩计算其田租额为 4~7 石，均比张氏的祭田多。表示的或许不是稻米而是稻谷的体积。

亩含赠贴（附加税）银8分5厘多，以及米略少于5升3合。① 从各种史料来看，康熙中期米的市场价格估计为每石值银4钱左右。如果以此计算的话，② 每亩的税粮约为2斗6升6合，全部大约为370石。因为丁税等其他各种负担无法推算，而未列入其中。

从租额中扣除税粮，以及扣除前述塘堰及庄屋的修理兴筑费部分，剩余的就是供地主家族和僮仆等消费的部分。其中，作为自家消费的米及被储存为备用荒年灾害的蓄米，顶多只有数百石。③ 因此，田租的大部分可用于出售。明末怀宁人方都韩说过，在和平时期的安庆府，如遇丰年，本地稻谷可供本地三年之需，而其中的桐城县土地广袤、物产丰饶。并且，从桐城运出的稻谷，

① 据道光《桐城县志》卷2《田赋志》转载自康熙十二年县志的记事。但据安庆知府刘枟言，在康熙十三年巡抚徐国相废除里长职以前，实际税收负担是正赋的十倍以上。康熙六十年序《安庆府志》卷5《田赋》。

② 《恒产琐言》中有"以壮夫之力不过担一石，四五壮夫之所担仅得价一两"的记述。据此可知一石的市场价在2钱至2.5钱，这可能指的是带壳稻。在康熙三十六年的《聪训斋语》中，有"吾乡米价，一石不过四钱"之句。另外，安徽巡抚靳辅曾指出庐州、舒城、桐城的市场米价在六月、七月的收获期有每石4钱的报告，比安徽其他府州县每石五六钱至八九钱的价格显得格外低。此外还指出，桐城的市场米价其后增至6钱。《采买粮料价值照时开销疏》，康熙十四年序《安庆府志》卷15《艺文上》。并且，在《圣祖实录》卷272"康熙五十六年四月丁酉"条有"昔大学士张英曾奏，桐城县米价，银一两可得三石"的上谕。根据以上资料，估计撰写《恒产琐言》时的市场米价约为每石4钱。

③ 在《聪训斋语》中，张英曾说只需僮仆二三人即可，包括用人在内的家庭人数，或许不会很多。如果按包世臣《安吴四种》中的《齐民四术》卷2"合女口小口，牵算每人岁食米三石"的记述，估计男女老少平均每人每年食米3石的话，那么一年所消费的米顶多也就百石。用以防备荒年灾害的储蓄米到底有多少还不得而知。在《张氏宗谱》中，能见到张英之兄张杰在饥馑时与同志者一起捐稻谷百石的记事。

通过枞阳镇而出长江者达九成。① 这些稻谷可能是被运往江南。

关于桐城县米价低廉的情况，张英也经常提及，安徽巡抚靳辅对庐州、舒城、桐城一带的米价低廉做过说明，并认为是由于这一带"与河路隔远，商贾罕至"。② 在除了稻米就没有其他特产的稻作地带的桐城，稻米的生产额大大超过了本地的需求，再加上交通不便，作为买方的商人竞争又少，所以米价理所当然就比其他地方更低。这一结果造成了米与其他商品之间的价格差，但不能断定这一价格差对不存在可供商品化的剩余米，有时甚至连自家食用米也不足的佃户乃至自耕农的零星家计，以及即使将租米出售换取银两，也很少有必要用这些银两购买消费物资的乡居地主的家庭经济能有很大的影响。毋宁说正如后面将要论述的那样，受影响最大的是作为米的卖家及城市商品的买家、直接与商人接触的城居地主。

尽管张英的收租为五千余石这一数字根据并不够充分，但如果暂且采用这一数字，假设自家消费与纳税部分合计为一千多石，将剩余的四千石按照前述每石 4 钱的价格出售的话，则可得现银1600 两。这一数字，是张英所提及的城居生活最低限度费用百余金的十多倍。假如用扣除生活费后所剩的银两购买土地的话，按康熙中期的地价计算，则每年的收入可以购得百亩以上的土地。这样实实在在地扩大土地，也是有可能的。总之，以土地为主要

---

① 康熙《怀宁县志》卷 31《议·枞川榷稻议》中记载道："六皖瘠土也。无燕秦之枣梨，无吴越之蚕桑，无蜀汉之千树橘、渭川之千亩竹也。乃地之所产，人倚为命，止一谷而已。六皖皆产谷，而桐（城）之幅舆更广，所出更饶。计繇枞阳口达于江者，桐居十之九，怀（宁）居十之六，潜（山）居十之三。往岁席承平，遇大有秋，本地谷可支本地三年。"

② 靳辅：《采买粮料价值照时开销疏》。

收入来源的张英，其家庭经济是可以非常稳定的。

以上考察了张英的田产所得，其他的当然还有身为官员的俸给等收入。据光绪《大清会典事例》卷249~250，在康熙十一年上京担任翰林院编修（正七品）时，张英的年俸为银45两、俸米12石及每月公费2两2钱。在隐退时的康熙四十年，作为文华殿大学士兼礼部尚书（正一品），年俸为银180两、俸米12石及每月公费5两。在以官僚地位为基础的总收入中，俸给只不过占其中的一小部分，这是众所周知的事实，至于因个人不同而存在显著差异的其他收入部分，则无法推测。

有关商业和高利贷问题，深谙其危险性的张英是不会亲自从事这一活动的。在《聪训斋语》中，他劝诫放债道："不足则断不可借债，有余则断不可放债。权子母（高利贷）起家，惟至寒之士稍可。富贵人家为之，敛怨、养奸、得罪、招尤，莫此为甚。"然而，就像前引《恒产琐言》中的一节所提到的那样，张英也曾将稻谷作为食物或稻种贷于佃农，利率虽不详，但可以想象，张英恐怕只是将此看作与放债不同的土地投资的一部分来考虑的吧。

第三节　张英恒产观的特色

《恒产琐言》是张英在亲身切实体验的基础上，训诫子孙变卖田产的文章。其他的家训中，关于土地也大都是从知足安分的见地出发，内容多为良田勿贪、买卖土地须公正等。可以说，土地作为恒产的有利性在此是不言自明的前提。但是张英《恒产琐言》最关键的主张在于，土地投资看起来利润少，但最终是有利的这一点。其背景是由于土地投资的利润微薄，田主陆续变卖田产的风气。北村敬直前述论文所指出的问题点恰在于此。

作为地主以获取利润为目的的投资对象，土地的银收入可以用下列公式来计算：

$$用于交纳地租的主要作物的收获量 × 租率 × \\ 该作物的市场价格 - 税收负担额$$

论述土地利润少的文章，可以说一般将其原因归结于上述四个要素中的某一个。因水利荒废等而导致的产量减少[①]、因抗租盛行而使实际租率低下[②]、米价低廉、税收负担沉重[③]，这些都是使土地投资变得不利的重要原因。而张英所关注的，是其中的粮食产量减少与米价低廉这两项。

尽管税收负担沉重在当时的江南三角洲地带是严重的问题，

---

① 例如，清代中期常州府人钱泳在《履园丛话》卷7中有歉收时"租米全欠，则官粮无所办。……饥民之困苦未苏，而公家之征催已急，是有田而反为田累矣"，"推其本源，总在不讲水利之故"的记述。不过，即使其本源是因水利荒废，但是其所示的歉收时拥有土地的结果反而使地主受累的直接原因，应该是后面将要论述的国家税收的负担。

② 例如，关于稍后19世纪前期的江南，光绪《石门县志》卷11《杂类志·风俗》引道光《石门县志》记载："农人田亩，大半佃耕，视米如宝，恒多欠租。……挟制妇稚号呼，田主以收租为畏途、以有产为累事。"参见田中正俊『中国近代経済史研究序説』東京大学出版会、1973年、97頁。需要附带说明的是，本处所说的"实际租率"，并非分租制下事先约定的如"业六佃四"这种形式的"租率"，而是指土地所有者实际能够征收到的田租额占全部收获量的比例。因此，不管收获量高低如何，在租额固定的额租制下，租率当然会随年成的好坏而变化。即使在租率固定的分租制下，因抗租或歉收时的减租等，最后计算出的实际租率也是变化的。前述算式中的"租率"，就是这一"实际租率"的意思。

③ 从叶梦珠的《阅世编》中可以看到，米价贵贱与税收轻重是决定田价贵贱的重要原因。参照北村敬直「清代における湖州府南潯鎮の棉問屋について」『経済学雑誌』57（3）、1967年9月。

但是张英对此几乎没有触及。田产这一财产形态，即使因歉收而没有收入时也有税收负担，这一难点使得荒年时有田之家的困苦比常人更甚。这种情况在《恒产琐言》中也有言及，但只是将它视为荒年时不可避免的现象，而没有把税收负担沉重视为不当之事。这种看法的存在，或许是由于桐城的田赋相对江南而言比较轻的缘故。

对于抗租，张英完全没有谈及，他非常乐观地相信能够切实可靠地收取地租，这一点是意味深长的。张英在《恒产琐言》中论及土地的安全性时，引用了其浙江友人陆遇霖①的意见。陆遇霖在阐述土地、房屋的投资比典当（当铺）、贸易（商业）及权子母（高利贷）更为安全之后，对土地与房屋进行了比较，对投资土地的安全性予以好评。其理由是，与房屋租金的收取对象是"市廛商贾之狡健者"相对，田租的征收对象是"愿民"。对陆遇霖所言的佃农"秋谷登场，必先完田主之租，而后分给私债"，张英也持赞同的意见。在上节所引用的《恒产琐言》的一节中，曾说到佃农提出各种要求"恫吓"田主之事。在张英看来，佃农的这种态度是被僮仆唆使的，还不至于为此而产生地主支配已经动摇的深刻危机感。张英引用谚语"良田不如良佃"指出，为了最大限度地利用土地，最紧要的事情之一就是选择庄佃。即与田的好坏相比，佃农如何才是田租收入稳定与否之所系。这里张英认为与良佃相对的，并不是蓄积自己的力量进行抗租的顽佃，而

---

① 以《恒产琐言》中的陆遇霖担任河南省归德府通判的记述为线索，查得雍正《河南通志》卷36《职官七》中，有康熙二十一年就任归德府粮捕通判陆遇霖的名字，江南常州人，监生。

是那些缺乏生产热情的无能的劣佃。[1] 这一点从他所列举的良佃与劣佃的优劣对比中可以明显地看出，即良佃的优点是"耕种及时"（耕作不错过农时）、"培壅有力"（积极施肥）、"畜泄有方"（适当的灌溉排水）等，而劣农的短处是与之相反的"耕稼失时""培壅无力""畜泄无方"。并且在张英看来，一丝不苟地积极生产的良佃，"性必耿直朴野"，一定会与田主保持良好的关系。

张英认为卖田风气兴起的原因有二。第一，米价低廉。换言

---

[1] 与"良田不如良佃"同义的谚语有"好田不如好佃"，仁井田陞对此进行了介绍。仁井田陞「中國の農奴解放過程と契約意識—地主の支配權力をめぐって—」『中国法制史研究』（法と慣習・法と道徳）、東京大学出版会、1964年、657頁。此谚语出现在清初钱塘人张文嘉编集、康熙三年序的《齐家宝要》一书中。张文嘉对明末沈鲤的《文雅社约》所做的注释部分，主张实行社仓之法的文字为："尝见四乡，每值青黄不接之时，贷本地富室米一石者，必加重利偿之。一夫之力所入几何，宿逋既要填还，新逋又难迟缓，以致日瘠日贫，流为顽钝无赖，而田主亦阴受其弊矣。如社仓之法行，则有无相通，不至重困。……俗语有云，好田不如好佃。使彼稍可谋生，租入自无拖欠，行之十年，本米既多，利米又足，永无饥馑之虞，真得藏富于民之良法。"但凡只要收取田租的地主与佃农这对关系存在，就会同时存在拖欠田租之事，因此拖欠这一现象本身，并不能代表这一关系朝着瓦解的方向发展。当由于个体生产能力的低下，或者因负债等原因而贫困化，连自己最低生活都维持不了的佃农，抵抗土地所有者收取地租时，土地所有者一方很可能将这些佃户指责为"顽佃"，但这时的"顽佃"必须与作为地主与佃户关系危机指标的"顽佃抗租"区别开来。"顽佃抗租"之所以受关注，其理由恰好在于这被认为反映的是佃农慢慢摆脱与土地所有者的隶属关系，主体力量不断增大的情况，与因贫穷而不得不拖欠田租的佃农有本质区别。如前文所述，与好佃相对的，不是因积蓄了自身力量而反抗的顽佃，而是因过于贫穷而成为"顽钝无赖"的佃农，这些佃农只要能有办法维持生活，便"租入自无拖欠"。补记：关于"良田不如良佃"的用例，三木聪介绍了嘉庆《云霄厅志》卷2《纪遗·赋役》的记事。该记事记述了这一时期佃农因田面权而频繁爆发抗租运动的情况，并指出"此所以有'良田不如良佃'之谣"。这是将此谚语与抗租结合使用的重要例子。三木聪「清代福建の抗租闘争と国家権力」『史学雑誌』91(8)、1982年、38頁。

之，地主和农民不得不用出售谷物所得来的银钱去购买的消费物资等商品相对较贵。第二，因地主不关心田庄事务，结果导致粮食收获量低下。张英认为，这些弊端都是与城居生活相关的问题，是能够通过乡居予以解决的。据张英的观察，出卖土地的不是乡居地主，而是城居地主。其理由为：第一，如果居住在城里，日用物资不能自给，所有消费品必须通过银钱来购买，并且城市生活比乡村生活更为奢侈，开支更大。也就是说，城居地主是最受谷物与其他消费物资之间价格差影响的阶层。第二，如果居住在城里，田庄事务往往完全托付于僮仆，这样就会疏于监督佃农及管理池塘，从而招致田地荒废，收获量低下。① 此外，他指出，城居生活不仅不能得到"遗利"，而且由于对土地不能进行周密经营管理，容易导致荒废："尝见荒瘠之地，见一二土著老农之家，则田畴开辟，陂池修治，禾稼茂郁，庐舍完好，竹木周布，居然一佳产。其仕宦家田，则荒败不可观而已。"张英在慨叹人家子弟卖田经商者多时，其所谓"人家子弟"不是乡居者，而是城居的目光短浅只看到商业一时的高利润者。不过，张英所指的不是世代城居、过着稳定生活的"城居地主"之子弟，而是像张英那样本来是乡居地主，但为了子弟科举应试而搬至城里的"城居地主"。在这种意义上，"乡居地主出身的城市生活者"一词或许更

① 对城居生活的不利之处，张英论述道："子弟有二三千金之产，方能城居。何则二三千金之产，丰年百余金之人，自薪炭、蔬菜、鸡猪、鱼虾、醯醯之属，亲戚、人情、应酬、宴会之事，种种皆取办于钱。丰年则谷贱，歉年谷亦不昂，仅可支吾，或能不致狼狈。若千金以下之业，则断不宜城居矣。"对与此相比的乡居生活的长处，他举出生活物资能够自给、生活方式朴实（后述），还指出城居生活不能尽收山林湖泊之利："况且世家之产，在城不过取其额租。其山林湖泊之利，所谓甚多，此亦势不能兼。若贫而乡居，尚有遗利可收，不止田租而已。"

为恰当。这些人只拥有适合于乡居生活规模的土地，却居住在城市，结果被不相称的开支所迫而变卖土地，走向没落。

张英并不是将眼前的卖田之风看作因商品经济向乡村渗透，乡居地主迫不得已被卷入变卖田产旋涡的事态。相反，在张英看来，完全有可能通过彻底贯彻俭约并尽地利的乡居生活态度来度过荒年，进而乘荒年田价下跌之际购集土地。张英曾说"吾乡草野起家之人"大多用的就是这种方法。在《恒产琐言》中描述乡居生活的部分，就有"居乡则可以课耕数亩，其租倍入，可以供八口。鸡豚畜之于栅，蔬菜畜之于圃，鱼虾畜之于泽，薪炭取之于山，可以经旬屡月不用数钱。且乡居则亲戚应酬寡，即偶尔有客至，亦不过具鸡黍。女子力作可以治纺织。衣布衣，策蹇驴，不必鲜华。凡此皆城居之所不能"的记述，尽管可以窥见源自农本主义的理想化观念，但张英对与城居生活相对比的乡居生活经济上的稳定性，一点也不怀疑。

如前所述，桐城与水路远隔，不便于农产品的商品化。这种条件使得商人的"买贱卖贵"成为可能，而这种"买贱卖贵"活动在当时只限于城市，桐城的农村则不受影响。正因为如此，张英才将"果其读书有成，策名仕宦，可以城居则再入城居一二世，而后宜于乡居则再往乡居，乡城耕读，相为循环，可久可大，岂非吉祥善事哉"这样作为官僚荣誉的城居生活与稳定的乡居生活一两代交替一次的状态，设想为最理想的状态。

对于张英来说，乡居生活才是维持经济稳定的上上策。正如北村敬直所指出的，张英从投资的有利性这一观点来对土地与贸易、权子母（高利贷）进行比较，主张土地才是利润虽少但收入可靠实在的资本。不过，土地的优点必须通过乡居生活才能得到最大限度的发挥。土地在作为资本的同时，能够直接产生生活上必要的使用价值，是永久性的财产，是地主能够过上优游俯仰生活的具体场所，同时理应成为生活的最终依靠。因此，对17世纪后期的桐城人张英来说，乡居地主——即使不是亲自耕作的地主——的经营，才是最稳定、值得恃以为生的生活方式。

* * *

《恒产琐言》过去作为如实地反映明末清初中国社会经济变化的史料而受到重视。前述北村敬直的文章分析了《恒产琐言》中关于卖田之风的论述，结合与江南三角洲地带的苏州府、常州府、松江府、嘉兴府及南京等有关的史料，指出这一风气是"乡居中小地主阶层对商品经济发展的历史必然所采取的一种应对姿态"，是田产从亲自经营的乡居地主的手中游离出来，向城居商人地主之手集中的过程。此外，《恒产琐言》中所引的"良田不如良佃"这一谚语，经由仁井田陞"在这一格言的背后，甚至能够听到对佃农'抗租'束手无策的地主的哀叹"[①] 的引用和论述，成为标志清代佃户地位上升背景的有名象征性格言。

然而，如果将视角仅限于《恒产琐言》，顺着张英的理论来阅读《恒产琐言》的话，从其论旨可以发现，当时江南的商业、高利贷资本向农村渗透，以及福建、江西、江南三角洲等地抗租盛行的典型事态，在安徽省桐城县并不见得同样存在。因为就卖

---

① 仁井田陞「中國社會の「封建」とフューダリズム」『中國法制史研究』(奴隷農奴法・家族村落法)、111頁。

田之风而言，张英所指的卖家并不是乡居地主，而是城居地主。另外，所谓"良田不如良佃"的"良佃"，在张英的念头中是与"劣佃"相对的称谓，而与抗租之事不相干。

《恒产琐言》的内容，反映的应该是桐城县这一与江南三角洲地带性质不同的经济地带——商贩交通不便的稻作地带——的情况。如果考虑到这两种经济地带的地主意识存在若干差异，同时各自的意识所反映的社会经济状况有不同的话，那么，以此差异为前提，在明清中国经济的整体像中，这两者是结合在怎样的结构中的呢？这样的探讨，将是今后的课题。

补论 3　明末清初土地集中的动向
——围绕"城居地主"的问题

在本章的结论部分，笔者指出，《恒产琐言》中强调的具有变卖土地倾向的卖主，与北村敬直的解释[1]不同，不是乡居地主，而是城居地主，并做出了"《恒产琐言》的内容，反映的应该是桐城县这一与江南三角洲地带性质不同的经济地带——商贩交通不便的稻作地带——的情况"的论述。论据是，商业、高利贷资本向农村渗透及抗租盛行等促使江南地区乡居地主变卖土地的主要原因，在《恒产琐言》中看不出来。这一结论有过度强调稻作地带桐城土地所有的稳定性之嫌。此后笔者感到有再考虑的必要，并借对希拉里·贝蒂著作的书评，大致对自己的主张进行了如下

---

[1]　北村敬直「明末・清初における地主について」『歴史学研究』(140)、1949年7月。

订正。张英的时代，正处于因清朝紧缩财政及禁止海外贸易政策而引起的经济不景气时期，拥有土地者的利益随着米价低落而减少，这一问题在长江中游流域的米谷输出地带特别严重。当时，在像桐城这样的稻作地带，绝不是拥有土地的稳定时期，而是农产品市场收缩的危机时代。《恒产琐言》中对土地的重视，与其说是出于土地收益的稳定性，不如说是从商品经济倒退到依靠自给生活的安全性。也就是说，这正是因为痛感商品经济的危机而提出的自卫性对策。

然而，为什么在江南能见到如北村敬直所指出的城居地主土地高度集中的现象，而在张英时代的桐城——如果张英的观察正确的话——却盛行城居地主出卖土地之风呢？关于这一点，当时并没能进行明确的说明。究竟是什么条件决定乡村—城市土地所有的转移呢？对成为战后明清地主制研究起点的北村提出的"乡居地主向城居地主转移"的命题，现在我们该如何思考？对此笔者想在最近几十年研究积累的基础上，阐述一些个人的观点。

城居地主在购买或出售土地时，这当中应该存在促使他们购买或出售土地的具体条件，在北村所言的"过渡期性质"的时代——"明末、清初"——16世纪至19世纪中叶，这一条件也因时期不同而存在相当大的差异。作为能明确显示土地经"城居地主"之手而集中趋势的例子，北村所举的唯一史料，是万历《江宁县志》卷3中记载的姚汝循的《寄庄议》[1]。该书中以"田赋日增，田价日减，细户不支，悉鬻于城中，而寄庄（之田）滋多"这样的表述，明确阐述了土地经"城中"人之手而集中之事。

----

① 北村敬直是从《天下郡国利病书》所引《上元县志》中引用的。

姚汝循所观察的是 16 世纪后期的南京。这里值得注意的是，在 16 世纪后期至 17 世纪初的长江下游地区，特别在"明末、清初"，是都市与农村经济力差距感最为强烈的时期和地区。正如本书第六章所述，以明末的军事及财政结构为背景，都市集中了具有雄厚财力的商人及官僚，其富裕程度与农村的贫乏形成鲜明对照。在明末的江南史料中，都市不动产的昂贵与土地的低廉，当铺及房屋出租等都市式经营与拥有土地之间利益的差距，也往往被强调。例如，浙江海盐人刘世教就在万历三十六年的《荒著略》（收于《盐邑志林》）中，把拥有土地的"素封之家"与"旅人质库"（客商当铺）进行对比，大致做了如下论述。在海盐，自均甲（根据里甲的亩数编成而实行的徭役负担均等化改革）开始，以 320 亩的土地为单位课一次徭役。田租即使是上等田也不过 300 石，其 1/3 作为税收缴纳，此外还要满足公家的多种需求，所剩寥寥。320 亩土地的价格，上等田不到 2000 两，下等田不过三四百两。与此相比，当铺的资本金，一个店铺大概为五六千两至一万两，是 320 亩土地价格的五六倍，多者甚至达到 30 倍。以此资本金一年能获得一成或三成的利润，即使是最下等的当铺，其所获利润也达上等田 320 亩的 10 倍。因此，拥有土地的富家常常要面临没落的危险，相反，当铺的经营却很稳定。

城市资产的价值比拥有田产高，这一点在其他资料里也可以得到证明。康熙《石门县志》卷 2《赋役》所收靳一派（靳是万历三十年代浙江崇德县知县）《编审事宜》中有记述道：

假如厥田上上，每百亩岁租不过百余石，计值仅五十金上下，况夫输官又不啻去三之一也。一亩之宫，重堂叠屋，

画栋雕楹，僦人可得四五十金，下亦一二十金，而完粮止一
二钱许。是上房一所可当腴田佰余亩也。

此外，关于浙江嘉兴、秀水两县的情况，在崇祯末期萧师鲁
所作的《均田均役议》（《萧鲁庵集》）中也有记述。

一县之房价，不啻倍于一县之田价。如房价三千金，等
于肥田五六百亩，瘠田八九百亩矣。……若闹市房屋，各镇
之租价与附城内外者同，重至二三十金，轻亦不下十金。如
此而有十间，即等于三百亩之租利。

以上所举史料均为浙江嘉兴府的例子。这里因面对大运河，
处于交通要冲，再加上富商多，土地课税繁重，因此如"新安大
贾与有力之家，又以田农为拙业，常以质库居积自润，户无多
田"① 的记述所示，具有忌讳拥有田地的倾向。因此资金都集中
在都市不动产或都市式经营当中，都市与农村之间的经济差别就
表现得更加显著。

因有关都市不动产的数据资料不足，要从实际的价格资料来
探讨都市不动产价格与土地价格之间的差别，是比较困难的。调
查万历二十年前后湖州董氏与范氏民变情况的刘元霖，在其《堪
问董尚书事情疏》《堪问范祭酒事情疏》中，记述了不少董氏有
关人士在进行不动产买卖时的不正当例子，由此可以窥见当时都

---

① 陈懿典：《嘉兴县蒋侯新定均田役法碑记》（天启元年前后），康熙《嘉兴县
志》卷4《编审》。

市不动产价格之一斑。① 例如，"当房一所时价银四百两，又当房一所时价银三百两，又田三十五亩时价银一百两""在城厅房基地六亩……彼时……不合倚势逼勒，止付价银六百六十两，少价一百三十两""将房出卖……价一千六百两"等。从这些记述来看，当时的土地价格大体在每亩 2~4 两。而与此相比，房屋的价格一处可达数百两乃至上千两，这证明了前述靳一派的"上房一所可当腴田佰余亩"的说法。

在明末嘉兴府的徭役改革论中，"殷实"一词与"市户"（城市居住户）几乎在同一意义上使用，这是很有意思的问题。② 本来所谓"殷实"，正如日本学者小畑行简在给清初人黄六鸿的《福惠全书》标注训读法时所注的"多财产"那样，指的是富裕之家。而从"殷实良民""殷实老成"等熟用语来看，不单指富裕的程度，似乎还包含有坚实、稳定的语感。"殷实户"的通常用法不限于市户，还指包括农村土地所有者在内的一般财富所有者。再如"祗应、巡栏不得用殷实户，只用市人"③ 的记述所示，也有与"市人"相对的用例。虽然如此，在明末的部分地区，"殷实"一词与拥有土地明确区分，只用于指市户之富，就像"如市户之说者，在嘉兴即殷实之说也"④ 所示，"市户"与"殷实"指的是同一对象。另外，在推进嘉兴府徭役改革的徐必达的《赋役条议》中，有把丁田与殷实相对比的用法。

---

① 《抚浙奏疏》卷 4、卷 5。
② 关于均田均役改革当中的"市户""殷实"问题，滨岛敦俊进行了论述。滨岛敦俊『明代江南農村社會の研究』東京大学出版会、1982 年、第五章。
③ 万历《嘉定县志》卷 6《田赋考·徭役》。
④ 徐必达：《安民生疏》，《南州草》卷 3。

一议殷实。旧说丁田之外，复有殷实之议，此公平盛心也。但丁田有据，而殷实无据。有据者尚花分诡寄，逃于莫诘之乡，无据者孰启钥发囊，核其在中之数。……窃以为，无据之殷实必不可议，而有据之殷实必不可不议。有据之殷实何居？当铺也，店场也，赁房也。彼当行之收息，数倍于田。赁房之取租，亦与田埒。既利地方之利，自当役地方之役。[①]

在我所知的范围内，"殷实"的这种用法为明末所特有，其背景中有明末的都市不动产及都市式经营，与拥有土地相比，具有显著的有利性和稳定性。当然，这种都市的富裕并不直接与"城居地主的土地集中"相关联。就像前述嘉兴府的例子所示，在明末往往能看到城居富家忌讳拥有土地的现象。但在拥有土地多少能获得利益之时，这些都市富家拥有急速集中土地的条件。明末的"城居地主集中土地"现象，可以说是以这样的城市与乡村之间的经济力差距为背景的。

尽管进入清代之后，显示土地集中到绅士官僚和商人等城中富户手中的例子也不胜枚举，然而在笔者的印象中，成为明末城乡关系特征的巨大的经济力差距感，在清代变得稀薄。特别是将"殷实"与市户相联系的用法，在我所知的范围内没有看到。正如本书第三章、第七章中所述，康熙年间的经济停滞覆盖了"苏州、杭州、江宁、广东、福建"等曾经繁华的地区。正如"（苏州郊外的）枫桥之市，粟麦壅积，南濠之市，百货不行，良贾失

---

① 徐必达：《南州草》卷 1。

业，不得旋归，万金之家，不五七年而为窭人"这一记述所示，就连作为全国商业中心的苏州市场也明显衰退。

据记有清初松江府土地市场状况的叶梦珠的《阅世编》卷1《田产一》记述，由于米价低落和赋役增加，从康熙初年开始，人们便"以有田为戒"。叶梦珠说，人们"空书契券（即价格等栏空缺，不问条件）求送"，缙绅也不一定愿意收取，因此有"不得已委而去之，逃避他乡者"。均田均赋法实施后，忌避拥有土地的风气有所减弱。在这里，乘价格停滞之机购买、占有土地的人不是"缙绅富室"，而是那些"有心计之家"，这一表达是意味深长的。在离松江500千米左右的桐城，张英写作《恒产琐言》恰好就在这个经济停滞期。张英所看到的"吾乡草野起家之人"通过节俭和尽地之利，设法度过荒年，利用价格下跌之机购集土地的例子，与叶梦珠所言"有心计之家"的集中土地，应该看作相同时代相似状况下的现象。可以推测，在经济总体性停滞、商业不景气时，比起商业富豪和官僚的势力，指甲充烛般地俭约和不辞辛劳的细微"心计"才是集中土地的关键。在张英看来，这不是被迫开销阔绰的城居生活，而是乡居生活才能做到之事。

至乾隆初年（18世纪中期），米价上涨再次使得土地市场为之一变。常州府人黄卬在乾隆十七年所作的《锡金识小录》卷1《备参上·风俗变迁》中论述道：

> 城居者多贫室，有宿春十不得一，而乡民颇多温饱。盖雍正间，汇追旧欠，奉行不善，凡系旧家大抵皆破。至近日米薪布帛诸食用物价，三倍于前，而鲜衣美食之风，日甚一日。又罕习恒业，多博饮游侠，夫安得不贫？至乡民，淳愿

虽不如前，而力田之勤，则前此所未逮，遇旱涝，前多畏难
中辍，今则竭力营救，且有因凶岁免租而起家者。又居处村
僻，服食简省，苟安分不赌博，便易致盈余。城内业田之户，
多以田归于佃，可得倍价。故昔之田租，城多于乡而聚，今
则乡多于城而散也。

可以说这里所述的，是与明末完全相反的状况——城居之人
比乡村之民更贫穷，土地从城居地主之手转卖给了乡村之民。当
然，还不能把农民从城居地主手中购买土地的想象普遍化，因为
同一时期农民贫困化而出卖土地导致富家集中土地的史料很多。[1]
然而，比较三木聪所介绍的有关福建泉州府安溪县不同时期的两
则史料[2]——"县至郡城，水可舟也。民间有田，悉入于郡大家
之手，载粟入郡。而民间米粟，以此不充佃种之家"；[3] "唯民间
田亩，先悉入于郡宦家之手。比来，俱归本地之有力者，粟不入
郡，民食稍舒，此则较胜于前也"。[4] 可以看到明末土地向大都市
集中与清代中期土地所有的分散这样方向相反的流动。黄印的观
察并非孤立的。

在探讨明清时代土地所有的动向时，在长期的趋势线上，或
许可以看到"由乡居地主向城居地主"的转变。但是，如仔细观
察各个时期的具体情况的话，城居地主的土地集中的确非自始至

---

① 例如，《高宗实录》卷 311，乾隆十三年三月湖南巡抚杨锡绂的上奏等。
② 三木聪「抗租と阻米——明末清初期の福建を中心として」『東洋史研究』45
（4）、1987 年 4 月、49~50 頁。
③ 康熙《安溪县志》卷 4《风俗人物志一·贡俗》所引万历间何乔远的记载。
④ 乾隆《安溪县志》卷 4《风土》。

终直线推进的过程。正如本书第五章至第七章等所指出的，随着
国际经济环境及军事、财政状况的变化，土地市场也在发生急剧
的变化。与此同时，城乡之间经济力的相对强弱也在发生变化。
这未必可以直线性地理解为"商品经济推进到一个更高阶段，就
必然会产生资本的集中过程"。① 将因时期和地域的不同而不同的
土地市场动向单纯化，以及将一部分时期和地域的倾向当作明末
清初整个中国普遍现象的做法，是必须慎重的。同时，仅仅指出
其多样性是不够的，将明清时期土地市场的复杂样貌所共同拥有
的基础性机制，以更加明了的形式予以分析是必要的。

---

① 北村敬直『清代社会経済史研究』朋友書店、1978 年、36 頁。

第十一章

《租核》中的土地所有论[*]

清末苏州人陶煦的著作《租核》，是有关太平天国后江南租佃关系的重要史料。同时，由于对缙绅地主横征暴敛的尖锐揭露及提出了具体而独特的减租方案，《租核》从而作为清末先进的经济论而得到高度评价。^① 然而，过去对《租核》的高度评价，针对的只是陶煦所提倡的减租这一政策的历史进步性，至于他论证减租正当性所依据的理论，可以说还未有深入的探讨。尽管对地主制度的弊端进行了猛烈的批判，但陶煦所处的原则性立场终究是为了摆脱地主统治危机的地主立场，其理论"终究是贯穿地主逻辑的地主理论，而并非否定地主土地所有制的资产阶级思

*　本章原刊于『中国—社会と文化』(1)、1986 年 6 月。
①　关于《租核》及陶煦的代表性专论，有鈴木智夫『近代中国の地主制：租覈の研究訳註』。笔者对《租核》的解释，受益于该书所收的《租核》全篇译注及东京大学大学院（研究生院）近代中国经济史研究的课堂讨论（田中正俊教授，1975~1978）之处甚多。先记于此，以表谢意。

想"，① 这一评价在日本可以说是《租核》一书的介绍者铃木智夫以来的标准性见解。然而，"地主理论"的内容可以是多种多样的。当我们虚心审视陶煦减租论的理论基础时，还可能发现一些未被探讨的有意义的问题。本章希望提取出支撑《租核》减租论诸理论中的土地所有论与市场论。关于《租核》的市场论，② 本章将重新加以分析。在本章中，首先探讨有关土地所有论的问题。

对陶煦来说，所谓"拥有土地"究竟意味着什么，又应该给予"拥有土地"者以怎样的权利呢？对此陶煦在《租核》中并没有给出明确的结论，而且正如以下所能看到的那样，他关于土地所有者及其权利的说明，前后是不一致的。但是，当把陶煦的土地所有观置于清代有关土地思想、土地政策的大背景中时，可以看到尽管议论的范围很广，且相互之间包含着矛盾，但还是可以反映清代人共同拥有的一些具有显著特征的土地所有观的一斑。过去对《租核》的研究，是首先设想一个把"地主思想"作为坐标轴的一极，把"资产阶级思想"作为坐标轴的另一极的坐标空间，来探讨陶煦的思想在此坐标空间中的定位。但本章想设定的不是此类基于近代阶级理论的坐标空间，而是清代人自身的思考空间。陶煦的理论若置于这样的思考空间，应该能得到更好的理解——本章想探讨的问题，正是这一思考空间的性质。

关于清代土地所有权的性质问题，除了法制史家的数篇开创

---

① 鈴木智夫『近代中国の地主制：租覈の研究訳註』、47-48 頁。
② 本书第十二章进行了论述。

性研究成果,① 从社会经济史研究方面也稍有涉及。后者将法性质范畴的土地所有权问题，主要在与作为经济范畴的地主土地所有的现实动向密切联系下展开论述，其中存在几种代表性的观点。第一，将多重的土地所有权和一元、排他性的土地所有权相对比，把前者作为地主土地所有，把后者作为农民土地所有的对立看待的方法。例如，重田德曾论述道："'土地的商品化'现象所具有的作为封建制解体乃至近代化指标的意义，在于<u>使所有与占有的区别——即封建性土地所有特征——的消亡，和一元、排他性所有权（农民的土地所有）的成立</u>这一点上。"② 重田认为，明清时代的土地流动是地主土地所有得到发展的结果，从而批判了河地重造否定明清时代地主制具封建性质的"货殖资本"说。③ 第二，将国家土地所有（王土）观念与私人土地所有权看作相对抗的思想，将清代中期地丁银等诸政策，解释为地主的私人土地所有摆脱王土观念束缚的过程，以此指出清朝的地主政权化的观点。但是，由此展开的地主与佃户的关系，该作为政治性、人格性支配关系来把握（比如重田德④），还是该看作单纯的经济关系（比如

---

① 这里可以举出的有，戒能通孝尖锐地提出了传统中国的土地所有权与社会构造问题，寺田浩明通过田面田底惯例的分析揭示了传统中国土地法的性质，以及森田成满对清代土地所有权状况进行了概括性论述等。戒能通孝「支那土地法慣行序說—北支農村に於ける土地所有權と其の具體的性格」『法律社会学の諸問題』日本評論社、1943 年；寺田浩明「田面田底慣行の法的性格—概念的な分析を中心として」『東洋文化研究所紀要』(93)、1983 年 11 月；森田成満『清代土地所有権法研究』勁草出版サービスセンター、1984 年。

② 下划线为引者所加。

③ 重田德『清代社会経済史研究』、364–365 頁。

④ 参见重田德『清代社会経済史研究』、第二、三章。

近藤秀树①）？这两种不同的理解，导出的对清代的时代定位也就不同。第三，众所周知，一田两主惯例下田面的性质、动向这一特殊问题，实质上是近年来围绕清代土地所有权最大的议论焦点。②

本章多少会触及上述这些问题，但所关注的不是清代土地所有权性质如何，而是清代的人们对土地所有权是以怎样的方式来看待这一思考方式的特征。本章受法制史、思想史等领域近年来研究成果的启发，作为外行来探讨这样的问题，或许有些莽撞，但笔者还是希望尝试性地提出若干问题，谨待大方之家指正。

第一节 《量出入》篇中的土地所有论

《减租琐议》的《量出入》篇具体且详细地阐述了计算租额的方法，这一点应该说在《租核》一书中占有关键的地位。并且，陶煦在《量出入》篇中的议论，与同时代其他减租论相比，有一种独特的新鲜感，那就是他的减租依据不仅仅局限于社会政策上的让步和体恤的必要性，而且是在关注权利问题的基础上严密地展开陶煦独有的数量化议论。

① 近藤秀树「清朝権力の性格」『岩波講座世界歴史』第 12。
② 在以藤井宏、草野靖为中心所进行的论争过程中，发表的论文很多，这里无法一一注记。两人关于一田两主惯例的论文目录参见寺田浩明「「崇明県志」に見える「承価」「過投」「頂首」について—田面田底慣行形成過程の一研究」『東洋文化研究所紀要』(98)、1985 年 10 月、46–47 頁。

一 "土地固君之所有也"

在《量出入》篇的开头，陶煦论述道：

> 税之十一也，民十而君取其一，而土田固君之所有也。商之十一也，母十而子得其一，而一可渐积而十，子亦渐积而母矣，二者不复乎异哉？而或以商贾之利，求之于田，责之于租，于是租日重而犹不足以厌其欲。盖田价二十贯者，租入而纳赋之余，不能及二贯也。不知我得其十五而安坐以享其成，佃者终岁勤苦，所得尚不逮乎此。且田中所资者，悉取偿于此矣，而何尚不足耶？故必明商利、田利之不可以一例。

在这段文字中，陶煦对田利和商利不同的说明，其理论未必明快，但是其思考脉络大致如下。

所谓税的"十一"，是表示自田地收成中君和民所得部分的比例。君主得一成的根据是君主对土地普遍的、超越时间的所有权，陶煦将它表述为"土地固君之所有"。与此相对，商业上的"十一"，只不过是指本金和利息的一般性比例。并且，本金是通过商人之手积蓄利润而成，与君民的支配关系性质不同。尽管商业上的"十一"同样是"十一"，但和税收上的"十一"完全是两回事，由于与官方性质的支配关系无关，也即不与官民之间的支配关系相抵触，因此国家可以放任商人追求"十一"之利。但是地主的土地所有，作为其对象的土地本来是君主"所有"，而不是由地主自己形成的，这与商人的本金完全不同。因此，土地所有者要想在土地上获得和商业相同的"十一"利率，结果征收甚至高达收成一半的地租，从而导致佃农生活贫困，是不能容许的。要之，只要是以土地为对象，田主的利益追求就要受到君主土地所有观念的限制，这是陶煦想要表达的观点。

"土地君之所有"观念在中国具有悠久的历史，即使到清末也并不罕见。王炳燮在向太平天国运动后在江南实施减赋的中心人物冯桂芬提议有必要实施具有实效的减租政策的信中，就引用了唐代陆贽的"土地王者之所有，耕稼农夫之所为"① 的名句。另外，同时代的吴县人金文榜的《减租辨》中，也能见到"夫土地乃朝廷所有，王政以扶弱为先"之语。② 其中陶煦的特色，并不是仅以王土理念为根据而泛泛地论述限制土地之利的问题，而是指出土地之利与商业之利性质的不同。并且，继前述引用部分之后所展开的租额计算法中，他又有不同于土地王有论的所有论根据。

二 "佃者与绅富共有其田"

正如过去已被关注的那样，在《量出入》篇的租额计算法中，苏州的一田两主惯例下的佃农权利，因能作为减租根据的独特原因而被强调。关于佃农的权利，在《重租论》的开头及《重租申言》的《别异》篇中，大致做了如下说明：在苏州，田底和田面没有分离的"起种田"（又称"自田"）只占一二成，其他是田底和田面相分离的"租田"。苏州"租田"的佃耕关系，或

① 陶煦也在《稽古》篇中引用了此句。
② 王炳燮：《再与冯景亭丈》，《毋自欺室文集》卷6；金文榜：《减租辨》，盛康辑《皇朝经世文续编》卷37《赋役四》。

称"租"，或称"佃"，但与汉唐开始两千余年通称的"租""佃"不同，同时与十八行省中其他诸州县所称的"租""佃"也不同，是当时苏州所独有的现象。之所以这么说，是因为苏州的"租田"，"田面者佃农之所有，田主只有田底而已"，田主"与佃农各有其半"。因此即使田主变更，佃农也不变，佃农的更替，田主不予干涉。另外，当田地被出售为衙门或民间住房建造等非农业目的时，其价钱是在田主与佃农协商下平分，佃农所得的份额至少达四成。

可以说这最后的部分表示的是，陶煦认为田面与田底是大致等值的东西。[①] 拥有田面的佃农和拥有田底的田主都是土地所有者（业主）的看法，在当时有关江西、福建例子的文献中所使用的"一田两主"一词，已经包含这种含义，所以并不是什么特别的新见解。陶煦的特色在于，他强调田主拥有田底和佃农拥有田面的同质性和同格性，结果，田面和田底只是被看作如同由共同出资购买土地者对土地所持的份额比例这样的量的关系。陶煦的这种思考方法，明确地体现在《量出入》篇的租额计算法中。对此，铃木智夫已有详细的说明，其大致内容为，假设从总收入（秋季作物+春季作物）中减去生产所需的总支出（农具+肥料+雇农工资[②]）和粮税，其剩余为土地所有者的全部收入。佃农和田主作为"共有其田"者平分其剩余，这样一来，租额就可以减至

[①] 关于清朝中期以后江南的田底、田面价格，从"在村僻，每耕一亩，有田面灰肥银，较田价相上下"（乾隆《金匮县志》卷11）、"种者曰田面，农与农私授，价较昂于底"（诸联：《明斋小识》卷1，青浦县，1843年刊）等记载来看，可知陶煦的这一认识并不是孤立的。

[②] 不过这里所说的工资并不是实际雇用雇农之意，而是把佃农作为耕作者所应得的报酬按照雇农的工资标准计入。

约为当时的 2/3。[1]

显然上述陶煦的理论，是只有存在一田两主惯例才得以成立的减租论。在这一意义上，正如伊原弘介所指出的，《量出入》议论的只不过是地租分配的问题，并不是主张降低作为经济学范畴的地租率。[2] 尽管如此，陶煦把田主和佃农看作同质"共有"者的观点本身，还是很有意思的。

以上，就《量出入》篇的内容论述了陶煦的"土地王有论"和"田主、佃农的土地共有论"——这两者共同具有限制田主自由利用土地及其收益权利的理论方面；同时，事实上很难说这是不言自明的整合性理论。可以说，"土地王有论"具有使人觉得是私人土地所有确立之前的古代王田思想的复古味道。与此相对，"田主、佃农的土地共有论"则是建立在完全排除土地所有中的人格因素之上的。从这一点来看，两者会给人以对立的印象。

在第二节中，将把这些土地所有论，与清代的思想性、政策性背景联系起来予以探讨。

第二节 清代的土地所有论

在清代的土地制度中，既然设定了与官地官田相对的民地民田，那么，毫无疑问，民地民田可以看作归民所有的。但是，有清一代，在在野知识分子的经世论和朝廷的政策论争中，屡屡出

现一切土地都归君主所有的说法，或者对上述说法予以否定，强调占土地大半的民地民田已经归民所有的说法。这些不仅仅是学术上的论争，而且是与提倡或者评判对私人占有土地附加某种限制的政策——例如，向贫民分配土地（"井田"）、限制土地集中（"限田"）以及限制租额等——密切相关出现的。这里暂且不论清代土地所有限制论的内容，而是仅限于各议论中所出现的作为各自主张根据的土地所有论，尝试予以探讨。

地主土地所有的扩大是清代重要的社会问题，其前提条件是土地私有。关于其起源，可以说清代所有论者的认识基本上是一致的。陈确"自井授之泽衰，而民无恒产，则人智有巧拙，力有赢绌，惟田与宅转相买卖，虽仁人君子不能以自止"[①] 的认识，是汉代开始的传统，清代人不论其价值取向如何，这一认识是相同的。所有的私有土地，假如可以通过买卖契约书追溯其来历的话，最终能看到的本原状态一定是，这些原本都是国家之物。而所谓土地私有，可以看作扎根于土地国有的同时，经过自井田制废除后的长年累月发展而来的既成事实。

那么，以这种共同认识为前提，土地王有论或者反对土地王有论是如何在清代人的议论中登场的呢？陶煦展开其减租论时所依据的大量历史知识，来源于明末清初的大儒顾炎武，首先不妨来看看顾炎武的观点。正如已为人熟知的那样，顾炎武在《日知录》卷10《苏松二府田赋之重》的末尾，提倡每亩地的收租上限为八斗的减租政策，并在最后引用汉代董仲舒的"或耕豪民之田，见税什五"之句，以及陆贽指责私租之重的"其土地王者之所

---

① 《产论述》，《陈确集》上册，中华书局，1979，第159页。

有，耕稼农夫之所为，而兼并之徒，居然受利"等语，其结尾更是猛烈地批判在汉、唐被用"豪民""兼并之徒"等贬义词来称呼者，到了宋代以后被公然称作"田主"。①

但是，在援用"土地王有论"的同时，对"田主"的称呼提出异议，希望对建立在私人土地所有基础上的田主自由营利活动进行限制的议论，只不过是顾炎武土地所有论的一个方面。《苏松二府田赋之重》的主要部分，是对苏州、松江二府宋代以降官田设置的历史，以及起因于此的苏松重赋进行批判的记述，其中顾炎武指出"民田，民自有之田也"。他还论述道：

> 自三代以下，田得买卖，而所谓业主者，即连陌跨阡，不过本其锱铢之直，而直之高下，则又以时为之。地力之盈虚，人事之嬴绌，率数十年而一变。奈之何一入于官，而遂如山河界域之不可动也。

在此，据地力盈虚、人事嬴绌而日趋集中或分散的土地私有现状，被认为是自然而正当的现象，国家对"业主"土地所有的干预（具体例子有贾似道的公田政策）受到了严厉的指责。对于顾炎武土地所有论的这种双重性，我们应该怎样理解呢？

综观清初关于私人土地所有正当性的诸多见解，强硬主张封建井田论者吕留良的观点，可以说是一个极端。如"封建井田之废，势也，非理也；乱也，非治也。后世君相，因循苟且，以养

---

① 关于顾炎武的减租论，参见森正夫「「官田始末考」から「蘇松二府田賦之重」へ-清初蘇松地方の土地問題と顧炎武-」『名古屋大学東洋史研究報告』(6)、1980 年。

成其私利之心，故不能复返三代"① 这样一味提倡通过圣人的出现来恢复封建井田的吕留良，把土地私有的发展之"势"看作只不过是与"理"相悖的事实过程，其正当性，甚至其作为既成事实的分量，被认为是不值一提的。

与此相对，王夫之、黄中坚等人则可以说是走向了另一极端。他们认为土地集中于智者强者手中的自然之势，才是土地所有的正当性基础，遵从这种必然之势才是理。黄中坚在《限田论》中对历代限田的尝试进行批判的同时做了如下论述。

> 圣王之治天下也，所以使之各得其所，而无所偏陂[颇]不平之患者，非能设为一切之法，以整齐之也。亦因乎时势之所宜，而善用其补救而已矣。天下之人……智者强者常有余，愚者弱者常不足，亦其势然也。夫既已不能无有余不足之分，则智者不必其欺愚而愚者自为智所役，强者不必其凌弱而弱者自不得不折而入于强。此虽圣人复起，岂能使之均平若一哉？……昔者井田废而阡陌开，固亦穷变通久之势所必至矣。……是贫富之不齐固自古而已然矣。况积渐以至今日，而安得不富者连阡陌，贫者无立锥也？②

王夫之也一样，在批判朱子经界法的同时，认为百姓的土地是从先祖那里继承下来的，其界线是乡邻也都承认的自然而然的存在。他指出，限制民田、阻止豪强兼并的做法"尤割肥人之肉

---

① 《四书讲义》卷34。
② 《皇朝经世文编》卷31。

置瘠人之身，瘠者不能受之以肥，而肥者毙矣"。王夫之并非不把汉代以降的大土地所有者看作"兼并"，他所要主张的是，这种兼并之所以成为可能，是因为土地税过重导致小民疲弊的缘故，如果不消除这一主要原因，而欲强制推行土地所有的均等化，是不当且不可能的。[①]

当时大多数的土地所有论，可以说都分布在这两极之间，即一方面承认通过合意的土地集中的正当性及其作为既成事实的分量，对来自国家的干预持警戒态度；另一方面又觉得因大土地所有的发展而造成的小民穷困也不能置之不理。对这两种关心如何进行调整，是当时经世论者煞费苦心之事。比如，黄宗羲提倡"古者井田养民，其田皆上之田也。自秦而后，民所自有之田也"，强烈反对国家以一纸法令就将"民所自有之田"剥夺而去，但同时以官府所有的屯田和官田的存在为依据，主张"井田可复"的议论；[②] 以及王源的同样批判强制性夺取民田，而同时提倡尽可能以基于合意出让土地的办法，把土地卖给官府或者以捐献土地换取爵禄的议论。[③] 在这些议论中，没有分歧地共存着王夫之的反对国家干涉、拥护土地私有的倾向，以及吕留良的抑制大土地所有者，以期"民事之成"的倾向。

在顾炎武《苏松二府田赋之重》中，也能看到同样的两面性。"土地为王者所有"的观念与"民田，民自有之田也"的观念，又是如何共存于同一篇文章中？其实这乍看起来似乎完全相反的两种说法，之所以能共存于同一篇文章中，是因为这些说法

① 王夫之《宋论》卷 12 关于朱子经界法部分。
② 《明夷待访录·田制》。
③ 李塨：《平书订》卷 7。

的实质性内容并没有相抵触。时人在议论中主张"土地王有论"时，并非积极地主张君主对土地自由处置的权利，而是要表达在批判大土地所有者脉络下的"土地不是兼并者可擅专之物"的意思。同时，"土地是民之所有"这一说法，也并非要积极地探讨所有权的内容，而表达的是在拒绝国家不当干涉文理下的"土地不是君主之私有物"的意思。他们并不是设想某种具有固有内容的何人土地所有权而主张行使这一权利。他们所关心的，并不是某人可用于对抗全体社会的权利。毋宁说，最初在他们脑海里的，是人人各得其所的社会安定状态。而扰乱这种安定状态的国家或大土地所有者的恣意妄为，作为实质性的危害——不是形式上的权利侵害——受到指斥和批判。"所有"的问题，可说是与这一批判互为表里，即附属于这一批判才被论及的。比如王夫之在批判土地税时所述的"若夫土，则天地之固有矣……而王者固不得而擅之"；① "若土，则非王者之所得私也。……有其力者治其地，故改姓受命而民自有其恒畴，不待王者之授之"；② "夫王者之有其土若无其土也，而后疆圉以不荒"；等等。③ 在这里，可成为限田论依据④的土地乃天地之固有的观念和可成为反限田论依据的"民自有其恒畴"的观念，都可以作为"土地不是王者之私有物"这一主张的同义句而共存。甚至王者土地所有的观念，也是在毫无任何实质性作用（"若无其土也"）的条件下才被容许的。这样的议论中的"所有"论，与其说是具有能够脱离脉络而独立存

① 《续通鉴论》卷 14。
② 《噩梦》起首。
③ 《读通鉴论》卷 19。
④ 颜元《存治编·井田》中有"天地间田，宜天地间人共享之"之语。

在的固有内容的权利主张，不如说是一种仅为说服别人的说辞。

因此，在当时围绕土地所有的议论中，虽然有各种各样的土地所有观，并存在相互对立的实践立场，但是这些观点也不能看作有关土地所有权的原理性对立。相反，当时关于土地所有论的争执，可以归结为是以维持社会安宁目的为基准，对眼前的土地私有所带来的危害，以及对此进行介入所带来的危害进行衡量和相对评价的问题。从社会安宁的立场出发，企图改变既已形成的事实状态本身，就可能成为导致社会混乱的主要原因。在考虑大土地所有的弊端的同时，也必须相应考虑对此进行介入的危害，从强调后者的立场出发，既成事实本身就被认为自动带有正当性。比如，在乾隆八年前后朝廷的限田论争中，反对限田论者的论据是限田政策将引起社会混乱。① 但与此同时，土地所有论也不仅仅一味地追认既成的事实，还常常具有批判现状的功能。比如"土地王有论"似乎在土地私有的事实展开下几乎失去了意义，但是只要地主土地所有的发展被视为弊端时，它就会作为一种批评现实的理念而获再生。

以上是关于"土地王有论"的问题。而陶煦的另一个主张——"田主佃农的土地共有论"又如何呢？田主的土地所有权，对于耕作者及其他具有利害关系的民间人，在多大程度上是"绝对"的呢？如上所述，在当时人的心目中，私人土地所有本身的正当性根据，不外于三代以后土地买卖的盛行这样的既成事实。那么，掣肘田主权利的诸土地惯例，只要不引发严重社会问题而作为既成事实继续存在下来，就理所当然同样被承认为正当

① 参见张廷玉《澄怀园文存》卷3《罢限田议》等。

之物。然而正如过去为人所瞩目的那样，清代中期国家土地政策的方向是土地所有权一元化乃至强化地主权利。可列举的例子有：第一，对附随土地买卖的各种民间惯例——比如以前的所有者、近邻及亲戚的优先购买权，买卖一段时间后的找价、回赎要求——的废止或限制；[1] 第二，伴随税收减免而命令田主削减租额，但是并不明定削减率，而是交由田主裁量；[2] 第三，针对一田两主惯例的田面、田底归一政策；[3] 等等。从这些不难看出，土地所有权的强化和一元化的方向是清朝土地政策的基调。然而与此同时，如果将目光转向社会经济背景的话，可以看到，这些政策是出于解决在 18 世纪人口增加、米价上涨的特殊局面下，[4] 围绕土地、粮食的纷争激化的紧迫性和必要性而提出的。限制找价、回赎的背景，是由于"生齿日繁"和"轻徭薄赋"，因此"田价

---

[1] 以下三条注释，仅各列举了一种高度评价这些政策意义的论文。李文治着眼于清代"土地买卖的自由发展趋势"中，禁止亲邻优先购买权及加找、回赎等传统习惯的规定，是由中央政府及地方政府制定的。在他看来，这些措施代表了土地的购买者即地主的意志，是为了预防围绕土地买卖的纠纷而实行的。在这些规定中所能见到的地权转移中经济因素的强化，换言之，直接人身依附及经济外强制的弛缓，是反映当时特权大土地所有的衰退与庶民地主的发展这一动向的因素。李文治：《论清代前期的土地占有关系》，《历史研究》1963 年第 5 期。

[2] 近藤秀树将国家不明确指示减租率，看作普天率土观念的崩溃、君主权力变成代表地主阶级利害的存在、土地变成地主的私人所有等，可以总称为著者所谓清代中期"绝对王制全面开花"一系列动向的表现之一。近藤秀樹「清朝権力の性格」『岩波講座世界歴史』第 12。
补记：笔者在本书第八章中较为详细地论述了对这一问题的个人见解。

[3] 草野靖指出，为了消除伴随一田两主而来的粮税失陷之弊，明末以降政府当局对一田两主惯例实行了禁止和压制，从康熙到乾隆年间，中国全境田面都被革除。草野靖「明末清初期における田面の変質—漳州府界を中心に」『文学部論叢』(5)、1981 年 3 月。

[4] 关于 18 世纪米价、田价的高涨，参照本书第三章、第四章。

岁岁加昂"，以前出售土地者看到土地价格上涨，"往往借端兴讼，索找索赎"，甚至"酿成巨案"。[①] 土地价格上涨和土地纷争频发，是 18 世纪中期特别显著的现象。并且上谕所示的不明示减租额的理由，往往是担心发生以国家命令为借口的抗租，这也是以乾隆十一年福建发生的罗日光等人的抗租暴动所代表的全国性抗租、抢米风潮为背景的。[②] 一田两主惯例的禁止，是为了克服因难以把握纳税责任者和耕作者，导致税收滞纳或不缴纳等弊端所采取的政策，这是早已被指出的。[③]

以此来看，当时国家土地政策的目的，可以说是要通过明确土地的归属，来消除他人介入的可能，以防止发生作为当时大问题的围绕土地的混乱和纷争，并且希望征税得以顺利进行。其结果是导致了地主权利的强化，但是并不能认为这是以维护土地所有者对国家权力和全体社会所能主张的土地所有权为目的而坚持的一贯原则。反之，这是以全社会的安宁为第一要义，根据具体情况所采取的行政调整，这样的观点应该更为恰当。

从这里无法产生田主土地所有权绝对性的认识。关于一田两主惯例，只要不被特别视为问题的元凶，则正如"佃户之出银买耕，犹夫田主之出银买田"，[④] "骨系管业（经营收益权），皮亦系管业"[⑤] 的叙述所示，田面（耕、皮）与田底（田、骨）是被极

---

① 《湖南省例成案·户律田宅》卷 5 "示禁买田赎找……各条"，乾隆十一年。

② 参见宫崎一市「清代财政の一齣-2-清代初期の租税减免について」『钏路论集』(9)、1977 年 11 月。

③ 仁井田陞「明清时代の一田两主惯习とその成立」『中国法制史研究』（土地法·取引法）、东京大学出版会、1960 年。

④ 《宁都仁义乡横塘膣茶亭内碑记》（乾隆三十五年），《民商事习惯调查报告录》，第 423 页。

⑤ 陈盛韶：《问俗录》卷 1，建阳县《骨田皮田》。

为自然地并列对待的。

正如本节上述所探讨的，围绕土地王有、民有的议论，以及围绕地主所有权强化的论述，综合来看，无论何者，乍看起来都是在争辩"土地所有权"之所在的议论，而实质上它们都共同拥有作为实现全体社会安宁途径的性质。土地"天下固有""王者所有""民自有物"，这些说法应该理解为，论者们当时是将某种扰乱社会安宁的现象置于念头之下，他们的说法是与具体的批判目标相关联的，而不能作为从文理中独立出来的土地所有权论来对待。依据这样的观点，"土地固为君主所有""佃者和富绅共有其田"这两种说法在不过三页半的《量出入》篇中同时并存，如果从陶煦批判富绅地主的脉络来看，就没有什么不自然的了。

第三节 陶煦土地所有论的特色

上节论述了陶煦的"土地王有论"及"田主、佃户的土地共有论"，两者在清代土地所有观中并不是突出的或者异常的见解，并且在当时的思维构造中，两者并不是相互抵触的。那么，陶煦从这些主张中导出的实践性提案，其理论性操作对当时的经济现实在多大程度上是恰当的呢？在本节中，希望以此作为问题展开论述。

首先来考察以"土地王有论"为根据的田利、商利相异论。这里陶煦批判了田主欲从佃农处收取相当于田价一成的收入作为田租的想法，但他没有探究田价如何被决定的问题。的确，清代土地的年利率被认为是一成左右，这一点从清初人唐甄所指出的

"千金之产，其生百五十"，① 清中期人汪辉祖所指出的"千金之产，岁息不过百有余金"②，清末章炳麟所指出的"熟田常率，岁息视本无过百分之七八"③，都可以看出。然而这一成之利并不是把土地价格作为前提而设定的相应租额，而是如清代中期官僚鄂尔泰的"按民间置产，必核算籽粒，除算钱粮，然后合其利息，照值论价"④ 的记述所示，反而是把扣除钱粮部分后剩下的租额作为前提，将它与标准利率相较，来计算田价的（参见本书第四章）。

土地被看作产生利息的投资对象，而且在当时土地买卖可以自由进行的情况下，土地投资的利率和商业投资的利率经过不断比较和选择的过程，当然具有趋于一致的倾向。虽然也有因为土地投资的安全性，即使利率再低人们也会热衷于投资土地的可能，但是这并非基于田利和商利的本质差异。虽然以王土思想为根据迫使田主减租也是可能的——当然减租会导致现田主土地获利的降低——但是王土思想并不能让人们回避土地投资而转向商业投资。结果，通过土地价格的下跌，田利与商利仍然会趋于相同水准。陶煦根据田利和商利性质差异而主张减租的议论，在笔者看来是无法解决问题的。

那么，构成陶煦减租论中心的田主与佃农的利益共享论又如何呢？这里陶煦显然是把清末苏州的田底主和田面主之间的关系比喻成共同购买土地，根据各自的出资额分配利益的关系来理解

① 《潜书》上篇下《善施》。
② 《学治臆说·宜勿致民破家》。
③ 《太炎文录续编》卷6上《书顾亭林轶事》。
④ 《宫中档雍正朝奏折》第13辑，第198页。

的。而且陶煦所设想的关系，在清代的确存在。例如，黎民就以刑科题本为材料介绍了如下例子，其大致情况是："柯凤翔和柯凤集兄弟，以前各出工本银二十两，和出银十两的义弟林嵩合伙买下一座荒山，雇用工人种植了五万棵槟榔树。槟榔树成长之后，将每年生产的槟榔全部'典'[①]于他人收割。所得典价，柯氏兄弟得四股，林嵩得一股（乾隆八年，广东省安定县）。"[②]共同出资、共同经营，并根据出资额的比例来分配所得利益，这一方法被称为"合股"等，在清代中国工商业经营领域能广泛见到。正如黎民所指出的，这个例子是富农色彩很浓的商业性农业经营。就一般的土地经营来说，由于土地与工商业不同，可以根据出资额来分割，所以这样的股份共有的例子并不多见，甚至还存在因纳税责任者不明确而被禁止的情况。[③]总之，从根据出资额来分配利益这一点来看——尽管有很多不同之处——上述例子可以看作陶煦设想的共有关系的一个实例。陶煦在把一田两主关系与这种共有关系类比之下，把苏州的佃农看作获得一半利益的地主和得到工资和各种经费的耕作者这两种角色兼于一身的存在。问题是这样的推论在理论上是否能够成立？

---

① 从后文可知，这里的"典"是将当年的槟榔收割出售权以某一价格卖与他人之意。

② 黎民：《乾隆刑科题本中有关农业资本主义萌芽的材料》，《文物》1975 年第 9 期。

补注：围绕土地的股份所有，近年来有大量的关于山林经营及沙田开发的原始资料可供利用，比如可以参照《许舒博士所辑广东宗族契据汇录》所收广东沙田关系的契约文书。黄永豪主编『許舒博士所輯広東宗族契據彙録』（上·下）、東京大学東洋文化研究所東洋学文献センター、1987/1988 年。

③ 《湖南省例成案·户律田宅》卷 5 有"出售田土山场，一人不能独置而三四人合买者，议定价值，先日眼同中邻，照依亩数丘堍，秉公扦分各半，立定界址"等规定。

陶煦以田主和佃农各自拥有田底和田面这一现实为前提，由此展开议论。然而，在清末的苏州，究竟田面的价格是怎样形成的，为什么田面对佃农来说能够具有价值？这是首先必须考虑的问题。

陶煦指出，与没有田面的佃农"今岁（由田主）受困，来年而易主"相比，拥有田面的佃农则"以其田面为恒产所在，故虽厚其租额，高其折价，迫其限日，酷烈其折辱敲吸之端，而一身之所事畜，子孙之所倚赖，不能舍而之他"。① 据既往研究的理解，陶煦的这一说法显示"田面权具有的土地束缚功能"。② 然而，很多佃农放弃不拥有田面的自由，而愿意高价购买田面，这是为什么呢？尽管存在陶煦所指出的支付地租及各种费用后就几乎没有剩余，"欲下同佣耕之所得而犹不足"③ 的状况，但是佃农还谋求田面，其目的何在呢？藤井宏就这一点指出："假如拥有田面的佃户所得水平不如佣耕，并且，如果佣耕具有充分的人身自由，而且这是普遍现象的话，既然陶煦也明确指出田面有买卖的自由，那么佃户为什么不选择卖掉田面而选佣耕之路呢？此外，为什么由于欠租而被没收田面权的佃户不愿成为佣耕，而要恋恋不舍地紧紧抓住原来的土地呢？这不能不说是非常奇怪的。"④ 据此，藤井对《租核》记事的可信性表示怀疑。这是个重大的疑问，对希望有逻辑条理地阅读《租核》者来说，是个无法回避

① 《租核·别异》。
② 铃木智夫『近代中国の地主制：租覈の研究訳註』、32 頁。
③ 《租核·量出入》。
④ 藤井宏「一田両主制の基本構造（二）」『近代中国』（6）、1979 年 2 月、90 頁。

的问题。藤井对《租核》的疑问还有其他诸多方面。此外，也还不能证实《租核》记述中的一字一句都是毫无夸张的客观实在。这里为了能使论述明晰化，特界定问题如下，即佃农的收入在佣耕收入——可以说自身劳动力只能刚好满足再生产的水平——之下时，佃农不愿意卖掉田面而从事佣耕，或者还存在愿出高价购买田面的农民，这样的情况可以从理论上予以说明吗？换言之，在什么样的条件下，佃农拥有田面才能被看作符合经济合理性的呢？

从以获取利益为目的的投资者的观点来看，"工资部分"只是应被扣除的项目，扣除"工资部分"没有任何剩余的土地是毫无价值的。但是这种投资者的合理性与小农的合理性未必是相同的，这才是问题的核心所在。对于小农来说，第一要义并不是"利益"，而是无论如何必须年年养活自身及其家庭的必要性。在土地和收入机会（如佣耕）相对不足的状况下，与失业相比，能稳定地确保"工资部分"——甚至比"工资部分"更低微的收入——其本身就是有价值的。不拥有田面的佃农和佣耕，具有逃脱田主专横的自由。但与此同时，可能失去与自身劳动相系的土地，而且未必能够立即找到可供替代的生活手段。从投资观点来看的拥有土地的"有利"程度，是以扣除"工资"等部分后的纯利润与土地价格的比例——及其与商业、高利贷利率的比较——为基准的。与此相对，对苦于耕作机会不足的小农来说，扣除各种费用支出后，包括工资部分在内的残留在手头的全部——这些对于维持他们生活是否具有紧急必要性的主观评价——才是"有利"程度的基准。正如已经有学者指出的那样，一般在小农经济下，由于这样的理由，从资本合理性来看，已然过高的地租或地价却得以成立，在人口过剩地区，最贫穷的农家支付着最高的土地价格和地租这样矛盾的结果，却有存在的可能。[1] 应该说在清末的苏州，投资者的田价形成原理和小农的田价形成原理，并不是在土地市场上直接竞争的，而是在相同土地的不同层面上发挥着作用。即根据投资者原理而形成的田底价格和根据小农原理而形成的田面价格，前者因高额的地租，后者因激烈的竞争，而都保持着高水平——偶然凑巧地处于同等程度——同时在相同的土地上形成双重的状态。对清末苏州一田两主惯例，似乎可以这样予以经济逻辑上的解释：田主之所以对田底和田面相连的"滑田""鄙弃不取"，而只集聚田底的部分，正是因为田面对田主来说价格过高，经济上不合算。[2] 如果按照以上来考虑，陶煦所指出的佃农收入不如佣耕，尽管多少带有夸张和过于一般化——因为佃农收入因个体经营的不同而存在相当大的差异——但是陶煦所述，在逻辑上并不是没有可能的。

　　然而，这一情况反而暴露出作为陶煦减租论核心的"利益共享论"的逻辑矛盾。假如上述说明正确的话，那么，问题就不是尽管佃农支付了田面价却得不到利益，而在于即使不能得到利益，但田面价还能成立。减租本身即使可能，只要使高额的田面价得

[1] チャーヤノフ原著、磯辺秀俊・杉野忠夫訳『小農経済の原理』(増訂版)、大明堂、1957年、第六章。原著出版于1923年。关于地租过重及田价、农产品价格的形成等诸问题，不是从封建性的经济外强制的视角，而是尝试从某种小农经济所特有的"合理性"来说明的方向，还不能说已经在中国史中占有了一席之地，真正的研究有待日后进行。
补记：笔者对此问题的若干见解，在本书第二章中做了论述。

[2] 当然，笔者并不是说中国所有的一田两主惯例可以用同样的逻辑来阐明，而是认为有必要一方面结合各个地区的事例，另一方面根据某种整合的原理来加以说明。

以成立的竞争没有消失，从长期来看，减租只会招致田面价的上涨，根据出资额来分配利益，依然是不可能实现的。另外，只要田面在投资者看来是有利的，那么其分化产生第二地主的现象也是自然的趋势。忽略田面和田底之间的异质性，试图通过与共同出资的共有关系相类比来把握一田两主惯例的陶煦的理论——其实践意图另当别论——不得不说是存在破绽的。

* * *

《租核·重租申言》开头的"发端"篇，附有"读显志堂集"的副标题。所谓《显志堂集》，是作为苏州乡绅、李鸿章幕僚而左右 19 世纪中叶政局的冯桂芬的文集。但是，陶煦在"发端"篇中，批判同乡的大实力人物冯桂芬没有与尽力减赋一起有效地进行减租。冯桂芬是顾炎武的崇拜者，这在当时就广为人知；同时冯桂芬在学问上的经世性质，也被认为是在两百年后继承顾炎武之遗风者。[1] 但陶煦指责冯桂芬无视《日知录》所收《苏松二府田赋之重》中顾炎武的减租提议。

顾炎武、冯桂芬、陶煦这三者的关系对笔者来说颇有意思。冯桂芬《校邠庐抗议》中的《复乡职议》《免回避议》等诸议论，被增渊龙夫高度评价为"与顾炎武的寓'封建'之意于'郡县'的议论具有同一旨趣，是顾炎武封建论在不同时点的新展开"。[2] 然而，在陶煦的《租核》中，封建论性质的想法——或者说，对

———————

[1] 《显志堂集》卷首吴云序等。
[2] 增渊龍夫『歴史家の同時代史的考察について』岩波書店、1983 年、193 頁。

国家权力的紧张意识乃至对国家制度的问题意识——这是从封建论者吕留良到郡县论者王夫之，清初在野知识分子的议论所具有的显著特征——丝毫不存在。如"自同治二年……租事皆联官为声气。诉控比责，不必庭质；隶役提摄，不必签票。壹任有田者之所欲为而为，是太阿倒持之势也"① 中对地方官吏介入租佃问题的批判，不是针对国家权力而拥护民间势力的自律性，而是对应该保持公正立场的地方官吏，却对地主言听计从的状况，视为"太阿倒持"予以批判。关于顾炎武强烈批判的贾似道的公田政策，《租核·推原》中也有谈及，但仅仅是为了论证"与现在相比，宋代的田价高"这一情况，其态度是中立甚至略带善意的，并没有批判的意思。

顾炎武等人的土地改革论，是与如何主动地实现能支撑更为公正的土地所有方式的社会秩序这一课题密切相关的。他们的土地改革论伴随对当时国家体制危机感的秩序论，而不仅仅是农民体恤论。对此，在陶煦的《租核》中，顾炎武社会思想中对集权国家权力批判的要素——地方自治论和私权拥护论——被舍弃，只有限制私权、拥护贫民论以尖锐的形式被继承了下来。应该说这正是冯桂芬和陶煦的分歧所在。

本章是从对陶煦来说"拥有土地"意味着什么这一有限的设问出发的。在写作过程中，笔者再次认识到土地所有权是跨越法制史（国制史）、思想史、社会经济史诸领域的既广泛又深奥的课题。本章的论点只不过是素描式的问题提起，希望有幸能得到严厉的批评指正。

---

① 《租核·流弊》。

第十二章

《租核》市场论在经济
思想史上的地位*

清末苏州人陶煦的著作《租核》，作为太平天国后江南地区
租佃关系的重要史料，经铃木智夫等的研究，已经非常有名，在
此没有重新介绍的必要。① 本章希望以《租核》中的《培本》篇
为对象，就其所示的观点在中国经济思想史上的地位进行尝试性
考察。

在《租核》中，作者陶煦虽运用各种论据论述了减租的必要
性，但是其中的《培本》篇并没有直接根据佃农的利害来论述减
租的必要性，而是从佃农所拥有的剩余能成为手工业产品的购买

＊　本章原刊于『中国近代史研究』第 2 集、1982 年 7 月。

① 有关《租核》及陶煦的专门论述，有鈴木智夫『近代中国の地主制：租覈の
　研究訳註』；叶世昌《陶煦和他的〈租核〉》，《复旦学报》1979 年第 5 期；
　小林幸夫《太平天国革命时期的"周庄团练"与陶煦（上）》，《中国近代史
　研究》第 1 集，1981。

力，即从对土地所有关系外部的工商业者的利益这一意义来论述
减租的效果，这是其特色所在。陶煦在此通过市场问题，朴素地
勾画了全国经济各部门之间的关联。赵靖、易梦虹主编的《中国
近代经济思想史（修订本）》在介绍陶煦的减租思想时，特别关
注并大量引用《培本》篇论述道："不管陶煦自己是否意识得到，
他的这种思想，实质上反映了工商业者扩大国内市场的要求。"①
此外，铃木智夫在 1977 年的著作中，也将《培本》篇视为显示陶
煦思想历史性特征的重要部分而予以关注，并指出其主旨在于，
陶煦在应对当时向半封建半殖民地社会构造转变的社会经济危机
时，认识到了确保农民剩余对扩大国内市场的重要性。② 本章将以
上述见解为认识的出发点，同时通过论述以下诸点，来探讨陶煦
的市场论在中国经济思想史上的位置。第一，陶煦的市场论，是
19 世纪七八十年代江南的萧条现象——销路停滞——所触动的时
评性萧条对策论；第二，在《培本》篇中，陶煦对改良派的批
判，可以归结为在萧条对策上彼此方法的不同；第三，国内市场
扩大论本身，并不一定是中国经济思想史上的新观点，陶煦市场
论的新意在于将购买力主体求诸有别于富人的劳动大众这一点上；
第四，希望通过探讨《租核》的整体构成，来推断陶煦市场论得
以产生的原委。另外，笔者对陶煦市场论的关注，是在对明末清
初经济思想进行初步研究的过程中，与之进行比较时萌生的。笔

---

① 赵靖、易梦虹主编《中国近代经济思想史（修订本）》上册，中华书局，
1980，第 245～246 页。有关该书的存在，得到了并木赖寿的指教。不过，该
书的初版似乎是在 1964～1966 年，分三册（据该书卷首的"再版说明"），
笔者并未亲见。
② 鈴木智夫『近代中国の地主制：租穀の研究訳註』、4-6 頁。

者对清末经济史事实的认识极其贫乏，在此预先请求理解，并请大方之家不吝指正。

在展开论述之前，首先列示《培本》篇全文如下。① 《租核》的译注工作，已由铃木智夫完成，笔者对《租核》的理解，蒙受铃木翻译之惠，在此深表感谢。②

培本

今天下自都会以至乡邑，其萧条荒索之景状，几不知其何以至此也。工利器而嬉于肆，贾牵车而滞其货，凡折阅争讼之事，垒起而踵继。于是有为之说者曰：此鸦片之流毒，胥中土之财而耗入外夷也，法宜禁；或曰：此钱银交绌，鼓铸旷而销熔多也，法宜辟五金之矿；或曰：此商局之败，所以累天下也，法宜效外夷之火车铁路，以捷往来而通行运。是皆然矣，然论当务之急，则又非其本也。夫烟禁不能持之于先，迄今而关税资之，夷贩利之，禁其外势有所不能，禁其内实难以骤革。且民贫已极，不禁而食之者固益贫，禁之而不食者未必即富，亦未必即不食，更多为隶役恣肆波累无辜之地也。矿产虽足裕国用，而闾里无自尽沾其益。铁路火车为富商大贾所争，为互市孔道所便，寻常市集且不与，矧贫民乎？然则本何在，曰在农。试言之。农有余财，则日用服物之所资，人人趋于市集，

---

① 本书日文版原来除了《培本》篇原文，还包括著者稍不同于铃木智夫译本的日译。但考虑到日译部分对中国读者几乎没有意义，所以译者在著者的认可之下，删除了日译部分。——译者注

② 铃木智夫『近代中国の地主制：租籾の研究訳註』、53-193頁。

而市集之工贾利也。市集有余财，则运转于都会，而都会之工贾利也。道源而流治，举纲而目张，此类是也。使所余而在绅富，将并百千农家日用之数，举归之一家，一家之日用止此也。即或所用有加，不过纵其淫奢末流之务，而岂若有余在农者之遍利乎不耕之民哉？譬如树木治其末则枝叶未有害本实先拨，培其本则颠木有由蘖也。故言治者必曰藏富在农，其是之谓乎？

第一节 光绪年间的"萧条"

在上引《培本》篇的开头，有"今天下自都会以至乡邑，其条萧荒索之景状，几不知其何以至此也"的记述，接着指出了手工业者及商人苦于需求不足的状况。《培本》篇是《租核》所收的《重租申言》的末篇。据作于光绪十年十二月的《租核》自序推断，《重租申言》是在距写作此自序不远的时期写就的。[1] 因此，文中所谓"今"，可认为是指光绪十年以前，且离光绪十年非常近。那么《培本》篇写作时，陶煦所面临的"条萧荒索之景状"是怎样的一种状况呢？在《租核》中，看不到与当时的经济状况相关的类似记录，这里希望使用其他资料，考察陶煦所面对

---

[1] 在光绪十年十二月由陶煦写就的《租核叙目》中有："余之为重租论也，在十余年前，无所著见，仅附缀于所辑周庄镇志风俗类中，以达区区不忍坐视民瘼之意。曾几何时，其害益亟，爰复申衍广绎，不惮烦琐，续成十三篇，统名之曰租核。"据此可以推断，包括《培本》在内的13篇的写作，是在编纂《周庄镇志》之后。由于《周庄镇志》的刊行是在光绪八年，因此可以认为《租核》13篇的写作时间在光绪八年到十年。

的具体经济状况。

有关同治后期到光绪初年苏州附近农村的情况，成书于陶煦之手的《周庄镇志》（光绪八年刊）卷4《风俗》中有如下记载。

> 近地之人，在镇者，业商贾习工技为多；在乡者，鲜不务农。然农日贫，而工商因之亦贫，其故在田租之重，亦益以十数年来之谷贱也。

文中"农日贫，而工商因之亦贫"，所叙虽简，但已根据陶煦所居住的地域，指出了农若有余，则工商俱荣的状况，这是《培本》篇的构思背景，即这一状况就是《培本》篇所指出的应该通过减租予以解决的眼前的窘境。[①] 陶煦将这一经济窘境的原因归结为重租与谷贱两个方面。其归因于重租，体现了陶煦减租论的特色。其实在我所知的范围内，当时经济的窘境一般是作为伴随农产品价格低落的一种萧条来认识的。光绪十年刊《松江府续志》卷5《疆域志》记载道：

> 咸丰庚申以后，乱离甫定，凡服用之物及一切工作，其价值莫不视从前加长。比年以来，惟粟及棉价较平，其他不

---

① 在光绪十四年刊《平望续志》（卷1《风俗》）中，对距陶煦居住的周庄镇西南25千米左右的平望镇记载道："吾乡伺蚕者少，而服田者多，而服田全赖人工。旧时雇工价格，资本较轻。今则佣值加增，食物腾贵，再加膏壅，所贵已巨。每亩收成不过二石有奇，每石获钱不过二千上下，除去粮租工本，所得无多。天下之大利在农，农困则工商亦因之而交困。此物力之所以日形其绌软。"从中能见到与陶煦的"农日贫，而工商因之亦贫"相似的记述。这一记事得之于小林幸夫的指教。

能称是。故历年农田虽尚称丰年，而农日以病。

此记述指出了"比年以来"米价及棉花价格的相对低落。并且，在光绪八年《嘉定县志》卷8《土产》中有如下记载。

> 吾邑土产，以棉布为大宗。纳赋税、供徭役、仰事俯育，胥取给于此。近来货日滞，价日贱，故民日困。[1]

此外，《申报》光绪六年六月二十一日《请饬兴办蚕桑禀》也记载道：

> 我郡（松江府）东乡，以棉花为恒产。嘉道前，每亩得收一二百斤，每斤值售钱七八十文。棉花一稔，足资一岁用，虽无蚕桑之利，温饱有余。及迩年，收数日薄，售日贱，以致生计渐蹙，户口萧条。

这两条记述也显示了"近来""迩年"棉布、棉花价格的低落。[2]

关于该时期一些农产品价格的动向，从海关十年报告所载的统计表可知，上海棉花及米的价格，在1860年代中期以后呈现出

---

[1] 该记事的主要内容，在于指出棉业利润的低下，提倡把生产从以棉业为主转换为以米为主、以蚕丝业为辅的经营。此外，文中还指出："往者匹夫匹妇五口之家，日织一匹赢钱百文。自洋布盛行，土布日贱，计其所赢，仅得往日之半耳。"

[2] 《周庄镇志》记事及以下的3件史料，均转引自李文治编《中国近代农业史资料》第1辑，三联书店，1957，第561、910—911页。

显著的下降，从 70 年代前期开始，一直维持着波动不大的低价格状态。[1] 米价低落的契机是太平天国运动的结束，而伴随南北战争的棉花畅销状况的终结可认为是棉花价格低落的契机。[2] 海关统计所显示的价格下跌，与前述各地方志中"农日贫""农日以病""民日困""生计渐蹙，户口萧条"等情况相关联指出的价格下跌，大概是一致的。这从前述《周庄镇志》记事中的"十数年来之谷贱"一语也可以推测。

那么，这样的农村萧条状况，与都市的经济状况又有怎样的关联呢？前述《周庄镇志》显示了农村与镇之间的关系。这里且再来看能佐证《培本》篇所指出的"自都会以至乡邑"之"条萧荒索之景状"的当时江南商业都市中心上海的情况。在《申报》光绪九年九月二十四日的《整顿钱业说》中，记述了有关光绪初年上海的经济状况。

---

[1] 上引光绪《嘉定县志》的记事中指出棉布价格低落，但是从海关报告的记载中看不出明显的低落（参见图 12-1）。棉花、米与棉布在 1860 年代显示相似的动向，而七八十年代棉布价格与棉花、米的价格呈现出乖离的动向。有关其原因，且留待后考。

[2] 在《嘉定县志》的记事中，指出了洋布盛行是土布价格下跌的原因。对江南棉花、棉制品价格的动向与外国棉花、棉制品输入之间的关系，应该有必要进行详细考察。然而，所面临的问题是，1860 年代到 1870 年代棉花价格的下跌，未必能与外国棉制品、棉花的流入直接挂钩，其理由如下：（1）就棉花而言，在 1860 年代后期到 1870 年代棉花价格暴跌时期，中国的棉花输入量处于停滞状态；（2）尽管 19 世纪后期输入中国的印度棉纱急剧增加是众所周知的，但这一激增时期是在棉花价格下跌已经停止的 1880 年代以后，特别是进入 20 世纪外国棉纱全面渗透江南以后的事；（3）外国棉布的流入在 19 世纪几乎局限于都市，特别在江南，其影响是微乎其微的。参见田中正俊「西欧资本主义と旧中国社会の解体—『ミッチェル报告书』をめぐって—」『仁井田陞博士追悼论文集』第 1 卷；小山正明「清末中国における外国绵制品の流入」『近代中国研究』第 4 辑、1960 年。

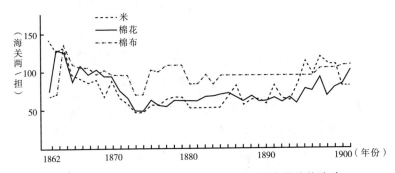

图 12-1 1862~1901 年上海米、棉花和棉布的价格波动

说明：以 1862~1871 年的平均值为指数 100 来表示。足立启二已经根据这一
资料中的米、棉花价格，结合汕头的粗糖价格，制作成图。本图的样式仿自该
图。足立启二「大豆粕流通と清代の商業的農業」『東洋史研究』37（3）、1978
年 12 月、51 頁。

资料来源：*China, Imperial Maritime Customs 1-Statistical Series No. 6, Decennial
Reports, 1892-1901*, Vol. Ⅱ, Appendix I, Trade Statistics, p. 2。

自光绪丙子以来七八年间，市风大坏，丝茶两项之外，
他业亦均平常，无甚出色，倒闭之店，每至年终不一而足。
其故由于货多价跌，厘税重之而销场塞滞，本资轻者不禁折
阅，即巨富之东人亦有所警惕而不敢荟从事，因是市面萧索，
大非同治间可比。

此外，《申报》光绪九年十二月二十六日的《综论沪市情形》
中也记道：

盖市中列货，大半居家日用所需。比年以来，民间枯瘠，
风气繁华，中人之家，皆有外强中干之势。因而居家省啬，
凡服食器用之类，无不从俭。店铺售货綦微，进出骤减于前，

而一切开销不能缺乏，因之利不能厚。故虽店东殷实，不借庄款以流通，子母相权无虞意外，而亦未必有盈余也。试以一端言之。往年将届岁阑，乡镇人家，赴城市购物者，如水赴壑，而食物尤甚。南货铺、油烛铺以及鱼肉蔬菜诸摊，人头拥挤，几无驻足之地。今至二十日以外，而此等店家摊场，仍然寥寥，户限未尝一穿。可见民穷财尽，日用俭约，百行生业，为之一清。年终如此，平日更无论也。小者如此，大者又何望也？至于大帮客商办货之多寡，亦可准是以定矣。

撰写这些文章的光绪九年，是上海发生"形成近代中国经济史一大转机"的金融恐慌①的一年。《申报》不时地刊载显示上海金融情况紧急的报道，前引记事也是这一连串报道中的一部分。不过，值得注意的是，据前引记事所示，上海市况的萧条不仅仅是光绪九年这一年，而是"光绪丙子以来"或"比年以来"的长期现象。为了更准确地推算这一萧条期的范围，希望再次参考能作为指标之一的海关报告的物价资料。就《整顿钱业说》中所述的"丝茶两项之外，他业亦均平常，无甚出色"的当时大宗输出商品生丝和茶叶的价格动向来看，茶叶的价格波动相当剧烈，但无论是生丝还是茶叶，在经历了1860年代前期的上升之后，到1870年代初为止都保持着高位；从1870年代中叶开始走低，1876年以后进入长期的停滞（图12-2）。这个1876年，

① 滨下武志对这一金融恐慌有专门论述，其所谓"形成近代中国经济史一大转机"。滨下武志「19世紀後半、中国における外国銀行の金融市場支配の歴史的特質—上海における金融恐慌との関連において」『社会経済史学』40（3）、1974年10月、29頁。

正好相当于《整顿钱业说》所认为的萧条起点"光绪丙子"年。这些用于输出的产品，其价格不用说是在海外市场情况的影响下形成的。就茶而言，1860年代后期印度、锡兰（今斯里兰卡）茶的出现，以及此后1870年代到1880年代世界市场上印度、锡兰茶凌驾于中国茶之上，这一过程[1]可以解释茶叶价格低落的原因。就生丝而言，可以看出图12-2中所示的上海生丝价格的波动，与当时最大的生丝消费国法国的里昂市场生丝价格的波动几乎完全一致。[2]

前引《申报》的记事都反映了上海市场行情的长期恶化，那么这一情况与前述江南农村的状况，到底有怎样的关系呢？首先可以指出的是，如《申报》的《综论沪市情形》后半部分所述，上海周边"乡镇人家"的支出削减，使得上海的商店受到打击。这恰好与陶煦的市场论中所论述的乡村、集市与都会的关系——都会的市场行情被乡村、集市的购买力动向左右——是一致的。然而，上海的萧条并不能说就是乡村萧条的直接结果。上海的萧条和乡村的萧条之间所存在的时间差可以体现这一点。尽管仅从价格的变化来确定萧条的时期未免草率，但指出农村贫困的史料

---

① 简单论及这一过程，参见重田德『清代社会经济史研究』、243页。
② 杉山伸也将1860～1879年里昂市场上中国丝、日本丝、孟加拉丝及意大利丝的价格波动情况制作成表。它们在保持价格差的同时，几乎显示出相同的涨落形态。据杉山的研究，里昂市场上的价格动向，"在1861～1865年呈上升的倾向，以1865年为分界线，开始转为下降，到1872年前后渐减，至1875年急剧下跌。1876年的价格反映了欧洲蚕［丝］产量的减少，价格约达上一年的两倍，此后再次下跌。"可知包括1876年一时的上涨在内，图12-2中上海生丝价格呈与上述相同的变化趋势。杉山伸也「幕末，明治初期における生糸輸出の数量的再検討—ロンドン・リヨン市場の動向と外商」『社会経済史学』45(3)、1979年10月、46、48页。此外，可参见秦惟人「清末湖州の蚕糸業と生糸の輸出」『中嶋敏先生古稀記念論集』（下）、532～533页。

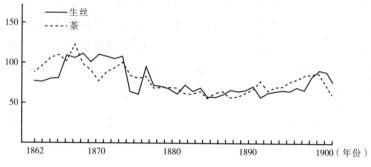

图 12-2　1862~1901 年茶、生丝的价格波动指数

　　说明：以 1862~1871 年的平均值为指数 100 来表示。生丝是上海的价格，茶（Black Tea）指一般出口价格。

　　资料来源：China, *Imperial Maritime Customs 1 - Statistical Series No. 6, Decennial Reports, 1892-1901*, Vol. Ⅱ, Appendix I, Trade Statistics, pp. 24, 26。

都显示了米价及棉花价格的低落。另外，由于《申报》的《整顿钱业说》明确指出萧条的开始期，即光绪二年是生丝、茶叶价格长期停滞的开始，因此大致可以认为，农村的萧条是与米价、棉花价格的低落相关联，而上海的萧条是与生丝、茶叶价格的低落相关联的。以此为前提，比较图 12-1、图 12-2 可以看到，米价、棉价在 1860 年代中叶以后急剧下降，价格底部在 1870 年代；生丝、茶叶的价格下跌要晚于米价和棉价，在 1870 年代初期开始下跌，价格底部在 1880 年代。

　　这样的时间差并非偶然的现象。表 12-1 显示的是海关报告价格统计中所载的主要商品每十年的平均价格，以及达到最低点的年份。尽管棉布、砂糖等商品的价格几乎没有下跌，但从总体来看，面向国内的商品其价格底部在 1870 年代，而输出的商品则多在 1880 年代。

表 12-1 清末诸商品的价格动向

单位：海关两/担

		1862~1871年	1872~1881年	1882~1891年	1892~1901年	价格最低年份
面向国内的商品	棉花（上海）	15.56	9.52	10.72	12.45	1873~1874
	棉布（Nan-keens, 上海）	40.87	38.87	39.50	42.33	1862
	米（上海）	2.13	1.28	1.42	2.07	1873~1874
	小麦（上海）	1.79	1.07	1.25	1.46	1872
	粗糖（汕头）	2.57	2.68	2.51	2.86	1876
	橙子（汕头）	1.33	1.03	0.87	1.34	1884
输出的商品	红茶（一般）	24.73	19.99	16.64	20.25	1884
	绿茶（一般）	34.73	24.38	19.44	24.67	1887
	蚕茧（一般）	88.16	76.93	57.61	67.92	1885、1895
	桂皮（一般）	12.46	7.17	4.34	7.75	1885
	兽皮（一般）	12.94	9.86	10.82	12.96	1862
	大黄（一般）	38.06	36.62	36.34	27.73	1862
	五倍子（一般）	7.78	7.23	9.71	16.02	1874
	羊毛（一般）	10.15	6.79	8.40	10.39	1867
	生丝、白（上海）	451.49	365.85	303.39	355.40	1885
	麦秆（秸）绳（Straw braid, 上海）	20.36	20.50	25.25	38.83	1871
	生丝、白（广东）	322.10	302.62	283.73	340.43	1875

注：选择了所有年份资料，并且在哲美森（G. Jamieson）的报告中作为面向国内或面向输出的商品所列举的品目。G. Jamieson, "Effect of the Fall in Value of Silver on Prices of Commodities in China," Foreign Office, 1893, Miscellaneous Series, No. 305, "Reports on Subjects of General and Commercial Interest," in *British Parliamentary Papers*, Vol. 17. Irish University Press, 1971, pp. 579-605.

资料来源：*China, Imperial Maritime Customs 1 - Statistical Series No. 6, Decennial Reports, 1892-1901*, Vol. Ⅱ, Appendix I, Trade Statistics, pp. 24-27。

　　陶煦所直面的"自都会以至乡邑,其条萧荒索之景状",可认为是这两大系列销路的停滞现象相互影响而构成的1870年代以后的总体性萧条。[①]在为数众多的同时代人对这一萧条的关注中,陶煦对萧条的理解具有以下特征:第一,基于从乡村向集市、从集市向都会的购买力连锁[②]的观念,将这一萧条理解为具有内在关

---

　　① 在本章中,并没有对"不景气"这一用语特加定义,同时没有对"不景气"的地域范围及历史性质进行分析而漠然地使用。就19世纪后期中国经济状况而言,"不景气"这一用语并不恰当,这样的批判也是可以预想得到的。在本章中,尽管对"不景气"状态几乎不能进行经济史分析,但笔者是在以下的意思层面上使用"不景气"这一用语的。(1)从1860年代或1870年代起,至1890年代前期,在目前已知的范围内,中国诸物价几乎呈显著的下跌趋势,并且在史料上被指出的是人们的穷困。这种情况可以认为是各商品与外国的竞争及政府的反动政策等的结果,同时是一连串相互关联的经济现象。(2)不用说,这种现象并不能以资本主义下的不景气加以笼统类推和理解,而应作为开始与世界市场进行接触的农业国独特的现象来加以分析。同时,不能仅一般性地指出外国资本主义的入侵及政府的反动政策是"不景气"的原因,应该追究为什么这一时期特别是这些要素会带来"不景气"局面,这样的原因和机制。(3)1860年代到1890年代前期这一时期,恰好与中国近代史时期划分上的洋务运动时期相吻合。洋务派的各项政策可以看作这一"不景气"的一大原因,但同时可以看作对这一"不景气"状况的一种应对形式。(4)从1870年代中期开始到1890年代前期,又与以英国为中心的欧洲的"大萧条"期相一致。有观点认为,当时作为后进国家(less developed countries)最大出口市场的英国,其需求的减退及需求增长率减缓,是造成后进国家的丝绸、棉花、硝酸钠、咖啡、砂糖、茶叶等若干重要产品出口贸易增长减缓的原因。J. R. Hanson II, *Trade in Transition: Exports from the Third World, 1840-1900.* Academic Press, 1980, Chap. 6. 中国的"不景气"与欧洲的"大萧条"(当然也有对"大萧条"的存在本身表示怀疑的观点)之间的关系,或许可以成为探讨的课题。以上只不过是模糊的预想,关于以"不景气"概念为媒介来分析1860年代到1890年代中国经济史的有效性问题,若能得到方家指教,则不胜荣幸。

　　② 所谓"购买力连锁",还是一种不成熟的表达方式,指的是A(人或阶层)的支出成为B(人或阶层)的所得,使B的支出能够实现,进而B的支出成为C的所得,以这种形式延续的支出流向。就《培本》篇而言,就是农民的支出成为集市上商贾的收入,进而这也成为都会商贾的收入。(转下页注)

联的综合现象；第二，不是把购买力连锁的起点放在都市，而是
放在农村；第三，关于农村购买力衰退的原因，重视的是重租这
一制度性要素，而不是农产品价格的低落。在下一节中，希望就
陶煦的议论特征，与当时改良派的议论进行比较考察。

第二节 改良派经济议论的特征

陶煦在《培本》篇中，批判当时各论者提出的禁烟论、开矿
论和铁道论，虽然具有值得肯定的一面，但还是无助于事态的根
本解决。陶煦实际所参照的文献不详，[①] 在本节中，以被认为属于
所谓"资产阶级改良派"的马建忠、薛福成的观点为中心，探讨

（接上页注②）关于"以支出流向这一词语所表示的经济过程的理论"在初期欧
　洲经济思想史上的位置，可参见シュムペーター著、東畑精一訳『経済分析
　の歴史』第二、岩波書店、1958 年、第六章。此外，赤羽裕作为"商业再建
　论"中的用语加以分析的"经济循环"，或许也具有这样的意思。赤羽裕
　「ジョン・ロー署名の『商業再建論』（一七一五年）における商業論の性格」
　内田義彦・小林昇編『資本主義の思想構造』岩波書店、1968 年。所谓"循
　环"，既可以构想为完结的无限循环，也可以构想为单方向的流向。

① 像陶煦这样市镇层的知识分子阅读了哪些书籍，这是一个有趣的问题，还不能
　充分地弄清楚。从《租核》中的引用情况来看，陶煦熟读过的著作有顾炎武的
　《日知录》、冯桂芬的《显志堂集》、张履祥的《杨园集》等。《稽古》篇中的
　历史性叙述，明以前的部分完全是将《日知录》卷 10《苏松二府田赋之重》的
　记事重新排列、内容原封不动地予以记录。除此之外，在《周庄镇志》编纂过
　程中，陶煦应该大量阅读了与苏州有关的地方志。为供参考，略从陶煦的友人
　柳兆薰的日记（咸丰十年到同治五年这 6 年的部分，收入《太平天国史料专
　辑》）来窥探柳兆薰的读书倾向。日记中所记载的书名，诗文集之类很多（从
　杜甫、李白、韩愈、苏轼、元好问到明末的侯方域等，此外还包括张海珊、黄
　金台、彭翔等同时代不太有名的诗文家，以及传阅同族、友人间的诗稿）；属于
　史部的书籍有《皇朝经世文编》的《兵政》篇。另外比较引人注目的是借阅和
　抄写《海国图志》。经部的书籍几乎未能见到。每天早晨热心诵读的经文"宝
　训神咒"，也经常阅读通俗宗教方面的文献。

其与陶煦见解的本质不同点。以马建忠、薛福成为中心的理由，是由于他们的观点涵括了禁烟论、开矿论、铁道论等陶煦所提到的各观点，并且他们与陶煦是同时代人，陶煦有可能阅读过他们的著作（不过本节所引用的包括写作于《租核》之后、陶煦在写作《租核》时应该未阅读过的文章）。此外，他们有别于牺牲民间产业而扶植特权独占产业的立场，具有比较鲜明的"富民（使民富裕）"立场，因此与陶煦的观点具有可以互相比较的共同基础。① 也就是说，如果所期待的目的本来就不同的话，那么两者理论上的比较就几乎没有意义。只有在拥有"使民富增加，以谋求一国经济的整体繁荣"的共同目标而主张却不同时，对他们有意或无意中所采用的经济思考方法框架的比较探讨，才是经济思想史研究中意味深长的课题。

不用说，改良派也与陶煦一样关注民间的贫困，并意识到这是应该解决的紧急课题。"民穷财尽"是当时经世论者对现状的共同认识。比如，薛福成在《筹洋刍议·商政》（光绪五年）中记述道：

> 今以各国商船论，其于中国每岁进出口货，价银在二万

---

① 在赵靖、易梦虹主编的《中国近代经济思想史》尽管认为"洋务派"与"资产阶级改良派"在某种程度上具有共同点，但还是列举了以下三大主要区别：（1）前者的大官僚地主利益与后者的资本主义倾向；（2）对外国资本主义侵略的前者的依赖性态度和后者的批判性态度；（3）在培养新式工业之际，前者的官僚独占政策与后者的民族资本发展要求。姑且不论这样总体分类法的妥当性，但还是可以确定第三点中所言的官僚独占政策及对此的批判这两大方向的存在。有关马建忠的富民论，可参见林要三「馬建忠の経済思想—「富民」思想の成立およびその役割」『帝塚山大学紀要』第 2 分册、1966 年9 月。

万两上下，约计洋商所赢之利，当不下三千万，以十年计之，则三万万。此皆中国之利，有往而无来者也。无怪近日民穷财尽，有岌岌不终日之势矣。

黄遵宪则在《日本国志》卷2《食货志六·商务》（光绪十三年）的末尾写道：

> 事变之亟，逮夫今日，乃有祸患百倍于聚敛。至于民穷财尽，虽有圣贤，实莫如何者，是尧舜禹汤文武周孔之所不及料、所不及言者，是何也？曰：金钱流出海外也。

此外，马建忠在《适可斋记言》卷1《富民说》（光绪十六年）中也写道：

> 治国以富强为本，而求强以致富为先。上溯康乾之际，税厘不征而度支充，海市有禁而阛阓足。而军兴以来，海关厘金岁入多至二千余万，商贾互市岁至二万万，然户库形支绌，间阎鲜盖藏。前后百余年间，上与下贫富情形，何若是迥异哉？昔也以中国之人运中国之货，以通中国之财，即上有所需亦不过求之境内。是无异取之中府而藏之外府，循环周复而财不外散。今也不然，中外通商而后，彼易我银之货，岁益增；我易彼银之货，岁益减。而各直省之购炮械、购船只，又有加无已。于是进口货之银浮于出口货之银，岁不下三千万，积三十年，输彼之银奚啻亿万？宝藏未开，矿山久闭，如是银曷不罄，民曷不贫哉？

　　上述各记述都指出百姓穷困已极的状况，并且一眼可以看出，他们都将百姓的穷困看作是伴随银流向海外的货币不足所导致的结果。货币不足的观点，是贯穿于禁烟论、开矿论及贸易差额论等改良派诸议论的重要方面。

　　禁烟论是与货币不足的认识紧密相关的议论，这从鸦片战争前夜广为人知的禁烟论可以明确看到。薛福成在同治六年《答友人论禁洋烟书》（《庸庵文外编》卷3）中说道：

　　　　今计天下之财耗于洋烟者，每岁不下数千万。以数千万之银，易无限之灰烬，此如漏卮之不可不塞也。然塞之之功，不必先与洋人校，而当自中国始。迩年以来，烟之来自外洋者半，其出于中国者亦半。……而治其源者，尤在绝人之嗜。嗜之无人，彼之烟自无所售，而种者益寡，即来者亦寡矣。

　　这一倡导禁止吸食鸦片的论调，几乎与鸦片战争前的鸦片禁止论如出一辙。[1] 即他们认为，鸦片之害主要在于鸦片是白银外流的漏卮。但是，这一时期成为漏卮问题焦点的，与道光年间不同，已从鸦片转移到了一般性贸易差额上。[2] 虽然陶煦《培本》篇没有特别涉及一般性贸易差额论（不过，第三个"或曰"中的"商局之败，所以累天下也"之句，尽管简单，但也可以说是体现贸

---

[1]　不过，薛福成在光绪十七年这一文章的附记中所言的"若禁民嗜烟一层，尚无把握，而先禁种罂粟，是适为洋药驱除者也。转不如暂弛此禁，犹可使财不外溢"，显示出他向弛禁论的转变，但其目的不外是防止银外流。

[2]　参见赵丰田《晚清五十年经济思想史》，《燕京学报》专号第19种，1939年，第88~89页。

易差额论的句子），但值得一提的是，前引马建忠《富民说》所代表的维持贸易顺差的议论，已经成为同光年间贸易论的主流。[①]

《培本》篇中第二个"或曰"所举的开矿论，也是为了解决作为贫困原因的货币不足的议论。在《培本》篇中，开矿论者所提倡的解决方法是"辟五金（金、银、铜、铁、锡）之矿"，从"或曰，此钱银交绌，鼓铸旷而销熔多也，法宜辟五金之矿"的脉络可以明确看出，其主要目的是增加货币金属的产量。在薛福成光绪五年的《筹洋刍议·矿政》及马建忠的《富民说》（光绪十六年）中，主张开采的有煤、铁和金、银等多种矿物。其中正如马建忠所述的"矿产不一，而为用则首推煤铁，然煤铁所以致富而非所以为富，所以为富者莫金银矿若善"那样，"所以为富"，即自身是货币的金、银特别受重视，有别于"所以致富"的煤、铁。

以上指出的试图通过增加货币量来解决民贫问题的主张，在本质上并不是什么新见解。在整个清代，每当感觉到销路停

---

① 虽然当时中国的论者对伴随入超的银外流抱有危机感，但并没有显示当时银实际上从中国外流的确切证据。而海关对金银进出口的数据统计是 1888 年以后的事，与本章所涉及的 1860 年代至 1880 年代几乎不重叠。关于 1860 年代至 1880 年代的资料，有商品进出口额的统计，从其中有关 1870 年代至 1880 年代的情况来看，进口额的确超过了出口额。不过，该统计上所记载的进口额、出口额，是进口品、出口品在中国的市场价格。实际上，如果不把关税及在中国贸易商人的手续费在进口时扣除、在出口时补足的话，就无法计算进出口导致的银的出入。在海关的进出口统计中，加入了这样必要的操作后可知，1870 年代至 1880 年代的大部分时期，银反而是流入中国的。持这种主张的论者有 G. Jamieson, "Effect of the Fall in Value of Silver on Prices of Commodities in China," Foreign Office, 1893, Miscellaneous Series, No. 305, "Reports on Subjects of General and Commercial Interest," in *British Parliamentary Papers*, Vol. 17. Irish University Press, 1971, pp. 579-605. 有关这一时期金银进出口的情况，承蒙滨下武志的详细指教，但在这里还未能加以充分利用。

滞、物价下跌和人人穷困化的萧条状态时，该主张就会反复出现。在17世纪后期，为封锁郑成功势力而禁止海上贸易，以及清政府紧缩财政而导致萧条时，人们就提出了重开海上贸易＝银输入论、建立信用货币论，以及禁止使用银＝使用铜钱论（银这一贵金属易于储藏的性质，被认为是货币不足的根本原因）等各种议论，以图增加货币流通量（本书第七章）。此后，经过18世纪的景气期，在道光年间再次出现萧条，虽然此时世人的目光集中在伴随鸦片流入的银外流上，鸦片对策成为对策的中心，但是王鎏等人的发行纸币论及魏源的开矿论等主张增加货币量的策略，还是众人皆知的。[①] 本章所涉及的同光年间的议论，包含了以欧美为范式依靠新技术振兴产业的主张，因此能给人以与过去的萧条对策论不同的现代性印象。但是货币量的增加才是救济民贫和萧条的手段这一信念，则继承了传统萧条对策论的基调。

通过增加货币量可以打开销路停滞的想法，是将现实设想为怎样的经济结构而提出的呢？关于这一问题，在论述17世纪后期萧条的另外章节中，已经做了或许并不充分的尝试性说明（本书第七章）。因此在这里，笔者希望仅就19世纪后期改良派对萧条认识的特征，试通过与陶煦进行比较的形式，简单地予以归纳。第一，在改良派对萧条的认识中，消费主体的问题至少没有被明确提及，购买力不足问题与作为购买手段的货币不足问题被认为

---

① 王鎏的《钱币刍言》是有名的关于不可换纸币发行论文章。关于开矿论问题，尽管可能说不上是当时具有代表性的主张，但可资参考的有魏源《圣武记》卷14《军储篇》。

是同一个问题。① 因此，"自都会以至乡邑"的总体性萧条，并不是通过各阶层间购买力的连锁来理解的，而是作为国内货币的全盘不足来理解的。第二，改良派增加货币的对策，具体而言，是改善对外收支及开采矿山，因此实际上扩大购买力的起点，是求诸各大港口城市的海外贸易及国家财政。当与陶煦的以农村为起点的市场论进行比较时，改良派潜意识地采用的以海外贸易、国家财政为起点的有效需求论，尽管具有解决萧条的共同目的，但其构想的购买力连锁的方向，可以说是完全相反的。《培本》篇中陶煦对开矿论、铁道论的批判——批判开矿及铁道只能富裕国家财政及大都市的富商大贾，至于闾里巷民并不能得到好处——是建立在对购买力连锁方向认识的不同之上的。其方向的不同如果用图式来表述的话，就成为是"从农村到都市"（陶煦）还是"从都市到农村"（改良派）；换言之，是"从地方到中央"（陶煦）还是"从中央到地方"（改良派）的不同。并且，两者的认识恐怕是对当时的经济事实中所存在的，都市工商业受周边农村购买力限制的方面，以及国家财政及大都市的交易情况给予农村

---

① 对改良派的货币不足论直观地视为购买力不足事态的说法，或许会被批判为解释过度。在改良派的议论中，一般将货币（即金银）与"财"同等看待，并把"财"的外流视为人们贫困的直接原因，这或许可以看作单纯的"金银等同于财富"论。然而，至少从清初以降的经济思想的脉络来看，货币不足论不能与单纯的"金银等同于财富"论相提并论。同样是对货币不足的认识，当与海外贸易相互关联地加以考察时，就成为银输入论（这时，银即财富这一表达往往被使用）；而当置于金银的绝对不足这一前提下来论述时，则成为采用替代货币论（这时，银即财富这一看法就被否定）；此外，当作为消费倾向问题而被论述时，则表现为反储藏论。在银输入论中，将银与财富相提并论，与其说表示的是其思想内容的本质，不如说是一种修辞，即使当时人未必有意识地使用这种表达方式。参见本书第七章。

影响方面的各自不同的反映，并且强调了其中一方的产物。①

　　在本节的最后，希望简单论述改良派的铁道论与上述改良派的想法所具有的相互关联。薛福成、马建忠等的铺设铁道论，并不是从纯经济的立场提出的。大致而言，其论据包括以下几点：

------

① 这两个方面与本章第一节中指出的"两大系列销路的停滞现象"相对应。

补记：1993 年，在北京召开的由中国社会科学院经济研究所主办的题为"东亚经济社会思想与现代化"的专题研讨会给了笔者一个机会，报告了与本章几乎相同的内容。在那次报告的末尾，与专题研讨会主题相结合，笔者就"市场扩大的两大方向"问题，阐述了大致如下的观点，谨附记于此。报告原文收入朱家桢等主编《东亚经济社会思想与现代化》，山西经济出版社，1994。

陶煦及改良派的市场论，不仅在中国经济思想史的脉络中，还可以作为面临市场界限的后进国家如何克服此界限这一更为普遍的问题来考虑。19 世纪末俄罗斯知识分子所面临的"市场问题"，可以说与陶煦他们所面临的问题，是以同时代的相同世界史环境为背景的。

本章中所分析的陶煦及改良派的经济论虽然朴素、直观，但将市场扩大的起点求诸国外贸易及国家财政的"外向"性方向，与试图通过社会政策扩大大众需求的"内向"性方向之间的分歧，在西方经济学的影响下，被此后的中国经济政策论所继承。比如，梁启超在 1906 年的《社会革命果为今日中国所必要乎》（收入《辛亥革命前十年间时论选集》第 2 卷上册）中，批判革命派的民生主义，论述了大致如下的内容：现在中国正面临浴血淋漓的国际经济竞争，社会革命论者以排斥资本家为务，要求减少劳动时间、增加工资，但是资本家在这样的条件下，怎样与外国资本竞争呢？结果一定被外国资本打败，不得不减少生产。生产问题是国际竞争问题，国家存亡所系。生产问题不解决，分配问题是根本无法解决的。对此，胡汉民在《告非难民生主义者》（收入前引书第 2 卷下册）中，驳斥如下：梁启超只强调生产问题，并未注意到分配问题的重要。其实，分配问题作为国内市场问题，是解决生产问题的关键问题之一。即使中国的资本家牺牲劳动者的利益，打败了外国资本，对中国资本家也没有什么好处，因为不仅国内下层社会无购买力，而且在国外也减价竞争而得利有限。梁启超为了在国际竞争中取胜而牺牲国民福利的主张，真是"能攻夷狄，亡国犹荣"的谬论。

1920 年代以后国民党政权基本采取的是"外向"经济政策，与此相对的是重视分配问题的"内向"政策潮流。如何使"外向""内向"两个方向结合起来，实现经济现代化的问题，是现代中国需要面对的课题。

第一，运送军队、军饷的军事意义；第二，灾害之际的救灾之便；第三，旅客通信之便；第四，商品流通的活跃化等。[①] 与陶煦观点相关的是第四点。关于商品流通这一点，马建忠在光绪五年的《铁道论》中曾论述道：

> 英人所以致富，曰煤与铁，遍西南洋而尽用之。今我中国豫晋之产，西人谓其尚富于英，乃未闻豫晋之煤铁行至千里，岂复望其行于外洋，以夺英人之利乎？是苦于来原之否塞也。谚曰：百里外不贩樵，千里外不贩籴。是苦于货泉之滞销也。言利之臣又从而税之，以为多设一卡即多一利源，不知税愈繁而民愈困，民愈困而国愈贫矣。盖财之于国犹血之在身，血不流行则身病，财不流行则国病。反是而用铁道，则无否塞滞销之患，此开源之利当行也。

薛福成在光绪六年的《代李伯相议请试办铁路疏》中也论述道：

> 北方地非硗瘠，而繁富之象远逊南方，盖由运路艰阻，而其民于所以殖货之原，亦遂不肯勤求。若一旦睹运销之便，则自耕织以外，必更于艺植之利，工作之利，一一讲求，可无旷土游民之患。即如江浙闽鄂等省，自通商以后，丝茶之出其地者，倍于曩日，则谓水陆转运只有此数者，似又未尽

---

① 据马建忠《铁道论》（《适可斋记言》卷1，光绪五年）及薛福成《代李伯相议请试办铁路疏》（《庸庵文续编》卷上，光绪六年）。

然也。

与陶煦都市生产的日用品被周边集市购买、集市的日用品被周边农村购买的构想比较来看,改良派所构想的商品流通活跃化,首先是开拓地方特产的远距离市场,在这一点上与陶煦的见解是相对的。比如薛福成在《强邻环伺仅陈愚计疏》(《庸庵海外文编》,光绪十九年)中论述道:

> 盖生财大端在振兴商务,商务以畅销土货为要诀。欲运土货,以创筑铁路为始基。

以及张之洞在《请缓造津通铁路改建腹省干路折》(《张文襄公全集》卷25,光绪十五年)中论述道:

> 窃以为今日铁路之用,尤以开通土货为急。盖论中外通商以后之时局,中国民生之丰歉,商务之息耗,专视乎土货出产之多少与夫土货出口较洋货进口之多少以为断。……中国物产之盛,甲于五洲,然腹地奥区,工艰运贵,其生不蕃,其用不广。且土货率皆质粗价廉,非多不利,非速不多,非用机器化学不能变粗贱为精良,化无用为有用。苟有铁路则机器可入,笨货可出,本轻费省,土货旺销则可大减出口厘税以鼓励之。于是山乡边郡之产,悉可致诸江岸海埭,而流行于九洲四瀛之外。销路畅则利商,制造繁则利工,山农泽农之种植,牧童女红之所成,皆可行远得价则利农,内开未尽之地宝,外收已亏之利权。

这些论述直截了当地显示了改良派"欲运土货"而"创筑铁路"的主张。在这一意义上，改良派的铁道论，是前述他们所设想的"从都市到农村""从中央到地方"的购买力流程想法的自然结果，可以说是同一个逻辑的产物。

第三节　作为消费主体的劳动大众

陶煦在《培本》篇中反复强调以"农"为本的主旨，这里想就这一重"农"主义的含义详细考察。在陶煦的这篇文章中，严密地说，"农"具有两种意义，即与工商相对照的"农"，及与绅富相对照的"农"。农对工商来说为本，其所指的意思是在前述购买力的连锁中，以农村为起点，农民所拥有的有效需求可以滋润集市和都会。以农为本、以工商为末的陶煦的说法，乍看起来似乎是传统重农抑商论的老调重弹。然而，正如铃木智夫所指出的，这里并不是将农与工商以独立形式进行价值上的对比，而是强调在农与工商（农村与集市、都会）的经济关系上，农（农村）是主要的决定因素。[1] 至于与绅富相对的农，其情况又怎样呢？这一点是陶煦市场论值得关注的又一具有新意之处。

如上节所述，包括改良派的议论在内的清代萧条期的货币不足论，至少在表面上忽略了消费主体的问题。然而，在中国传统经济思想的潮流中，关乎消费主体的议论并非全然不存在。依笔者浅见，这样的消费主体论拥有"奢侈承认论"与"富民拥护论"两种类型。"奢侈承认论"的起源甚至可以上溯到《管子》，

---

[1]　鈴木智夫『近代中国の地主制：租覈の研究訳註』、34頁。

这类议论以充满反论的口吻指出，奢侈从道德或家计的观点出发，被普遍看作是种危害，但是奢侈行为支撑着奢侈品生产者的生计，因此也具有社会性功效。① 此外，"富民拥护论"以富民的家计支出能养活数十数百的贫民，来说明富民存在的意义，主张应该予以拥护。② 这些议论，可以说是着眼于消费主体问题的一种国内市场论。尽管主张的重点不同，但是在将消费主体设想为富人，强调富人消费的社会意义上，可以说是性质大致相同的议论。相反，《培本》篇所强调的是与富人相对的农民（从作为减租论的《租核》的整体脉络来看，农即佃农之意）消费的意义，那么其逻辑又是什么呢？

过去强调富人消费社会意义的论点，与陶煦论点的第一个分歧，在于是否以购买力集中于富人身上的现实状况为基本前提。以往的论者，以购买力集中于富人身上的现实为前提，因此当然就会把作为消费主体的富人与穷人相对比，而更寄期望于富人这一可以产生消费的货币持有者。然而，陶煦原本关心的是富人与佃农之间应该如何分配剩余的问题，因此比较现实中的富人与穷人并没有意义，相反被比较的是"剩余被集中于一绅富"与"剩余是分散在千百农户"的情况。

并且，陶煦通过比较这两种情况，不仅阐述了本应由千百农家消费的剩余被一绅富所剥夺并由绅富消费在道义上的不合

---

① 有关"奢侈承认论"的具体例子，参见 Lien-sheng Yang, "Economic Justification for Spending: An Uncommon Idea in Traditional China," in Lien-sheng Yang, *Studies in Chinese Institutional History*. Harvard University Press, 1961。

② 作为"富民拥护论"的典型，可列举的有南宋的叶适及清初的唐甄等。参见胡寄窗《中国经济思想史》（下），上海人民出版社，1981，第五章第二节、第十四章第一节。此外，还可参见本书第七章。

理，而且指出，由于绅富与农户消费倾向的不同，从工商业者的立场来看，剩余的集中对经济也是不利的。即绅富之家，其收入的消费人数比一般农家少，对日用必需品的支出只限于收入的一部分。收入的其余部分，或被储藏，或因奢侈而导致资源的浪费，不管怎么说，都不会成为对日用品的需求。与此相比，如果剩余分散在农民手中，那么剩余就可以全部成为对日用品的需求。与剩余集中在绅富之手的情况相比，总体上可以给集市的日用品带来更大的需求。由于以往的"奢侈承认论"，以消费的主体是富人为前提，所以出于消费倾向增大的要求，不得不对奢侈予以承认。不过，在陶煦这里，增大消费倾向的要求，导出的是劳动农民取代富人成为消费主体的认识。

陶煦理想中的基本消费阶层，首先是拥有可供消费的剩余，且没有储蓄及奢侈余地、消费倾向高的广大劳动农民，陶煦将它表述为"农"。因此，《培本》篇中陶煦的重农主义，拥有"劳动大众消费论"的一面。所谓"藏富于农"① 的"农"，泛指作为基本消费层的劳动农民。指出劳动大众与富人之间消费倾向的不同，而将劳动大众设想为基本消费阶层的陶煦的想法，在我所知的范围内，可以说是中国经济思想史上没有前例的崭新观点。

* * *

将广泛的劳动大众看作购买力主体的想法，是在英国早期资

---

① "藏富于民"是在治世的文章中经常能见到的用词。"藏富于农"一语尽管陶煦说是"言治者必曰"，但笔者迄今未见，若能得到示教，则非常荣幸。

本主义成熟期，以广泛劳动大众的消费为基础的国内市场与国外市场相比日趋重要的现实为背景，而表现出来的对重商主义进行根本性批判的古典经济学体系的一个必然部分。[①] 在本章结论部分，希望就本章所述的陶煦崭新的市场论构想如何产生，在《租核》的理论构成中占怎样的位置等问题，尝试进行一些推论。

过去，在对铃木智夫著作《近代中国的地主制：〈租核〉的研究与译注》的拙评中，笔者曾指出《租核》中包含一些属于不同原理的论点。[②] 自始至终贯穿于《租核》的，是打开苏州佃农的贫穷局面，以及与此相伴的社会稳定化这一具体目的。并且，为了论述减租这一打开佃农穷困局面策略的正当性，陶煦在《租核》中竭尽他的知识和思考能力，援用多种性质不同的论点。《租核》的新意就在于其诸论点中，存在一些与传统的劳动者体恤论不同的、陶煦基于独自的努力与发现而提出的独创性议论。作为独创性议论之例，可以举出的有已经由铃木智夫详加介绍的《量出入》篇，以及作为本章主题的《培本》篇。《量出入》篇，从在一田两主制普及的苏州，很多佃农拥有田面，因此与地主共同拥有土地这样的观点出发，阐论基于佃农的土地所有者资格，应该将扣除生产费用（包括工资）后的收成的剩余部分，作为地租与地主均分，并且具体提示了地主、佃农所取份额的计算方法。这里减租的论据，被置于拥有田面的佃农的土地所有者性质之上，而不适合于一般的佃农。这样的议论，未必能与从人道的立场主

---

① 参见小林昇「アダム・スミスと重商主義」(1954)、『小林昇経済学史著作集』(2)、未来社、1976 年。

② 中山美緒「鈴木智夫著『近代中国の地主制—租覈の研究訳註』」『社会経済史学』45(4)、1979 年 12 月、114 頁。

张救恤作为劳动者的佃农的《重租论》《推原》等篇，以及论述作为消费者的农民拥有剩余对工商业者有利的《培本》篇达到理论的整合。

那么，为什么陶煦能"发现"从《租核》全编的内在逻辑不一定必然导出的劳动大众消费论，并在《培本》篇中予以提出呢？在成为1870年代至1880年代重大社会问题的全面萧条面前，减租论者陶煦试图指出，减租不仅使佃农有利，而且是解决工商业领域萧条的有效对策。陶煦与改良派的海外贸易、国家财政起点的萧条对策论逆向而行，构想了以农村大众为起点的购买力连锁，论述了减租作为萧条对策的有效性。可以推测，结果陶煦无意地发现了劳动大众消费论这一崭新的观点。

然而，陶煦仅仅依靠逆向设定购买力起点的萧条对策论，应该还遗留有一个未能解决的问题。通过减租令农民拥有剩余，以此为日用品提供销路——如果只用于论述减租的效用，那么陶煦的这一说法暂时是足够的，但是实际上，为使农民所拥有的剩余成为购买力，农产品的销路是必要的。陶煦之外的观察者，指出农产品价格的低落，将农村的贫困归因于农产品的销路问题（参见本章第一节）。与之相对，陶煦所强调的农村贫困的原因是重租，而不重视农产品的销路问题。他构想的不是都市与农村相互提供销路的分工结构，而是代之提出以农村为起点的单方面的购买力连锁，因此他的这一崭新主张有一个缺陷，即对农产品销路缺乏考察。这正是陶煦的"劳动大众消费论"不能发展成为包括农、工的一般"劳动大众消费论"，而带有浓厚的重"农"主义色彩的理由。这一问题大概可归因于陶煦市场论构想目的之所在。也就是说，他的市场论不是纯粹的学问性理论，而是为减租这一实践性目的而提出的。

以上，围绕字数不到 500 字的《培本》篇，不避陷入"过度解释"、议论失中之嫌，阐述了笔者的看法。在明代中期以后直至近代的中国经济史中，市场问题——不仅仅是具体市场组织及商业机构等问题，还有销路问题——是意义深长却尚未开拓的领域。笔者对同时代人们涉及该方面的议论兴味盎然，希望以近代史、经济史专家为首的大方之家不吝指正。

补论 4　明末清初的农本思想

在本书第十二章第三节论述陶煦农本思想的部分，笔者指出："以农为本、以工商为末的陶煦的说法，乍看起来似乎是传统重农抑商论的老调重弹……这里并不是将农与工商以独立形式进行价值上的对比，而是强调在农与工商（农村与集市、都会）的经济关系上，农（农村）是主要的决定因素。"文中将"农与工商以独立形式进行价值上的对比"看作"传统重农抑商论"的特征，通过与它的比较，来评价陶煦农本思想的新意。不过，对"传统重农抑商论"特征的这种看法是否有问题呢？在此后通过与明末清初经济状况的关系来考察当时经济论的过程中，笔者觉得这一看法有订正的必要。在原论文写作时，对"传统重农抑商论"并没有明确的问题关心，只是简单地谈及，必须予以反省。以下并不准备全面论述中国农本思想这一大问题，只想通过简单的素描，将笔者现在的想法以补论的形式附记于此。

所谓中国的"农本思想"到底是什么呢？虽说这是一提及中国传统经济思想，就会最先浮现于人们脑海中的众所周知的思想，但过去对"农本思想"的一般性定义，如在农业是人们的生活资料，同时是剥削阶级榨取的基本来源的农业社会，特别是在封建社会中能普遍见到的思想，[1] 或者具有"为了确保作为封建生产基础的农业村落共同体，对能使之迟缓或动摇的工商业发展进行一定限度的抑制"为目的的封建经济论[2]等，并不能体现"农本思想"的本质。

构成农本思想基本范畴的所谓"农"及"工""商"，各指的是什么呢？虽说清初也存在黄中坚那样批判抑制富民而仅优待力耕贫民的"恤农"风气，认为应将地主纳入"农"的范畴，但在当时的常识中，所谓"农"，指包括自耕农及佃农在内的劳动农民——不包括寄生地主——这是没有异议的。[3] 并且，与将"农业"和"工业""商业"作为产业的种类对比看待的现代用法不同，中国的"农"是"男耕女织"，即不仅仅是农耕，其内容还包括织布等家庭手工业在内的家庭经营，这一点也是不需要再论证的。当时提到"农"这一用语，自然浮现于人们脑海中的，可以说是以农业为中心，同时结合手工业和小商业等，以维持生计的小农经营的形象。与这样的"农"相对，所谓"工""商"，也不是一般的手工业和商业从事者，而是指游离于土地之外的专门从事手工业和商业的人。

然而，如"士明先王之道，佐人主，治天下；农力作畎亩，

---

① 胡寄窗：《中国经济思想史》（下），第 705 页。以笔者的语言予以概括。

② 中尾友则「黄宗羲の工商本業論」『歴史学研究』（570）、1987 年 8 月、2 頁。

③ 关于黄中坚的"农"的概念，参见森正夫「「官田始末考」から「蘇松二府田賦之重」へ-清初蘇松地方の土地問題と顧炎武-」『名古屋大学東洋史研究報告』（6）、1980 年。

收粒米以养天下；工制必需器物，以适天下之用；商通有无，聚货财以利天下"①。这样认为士、农、工、商以各自不同的角色贡献于天下的思考方法并不稀罕。尽管如此，"农"之所以被看作"本"，是因为只有"农"才是能生产有用之财的"生财者"，而与之相对的其他人，基本上是依存于"农"的生产活动的耗财者。"士""商"姑且不提，为什么"工"不能被看作"生财者"呢——视农本思想为传统落后之物的主要根据之一，似乎就在于此。

对当时专门从事手工业者的常套式描写，是将它看作奢侈品生产者，即给人以"淫巧"的印象。可以举出的例子有 16 世纪杭州人张瀚在《松窗梦语》卷 4《百工纪》中的以下描述。

> 工于器者，终日雕镂，器不盈握，而岁月积劳，取利倍蓰；工于织者，终岁纂组，币不盈寸，而锱铢之缣，胜于寻丈。

用"雕镂""纂组"来表达末业的修辞法，古来已有。比如，在《韩非子》的《诡使篇》中就有"仓廪之所以实者，耕农之本务也，而綦组锦绣刻画为末作者富"的记述。又《汉书》卷 5《景帝纪》后元二年四月的诏书中有："雕文刻镂，伤农事者也；锦绣纂组，害女红者也。"从农业中独立出来的工业，其巨大的生产力及其对国民生活的有用性，在今天的人们看来是不容置疑的。

---

① 这不是特别具有代表性的文献。转引自清初河道总督靳辅的《生财裕饷第一疏》（《靳文襄公奏疏》）。

从这个视角来看,当时把"工"与"淫巧"等量齐观的通论,可以看作是一种可笑的谬误。不过在当时的议论中,"工"也不是完全无条件地被等同视为"淫巧"。张瀚在同一文章中论说道:

> 圣王御世,不珍异物,不贵难得之货……古之为工也,因其所能,不示以奢……是以善为国者,令有无相济,农末适均。则百工之事,皆足为农资,而不为农病。

从这一论述中的圣王御世时"工"并非"淫巧"的观点来看,奢侈风气盛行之下的"工"陷于"淫巧"的现状,是脱离了"工"之本来面目的状态。

这样的见解在中国经济思想的思潮中不是孤立的。比如,北宋李觏《富国策》第四中就有如下记述。

> 所谓末者,工商也;所谓冗者,不在四民之列者也。古者工不造雕琢,商不通奢靡。……故工之所作,贾之所粥,商之所资,皆用物也。用物有限,则工商亦有数。今也民间淫奢亡度,以奇相曜,以新相夸。工以用物为鄙,而竞作机巧;商以用物为凡,而竞通珍异。……物亡度而利无算,故民优为之,工商所以日多也。①

上述记述,将古之工商与今之工商区别开来,指出古之工商所经营的是"用物"。在一般的农本议论中,不附带这样的条件而抨

① 《李觏集》卷16。

击工商的、乍看起来过于简单的论调居多。但这应该是以工商参与无用的奢侈品生产和流通的现状为当然的出发点来进行论述的。

将工商与奢侈相关联的思考方式，显示在当时的人们看来，专业工商活动具有依存于富裕者需求的特征。"农""工""商"并不是从自给经济中自然产生的平行的分工关系，而是在来自对广大劳动农民的剥夺，以及依靠剥夺阶层的奢侈消费的工商这一以剥夺关系为主干的垂直的经济构造模式中来加以定位的。这样一来，"工""商"就自然被看作与四民（士、农、工、商）之外的倡优及僧侣道士一道，是专门为富有阶层无用的嗜好而奔波的从属性服务行业。"工""商"虽说不是法定的贱民，但其"近于贱"[①]的感觉，可认为正是源于这样的从属印象。

在这样的模式中，以劳动农民为主体的"生财者"与以剥夺、寄生者为主体的"用财者"，可以理解为是前者派生出后者，后者单方面依赖于前者的关系。[②]"本末"这一源于树木的暗喻，表达的是树干与枝叶般的生命根本与其派生物之间的关系。只有根干健康，才有枝叶的繁茂；如果枝叶过分吸取营养，根干一旦衰微，枝叶也会枯萎。同理，只要"农"进行活跃的生产活动，源于此的剥夺物就能滋润"工""商"；如果剥夺过重使"农"衰退的话，看似华美繁荣的"工""商"，也终将因生命之源被切断而衰微。这一构图并非笔者曾经论述的"将农与工商以独立形式

---

① 张履祥：《子孙固守农士家风》，《杨园先生全集》卷47。

② "本末"这一比喻不仅用于农本思想，而且用于中国社会各个方面。比如在血缘关系上，本末干枝的观念是"父子系列的存在基础"。这里以本末比喻父子人格的一体性的同时，也包含着"父亲把儿子看作是自己生的，可以理解为是自己的一部分"所述的很强的上下、从属感之意。参见清水盛光『支那家族の構造』岩波书店、1942年、後篇第二章。

进行价值上的对比"，而显然是着眼于"农"与"工""商"之间密切的"关系"。"本末"这一比喻的核心，在于根源之物与派生之物间的生命关联感，其流向与其说是相互的，不如说是单向的。陶煦是以支出的流向来理解"农"与"工""商"之间的关系，而一般的农本论则以剥夺和寄生为中心来把握这一关系。

这一模式，的确是将复杂的经济关系过度片面理解的结果。当时专业的工商活动，也为普通大众提供了盐及农具的生产和流通等"有用"之物——这点是经常被指出的。然而，如果回想本书第六章论述的明末中国经济状况——以国家的剥夺为媒介，形成对照鲜明的农村贫困化与都市的繁荣——的话，不难想象，对当时的人们来说，农本模式作为解释装置，是可以因其生动的切身感而被人们接受的。16 世纪中叶，福建出身的官员林希元在《王政附言疏》中论述道：

> 今天下之民，从事于商贾技艺游手游食者，十而五六，农民盖无几也；今天下之田，入于富人之室者，十而五六，民之有田而耕者盖无几也。商贾挟资，大者巨万，少者千百，不少输官，坐享轻肥。农民终岁勤动，或藜藿不充而困于赋役。此民所以趋于末也。①

略晚于此的松江府人何良俊也有"正德以后四五十年来，十分百姓中已六七去农，成为奴仆、胥役、工商及游手"②的著名

---

① 《林次崖先生文集》卷 2。
② 何良俊：《四有斋丛说》卷 13。

记述。此外，17世纪初期上海县人徐光启在倡导强制性的归农政策时指出："今世农人不过什三，农之勤者不过什一，然则一人生之，数十人用之，财安得不绌。"[①] 可见，伴随剥夺的强化，农民接二连三地放弃农业而加入"用财者"行列，正是当时有识之士的担忧所在。在当时商品经济发展的延伸上，多数经世论者所看到的，并不是伴随社会分工的深化而无限推进的国民经济的内发性成长，而是"用财者"竭力吸干"生财者"的营养，导致整体经济"土崩瓦解"（何良俊语）的凶兆。

正如过去人们所指出的，明末清初有一些思想家批判传统农本思想，倡导"工商皆本"的主张。作为其代表性例子而经常被举出的，有黄宗羲《明夷待访录·财计三》中所含的众所周知的论述。其中黄宗羲对当时社会的奢侈之风进行了猛烈批判。

> 今夫通都之市肆，十室而九，有为佛而货者，有为巫而货者，有为倡优而货者，有为奇技淫巧而货者。一概痛绝之，亦庶乎救弊之一端也。此古圣王崇本抑末之道。

在末尾他提出了"工商皆本"的主张。

> 世儒不察，以工商为末，妄议抑之。夫工固圣王所欲来，商又使其愿出于途者，盖皆本也。

在将黄宗羲的思想理解为与"资本主义萌芽"相对应的"市

---

① 《徐光启集》卷1《拟上安边御虏疏》。

民阶级思想先驱"的立场①看来，"工商皆本"是极具新意的主张。而叶世昌对此论调进行了批判，指出"工商皆本"论起源已久，其论述内容大致如下。

《商君书》《管子》《荀子》《韩非子》等在战国时期的抑末思想中，作为"末"指的不是一般的工商活动，而是奢侈品的生产。自汉武帝开始，把"工商"视为"末"的思想非常普遍，直到鸦片战争，重本抑末思想一直占据着统治地位。其间，只有两人对工商为"末"提出了异议，那就是后汉的王符和清初的黄宗羲。王符在《潜夫论》中指出，工商也有各自的本末，所谓"末"，就是指奢侈品的生产而不是别的；黄宗羲的"工商皆本"论实质上与此内容相同，是战国以降"末即奢侈品生产"论一脉相承的产物。②

叶世昌关于战国时期与汉武帝以后的本末观念有所变化的论点，是颇有意思的。不过，前述宋代李觏及明代张瀚只有工商生产的奢侈品才是无用之存在的议论，可以说与王符及黄宗羲的论述是相通的。黄宗羲的"工商皆本"论，包括引证圣王的态度来说明工商的有用性，在汉末以后的经济思想中也绝非孤例。黄宗羲编的《明文海》中收入了陈龙正的《垦荒议》，其中就论述道：

> 财之用不过三，人口所食、人身所衣、出入启居所依赖
> 而已，其他耳目玩好，皆暴珍泄越，非用也；天下之财亦不

---

① 胡寄窗：《中国经济思想史》（下）；侯外庐：《中国早期启蒙思想史》，第145页。
② 叶世昌：《关于黄宗羲的工商皆本论》，《复旦学报》1983年第4期。以笔者的语言予以概括。

过三，布帛、菽粟、械器而已，其他金钱货贝，皆以权轻重，便分合，而非财也；生财之人亦不过三，农夫、织女、工匠而已，其他皆享财之人、耗财之人也。惟商贾处生耗之间，任运输之事……亦有辅于生也。[1]

此论述将有用之物与无用的奢侈品严格区别，将工匠（及商人）置于生财者的行列，是与黄宗羲相同的。

把工商视为"本业"、将其置于"生财者"之列的议论，在16世纪以降与农本论调并存，但在17世纪初日趋突出。1600年前后矿税之祸时，沈一贯在批判宦官收夺商税的《遣使论》中指出：

夫取之有道，用之有度，则财入而不穷；生之者众，食之者寡，则财出而不匮。民商为国家生财者也，不可不爱育而使之众；仆隶为国家食财者也，不可不裁节而使之寡。[2]

此论述将"民商"看作与"仆隶"相对的"为国家生财者"。值得注意的是，沈一贯将"生财者"与"食财者"相对，提倡保护前者和抑制后者，其理论构造与农本思想中的本末构图恰好一致。只是这里不是将"商"置于"食财者"一方，而是置于"生财者"一方，其理由是，在沈一贯面前发生的"矿税之祸"中，使人感觉到被掠夺的商人正是这一地方经济的代表。此外，赵南

---

[1] 《几亭全书》卷37《政书·奏议》。
[2] 《皇明经世文编》卷435。

星《寿仰西雷君七十序》的如下叙述，是在批判"士"的寄生、剥夺性质的脉络中，将"工商"看作"本业"的例子。

> 世之论者，见牵车服贾之中有贤人焉，则曰是商隐也，此踰于好仕进遄以概天下之人。士农工商，生人之本业，治古之时何人不贤……岂必仕进而后称贤乎？……仕者皆贤人耶？农工商皆不贤人耶？谬矣谬矣。……夫仕者……大都士其迹而商其意，且非商之正意也，皆所谓垄断者也。商即贪而巧，为赢可赀也，仕者为之，即其赢不赀，其害亦不赀。故凡时之衰乱而民之弗康，皆士之所致也，而三者不与焉。[①]

在批判宦官及贪官污吏的脉络中，将"本—末"及"生财—耗财"加以对比论述时，"工商"往往被置于"本"和"生财者"之列。如果仅从对"工商"的评价来看，可以说是与一般的农本论正好相反的主张；但如果从构成其前提的基本构图——孜孜不倦地劳动、从事对社会有用的经济活动的人们（"本"）与吸取消耗其成果的人们（"末"）加以对照，主张拥护前者和抑制后者——来看的话，就能够洞察农本论与工商本业论所植根的共同土壤。当时的人们并没有将"农""工""商"各个角色，从经济学的范畴加以抽象化，来探讨它们对经济贡献度的问题。包括农本论及工商本业论在内，明末清初经济思想中的本末论，无论何者都是在贫富差距的扩大和百姓贫困的经济现实面前，将大商人及奢侈的工商业、贪官污吏及宦官等被认为是当时经济贫困元凶

---

① 《赵忠毅公文集》卷4。

的具体存在视为目标，而对此进行批判时使用的辩词。在这一意义上，可以说是极具文理依赖性的议论，这是不能忘记的。

黄宗羲及王夫之的商业观，之所以往往被评价为具有两面性或互相矛盾，[①] 是因为他们在本着批判剥夺的一贯姿态进行论述时，有时将其关注点投向导致农民贫困化的大商人及奢侈性生产，有时投向贪官污吏对工商的压制，即根据不同的情况有选择地对商业做出批判或拥护。如果仅就评价商人而论，或许能看出其"矛盾"，但如果不是断章取义，而是在他们所具有的经济构想中探讨其议论的话，其所具有的一贯性，还是容易看得出来的。

在思考中国的农本思想时，引发笔者兴趣的，与其说是每个人如何评价"工商"的问题，不如说是构成农本论与工商本业论之共同前提的"本—末"构图本身。当将"本"与"末"之间的关系理解为以剥夺为主轴，将"末"的繁荣看作"本"贫困的原因时，那就产生了"全体社会的福利与其敌人"的图像，导致对"末"进行抑制的主张。可以说，这样的"崇本抑末论"构成了中国农本思想的主流。与此相比，陶煦的农本论不一定带有"抑末"的主张。在《租核》的《培本》篇中，陶煦的议论首先是从"末"的贫困出发，对"本"与"末"的关系不是看作剥夺关系，而是通过市场支出的流向来把握。在陶煦看来，"末"之所以贫困，是因为"本"的贫困，只要培植"本"，包括"末"在内的树木全体就会繁荣。对中国经济各部门之间的相互关联，其理解的重点是放在剥夺上，还是放在支出的流向上，这是根据该时期

---

① 胡寄窗的《中国经济思想史》（下）第 502 页关于王夫之的商业论，是在"矛盾的贸易观点"的标题下予以论述。另参见蒋建平等编著《中国商业经济思想史》，中国财政经济出版社，1990，第七章第四节等。

所面临的经济问题——或者议论者的问题关心——而不同的。不过，无论何者，将这一相互关联通过"本—末"这一具有生命形象的树木的比喻来理解的观点是共同的。所谓"本—末"，可以认为是中国人关于各经济部门间相互关联的理论——尽管朴素且纯属直觉式。与赋予"工商皆本"的主张以当然的进步性而试图论证经济思想从"农本"向"工商皆本"发展相比，在其背后共同支撑"农本"论与"工商皆本"论的中国人的经济相互关联理论，才是应该予以关注的。

第五篇

第十三章

关于清代户部银库黄册[*]

在探讨清代白银在全国的流通情况时，国家财政作为吸纳和吐出白银的"水泵"般的巨大作用，可以说是谁都认同的吧。在税银的流通过程中，最大的"蓄水池"就是附设于北京天安门外户部衙门里的户部银库。现在的天安门广场东侧的中国革命博物馆①一带就是当时的户部银库所在地。光绪《大清会典事例》卷182《户部·库藏·银库》记载：

> 银库为天下财赋总汇，出纳均有常经，各省岁输田赋、盐课、关税、杂赋，除存留本省支用外，凡起运至京者咸入焉。

在这里，被视为"天下财赋总汇"的户部银库，要正确地说

＊ 本章原刊于石桥秀雄编『清代中国の諸問題』山川出版社、1995 年。
① 即今中国国家博物馆。

明它在清朝财政中所处的位置似乎很难。它与浮现在我们脑海里用"国库"这一用语所表达的国家财政抽象的总体形象不一样。所谓户部银库,它确实是具体的银的储藏库。在这一银库中,最多时实实在在地保管了达 8000 万两(约 3000 吨)的银。户部银库的官员所支配的银,是在全国的税银流通中,偶尔纳入户部银库中的那一部分。而在全国被征收的税银的大部分并没有被运往中央,而是在本省出纳,或不经过中央直接在各省之间流通。

那么,对在地方上出纳的税银与运往户部银库的税银怎样加以区别呢?虽说运往户部银库的银,其经常性开支的去向主要是北京的八旗经费及在京官僚的薪俸,但正如人们经常指出的那样,在传统中国,中央财政和地方财政并没有明确的区别。① 包括所有各地方衙门的银库在内,全国的银库都是由中央户部直接掌控的国家财政的一部分。地方银库留有一定程度的预备金,剩余部分运往户部银库,但地方财政和中央财政并不是拥有各自独自财源的独立体系。打个比方来说,户部银库就好像是从水路相连的全国蓄水池群吸水储存的巨大水坝。从这一水坝中,每年将一定量的水作为在京八旗、官僚的经费释放出来。但是该水坝的目的,与其说仅仅是中央经费的管理出纳,毋宁说是全国规模的储备。与未必以财政黑字为目的的当今财政不同,当时的财政,在某种

① 《清国行政法》中记道:清国旧制,国家经费与地方经费不分,督抚支办地方经费毕竟也不过作为国家经费而支出。除贮存其收入的一部分以备急需之外,其他悉由户部咨会,或输解京师,或作为协饷以补他省之缺乏,也要在国家经费与地方经费无别而出。『清国行政法』第六卷、1910 年、292-293 页。另外,岩井茂树从这一问题着手,探讨了清代财政的结构特征。岩井茂樹「清代国家財政における中央と地方—酌撥制度を中心にして」『東洋史研究』42(2)、1983 年 9 月。

程度上确保银的储备是必须的要求。汤象龙曾指出，清朝的库藏制度是"由于当时社会经济的落后，国家收入经常固定在一定的数额上，统治阶级为了未雨绸缪（事先防备）而采用的一种储蓄制度"。即可以将户部银库和地方各衙门的银库理解为与谷物仓库并提的现金储藏库。①

此外，就清朝"国家财政"的全貌来说，"国家财政"并不只是由户部直接管理并以户部银库为主的银流通所构成的。到清末，在户部鞭长莫及之处，筹集独自财源的行政支出急剧增加。包括地方衙门银库与户部银库在内的户部所管理的银的流通，在整个国家财政中的相对地位呈下降趋势。

综观以上诸点，仅通过分析户部银库中银的出纳情况，并不能直接窥视清朝财政的全貌，这一点是显而易见的。但是在本章中，首先至少希望对清朝税银的具体流通中起不可忽视作用的户部银库能够获取怎样的统计数据，进行初步的考察。关于户部银库银两的出纳问题，记载有详细数据的黄册虽以相当完备的形式保留了下来，但除有关清末一段时期的研究外，还几乎没有关于户部银库的专门研究。② 本章将在介绍中国第一历史档案馆藏清代户部银库黄册格式的同时，试图进行一些统计，并就作为清代财政研究史料的户部银库黄册的有用性进行简单探讨。

---

① 参见汤象龙《鸦片战争前夕中国的财政制度》，《财经科学》1957 年第 1 期。
② 笔者所见到的唯一专论为彭泽益的《咸丰朝银库收支剖析》（收入彭泽益《十九世纪后期的中国财政与经济》，人民出版社，1983）。另外，还有赵泉澄的《清代户部三库始末》（《天津益世报》史学五三，1937 年 5 月 2 日），但本人未能亲阅。

第一节 户部银库及其管理制度

在展开主论之前，我们先大致来看一下户部银库诸制度的情况。户部银库制度在整个清代并不是毫无变化的。在清代后期，其情况大致如下：作为与户部银库直接相关的官职，在综合管理银库、缎匹库和颜料库的三库大臣（满、汉人各二名）之下，由银库郎中（满人一名）、员外郎（满人二名）及司库（满人一名）掌管银钱的出纳，大使（满人一名）担当文书的处理，笔帖式（满人六名）及库使（满人六名）负责日常事务的处理。[1] 在户部银库中，有运自全国的地丁、盐课、关税、杂赋、捐纳银、赃罚银等。另外，由宝泉、宝源二局铸造的铜钱也由户部银库保管。

有关户部银库银的出纳手续，在会典事例与户部则例中有详细规定。例如，从外省运进税银时的手续流程大致如下：运来银两的吏员到达户部时，向户部司务厅提交批文。司务厅在通知银库大使厅的同时，向负责该事务的清吏司转送批文。在户部内部，有冠以各省名的 14 个清吏司，它们在管理各省地丁钱粮的同时，也负责特别的税项。[2] 例如，贵州清吏司除负责贵州的钱粮外，还管理全国的关税；山东清吏司除负责山东及东三省的钱粮外，还管理全国的盐课。负责相关事务的清吏司接到批文后，制作两份加盖印章的账单，与原来的批文一起发送银库。银库则参照批文和账单接收银两，全部写上"照数收毕"的字样。一张账单由银

---

[1] 光绪《大清会典》卷 24。

[2] 同治《户部则例》卷 11。

库保管，一张送往主管的清吏司，批文由三库档房返还给搬运吏员作为收据。

在雍正以降的会典中，有"管理三库大臣……一月终具出纳之数以闻，越岁汇核而奏销焉"的记载。管理三库的大臣①对于户部银库的出纳，除每月进行报告之外，还担负着每年奏销（出纳报告）的责任。每年制作的这一奏销册，被保管在清代的内阁大库中，也就是现存于中国第一历史档案馆中的《大进黄册》《大出黄册》《四柱黄册》等册子。

其具体介绍将放在下节进行，这里要简单探讨的，是这些奏销册中记载的数据到底有多大可信度的问题。在出纳、储藏了庞大数量银的户部银库中，银的出入能够被正确地掌握吗？黄册上的数字会不会是在桌面上捏造的呢？户部银库黄册上所记载的数据基本上是以前一年的黄册和出纳时的文件为依据在账簿上进行计算的。但是，为了防止黄册上的数据与实际银额之间出现差异，制定了大概每两年一次钦派王大臣到银库与管理三库大臣一起实行监督检查的制度。②但是要实际调查银库中储藏的大量银两，甚至确认银的重量及纯度等，则绝非易事。虽说"银色有无搀和低潮，袋内分两有无短少，非逐袋查验，逐平较兑，不足以昭核实"，③但这样的工作在每次监督检查时都进行是不可能的。因此，在因某种原因而进行特别严格的监督检查时，大量的亏空

---

① 管理三库大臣于雍正元年设立，光绪二十八年废止。参见李鹏年等编著《清代中央国家机关概述》，黑龙江人民出版社，1988，第153~154页。

② 同治《户部则例》卷14。

③ 道光二十三年三月二十六日刑部尚书惟勤等折，收入中国人民银行总行参事室金融史料组编《中国近代货币史资料》第1辑上册，中华书局，1964，第165页。

（缺额）就会被发现而成为大问题，而在其他时候，小规模的不正当行为总是被默认为常的。

在整个清代，户部银库亏空被告发而成为特大问题的，可以说有雍正初年和道光二十年代两次。从藩邸时代开始就已经察觉到库银有数百万两亏空的雍正帝，在即位后不久，便任命怡亲王胤祥总理户部三库事务，让他调查银库亏空问题。结果发现了250余万两的亏空。这一亏空除了历任户部官僚引咎赔偿，一部分则以此后户部的杂费来填补。[1]

乾隆后期以后，银库监督检查日渐弛缓，对此欧阳昱的《见闻琐录》大致记述如下：自乾隆时期和珅掌握实权开始，便不进行户部银库的清理工作，库内银两被（库吏）侵蚀，成为其子子孙孙的家产者达60余年之久。嘉庆年间，虽经常进行监督检查，但都因受库吏贿赂，往往糊里糊涂地敷衍了事。由此，当时形成了每当监督检查时，库吏支付御史规银3000两、支付其仆从"门包"300两（作为贿赂）的惯例。有些为钱所困的京官及为会试进京的举人知道这一弊端后，便敲诈库吏，库吏定会在调查其门第和才能后，决定赠送银两的数额。道光十年，御史周春祺欲检举并弹劾此弊，其姻亲汤文端公（汤金钊）劝诫他"此案若发，必籍数十百家，杀数十百人。沽一人之直而发此大难，何为者"，结果因此而中止。[2]

道光二十三年，以库丁间因盗窃银两分赃不均而发生的纠纷事件为契机，户部银库亏空事件被暴露出来。这一事件是库丁张

---

[1] 《世宗实录》卷26，雍正二年十一月癸丑。

[2] 该书未曾见过，转引自《中国近代货币史资料》第1辑上册第167页所引记事。

诚保趁捐纳银交纳的忙乱之机，在秤上弄虚作假，盗取银 4000
两，发觉其不法行为的同事要求平分银两遭拒，从而将他告发。[1]
知道这一偷盗事件的道光帝，对户部银库的乱纪行为深表担心，
命令刑部尚书惟勤等盘查银库。[2] 结果发现本应有 1200 余万两的
库银，实际上只剩下不到 300 万两，被发现的亏空达 900 余万两。
面对上报调查结果的奏折，道光帝朱批道："朕除愧恨忿急之外，
又有何谕？"[3] 最后，为了填补这一巨额亏空，嘉庆五年至道光二
十三年管理银库或监督检查银库的官僚，包括已经辞世者在内，
皆被课以罚赔银两。

其后，库吏、库丁的贪赃枉法行为仍然不绝。据于光绪年间
亲自 4 次监督检查户部银库的何刚德记载，当时规定库丁在出入
银库时必须更换衣服，为了表明银两没有藏于身体某处，要双手
高举拍掌，跨过长凳，口里一边叫着"出来"才能走出库门。尽
管如此，他还是记录了"其偷法有出人意表者"的各种各样离奇
的手法。[4] 光绪二十八年，提议废止户部银库衙门的刑科给事中吴
鸿甲，在其题本中大致叙述了当时户部银库存在如下恶弊：尽管
道光年间的大案仍记忆犹新，但这数十年间，银库郎中的职位在
京师被号称"财神"（般有利可图），任期届满时，捞走数十万两
的银是常有之事，员外郎以下也按职位而各获其利。这些银经过
库书之手，不劳而获，甚至连其下属的库丁，也是有数十、百人

---

① 丁国钧《荷香馆琐言》引用陆以湉《甦庐偶笔》的记事，记录了此次事件的
　经过。
② 《宣宗实录》卷 389，道光二十三年二月丁酉。在此前后，实录当中有很多与
　户部银库相关的记录，可见皇帝对此的关心。
③ 对道光二十三年三月二十六日刑部尚书惟勤奏折的朱批。
④ 何刚德：《春明梦录》（下）。

成群集结于他身边，过着奢华生活，由此可见库丁及库书的不当得利之多。库丁之职大多通过贿赂而获得，在挑选时，拿着凶器的匪徒包围官署以示威。这种银库的恶弊早已是举国皆知。近年虽说银库空虚，但是其出纳额仍达数百万两。在每年盘查时，当局因恐惧酿成大案，只是在形式上调查一下便草草收场，即使是公正的高官也不敢暴露其恶行。① 以吴鸿甲的上奏为契机，从管理三库的大臣开始，到银库郎中乃至库书、库丁，凡过去与银库有关联的职位全部被废止，而改由从户部派遣来的官吏直接管理银库。

像以上这样，在清朝户部银库的运营中，不正之风总是如影随形。但是，从以"从来未有之事"而予道光帝沉重打击的道光年间亏空额近1000万两的情况来看，黄册上的报告与实际情况之间的出入最多为1000万两的程度。至少可以推测，在18世纪以前，黄册上所记载数目的长期性动向，与实际银的数额不会有太大的偏差。

第二节　户部银库黄册的形式与整理、保存状况

在整个清代几乎每年都制作的户部银库黄册，被保管在内阁大库中，辛亥革命后，由于各种原因，被分别收藏于故宫博物院文献馆、北京大学文科研究所及中央研究院历史语言研究

---

① 中国社会科学院经济研究所藏《清代财经史料（题本）》中央财政（1）历朝财政。该资料是后文将要提到的1930年代社会调查所清代经济史研究计划中所抄写的部分档案的缩微胶卷。

所三处。① 据 1947 年出版的《清内阁旧藏汉文黄册联合目录》（国立北平故宫博物院等编）的记载，这三处共保存了 285 册的户部银库黄册。假如整个清代每年都制作大进、大出、四柱三种黄册的话，原本全部黄册合计应为 791 册，其中约 36% 的黄册在民国时期见存。

目录中，最早的是顺治十年的《钱粮数目册》。就顺治年间而言，还未见大进黄册、大出黄册、四柱黄册等名称。这一《钱粮数目册》现在无法阅览，但从利用过顺治十七年《钱粮数目册》的彭泽益的记述②来看，所谓《钱粮数目册》似乎是记载有旧管、新收、开除、实在的四柱册。康熙年间的册子几乎没有遗留下来。雍正元年以后，大进黄册、大出黄册和四柱黄册能见到大量的残存。嘉庆、道光时期，虽然有若干缺失，但几乎每年的大进黄册、大出黄册都还齐全。进入光绪年间，残留数反而变少了。

这些黄册现在保存在哪里呢？过去保存在故宫博物院文献馆的黄册，现在确切可知保存在中国第一历史档案馆。如果在该馆要求查看户部银库黄册目录的话，工作人员会向你提供 1936 年由故宫博物院文献馆编印的《内阁大库现存清代汉文黄册目录》，可以通过这一目录所记载的序号来申请阅览黄册。那么，北京大学文科研究所与中央研究院历史语言研究所的收藏部分又如何呢？据李光涛介绍，1934 年夏，中央研究院历史语言研究所根据该院

---

① 有关民国时期清代内阁大库档案的整理情况，有很多文献可资参考。比如可参考《中国近代经济史研究集刊》第 2 卷第 2 期（1934 年）的《明清档案专号》诸论文。

② 彭泽益：《清代前期手工业的发展》，《中国史研究》1981 年第 1 期。

社会科学研究所的请求，借出历史语言研究所藏的清代钱粮黄册2379 册。1935 年 6 月，这些黄册移交给社会科学研究所保管。[1]社会科学研究所的许多藏书现在由中国社会科学院经济研究所继承。中华人民共和国成立后的 1950 年代，将明清档案集中到故宫博物院明清档案部保管的工作得到了推进。1953 年，北京大学文科研究所的 813 箱内阁大库档案，以及 1954 年保存于端门的原中央研究院历史语言研究所的 671 箱内阁档案，分别移交到明清档案部（现在的中国第一历史档案馆）保管。[2] 这样，全国的明清档案基本上集中到了明清档案部。从上述情况来看，北京大学文科研究所及中央研究院历史语言研究所的所藏部分现在大概都保存在中国第一历史档案馆或中国社会科学院经济研究所等北京的研究机构中。此事虽还无法确定，但还是值得期待的。

笔者所能查看到的户部银库黄册只不过是总量当中极小的一部分，姑且先介绍一下它的外形。大进黄册、大出黄册、四柱黄册的封面都是用黄绫制作，都是长 40 厘米、宽 30 厘米左右的大册。其页数，大进黄册、大出黄册有数百页，相比之下四柱黄册只有极薄的三页左右。

接着大致来看看里面的格式。三种黄册都是每页 12 行，每行的字数不定，用工整的楷书书写而成。大进黄册的情况，以雍正三年为例，上有"银库今将雍正叁年正月起至拾贰月终止大进钱粮数目开列于后"字样，其下列举了每月的收入项目，在每月末尾，把该月的收入额分别以银两、铜钱来合计，没有以年为单位

---

① 李光涛：《明清史论集》（下），台湾商务印书馆，1971，第 520 页。
② 倪道善编著《明清档案概论》，四川大学出版社，1990，第 22 页。

进行的合计。接下来，我们再来看看其收入项目的记录法。册中并列记载有"一河南司付河南布政司差官吴汉英解地丁银玖万柒千伍百五十两""一贵州司付江西巡抚差官陈佐解赣关盈余银贰万壹千捌佰参拾两捌钱参分伍厘"等。各条开头的所谓"河南司""贵州司"等司，指的是前面所述的14清吏司。可能各负责的清吏司把送给银库的账单按照接收的顺序归档，在这些档案的基础上制作了黄册。紧接清吏司名之下，记有运来该项目银两的官司名称、负责搬运银两吏员的姓名及银两的项目和数额。每条中所记载的数额，有多达数十万两的大额者，但一般是数十两、数百两的小额。从黄册记载的项目数来看，已经支付的俸给由于某些原因被返还，以及未缴纳部分的追缴等非常细的项目，占了一大半。其中，还有一两以下的零散项目。每天所接受的大小不同的款项，也没经过加工，大概是按照接收顺序直接列记下来。

大出黄册和大进黄册形式大致相同。以嘉庆二十年为例，开头写着"银库谨将嘉庆贰拾年正月起至拾贰月止大出钱粮数目开列于后"，每月列举了"八旗俸饷处札镶黄旗章京中德领兵丁等八成饷银参万玖千参佰伍两伍钱捌分捌厘""陕西司札理藩院领蒙古王公台吉等年班赏银玖千伍佰陆拾两"等项目。在大出黄册中，也和大进黄册一样，数十两以下的零散费目占据了费目数的大半。

四柱黄册与大进黄册、大出黄册不同，是将一年间的收入、支出进行汇总，整理成旧管、新收、开除、实在四柱格式的简略之物。金、银、铜钱被分别进行汇总，不用说，银的数量①占压倒

---

① 概观乾隆至道光年间的四柱册，就新收、开除数额而言，铜钱若按1两白银等于铜钱1千文（一串）换算，大概占到了银两数额约一成的比例，但实在额再多也不过0.5%左右。也就是说，铜钱的周转快，基本上没有积蓄。

性多数。至少到 19 世纪初，可以银额的动向来代表户部银库的动向。

在本章中，试图采用这些户部银库黄册中所记载的数据来制作若干统计图表。在此之前，想就中国对这一资料的整理情况进行简单的介绍。这一整理工作，是以 1930 年代北平的社会调查所（1934 年被中央研究院社会科学研究所合并）开展的清代经济档案大规模研究计划当中的一环而进行的。有关这一项目的全貌，打算在其他文章中加以介绍，这里姑且以户部银库黄册为中心进行概括说明，情况如下。①

这一清代经济档案的整理工程始于 1930 年，主要是以史料的收集和整理研究为两大支柱。在史料收集方面，从 1930 年 10 月开始，以故宫博物院文献馆清代军机处档案的抄写为开端，多的时候动员了近 50 名的抄写员对各种清代经济档案进行收集。初期的资料收集主要是以奏折为中心，1933 年 10 月开始着手抄写故宫所藏的报销册。在报销册中，户部三库的报告作为"研究清代财政最珍贵的资料"② 而备受重视，用约两个月的时间对户部银库大进黄册 44 册进行抄写。抄写的速度，据说每人每天为 25~30 页。③ 故宫户部银库报告的抄写，于 1934 年 4 月告一段落，在将重点转移到其他报销册的同时，对北京大学文科研究所及中央研究院历史语言研究所收藏的报销册也进行了调查抄写。以档案资

---

① 以下关于该项目的记述，主要依据《社会调查所半月刊》《社会调查所概况》《社会调查所年次报告》《国立中央研究院总报告》等报告文件（均藏于中国社会科学院经济研究所）。

② 《近代经济史》，《社会调查所月刊》第 1 卷第 3 期，1933 年。

③ 《近代经济史》，《社会调查所月刊》第 1 卷第 5 期，1933 年。

料的收集为基础，研究所的各研究员展开了切合各自不同主题的研究。其中对户部银库问题进行专门研究的，是 1933 年度作为研究生进入研究所、1934～1936 年担任助理研究员的赵泉澄。1935年春，题为《雍正时户部银库制度》的 2 万～3 万字的论文宣告完成，但最后并未发表。①

　　这项清代经济档案整理工程超过了当初三年的预定期，至少到 1935 年度还在继续。但随着中日战争的全面爆发，研究所转移，整理工作不得不中断。不过，在这期间收集到的户部银库黄册的数据，至少在以下的研究中被利用。从 1932 年度到 1934 年度，在职时间虽短，但作为该研究所清代经济史工程中心人物的罗玉东，其大作《中国厘金史》② 中登载了依据故宫博物院文献馆收藏的历年户部银库大进黄册制作的《历朝户部银库收入表》。这是对从雍正二年至咸丰三年户部银库收入额和其中的捐纳收入进行整理的结果。1947 年成为社会科学研究所助理研究员的彭泽益，虽与这一项目没有直接关系，但可能是利用了其中的数据，在战后撰写了多篇有关户部银库的论文。《咸丰朝银库收支剖析》③ 就是利用了户部银库黄册和《清代抄档》④ 的有关户部银库的专论。此外，在《十九世纪五十至七十年代清朝财政危机和财政搜刮的加剧》《清代前期手工业的发展》等论文中，也都将户

① 《近代经济史》，《社会调查所月刊》第 2 卷第 8 期，1935 年。该论文虽预告在《中国近代经济史研究集刊》第 3 卷第 1 期刊出，但该期中并没有刊登该论文。

② 上海：商务印书馆，1936。

③ 收入彭泽益《十九世纪后期的中国财政与经济》。

④ 彭泽益所使用的《清代抄档》是什么样的资料呢？有关这一问题，岩井茂树进行了探讨。参见岩井茂树「清代の戸部―度支部档案について」永田英正編『中国出土文字資料の基礎的研究』、1992 年。

部银库黄册作为资料加以利用。[①]

以上，之所以对户部银库黄册研究史做稍为详细的介绍，是希望以此明确地阐明，本章与其说是提供了有关户部银库的新见解，不如说只不过是从山麓开始对前人已经即将到达山峰的里程重新进行探索而已。

如果对户部银库黄册的数据进行包罗式的收集和分析，肯定能够得出大量能均质、连续地显示清朝财政状况的统计，但是，现阶段这样网罗式的数据收集尚未进行。另外，因本章篇幅有限，只能尝试性地局限于对以下两个方面进行整理分析，至于其他问题，希望留待后考。第一，关于从过去开始就部分地被利用的户部银库积存银额的变化问题，尽可能制作成连续的统计图表。第二，对清代中期几个时段户部银库的收入项目进行分析。

第三节　户部银库积存银数的演变

户部银库中所储藏的银的数量变化被作为所谓清朝国力的指标，一直受到人们的关注。以前使用的数据来源大体上可以分成三类。第一，上谕及上奏文中偶尔谈到的数据。例如魏源在《圣武记》卷 11《武事余记》中总结出来的户部银库银量的变化，就是基于这些分散的数据。即使是现在，还有不少学者根据魏源的

---

① 彭泽益：《十九世纪五十至七十年代清朝财政危机和财政搜刮的加剧》，《历史学》1979 年第 2 期；彭泽益：《清代前期手工业的发展》，《中国史研究》1981 年第 1 期。

记述来概观清朝财政的兴衰。第二，法式善的《陶庐杂录》卷 1
中记载的康熙六年至乾隆三十九年《户部银库每年积存银数》
表。① 该表前文写道："自康熙年间起，至乾隆三十九年止，户部
银库每年积存银数，按年查明进呈。至康熙年间档册霉烂不全，
未能按年开载。"乍一看，这似乎是法式善在基于自己调查的基础
上得出的结论。其实，《历史档案》1984 年第 4 期所刊载的中国
第一历史档案馆编写的《康雍乾户部银库历年存银数》中所介绍
的乾隆四十年《军机大臣遵旨查明康雍乾年间户部银库存银数目
奏片》（军机处上谕档）的文章及清单的数据，同法式善的记录
几乎一致。据此可推测，法式善是在偶尔看到这一清单后抄写而
成的。② 第三，户部银库黄册本身。前述彭泽益等制作的表，就是
在对现在残存的黄册进行直接调查的基础上制作的。如果追溯上
述第一类、第二类来源的话，其实都应该归于户部银库的黄册，
但在康熙年间的黄册几乎没有残存的今天，第一类、第二类的数
据就不能不说是弥足珍贵的材料了。

　　下面，在本节中，将过去使用的这三类的数据和本人在中国
第一历史档案馆调查到的四柱册的数据及其他资料合在一起，试
图尽量探明清代户部银库存银数的长期性变化。

---

① 　笔者曾使用该资料进行制图。岸本美绪「康熙年間の穀賎について—清初経
済思想の一側面」『東洋文化研究所紀要』(89)、1982 年 9 月。另外，岩井茂
树的《中国专制国家与财政》（第二次明清史夏季研究会报告，1988 年 8 月
27 日于户隐）有将该资料与罗玉东的《历朝户部银库收入表》合在一起制作
的图；黑田明伸的《清代银钱二货制的构造及其崩溃》［『社会経済史学』57
(2)、1991 年 7 月］有该资料与钱价、地方铸造钱数、仓储存谷量合在一起
制作的图，并各自进行了分析。
② 　笔者在上注拙稿原载文章时，把法式善的记载推测为基于法式善自身的调查。
在此订正笔者旧稿的错误。

　　图 13-1 是顺治十七年至宣统二年户部银库藏银量用图表示的情况。无法获取数据的年份没有记入柱状图表，但这并不意味着该数据为零。

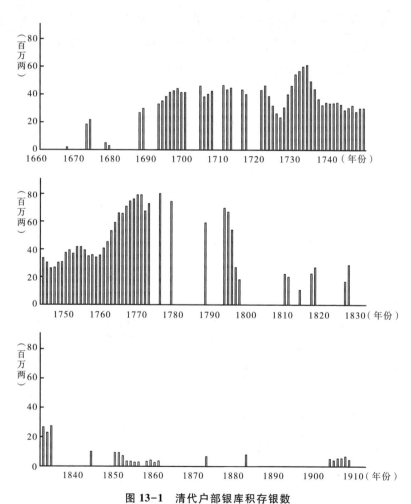

图 13-1　清代户部银库积存银数

图 13-1 显示的户部银库储藏额的变化，与过去一般的说法相比，并没有什么特别的新结果，不过对若干值得留意之处，想略加解说。

据张玉书《纪顺治年间钱粮数目》的记载，顺治八年和九年，户部每年的赤字为 87.5 万余两，十三年以后上升到 400 万两。① 清朝立国之初户部财政情况可谓极其窘迫。现在所知清代户部银库存储的最初数量是顺治十七年，仅有微不足道的 16 万余两。户部银库的储藏额在康熙六年约为 250 万两，十一年约为 1800 万两，十二年增加到约为 2100 万两。由于三藩之乱，数额急剧减少，到康熙三十年前后才再次急速增加。

雍正帝的财政改革被认为是为重建康熙末年散漫财政的努力，并取得了相当的成果。关于当时的情况，经常被引用的是魏源在《圣武记》附录卷 11 中的《武事余记（兵制兵饷）》的记事。魏源指出，康熙六十一年户部银库里只有 800 万两银，到雍正年间急剧上升到 6000 万两。这是根据乾隆四十六年阿桂的上奏文② 而来的。但从黄册数据来计算的话，康熙六十一年的银额近 2700 万两，阿桂所举数据不一定正确。雍正前期无疑是清朝最大的紧缩财政期之一，但是一直以来作为其论据的这一户部银库的银额数据，可以说还是有些夸张。

雍正后期，由于在西北地区用兵，银额减少。其后再度增加，在乾隆前期稳定在 3000 万~4000 万两的状态。以乾隆三十五年为分界线，户部银库的银额开始急剧增加。仅从这一数据来看，乾

---

① 张玉书：《文贞公集》卷 7。
② 《皇朝经世文编》卷 26《户政·理财上》。

隆三十五年后的十年间可认为是财政极其紧缩的时期。这个事实从来没有得到关注，但其意义不可忽视。乾隆初年米价的急剧上涨得以平静下来，就在这一时期，[1] 应该与这一财政紧缩是有关系的吧。

为了镇压嘉庆年间的白莲教起义（1796~1804），清朝政府耗尽了户部的积蓄。这一点人们经常提及，黄册所记载的数据也证明了这一点。此后，户部银库的积蓄在账簿上停留在 2000 万~3000 万两的水准，而正如前面所阐述的那样，由于管理上的不完善，实际的银两数额应该更少。并且，经过鸦片战争，到咸丰年间，户部银库基本上已不存在储备的意义了。图 13-1 中咸丰年间的部分之所以用白色柱体表示，是因为根据彭泽益的研究，这时的数据表示的是包括除实银以外的纸币的数额。[2] 这一时期，银库中储藏的实银数额最多也就 10 万两，是在图表中几乎无法表示的微不足道的数字。

后来任户部尚书的清末财政专家董恂，于咸丰十一年奉命任户部右侍郎时，户部银库的实银只有 7 万余两。据其所言，一想到部库每年 1100 万~1200 万两的支出，当时的感觉是"如临深渊，如履薄冰"。光绪八年他从户部尚书任上退下来时，户部银库的白银增加到 700 余万两。他说在回想起以前的窘境时，仍是"至今犹惴惴焉"。[3] 光绪三年进士、在 17 年的京官生涯中四次经

---

① 据彭信威《中国货币史》（1954）收入的《清代米价表（五）》有关十年平均米价的统计，从 1720 年代至 1760 年代上涨的米价，到 1770 年代略有下跌。

② 彭泽益：《咸丰朝银库收支剖析》，《历史学》1979 年第 2 期。

③ 董恂：《还读我书室老人手订年谱》卷 1 "咸丰十一年"条及卷 2 "光绪八年"条。

历过户部监察的何刚德，曾述说在他任监察时，户部银库的银额都在 900 万~1100 万两。[1] 光绪末年户部银库的银额，可以从各年的《部库出入款目表》中得悉。此表简略地归纳了大进、大出、四柱黄册的内容，将收入、支出按照不同费目总计，并记录了旧管、新收、开除、实在的数据。实际额无论哪一项都停留在 500 万两左右。

以上，对户部银库中储藏银额的变化情况进行了简单记述。本章虽然只是简单地提供了一些数据，但这些数据不仅是概括性地表示清朝财政状况的指标，若通过收入及支出额相结合的仔细研究，应该会成为分析清代财政政策变化的基础性数据。另外，如果考虑到部库的银投放民间及从民间吸纳上来这一巨大流通过程的话，不仅在财政研究上，即使在物价等一般经济史的研究中，也有必要考虑到户部银库的动向对银流通量的影响。[2]

第四节 户部银库的收入结构

本节将从雍正三年、乾隆十八年和嘉庆十七年大进黄册的数据入手，试计算出在这三年户部银库的收入中，地丁、盐课、关税等项目所占的比例。选择这三年的理由是，雍正三年是现存大进黄册最早的时期之一，另外，它显示了雍正初期财政紧缩的特色。至于乾隆十八年，是因为在乾隆《会典则例》卷 45

---

① 何刚德：《客座偶谈》卷 3。
② 黑田明伸的《清代银钱二货制的构造及其崩溃》从这一观点出发，估算了户部在库银量与米价和银钱比价之间的相关系数。

中，有该年各种税额表。另外，由于有以此为基础推算出的包括附加税等清朝中期财政整体结构的王业键的研究，[1] 正好可以考察户部银库在全国财政中所处的位置。而选择嘉庆十七年，也是因为《史料旬刊》收录的《汇核嘉庆十七年各直省钱粮出入清单》提供了全国的财政结构数据，并且有对此进行分析的香坂昌纪的近作。[2] 此外，这三年都没有闰月，也没有特别大的战乱。

地丁、盐课、关税是清朝财政收入的三大主要项目，这一点大家并没有什么异议，这些加上捐纳后的四大项目在户部银库收入中占有重要地位，是大概可以测算出的。实际上，从调查大进黄册的结果来看，这四大费目合计每年都占到 70% 以上，其余的只不过是一些零细的费目。[3]

图 13-2 表示上述三个年份户部银库收入中各种费目所占比例。首先值得注意的是收入绝对额本身的减少。罗玉东制作的户部银库收入额的统计表明，每年的收入额相当不稳定，但如表 13-1 所示，可以说从雍正至嘉庆年间便呈长期下降的趋势。不过，其下降的程度，并不像图 13-2 所显示的那么剧烈。图 13-2 是以偶尔抽取的午度为样本所看到的情况，就其显示的下降幅度过大这一点，有必要在此予以指出。

---

[1] Yeh-chien Wang, *Land Taxation in Imperial China*, *1750–1911*. Harvard University Press, 1973.

[2] 香坂昌紀「清朝中期の国家財政と関税収入」『明清時代の法と社会：和田博徳教授古稀記念』。

[3] 其他有趣的事项有雍正三年年羹尧抄家银 20 万两，嘉庆十七年内务府拨交银 60 万两等。

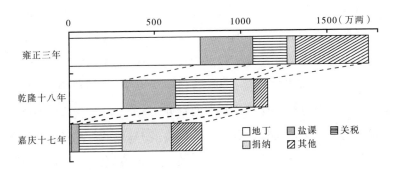

图 13-2　户部银库收入结构

表 13-1　1723~1852 年户部银库年收入及捐纳收入

单位：千两

年份	年收入	年捐纳收入
1723~1732	14125	1091
1733~1742	12660	1014
1743~1752	10592	1486
1753~1762	12656	2536
1763~1772	13197	1434
1773~1782	13671	1180
1783~1792	10979	2593
1793~1802	10090	5955
1803~1812	10256	6156
1813~1822	12003	5098
1823~1832	11594	4873
1833~1842	9853	4547
1843~1852	8613	2060

注：10 年平均收入。

资料来源：罗玉东《中国厘金史》，历朝户部银库收入表，第 6 页。

接着，再从收入内容的变化来看，首先值得关注的是与地丁相关的收入百分比（44.4%→27.5%→2.0%）急剧下降的情况。嘉庆十七年或许情况特殊，但从对嘉庆二十年大进黄册的调查来看，同样发现地丁项目接近0%、盐课为0.7%、关税为14.1%、捐纳为68.6%这样的比例。盐课的百分比率则以18.3→26.7→5.3这样的趋势变化。关税的百分比率虽然呈11.5→28.3→32.1这样的趋势增加，但绝对数额并无太大变化。捐纳额的增加则正如罗玉东所指出的（表13-1），图13-2也显示了这一倾向。

有关地丁、盐课、关税在整个清代财政中各自所占比例的问题，过去有过统计。例如，根据许檀、经君健制作的图表，雍正二年岁入中地丁、盐课、商业税（关税及其他相关商业税）所占的比例分别为84.0%、10.6%和5.4%，乾隆十八年为70.0%、16.4%和13.1%，而嘉庆十七年为70.5%、14.4%和14.6%。[①]在这些数据中，附加税和漕米都未计算在内。据王业键对乾隆十八年的上述数据进行推算后合计出的数据来看，同年地税（地丁及漕米）、盐课、关税在全部岁入中所占比例分别为73.5%、11.0%和7.3%。[②]可以说，不管是取何种数据，与清朝整体的岁入结构比较，户部银库的岁入结构具有地丁的比例小，主要依靠盐课、关税和捐纳的特色，并且这种特色随着时间的推移更趋明显。

仔细分析各年的收入项目，可以相当清晰地了解流入户部银库的银的流向。表13-2是各年各费目的详细情况中前三位的数

---

① 许檀、经君健：《清代前期商税问题新探》，《中国经济史研究》1990年第2期，第90页。

② Wang, *Land Taxation in Imperial China*, p. 72.

额。由于篇幅的关系不能进行充分探讨，现仅指出几个特点。就地丁来看，雍正三年山西、山东、直隶等北京邻近诸省的纳入额比较多。在这些省，地丁征收额[1]的43%（山东）到95%（山西）的银都纳入户部银库。另外，看不到从四川、广西、福建、甘肃、陕西、湖北、云南、贵州等远方诸省纳入的银。到乾隆十八年，多多少少将地丁额纳入户部银库的也只有江苏、山东、河南三省。嘉庆十七年，地丁额在户部银库岁入中的比重几乎和杂项类一样低，这在前面已经提到。

表 13-2 户部银库收入各项目明细

单位：千两

	雍正三年	乾隆十八年	嘉庆十七年
地丁	1. 山西 2161 2. 山东 1303 3. 直隶 1130	1. 江苏 * 1644 2. 山东 499 3. 河南 225	— — —
盐课	1. 两淮 1128 2. 两广 428 3. 长芦 416	1. 两淮 1191 2. 长芦 799 3. 两浙 764	1. 两淮 204 2. 长芦 114 3. 两浙 23
关税	1. 淮安 373 2. 浒墅 281 3. 崇文门 232	1. 浒墅 460 2. 芜湖 392 3. 淮安 369	1. 粤海 1015 2. 九江 443 3. 崇文门 253

注：* 在黄册中，有"江宁""江苏"两种记载，在这里以"江宁"的数据编入"江苏"合计。

---

[1] 此系利用梁方仲基于《清朝文献通考》卷 3《田赋三》的数据而作的《清雍正二年各直省人丁、田地、田赋及其平均数》（《中国历代户口、田地、田赋统计》，上海人民出版社，1980，第 393 页）。其数字比包括附加税等在内的实际征收额低得多。

从盐课的情况来看，纳入户部银库的，几乎都是以两淮为首的长芦、山东、两浙、两广等沿海盐场的盐课。雍正三年，两淮、两广、长芦、两浙、山东、河东六个盐场缴纳了银，乾隆十八年只有两淮、长芦、两浙、山东四个盐场缴纳了银，嘉庆十七年只有两淮、长芦、两浙三个盐场缴纳了银。在全部盐课额当中，户部银库盐课纳入额所占的比例，从雍正时期到嘉庆时期显著下降，① 嘉庆十七年户部银库盐课纳入额仅占全国盐课实际征收额的7%，从作为最大纳入源的两淮的情况来看，同样只不过缴纳了实际征收额的7%。②

至于关税，从所举各年情况来看，可知包括工部管辖的工关在内，全国几乎所有的税关都缴纳银两。饶有趣味的是，在缴纳额的顺序上，雍正三年淮安关、浒墅关、崇文门等运河诸关占据上位，此外九江、芜湖等长江诸关也达到略显醒目的程度，而粤海关只不过大约5万两。与此相比，到乾隆十八年，芜湖关晋升至第二位，粤海关位列第四。到嘉庆十七年，粤海关占压倒性优势地位。从整体来看，正好证明了运河诸关的衰退与粤海关的跃进这一过去就已经得出的结论。③ 与嘉庆十七年全国关税的实际征

① 以许檀、经君健的《清代前期商税问题新探》第87页"表1 清代前期各朝主要财政岁入一览"中归纳的盐课额为分母进行计算。

② 以《汇核嘉庆十七年各直省钱粮出入清单》的数据为分母进行计算。香坂昌纪「清朝中期の国家财政と関税収入」『明清时代の法と社会：和田博德教授古稀記念』。

③ 关于运河诸关关税比重减少的问题，可参照许檀《明清时期运河的商品流通》，《历史档案》1992年第1期。有关乾隆十四年至道光十八年粤海关各年的关税收入，《粤海关志》中列有清单。另外，陈国栋在《清代前期粤海关的利益分配（1684~1842）》（《食货》第12卷第2期，1983年）中使用军机档和宫中档，对粤海关纳入户部银库的数量进行了统计。

收额相比，户部银库缴纳额占到了其中的 51%，而从粤海关的情况来看，可知实际征收额的 75% 都运往了户部银库。①

* * *

　　以上，简单地阐述了调查户部银库黄册后的一些见解。户部银库的动向虽然不一定能直接反映清朝"国家财政"乃至"中央财政"的全貌，但是今后若通过对户部银库黄册各年度进行网罗式的调查，以及与其他史料进行系统性对照，相信这将成为了解清朝财政全貌的重要史料。本人在抄写和计算上是慎重的，但错误之处在所难免。再加上关于清朝财政知识的不足，或许会犯下意想不到的错误。谨祈各位赐教。本次调查因得到文部省科学研究费补助金（国际学术研究）《围绕清朝国家形成期诸史料的综合性研究》（研究代表者细谷良夫）的支持才得以顺利完成。在此对给予热情帮助的诸位先生及中国第一历史档案馆的诸位先生表示衷心的感谢。

---

① 以香坂昌纪论文《清代中期的国家财政与关税收入》的数据为分母进行计算。
　香坂昌紀「清朝中期の国家財政と関税収入」『明清時代の法と社会：和田博徳教授古稀記念』、536 頁表 3。

第十四章
关于清末江苏省太湖厅的
晴雨粮价报告[*]

清代中期以后，涵括中国全境的大规模的谷物价格报告制度已经确立，每月向皇帝报告全国谷物价格，对此问题的先期研究很多，[①] 对清代史研究者来说可谓耳熟能详。向皇帝报告米价始于康熙三十二年前后，当时苏州织造秘密向皇帝报告江南地方的米价。此后，乾隆时期，根据整个州县定期的谷物价格调查进行报告，成为各督抚的义务。州县衙门每十天调查一次谷物价格，在经府整理后，送往布政使司，由布政使司制作开列有每月省内各府最高、最低价格的报告。总督、巡抚等每月将根据这一报告制

---

* 本章原刊于『松村潤先生古稀記念清代史論叢』汲古書院、1994 年。

① 王业键：《清代的粮价陈报制度》，《故宫季刊》第 13 卷第 1 期，1978 年；Wilkinson, *Studies in Chinese Price History*；陈金陵：《清朝的粮价奏报与其盛衰》，《中国社会经济史研究》1985 年第 3 期；陈春声：《市场机制与社会变迁——18 世纪广东米价分析》；等等。此外，利用此类资料进行清代米价史研究的概要，可参见本书第一章。

成的被称为"粮价清单"的价格表，与奏折一起提交给皇帝。与此同时，各省的布政使司每月将综合了全省各州县报告的"粮价细册"送往户部。

向皇帝提交的粮价清单，作为宫中档的一部分，被大量保存于北京及台北的档案馆，成为现在正在急速发展的清代谷价史研究的中心资料。"粮价细册"由于残存量少，并没有像粮价清单那般广为人知，但也已经被一些研究者利用。[①]那么，粮价清单和"粮价细册"编制时所依据的基本数据——州县的谷物价格调查是如何进行的，又是以怎样的形式向府报告的呢？由于尚未见到关于在州县制作的谷物价格报告原始文书的介绍，有关其实态，还有很多不明之处。

在本章中，将通过介绍日本国立国会图书馆藏江苏省太湖厅文书中所包含的80余件粮价报告原稿，以此来管窥清代州县粮价报告实态之一斑。该文书所涵括的时期是清朝最末期的宣统元年至三年。在地区上，是以苏州府同知为正印官所管辖的太湖中的岛，与一般的州县略有不同，因此从该文书中所包含的粮价报告，很难说可以代表整个清代后期一般州县的粮价报告制度。不过，由于州县的粮价报告及其原稿的实物，据我所知除此之外还无法见到，所以这些史料可以说是能帮助我们了解州县的粮价调查、报告实态的珍贵原始文书，因此想简单加以介绍。

---

① 柳诒徵的《江苏各地千六百年间之米价》（《史学杂志》第2卷第3、4期，1930年）就引用了清末江苏省的"粮价细册"。此外，魏根深将清末陕西省的"粮价细册"作为中心资料来使用。Wilkinson, *Studies in Chinese Price History*.

第一节　太湖理民府文件中的行政关系文书

在展开本论述之前，想就日本国立国会图书馆藏太湖厅文书的大致情况简单地进行介绍。由于该文书中有关审判关系的文书，夫马进已经进行了介绍，[①] 本章主要就审判文书以外的行政关系文书进行论述。

毋庸赘言，在清代，府及州县等地方衙门制作、保存了大量的文书，但今天能利用的非常有限。其中，除台湾府的淡新档案（台湾大学藏）很早就被人们知悉外，近几年来，四川的巴县档案（四川省档案馆藏）、北京的顺天府档案（中国第一历史档案馆藏）、直隶（河北）获鹿县档案（北京市档案馆藏）等，也开始被研究者利用。像这类清代地方衙门档案中，现在由日本研究机构收藏的具有一定规模的档案，据我所知，仅有国立国会图书馆的太湖理民府文件。

制作这一档案的行政机关，在该档案中被称作"太湖理民府""太湖抚民府""太湖厅"等，而"太湖厅"是最正式且普遍的名称。在"厅"当中，有直属于省的直隶厅及与一般的县同样

---

① 夫馬進「国会図書館藏太湖庁檔案に見る訴訟と裁判の実際—その初步的知見」永田英正編『中国出土文字資料の基礎的研究』、1993 年。
补记：据说南京博物馆收藏有 1820 年代以后有关太湖厅的数百件民事诉讼文书，这一史料据我所知迄今似乎还没有被利用。日本国立国会图书馆所收藏的，笔者推测可能是它的一部分。F. Wakeman Jr., ed., *Ming and Qing Historical Studies in the People's Republic of China*. University of California, Berkeley, 1980, pp. 65-66.

属于府的散厅，太湖厅是属于江苏省苏州府的散厅①。雍正八年，为管辖太湖的水利，在吴江县同里镇设立了太湖水利同知衙门。此后雍正十三年，这一衙门移驻于太湖中的东山岛。其理由是因为"东洞庭（东山）最为繁庶，距（苏州）城百里，难于周到稽察"，而将太湖水利同知移驻东山，加督捕衔，专事管理东山的民事。②接着是乾隆十二年，太湖厅更掌管以东西两山为中心的太湖中诸岛的田赋征收工作，与一般州县一样，负责该地区的征税和审判。③乾隆四十年开始，西山的赋税征收归吴县管辖，④但从太湖理民府文件中的清末审判文书中包含有大量有关西山的案件来看，直至清末，包括西山在内的太湖水域的审判问题都归太湖厅管辖。

太湖理民府文件中文书的形成时期，是在同治八年至宣统三年（1869~1911）的43年间，有498份文件，显然这些只不过是当时太湖厅所保存文书中极小的一部分。该文书可以大致分为审判关系文书及其他的行政关系文书两部分。有关审判关系文书的情况，夫马进已有介绍。至于其他的行政关系文书，按照内容不同，可分为以下五种。

第一，有关征收钱粮手续和为了备荒的积谷运营的文书（文书分类1~2）。关于征收钱粮问题，可以知道有就开征之际的账簿

---

① 所谓"厅"，是在不适合设置州县的新开发地等设置的行政机构，其长官是府的佐贰官同知。在这些同知中，加上了"理事""抚民"等衔，掌管与州县一样的地方行政事务。

② 乾隆《太湖备考》卷4《职官》、卷12《集文》；高廷献：《太湖同知公署记》。

③ 乾隆《太湖备考》卷5《田赋》。

④ 光绪《太湖备考续编》凡例及卷1《田赋》。

整备及在县内各处张贴的揭示、征收时对铜钱换算率的告示等方面的具体手续。在太湖厅，征收钱粮时要附加征收积谷钱若干，征收来的积谷钱寄放在县内及邻近县的当铺里营用。围绕这一钱额的确认问题，能够看到掌管积谷钱运用的几位董事（其中的一人还作为审判关系文书中诉讼的原告而出现过）与太湖厅同知及江苏布政使司等之间的交涉。

第二，后面将要谈到的有关粮价等定期报告的文书（文书分类3~5）。

第三，有关太湖救生船的文书（文书分类6）。救生船制度是发生水难事故时的救助制度，由董事经营救生公所，对防止水难的标志、救助船、受水难者的援助及溺死遗体的处理等都制定了详细的规定。[1] 这样的工作必定需要得到太湖相邻各州县的协助，因此，这部分文书中包括了大量州县层级之间的往来文书。

第四，有关太湖厅附设的司狱、司役食银每月的支给申请与收据（文书分类7）。

第五，有关清除太湖中的荄及芦苇等的文书，内容是以水草繁茂贼船易于隐藏及活动等为理由，命令地保等清除苇草等事（文书分类8）。

如上所述，从内容上说并没有什么特别的新发现，但这些文书是可以展现围绕厅衙门的具体文书往来的原始史料，因此还是非常有意义的。在本章接下来的部分，想就文书分类3~5的粮价文书进行考察。

---

[1] 有关清代救生船制度的研究，有森田明「救生船について」『史学研究』（66）、1957年4月。

第二节　粮价报告的形式

这些文书中所包含的粮价报告，实际上并不是送往上级衙门的，而只是为制作报告而准备的草稿，从中我们可以窥见粮价报告的形式。首先以该文书中类型最常见的报告为例来加以说明（文书编号① 3-1）。

　　署太湖厅同知为开折（申/牒）报事、窃照太湖厅境内晴雨米粮洋价、历经按旬折报在案、兹将宣统元年正月上旬晴雨日期、米粮洋价、开折具文（申/牒）报、（仰/请）祈（宪/堂）台鉴核、（为此云云/除申藩宪外、须至牒呈者）、
　　一申藩宪并牒苏州府、计（申/牒）送清折一扣
　　署太湖厅同知
　　呈、今将太湖厅境内宣统元年正月上旬晴雨日期、米价洋价、开折呈送
　　电核、须至折者、
　　　　计开
　　正月上旬晴雨日期、
　　　　　　　以上十日晴、
　　正月上旬米粮洋价、
　　　　　　　糙米无市、
　　　　　　　白米每石价洋五元一角、

---

① 下文省略“文书编号”。——编者注

籼米每石价洋四元九角、

英洋一元易钱一千二百三十文、

一折式、

宣统元年二月十二日 印A 日　　　　　　书薛继述

署太湖抚民府王　　行 印B

上述文书被用楷书写在宽 30 厘米、长 43 厘米左右的纸上，标点、日期及最后的"行"字（下划线部分），笔势不一，可推测是后来加注的。文中的方形括弧，表示其中是双行书写。日期之上，盖有"苏州等府太湖水利同知关防"的官印。"印 A""印 B"标记的地方，盖有"缘督""实事求是"等印面的小朱印。有关其意义，将在下节中予以探讨。与此几乎相同形式的草稿，从在此所引文书的宣统元年正月上旬起，下迄宣统二年三月下旬，被连贯地保存了下来。

该文书的起草者，可推测是日期之下能见到名字的一个名叫薛继述的太湖厅书吏。在太湖厅文书有关晴雨粮价的草稿中，几乎都是他的名字，但笔迹并不一致。文中的插入语，可认为是太湖厅同知或其幕友等在校对和认可这一草稿时所加。

在这一草稿的基础上誊清，便可作为寄往上级机关的文书上报了。上报后的文书当然没有留在太湖厅，所以无法了解其准确的格式，我们只能从遗留的草稿及一些其他的文书着手，来进行一些推测。从草稿中双行书写的部分来看，可以推测出内容大致相同的文书有上报到府和布政司（藩宪）各一份。文书有名称不同（上报到府的称"牒"，上报到布政司的称"申"）、敬称不同

（称知府为"堂台"、布政使为"宪台"）等不同的部分，通过双行书写，两份文书的草稿可用一页纸写完，这样或许是为了省事吧。另外，从包含在该档案中写坏的"折呈"（3-51 等）可知，第六行的"署太湖厅同知"以下的报告内容，在正式文书上报时，是书写在另纸的折中。

综上所述，可以认为清末的太湖厅，按照这一形式每 10 天就气候状况、米价及银元价格做了报告，但是否能将这一文书看作清代州县粮价报告形式的代表呢？实际上，太湖厅的报告因与粮价报告的正确格式相异，经常受到来自上级政府机关的斥责。

太湖厅曾在宣统二年二月十四日（二十日寄到）和五月二十三日（二十八日寄到）两次收到了苏州知府有关粮价报告的关文（3-37、3-50）。前者传达的是来自巡抚手札的内容。第一，在晴雨报告中，要明确记载雨量，此外要详细报告米麦杂粮等各种谷物的价格。尽管前年十一月对此就有上谕，但江苏布政使司的报告依然跟原来一样。第二，斥责苏州府属的太湖厅、靖湖厅未能提交报告。后者是传达布政使的批示，指出太湖厅的粮价报告本来应该以银两为价格单位进行报告，而它仅以银元为价格单位（洋码）进行报告，这是不当的。

然而，太湖厅对这样的指示似乎并没有迅速做出反应，在同年的六月和八月，经由苏州府收到了布政使的严厉批示（3-60、3-62）。批示指出，尽管再三下达指示，但在太湖厅的粮价报告中，麦苗的生长情况没有报告，大麦及黄豆的价格也没有记录，此外价格仍然是以银元为价格单位加以报告等，违反了规定的格式。在受到"实属任意玩忽，有心含混。试问，幕书所司何事""能无愧汗乎"这样的斥责后，太湖厅终于对报告的原稿进行仔细校正。在对前几个月的粮价报告进行重写的同时，对过去报告不完整的地方还阐述了原因，即"太湖厅并无钱店及银米各行，今银杂粮各价，请免开报"（3-63），"查太湖厅写生素少，事多简略。历查各前任是项旬报，率皆固陋就简，几成习惯。同知到任后，因新政繁多，遇事力祛积习，前于整顿书吏案内，已禀大略"（3-69）等说法。在这些申报书的草稿中，能见到"快速誊写，即日发行"等指示，被上司斥责后的焦急之状跃然纸上。太湖厅由于没有米粮行栈，所规定的各种谷物价格无法全部报告之类的申诉，最后被布政使认可（3-74）。宣统二年末以后，报告大致以如下的形式进行（3-76）。

十二月上旬晴雨日期	初一日晴，初二日晴，初三日晴，初四日晴，初五日晴，初六日晴，初七日雨二分，初八日晴，初九日雨五分，初十日晴。 以上八日晴，得雨二次，共七分。
十二月上旬米粮洋价	糙米无市。 白米每石价银四两六钱。 籼米每石价银四两四钱。 英洋一元易钱一千二百六十文。
十二月上旬麦苗情况	四野一望青葱。

宣统二年末，依照准备进行币制改革的度支部（户部）的指令，要求报告各州县各种货币兑换比率的命令，也由布政使传达给了太湖厅（4-1）。此外，宣统三年二月，为了公正地规定省一

级的税粮换算比率，还命令各州县商会会同典当公所酌定并报告典牌洋价（用于典当的洋银与铜钱之间的兑换比例）的平均值。

对于这一指令，太湖厅曾大略做了报告，但报告内容似乎不完备，此后又多次辩解道："厅境并无银行钱店，银价无从填报"，"通用俱是铜元，制钱仅作零找"（4-2），"厅境内无典当公所，并无商会暨银号钱铺，所有市上洋价，多系查照省城办理"（5-2）等。

第三节　粮价报告的实情

以上，就太湖厅文书中的粮价报告情况进行了简单介绍。如果说从这里多少可以得到一些新见解的话，那会是些什么呢？下面试进行一些探讨。

像上面介绍的太湖厅文书，与过去所知道的清代州县粮价报告的内容在多大程度上是相符的呢？据我所知，最为详细地记录了州县粮价报告方法的，是《（福建）省例》收录的乾隆六十年的规定。① 它是由布政使司指责过去州县粮价报告混乱，要求根据闽县、侯官二县的形式进行改革的提案，得到巡抚、总督的批准而来的。其内容大致如下：有关粮价报告，任命专职的书吏、差役，在期限之前准确报告市场价格。作为州县的粮价报告，要提交每10天的"旬报"和每个月的"月报"，"月报"根据下旬的价格来制作。除此之外，还要提交有关晴雨及禾麦生长情况的

---

① 《各属应办粮价设立专书专役开折务须确按市值每石若干银两据实开报一面由府州汇造总册送司核办》，《（福建）省例》，钱粮例，东京大学东洋文化研究所藏。参照 Wilkinson, *Studies in Chinese Price History*, Chap. 4。

"旬报"和"月报"。在这些报告中，都要写上核稿、经承、缮字及差役等各自的姓名，以明确责任之所在。在粮价报告中，要记载上米、中米、下米、谷、大麦、小麦、黄豆等每一官方石用银两和铜钱为单位所表示的价格，以及在市平、库平各不相同的秤下银一两的铜钱价格等。

与上述《（福建）省例》的记载进行比较，太湖厅的报告给人的印象是，无论在内容上还是形式上都极为简略。当时，对禾麦生长情况似乎完全不报告，提交报告也只是一个月一次，所报告谷物的种类又少，起草报告责任人只记载一个人的名字。下面，有关太湖厅粮价报告的实态，就已知部分简单地做一阐述。

采访价格的地点。关于这一点，以往的研究对这个价格是零售价还是批发价，还未予解明。在本章介绍的文书中，也没有明确论及，而从"厅境并无钱店及银米各行，所有金银大小麦杂粮各价，请免开报"（3-75）及"太湖境内，并无粮食各行，前奉颁发粮价统计表式，已于米粮洋价旬报内声明，请免填送在案"（3-72）等申辩来看，可以推测价格调查是在米粮牙行及钱店进行的。因此在旬报中汇报的粮价应该不是零售价格或者产地价格，而可认为是在牙行等中介规模较大的买卖时的价格。

顺便指出，太湖厅虽说是湖中之岛，"地方僻小"（1-7），但毕竟是江南三角洲的中心苏州府的一部分。没有钱店及粮食各行，无法报告麦价及杂粮价格、银两价格等，果真如此吗？在乾隆《太湖备考》卷6《物产》中，关于东山的农业生产大略记载如下：在东山的5万多亩土地中，稻田不过4000亩，要养活2万余户人口无论如何也是不够的。作为特产的瓜，收益多于稻子，如果摘瓜后种油菜，就可获取双倍利益。而作为春熟（复种作物）

都种油菜，种植麦的情况非常少。此外，我们还能看到东山多产桑叶，在养蚕期太湖南岸各乡镇的人多来收购等的记事。从这些记载来看，东山与其说是谷物产地，不如说是生产瓜、油菜籽和桑叶等面向城市嗜好品及手工业原料的特殊地区。如果这样的商品作物的外运与白米的输入在清末也是这一地区的基本交易构成的话，那么粮价报告中一贯提及的"糙米无市"、没有进行麦及杂粮的大规模交易的情况，也可说得过去。此外，有关金融的情况，就如"市上洋价多系查照省城办理"的记述所示，由于金融方面与苏州的相互关联度很高，因此可以看出还未形成独立的行市。

从粮价报告的制作过程来看，书吏写成的草稿由同知或相当的人来核查，有时甚至对书写格式、换行的方法等都要进行仔细的修改。原稿起草负责人可能是薛继述这一书吏，其名字在太湖厅文书的其他部分中并没有出现，但饶有趣味的是，太湖厅文书中作为原稿起草者署名的四个人都姓"薛"。即在同治九年至光绪二年的审判文书及光绪八年至十五年的积谷关系文书中，可以看到的是薛巽勤的名字；在光绪二年的审判文书及光绪十二年至十五年的几种行政文书中，可以见到的是薛承业的名字；在光绪二年至六年的救生船关系文书中，可以看到的是薛宗贵的名字；在宣统年间的粮价报告中可以见到的是薛继述的名字。这一情况暗示出与太湖厅文书相关的书吏之间的血缘关系的同时，也表明一个书吏可以同时处理刑名关系和钱谷关系这两种文书。

那么，对于书吏所起草的原稿，又是谁加以了什么样的修改呢？我们不妨来探讨一下。关于宣统元年这一年的情况，对于价格报告原稿，只是区分标点，写上"行"字，内容上完全没有改动。不过，第二年由于上级衙门经常指责说违反格式，并且该年米价高涨酿成了社会问题（后述）等，价格报告被相当小心地做了修改。除将以银元为单位计算的米价修改成以银两为单位计算等格式上的修改外，在米价趋于峰值的六月，对与上月没有价格变化的报告原稿，附加上了"米价岂无增"的评论，对米价以更高价予以了修正。此外，在价格趋于稳定的九月到十月，则将价格修正得较低。从以上可以推测到的是，书吏的价格报告未必能灵敏地反映市场的实情，往往具有承袭上月价格的倾向。不过，这样的修正也很难断定它是基于正确调查基础上的举动。在被认为可反映 19 世纪前期山东情况的幕友手册《钱谷要略》①中，关于平粜前后价格报告的操作有"不可太骤致干驳"的提示一样，可推测其修正可能只是以不招致上司的疑惑为目的的表面上的掩饰。

对上述修改究竟是同知亲自动手还是幕友等代为进行这一问题，缺乏直接的证据。不过，从前引书写格式例中"印 A""印 B"所表示的小小朱印，或许可以得到提示。在同知书写的"行"字中以重叠的形式盖的"印 B"，其印文内容是"实事求是""谨慎"等，似乎是由于因同知更替而使用了不同的印，姑且推断为是同知个人的印。或许，通过在"行"字上盖这样的印，是为了防止书役等随便书写"行"字。在日期下方所盖的"印 A"上，可以看到"缘督（守中合道）""达而已矣"等，可知即使是不同的同知，也存在用同一印的情况。并且，草稿中所附加的详细指示——"速缮，嗣后每月初旬三日以内送稿，毋稍迟延，切

---

① 东洋文库藏。参见 Wilkinson, *Studies in Chinese Price History*, Chap. 4。

切"（3-66）等——中，经常盖有与"印 A"相同的印。尤其是在同样盖有"印 A"的文书中，即使是在不同的同知名义下制作的，也能看出其标点的用法及笔迹的同一性。从这些情况来看，可以推测，记入这些指示的，并不是同知本人。《清代州县故事》所引的《公门要略》中所载"凡俗常稿套，必须送师爷核定，有师爷图章为准。核定后，再送官判行"中的"师爷图章"，或许就相当于"印 A"。

从报告的起草及提交的日期来看，各月报告分别有上、中、下旬制成的，从这一意义上可以说是旬报，但从原稿的日期来看，报告的实际制作似乎是每月一次。比如，宣统元年一月上、中、下旬的报告都是在二月十二日起草的。虽说两旬或一旬制作一次报告的情况也有，但大体上是按一个月一次的频率制作的。太湖厅经常因报告延迟而受到指责，从宣统元年十月上旬的价格报告原稿落款日期是十一月十六日等来看，原稿起草完成时，多的时候已经晚了一个月多。在受到指责后，必须在次月初三日之前提交草稿、最迟也要在次月初十日前起草完正式文件等有关报告起草期限的指示，经常被写入草稿。

上述原稿，在经过核查之后，由同知签上意味着认可的"行"字，然后转入誊写。誊写完后，盖上官印，送往上级官厅。这一过程要多长时间呢？能明示这一点的，是盖在原稿上的显示处理文书速度的戳记。大致呈正方形的框中分四行印着"月日送稿/月日核发/月日送签/月日印发"。即将书吏提交原稿日（送稿），核查之后转入誊写日（核发），誊写结束后送至签押房日（送签）及盖上官印、寄往上级官厅（印发）的日期分别写入。比如，在宣统二年三月的文书中就写道，"四月五日送稿/即日核

发/十一日送签/十一日印发"，可知共花去了 7 天（3-47）。在
《（福建）省例》所载的相关规定中，有从送稿到发抄为两天；从
发抄到送签并根据原稿的长短有所不同，但大约两天；从送签到
印发为一天的限定。超过这一期限，将分别追究本官、经书及
"管印之人"的责任。① 可见，太湖厅的工作作风是略显慢悠的。
在报告迟延受到指责之后，从送稿到印发为止，快则当日，慢则
四日左右处理完毕。

以上，就太湖厅文书中所能见到的粮价报告事务实态进行了
论述。在下节中，希望简单分析该文书中所记载的米价波动，以
及成为其背景的经济状况，以代替结论。

第四节　宣统二年的经济问题

太湖厅文书中所记载的宣统元年一月到三年五月的白米、籼
米价格，以月为单位用图来表示，就是图 14-1 的实线及虚线。从
图 14-1 中可以看到，宣统二年夏相当急剧地上涨并达到顶峰。这
个宣统二年，是米价上涨成为全国性问题，长沙因此爆发了大规
模抢米暴动，给政府以很大冲击的一年。② 太湖厅的价格报告又在
多大程度上反映了那样的米价上涨呢？

---

① 《拟定戳式二方注明章程发令遵照办理》，《（福建）省例》，公式。从淡新档
　　案中可见到这种戳记，参见滋贺秀三「淡新档案の初步的知識―訴訟案件に
　　現われる文書の類型」『東洋法史の探究：島田正郎博士頌寿記念論集』汲古
　　書院、1987 年、267 頁。

② 对长沙抢米暴动的专门论述，有清水稔「長沙米騒動と民衆」『名古屋大学東
　　洋史研究報告』(1)、1972 年；菅野正「一九一〇年長沙米騒動について」
　　『東海大学紀要・文学部』(28)、1977 年；等等。

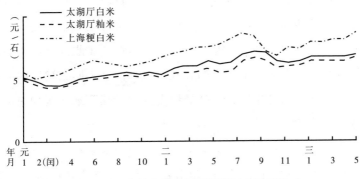

图 14-1　宣统年间太湖厅米价与上海米价

　　说明：图中将三旬价格的平均值来表示每月的价格。米价表示法由于中途从以银元为货币单位更换为以银两为货币单位表示价格，所以采用文书中进行换算时的比价，即按 1 元 = 0.73 两换算成以银元为货币单位的价格。银元与银两的比价也是经常变化的，但由于其变化幅度还不是那么大，不至于对要论述的观点产生特别的影响。

　　为了测定太湖厅米价报告的准确性，有必要与更加值得信赖的米价系列数据进行比较，而在太湖厅内这样的数据目前找不到。关于当时江南米价最为准确的数据，可以说是《申报》上记载的上海米价行情。这里为了将《申报》上刊载的同一时期各月的白粳米价格①与太湖厅文书所载米价进行比较，在图 14-1 中用锁线来表示。

----

① 谷物及其他商品的行情表，由于不是每日都刊登，只能通过挑选出与各旬末最接近日期的数据，将它们加以平均，计算出各月的价格。作为稻米的种类，虽然可以列举出 6~7 种，但只采用了其中价格比较昂贵、被称作"机白新粳""机新粳"等的种类。当这一种类没有被记录时，以与之相近的种类替用。图中表示的是平均"每石"或"每担"的价格，"石"与"担"在这里应该是指相同的容量。由于米的种类及容量单位的不同，要直接比较上海米价与太湖厅米价的高低是困难的。

一眼可以看出，上海米价比太湖厅米价略为先行，但显示出的波动大致相同。顺便计算太湖厅白米价格与上海米价之间的相关系数，可以得到 0.912 这样的高值。尽管是彼此独立制作的米价系列数据，但显示出相当的相互关联性。这表明太湖厅的米价报告具有一定的可靠性，同时显示出这一时期两地区实际米价的联动性。

不过，从这一实例并不能得出清末这一地区州县米价报告基本可信的普遍性结论。比如，在光绪三十三年前后米价的暴涨期，将柳诒徵论文①中引用的这一时期上海县的米价报告与《申报》所载米价进行比较（图 14-2），尽管是同一地区，县衙门报告的米价与报纸上的米价几乎就没有显示出相关性。将从清代州县的米价报告中挑选出的米价季节波动与民国时期报纸等显示的米价行情波动进行比较，并从这一变化幅度来比较各个时期市场功能发达程度的方法，过去经常被采用，但由于史料性质的不同，对由此而产生的误差，还是有必要加以慎重考虑的。

图 14-1 中所显示的米价变化，呈现出与一般年份的季节变化极为不同的情况。据《申报》的各种记事记载，宣统元年不是歉收年，但到了收获时期，米价不见回落，从十二月前后开始，在太湖南岸的湖州府发生了由于米不足的闹漕事件等。次年二月，上海的米价处于"近年逐步增长，有加无已"的状态，上海道台只得下令禁止囤积粮食。② 紧接着，在三月初发生了长沙的抢米暴动。在江苏省内，也发生了海州、宿迁及清江等地的粮食暴动，

———————

① 柳诒徵：《江苏各地千六百年间之米价》，《史学杂志》第 2 卷第 3、4 期，1930 年。

② 《申报》宣统二年二月十四日。

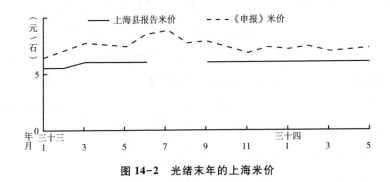

图 14-2　光绪末年的上海米价

世风骚然。对此，上海道台及江苏巡抚等发出了采购平粜的指令。在同年秋的收获期，米价才略有下跌。但十一月，在当时江南屈指可数的米市场无锡，由于经太湖向外贩运谷物被禁止，仰赖无锡米市场供给米谷的浙江，米的供应问题再度严重。这种经由太湖的米谷流通动向，对太湖厅也产生了影响。在苏州，同年秋纳租时，佃农的抗租风潮成了问题，这也可认为是那年粮食问题紧张状况的一部分。

宣统二年米价的上涨与次年秋的辛亥革命及清朝的崩溃直接有关。这一时期的米价上涨不仅仅是因为歉收，还因为铜钱的滥发等货币制度的混乱所导致的。为重建这一货币制度，宣统二年四月，度支部颁行了币制则例，作为币制改革的财源，与英、美、德、法四国贷款团签订了贷款合同。围绕贷款担保的铁路国有化问题，在四川所发生的暴动成为革命的导火线。对于这些问题，菊池贵晴早就有过论述。[1] 在太湖厅的文书中，对这样的政治动向

---

[1]　菊池貴晴「清末の経済恐慌と辛亥革命への傾斜」東京教育大学アジア史研究会編『中国近代化の社会構造』、1960 年。

并没有直接的反映，但从这一时期令太湖厅的官吏烦恼的来自上级衙门的斥责和指令，还是可以看到清朝最后几年的紧张动向。

本来，长年都是"粗野简单"但并没有受到斥责的太湖厅米价报告，到宣统二年开始受到严厉的斥责，从这一事实还是可以窥见政府对这一时期米价上涨的危机感。陈金陵有关粮价奏报制度论文①的末尾，从中国第一历史档案馆藏的顺天府档案中，引用了指责顺天府属各县粮价报告迟延的宣统二年九月顺天府的书札并论述道："在京师顺天府二十四州县中，已经有十八州县没有向上级衙门报告粮价，这一情况恰好是清朝统治危机加深，不能像以前那样继续统治下去的具体实例。"这一顺天府的书札也是在宣统二年公布的，将这一情况与太湖厅的事例联系起来看，不能说仅仅是偶然。从地方衙门档案中所发现的这两个实例来看，可以说在当年全国性米价上涨、经济混乱的危机感中，全国各地都受到了为重建已空洞化、失去实质意义的粮价报告制度的棒喝。

此外，太湖厅文书中包含了命令调查各种货币比价的指令（4-1）："本部（度支部）奏定币制，所有各省的制钱、铜钱、银，兑换各该处通行平色银两实价极重要，当经于四月十一日起至二十日止，按日兑换价值，分次详确电部。"从这一命令来自度支部可知，这一调查是在宣统二年四月颁行币制则例的基础上，为了实行币制则例而做的基本调查事业的一环而加以指令的。

如上，粗略介绍了太湖厅粮价报告文书，作为能够让人们看到过去知之甚少的清代州县一级粮价报告拟定过程的原始文书，

---

① 陈金陵：《清朝的粮价奏报与其盛衰》，《中国社会经济史研究》1985 年第 3 期。

是非常珍贵的。但与此同时，这一文书让人看到了在以重建财政为目标的清朝最后阶段政府殊死的努力中，在急速强化的上级衙门的严厉管束下，张皇失措中疲于应付的弱小地方政府官吏的工作情况。在这一意义上，也可以说是一则从侧面反映了清末紧急政治经济形势非常有趣的史料。过去有关清代地方政府行政文书的研究，基于原始文书进行的研究不多，加上笔者知识上的不足，因此错误之处一定很多，若能得到方家指正，则不胜荣幸。

第十五章

日本国立国会图书馆藏
《河南钱粮册》

日本国立国会图书馆收藏的《河南钱粮册》是一套多达1072册的大部头史料。其内容几乎都是清末河南布政使司制作、送交户部（光绪三十二年后改称度支部）的财政报告书，即报销册。①

关于清朝的财政报告制度，除佐伯富的专门论述外，② 有关财

---

① 一般而言，各官厅将收支的内容向中央报告、上奏称为奏销，其中清朝最重视的是来自省里的财政报告。布政使司根据来自州县的月报及其他报告，以一年或者半年为单位，制作各种报告册子。总督、巡抚一方面概括其内容上奏皇帝，同时将布政使司制作的原册（清册）送往户部。户部检讨其内容，将结果汇报皇帝。详情参见『清国行政法』第六卷、365 頁。巡抚奏销报告的实例，例见河南巡抚陈夔龙光绪三十一年六月十八日的奏折。《宫中档光绪朝奏折》第 21 辑，第 605~606 页。其末尾写道："除部科清册循例由司径送外，谨将黄册并催征经征各官职名分别缮具清单随折恭呈御览。"此处所谓"部科清册"，应相当于本书的《钱粮册》。

② 佐伯富「清代における奏銷制度」『東洋史研究』22（3）、1964 年 2 月。

政制度的论文也经常论及。这些研究以会典事例中的规定为中心，并不能说是基于实际的报告书本身所做的分析。通过对这相当庞大的《河南钱粮册》进行详细分析，然后就清末地方财政或者清朝的奏销制度提出新见解，这并非本章所能做到的。本章姑且介绍《河南钱粮册》的大致构成，根据报销册这一实物来窥探清末财政报告实况之一斑。同时，希望就过去已经解明的制度上的规定与实况之间的关系，以及在研究清末地方财政上利用这一史料的可能性等问题，提出一些个人见解。

第一节　《河南钱粮册》概要

关于《河南钱粮册》被收藏在日本国立国会图书馆的经过，详细情况不太清楚，只是在各册上印有东亚研究所的收藏印。另外，从有"东亚研究所 15.11.15 购入"的印来看，可以推测这是由东亚研究所在 1940 年购入的。此后日本国立国会图书馆按照内容进行了分类整理，其结果刊登在《国立国会图书馆汉籍分类目录》。本章以下内容中，就将使用由日本国立国会图书馆编定的册编号。

在封面的题签上能见到的最早的年份是第 418 册的光绪五年。如下文所述，这是在此后年份制作的有关光绪五年杂税未完（未缴纳）部分的报告。就报告的实际制作日期来说，似乎没有比第 630 册的光绪二十五年四月更早的。而能看到的最晚日期，是第 406 册的宣统三年十二月，相当于 1912 年 1~2 月，也就是从中华民国建立到宣统帝退位这一政治剧变时期。《河南钱粮册》并没有完整保存这大约 13 年由河南布政使司制作的全部财政报告，这一点从报告书的各种类型（后述）中各年次的册子并不齐全的情况可以看出。但是单纯平均来看，每年多达82册。可以看到这一数量，是与"当为一省奏销，应作成册数甚多，或数十本，或及百余本"① 这样的记载情况相符的。

《河南钱粮册》所包含的数量庞大的册子中大部分题签上有"河南布政使司呈造某某清册"字样，由此可知，这是由河南布政使司制作、送交户部（度支部）所保存下来的清册，只有由按察使司制作的各府"驿站钱粮总数简明清册"（第1049～1072册），以及怀庆府制作所属八县的"狱囚口粮钱文数目清册"（第993册）等极少数是例外。这些究竟是实际送往户部之物，或属于留在省内保存的副本之类，尚无明确证据，但从题签及封面上所加注的"度支部""二年七月一八收"等字样来看，这些应该是实际送交户部的。

正如岩井茂树所指出的那样，"由于黄册②在皇帝御览后被保存在内阁大库，所以现在还能见到其中的一部分。与此相比，清册由户部保管，几经火灾及战乱，故几乎看不到了"，③ 现存的清册史料除此之外只有散存于各图书馆中的一些零散本，能有如此大量经过整理的资料，实属罕见。因此，首先对《河南钱粮册》的体裁进行介绍也是不无意义的。

《河南钱粮册》中各册子的厚度，有3页那么薄的，也有数百页厚的，各种各样，但大小基本固定，大概长27厘米、宽18厘

---

① 『清国行政法』第六卷、361 頁。

② 总督、巡抚根据布政使司报告制作而成。

③ 岩井茂樹「清代国家財政における中央と地方─酌撥制度を中心にして」『東洋史研究』42（2）、1983 年 9 月、142 頁。

米。除了少数例外，大都附有青蓝色的封皮，[①] 以及写有标题的题签。册中的用纸每半页 11 行，所写的字数每行不固定，版心印有"钱粮册"字样。整理者之所以将它命名为《河南钱粮册》，或许正是依据这一版心字样。有一小部分则不使用这样的规格纸，而是写在白纸上。此外，像"民数户口清册"（第 1047 册）的版心有"人丁册"，"驿站钱粮总数简明清册"的版心有"驿站册"等，也有使用别种纸张的。每一双联页上，以跨左右两页的形式，盖有"河南等处承宣布政使"的官印（驿站册用的是按察使的印）。

第二节　《河南钱粮册》的构成

多达 1072 册的《河南钱粮册》，按同一题名、形式下的各年次制作之物为一种，现在共被整理成 111 种类型。这 111 种类型，就整体来说是怎样构成的，该如何整理才能最清晰地了解当时财政报告的全貌，它们与会典事例等规定中所能见到的报销册的各个种类又有怎样的关系呢？以下在留意到《河南钱粮册》并不包括当时河南所制作的所有财政报告这一事实的同时，对上述问题进行初步考察。

根据所处理的税目、费目的不同，这些钱粮册可以分成几个大类：①包括地丁、杂税等整体税收；②地丁税；③耗羡银；④杂税；⑤官僚俸给、军队支给的各种支出状况；⑥有关常平仓

---

① 由于清册的封面为青蓝色，所以又称作青册。国立北平故宫博物院文献馆编《内阁大库现存清代汉文黄册目录》，1936，"附录"，第 1 页。

等仓储、米粮价格、民数户口的报告等。

宣统年间做成的《河南省财政说明书》（后述），将"租税之系统未立而款目太复杂（中略）览钱粮月报及奏销之册，未寓目而神已昏"[1] 这样的复杂性看作河南财政的最大问题。实际上，要将这么庞大的册子群放在统一的体系中来理解，实非易事，这里姑且选取几种主要形式的册子来考察其内容。

一　总括性报告

网罗各种税目最多的，换言之最具综合性的报告是《丁地省总清册》[2]（第1~4册）。如以光绪三十一年册为例，其开头写着：

> 河南等处承宣布政使司为奏销光绪参拾壹年钱粮查参未完各官事。

在列举有关奏销方法诸条例后，在前言中总结道：

> 兹届奏销光绪参拾壹年地丁钱粮之期，全将开封（以下省略府、州厅名）及收并卫所一应本（色）折（色）起（运）存（留）等项钱粮，分别原额、实征并完欠数目，经催经征各官职名，逐一查明，理合造报施行。必至册者。

---

[1]　河南清理财政局：《河南省财政说明书》岁入部卷1，第49页。

[2]　以下各册子的名称原则上采用日本国立国会图书馆目录中所见到的名称。这些名称基本上根据题签，例如题签上有"河南布政使司等呈造光绪参拾壹年分丁地省总清册"等字样者，将其各年次的册子汇总，一并分类为《丁地省总清册》。

以下的内容是以地丁为中心，详细叙述了（1）起运、存留等各不同项目的原有数额，以及从这一原额中扣除荒地减额部分等的实际应征收额；（2）州县已经缴纳到布政司库部分与未完成部分及其比例；（3）布政司库中的旧管、新收、开除、实在各自的银两数额等各点，至于其他杂税和租课也以旧管、新收、开除、实在这样的四柱册形式进行了报告。以光绪三十一年为例，应实征的丁地银为大约 320 万两，其中除了留在州县的存留部分，应运往布政司库的部分大约为 260 万两，而在该册完成时其缴纳率为 94%。顺便指出，几乎所有《河南钱粮册》的册子，在末尾都标明了制作年月，但《丁地奏销清册》没有记载制作年月。虽然其理由不详，但从应是根据光绪三十一年《丁地奏销清册》河南巡抚的上奏是在光绪三十二年六月①来看，可以推测制作的时间不会比奏销的期限——翌年的四月——迟太多。② 这些册子表示的是全省的总体数额，而从第 14 册至第 77 册这 64 册，则是按府记录同样内容的。

作为包括地丁以外税目的综合性报告，还有《春/秋拨各年各案丁地等银总册》（第 181～184 册）。以光绪三十一年秋拨为例，其前言中写道：

　　河南等处承宣布政使司，为请定酌拨条例事。遵奉部行，今将光绪参拾壹年分秋拨司库各年各案丁地等项银两支存数

---

① 参见《宫中档光绪朝奏折》第 21 辑，第 605～606 页。
② 地丁奏销册送交期限，根据离北京的远近而不同，河南为第二年的四月。参见佐伯富「清代における奏銷制度」『東洋史研究』22(3)、1964 年 2 月、289 頁。

目，逐一查明，备造清册。

其内容则是整理成四柱册的形式。旧管与新收同各自总额一起，其细目按照不同年度、不同税目，比如光绪三十年丁地银几两、光绪三十一年当税银几两这样的形式来表示。新收的绝大部分，当然是由光绪三十一年的地丁银所占据（约76%）。其他税目及此前年度未缴纳、在三十一年前期缴纳的部分，也都作为新收项目列举了出来。在开除项目中，附有细目，但值得注意的是，比如像"支给各镇营乙巳年满汉官兵俸饷动光绪三十一年丁地银参万捌千玖佰贰拾贰两"这样，各种支出费目从何种收入项目中支出也被明确记录。也就是说，各种税收并没有归入总的收入额，而是各自保持独立原形，这也可以说是导致当时财政体系复杂化的重要原因之一。

关于该春秋拨册的性质，一言以蔽之，其目的为向户部报告布政司库现存税银额，以备户部酌拨（指定钱粮运输处）①为支持雍正年间整备的酌拨制度而创立的就是该春秋拨册。从分量上说虽然并不大，但在内容上可称奏销体系的枢要者之一。在《河南钱粮册》的例中，春拨册和秋拨册分别在正月和七月完成。顺便指出，从光绪三十一年秋拨册来看，旧管为8000两②，新收为174.7万两，以军饷、河工、赔偿为主的开除共174.5万两，实际存库银不过1万两，其他年度的情况也基本相同。彭雨新指出，在清末，中央财政对地方的统制，从根据各省实际的有余与不足

---

① 关于春秋拨制度，在岩井前述论文中有详细的介绍。
② 未满千两四舍五入，下同。

的"拨"的原则，转变成与实际额无关而提前摊派的"摊"的原则。① 从本册的例中也可以看到，"摊"的项目占据了支出的大部分。按各年度、各税目制作而成的种类繁多的册子，都可以看作补充这一春秋拨册各项目的细目。对此，下面将按各不同税目进行简单介绍。

二　地丁

与地丁有关的专册多达 11 种，在每一年度最早制作的是《民屯实在在库清册》，或称《民屯钱粮清册》。这些清册，比如拿光绪甲辰年（三十年）的来说，是在光绪二十九年十一月制作的，也就是说在前一年的冬天制作。其内容是全省及各府州县下一年度预定征收地丁额的计算结果。这些并不是已征收的数额或实在额的报告，而是预定征收的数额。在这一点上，与其他册子的性质不同。在它的书根（堆放书本时能看见，书本下侧的切口）上与题签不一样，写有"光绪参拾年冬拨估饷册肆本"字样。可以推测，它们与其他几本组合在一起，被合称作《冬拨估饷册》。如果真如此，这些可以说是属于构成清初以降奏销制度支柱之一、曾被称为《预估册》《冬估册》之类的预算册。②

另外，实际征收的地丁额见于《上/下忙丁地钱粮清册》（第5～13册），每半年报告一次。上忙的报告在九月前后完成、下忙的报告在翌年三月前后完成，不同期间所征收的税额、已经征收

---

① 彭雨新：《清末中央与各省财政关系》，《社会科学杂志》第 9 卷第 1 期，1947 年。

② 岩井茂樹「清代国家財政における中央と地方—酌撥制度を中心にして」『東洋史研究』42（2）、1983 年 9 月、129–136 頁。

和未征收部分的比例等，按全省及各府州县分别予以记录。

在与地丁相关的册子中，与未缴完的地丁及停缓相关的册子在数量上超过其他的册子。就拿《未完丁地钱粮奏销清册》（第78~123册）来说，例如在光绪三十年时，还有光绪十四年开始历年未缴完部分遗留下来的话，那么各年度未缴完部分分别独立编成一册，在光绪三十年需要同时制作从十四年到二十九年共计16册未缴完的册子，用来报告未缴清额及其继续缴纳的情况。也就是说，即使在题签上注明是"未完光绪拾肆年丁地钱粮奏销清册"，这也不是在光绪十四年制作的，而是在光绪十五年以后的各年度中所制作的题目相同的册子。因灾害等引起的钱粮（征收）的停缓也一样，每年对其之前的各年度都要制作题为《秋禾被雹被淹被旱缓征丁地钱粮清册》（第124~155册）的册子。

三 耗羡

与地丁相关的其他册子，因篇幅的关系予以省略，下面想就耗羡册子的情况进行论述。与地丁等正税相比，作为附加税，征收的数量和用途一直都比较暧昧的"耗羡"，通过雍正年间的改革才被公认和定额化。这一过程经过以往扎实的研究，已经广为人知。[1] 与此同时，对于改革以前委任地方官自由裁量的耗羡的收支情况，中央的管理也更加彻底。比如，令地方官同其他正项一样，做成奏销册进行报告（乾隆四十九年[2]），并将耗羡的征收成

---

[1] 参见安部健夫「耗羡提解の研究—「雍正史」の一章としてみた」『東洋史研究』16(4)、1958 年 4 月。

[2] 光绪《大清会典事例》卷 177。

绩与考成（官员的成绩审定）挂钩（乾隆五十九年[①]）等。《河南钱粮册》中包含的与耗羡相关册子的构成情况，大致与地丁的册子相对应。

作为最具概括性的报告是《耗羡省总清册》（第 206~209 册）。它记录的是全省及各府州县耗羡银征收的情况，可以说是与以地丁税为中心的前述《丁地省总清册》和《各府丁地钱粮奏销清册》相对应的册子。顺便指出，以光绪三十一年为例，其情况是，与丁地银金额约为 320 万两相比，耗羡银金额为 41 万两，除去在府州县直接支出的部分，应送往布政使司的数量为 37 万两，已经送达布政使司的为 33 万两。《上/下忙耗羡银两清册》（第 210~216 册）显示了每半年耗羡银的缴纳情况，与前述《上/下忙丁地钱粮清册》相对应。另外，《未完耗羡银两奏销清册》（第 217~263 册）和《秋禾被雹被淹被旱缓征耗羡银两清册》（第 355~389 册）分别与前述《未完丁地钱粮奏销清册》和《秋禾被雹被淹被旱缓征丁地钱粮清册》采取相同样式进行制作。并且，关于未完与缓征的情况，在耗羡中，有关府州县直接支出的"留支"部分，也以《未完留支耗羡银两奏销清册》（第 264~302 册）和《秋禾被雹被淹被旱缓征留支耗羡银两清册》（第 390~407 册）独立编订成册。

四　杂税

以上是对土地课征的税目，除此之外，向牙行所课征的营业税和不动产交易税的相关报告，也占相当的比重。关于这些税，

---

① 光绪《大清会典事例》卷 107。

最为总括性的报告是《七项杂税银两简明省总清册》（第 716
册）。这里所谓"七项"，按照数额大小的顺序分别指房地税银
（约 38 万两）、盈余银（约 6 万两）、新增税银（约 2 万两）、活
税银、当税银、老税银、牙帖银（以上分别为 2000 ~ 4000 两）。
其中房地税银为房屋和土地买卖时课征的契税；所谓当税银，是
从宣统元年开始课征的不动产典当时的新税；另外其他五种税收
的内容，仅从这个《河南钱粮册》来看，是不清楚的。据《河南
省财政说明书》来看，这五项税目主要是以牙行为对象征收的税
目，它们的内容没有太大的区别，主要是官方直接向牙行或者通
过集头（市场管理人）等征纳的税，在名目上划分成五个项目的
"统征分解之款"。①

这五项税尽管具有营业税的性质，但并不依实际牙行数相对
应地伸缩，而是数额固定。据说 19 世纪中叶因太平天国运动及捻
军起义，停止营业的牙行很多，其所征收的税额不到固定额的两
成，于是在光绪二十九年河南巡抚下令，对上缴给司库的杂税不
满九成的州县官吏实行严厉的惩戒处分，于是考虑到考成的地方
官无视实情，蛮横征税。② 数量庞大的开列有各县未缴完金额及应
受惩戒的各知县名单的《未完杂税银两清册》（第 418 ~ 583 册），
或许就是这样严厉督促下的产物。

另外，除了以上七项，有关洋药（外国产鸦片③）税、厘，
土药（国产鸦片）税，货、茶、糖、烟、丝（杂货、茶、砂糖、

---

① 《河南省财政说明书》卷 4，第 7 页。
② 《河南省财政说明书》卷 4，第 7 页。
③ 就河南省而言，所缴洋药税厘不是外国的鸦片，而是陕西产的鸦片。罗玉东：
《中国厘金史》，第 154 页。

烟草、生丝）各厘，也是每半年制作一份收支清册（第 748~758
册）。从《河南钱粮册》中也可以看到，与其他省相比，河南省
的厘金数量少，在光绪二十九年时，半年的金额还不到 4 万两，
但此后每年不断增加。①

五　支出项目

关于支出状况，由于编制的册子多种多样，现仅就要者进行
简单介绍。

就文官的俸给来看，在《河南钱粮册》中，没有关于正俸支
给本身的报告。而《各官闰月俸奏销清册》（第 868 册，是关于
闰月俸给支给的报告）、《缺官廪省总奏销清册》（第 878~880 册，
是官吏更换、生病等不在职期间，以及因廪生的缺额而停止支付
俸给、奖学金的报告）及《文职各官降革住罚俸银两清册》（第
869~872 册，是有关因惩戒、处分而被停止俸给的报告，附有受
处分官吏的情况说明）等是与正俸支给有关的报告。

关于养廉银，有《司库支给各官额设养廉实支截旷数目清
册》（第 881~882 册）、《文职各官养廉银两清册》（第 883 册）
等，前者是由司库支给的养廉银，即从巡抚到府属官、知县、知
州的养廉银；后者是包括由州县的留支支付的州县佐杂官的养廉
银在内的全省养廉银报告书。由于这些报告根据到任、离任的日
期进行详细计算，因此，也就有必要制作像《各州县到任日期清
册》（第 994~1005 册）这样的册子了。

---

① 罗玉东根据各省巡抚每年的报告，制作各省厘金额统计表，并指出，河南的
情况在清末十年间从年额不到 10 万两增加到 20 万两左右。罗玉东：《中国厘
金史》，第 155 页。

作为与武官的俸给和军饷有关的册子，首先最为重要的是《旗绿河营实在官兵马匹俸饷等银数目估拨清册》（第 897~899 册）。从光绪三十年的要在光绪二十九年十二月制作可以知道，这些清册是下一年度所需要的八旗、绿营、河营合在一起的军队经费的预算。可以说，这些与前述有关地丁的《民屯钱粮清册》一起，构成了《冬拨估饷册》的一部分。

至于实际支付的数额，除了有《抚镇协标各营官兵马匹支过俸饷米干银两省总清册》（第 906~907 册）这样对全省情况进行的报告，对八旗、绿营各营的情况每月都有报告（第 900~901、923~951 册）。这些与军队有关的报告书，虽然也盖有布政司的官印，但多数不使用版心有"钱粮册"字样的规格纸，而使用白纸。

除此之外，关于支出的报告，还有科举考试者的旅费报告，以及进士、举人坊牌费用的报告等，这里予以省略，不做介绍。

六　人口、物价等的报告

以上所介绍的，是与通过布政司库出纳的税银多少有些关系的报告，最后想介绍与税银无关的各种报告。各省的谷物价格、人口数、积谷数，以粮价清单和《民数谷数》在奏折中按月或每年加以报告的情况，已众所周知，且已成为经济史研究的重要资料。而这些奏折报告的基础资料，是来自布政使司基于各州县报告制作而成的清册。这些清册与奏折相比，在提供了更为详细的各州县信息的同时，也可以说是史料批判的基础数据。

从《常平义社等仓谷数清册》（第 766~769 册）来看，它报告了全省及各府州县常平仓、义仓及社仓的积谷数额，与全省数额为 478 万石相比，其存储额只不过 29 万石。这一数字正确与否姑且不论，至少可以佐证先行研究[1]已经指出的这一时期河南仓储制度的功能几乎丧失的结论。

关于谷物价格，有报告了从光绪二十五年十月至宣统二年九月各州县谷物价格（粟米、小麦、粟谷、高粱、黑豆）的《各属米粮价值细数清册》（第 781~867 册）。其中虽有很多月份已缺失，但是以活用"粮价细册"进行研究而广为人知的魏根深的《中国物价史研究》[2] 所依据的东京大学东洋文化研究所收藏的《陕西布政使司造报陕省各属市估银粮价值清册》，只涵括了 22 个月。与此相比，河南的清册则涵括了 51 个月，在日本的图书馆所收藏的粮价清册中，可以说是数量最庞大的系统性史料。粗略地浏览也可以看到，数值上显示出了一定的波动，但对于其可信性还有必要进行慎重调查。

遗憾的是，《民数户口清册》（第 1047 册）只残留了两个年度，想以此进行经济史研究是困难的。但在可以目睹清末民数户口清册的形式这一意义上，可以说这一资料还是非常珍贵的。册子中显示了全省及各府州县现在牌民几户、共计男女大小几名、其中大口几名、小口几名这四种数值。[3]

以上，简单地介绍了《河南钱粮册》的构成情况。其数值的可信度暂且不提，只从《河南钱粮册》中所见的形形色色的册子形式来看，这些应该在相当程度上忠实地反映了在清代形成并肥

---

① 星斌夫『中国社会福祉政策史の研究：清代の賑済倉を中心に』、178-180 页。

② Wilkinson, *Studies on Chinese Price History.*

③ 关于清末河南省人口数字的可信度，赵文林、谢淑君在《中国人口史》中进行了探讨。赵文林、谢淑君：《中国人口史》，人民出版社，1988，第 398~403 页。

大化了的奏销制度的各种规定。也就是说，《春/秋拨册》《民屯实在在库清册》《上/下忙丁地钱粮清册》《未完丁地钱粮奏销清册》等有关地丁方面的册子、有关耗羡方面的册子，以及有关武官发放军饷方面的册子等，都可以从会典事例及户部则例等中找到它们的相关规定。[①] 另外，从报告的期限来看，也大体给人以遵守规定的印象。

本节以《河南钱粮册》本身为中心，介绍了其构成情况，但在清末河南省总体财政的实际中，《河南钱粮册》所涉及的领域是怎样的范围呢？换句话说，《河南钱粮册》没有触及的东西有哪些？另外，《河南钱粮册》中所包含的从光绪末年到宣统年间这一时期，正好是财政急剧膨胀和混乱的时期，同时是清朝努力进行财政制度改革的时期。这一现实情况在《河南钱粮册》中到底得到了多大程度的反映呢？在下一节中，希望简单探析清末河南财政的现实情况与《河南钱粮册》之间的关系，来代替结论。

第三节　清末河南财政与《河南钱粮册》

前述《河南省财政说明书》是相当忠实地反映了清末河南财政全貌，并在使我们易于理解的范畴内进行了整理的文献。[②] 这是为了清理财政，导入预算制度，而在各省设立的清理财政局，对各省财政实际情况进行调查的报告书，可以说是将制作《河南钱

① 光绪《大清会典事例》卷177；同治十三年《户部则例》卷9；等等。
② 各省制作的财政说明书各式各样，但河南被认为是"条理比较分明"者之一。参见彭雨新《清末中央与各省财政关系》，《社会科学杂志》第9卷第1期，1947年，第106页。

粮册》同一时期的河南财政从财政合理化的立场出发，进行调查、整理、批判的文献。

《河南省财政说明书》分为岁入、岁出两部分，其中岁入分为 10 类：①田赋（地丁、漕粮）；②租课；③盐课（盐每斤所加价）；④正杂各税（契税、营业税、烟酒税）；⑤厘捐（厘税、杂捐）；⑥差徭；⑦规费；⑧官业收入；⑨杂收入；⑩特别收入。在这当中，《河南钱粮册》缺少的是①的漕粮、③盐课、⑤的杂捐、⑥差徭、⑦规费、⑧~⑩等诸项收入。除了有关厘金的报告，耗羡归公之后，作为地方经费筹集手段新成长起来的诸项目，可以说在钱粮册中几乎没有反映。再者，为了弄清这些在钱粮册中没有反映的各项目的数额比重，从《河南省财政说明书》中列举的主要项目来看，可知盐每斤加价年度数额为 95.8 万两，杂捐年度数额为 20 万两，差徭年度数额为 53.6 万串文这样的数据。仅比较这些数据，可以说钱粮册中收录的诸项目——例如仅地丁正税实际应征收额就达到 300 万两以上——的比重仍然是很大的。但如果考虑到因征收手续在清末的河南农村引起农民反抗的漕粮铜钱折征率问题①等在钱粮册中完全没有反映的话，可以明确看到，钱粮册中反映的——即使其反映在布政司库层次的数据是正确的话——也仅是省财政中容易掌握的正式部分，与实际上纳税者的负担还相距甚远。

从支出方面来看，《河南省财政说明书》分类的主要内容包

---

① 参见並木賴寿「清代河南省の漕糧について」『東洋大学東洋史研究報告』（2）、1983 年。关于清末河南田赋的实际负担问题，王业键参照哲美森的报告进行了推算。Wang Yeh-chien, *An Estimate of the Land-tax Collection in China, 1753 and 1908*. Harvard University Press, 1973, pp. 5-6.

括解款（京饷、留京陆军饷、练兵经费、出使经费、中央各机关经费、部饭银、例贡）、协款及拨补摊解各款（甘肃饷项、借款赔款摊派银等）、行政经费等地方使用费、军政费（旗营、绿营、陆军、巡防队）、实业费、交通费（驿站费）、工程费（河工）等。在以上各项中，钱粮册中进行了最为详细报告的，是以俸给为主的行政经费，军政费用中的旗营、绿营关系及驿站费等。也就是说，在钱粮册中以专册进行报告的，只是省内支出的传统费目，解款和摊派银等送往省外的费用，以及在省内使用的新设经费，都没有用专册予以报告。

不过，这些项目并不是完全没有在钱粮册中显示出来。例如在以春秋拨册为代表的收支报告中，罗列了由布政司库支出的项目。以光绪三十一年的秋拨册为例来看，在其"开除"部分中，冗长地开列了下面这样一些项目。

> 支给善后支应局乙巳年善后饷需（30 万两）
>
> 又乙巳年京饷内画拨毅军月饷（8 万两）
>
> 支给票商日昇昌等①
>
> 汇解奉拨乙巳年新认赔款（5 万两）
>
> 又汇解光绪三十一年俄法英德洋款并镑价不敷（10 万两）
>
> 又支给票商协同庆汇解乙巳年甘饷（20 万两）
>
> 支给捌厅公所乙巳年河工岁修额款银（32 万两）

---

① 日昇昌、协同庆等票商是在开封设有支店的有名的山西票号。参见陈其田《山西票庄考略》，上海：商务印书馆，1937。关于清末与财政相关的汇款，都变成了通过票号来进行的过程，参见张国辉《晚清钱庄和票号研究》，中华书局，1989，第四章。

这就是说，虽然由布政司库所支出的解款、摊款及其他新支出项目没有汇集到专用的册子而加以报告，但作为具体每次的支出项目在春秋拨册等册子中还是有所反映的。

对于清末奏销册的内容方面，存在"徒拘形式，不符实际""全无意义之甚者"，乃至"原有的奏销制度，已经完全解体，即使尚存其外貌，也只是一具内容空洞的'躯壳'而已"等已成定论的评价。① 光绪新政时期的官僚们，从理想化的近代财政制度的立场出发，对当时的奏销制度进行了严厉的批判是事实，上述的定论也应该是根植于当时人所发的评论之中的。但是在将《河南钱粮册》作为史料来看待时，能否将之视作完全不反映实际情况的"全无意义之甚者"而予以一概否认，则还存有疑问。确实，正如前面所说，不可否认《河南钱粮册》并不是充分反映当地负担及省财政全貌的史料，而仅是集中记录布政司库收支情况之物，然而这不仅仅是清末独有的状况，可以说这是清代奏销制度本身的结构性特征。

另外，如果从有关清末新政等的新支出项目，或者从酌拨向摊派这样财政原则的转变几乎未给奏销制度的框架——所制作的奏销册的种类等——带来什么变化的情况来看，《河南钱粮册》或许可以看作已经与实际情况相背离的徒具形式的存在。不过，正如前面所说，对清末财政状况的变化，比如在春秋拨册的内容当中——不用说对这些数据囫囵吞枣是不行的——尽管只能管窥一斑，但事实上在某种程度上还是得到了反映。

---

① 『清国行政法』第六卷、361-362页；何烈：《清咸、同时期的财政》，"国立编译馆"中华丛书编审委员会，1981，第385页。

　　或有说者认为，在清末中央政府统治的弱化中，地方官吏没有认真地进行报告，只是通过桌案上的数字操作进行捏造报告。不过在笔者看来，目前还找不出数字及各项内容的非现实性和过度一致性等足以显示捏造的证据。当然，当时官吏所行之事也不会轻而易举就败露在我们面前。有关这些钱粮册的可信度，还有必要做进一步的慎重调查，只能说现阶段还没有找到显示传统奏销制度崩溃的证据。

　　关于 19 世纪中叶河南省奏销的迟延，咸丰帝在上谕中进行了斥责，[1] 河南奏销制度在那时已出现混乱是千真万确的。尽管如此，光绪末年的《河南钱粮册》似乎表示当时奏销工作还相当忠实地按规定认真完成。通过本章考察所得到的这个印象如在一定程度上准确的话，那又意味着什么呢？或许，这可以说反映了清朝最后大约 10 年间中央政府试图强化统治的尝试。但这仅通过对《河南钱粮册》的分析是无法论证的，且留待后考。

---

① 佐伯富「清代における奏銷制度」『東洋史研究』22(3)、1964 年 2 月、52-53 頁。

人名索引

译后记

　　洋洋数十万言的《清代中国的物价与经济波动》一书的翻译总算落下了最后一笔。然而说真的，心中丝毫没有一点如释重负之感，相反更多的是忐忑不安和诚惶诚恐。岸本美绪先生作为日本东洋史学界的领袖性学者，在国际中国史学界有着广泛而深刻的影响，她如此开阔的学术视野，如此博大的学术胸襟，如此"究天人之际，通古今之变"的对历史的感觉，如果因为译者语言能力上的不足和专业知识的缺乏而导致它在语言转换上的准确性大打折扣，从而使作者的名誉受损，那岂是区区之身所能承当得了的?! 回想起这一年多来的翻译工作，不免有些后怕，真是无知者无畏啊！

　　说是无知，主要体现在两个方面。一是日语能力的欠缺。姑且不说自己生性愚钝，在1997年去日本留学以前，我根本就没有接触过日语（此前学习、使用的一直是英语），到现在满打满算，花在日语学习上的时间不过12个年头。虽说此前小打小闹也翻译过一些东西，但要翻译学术水平很高的名家作品，心中不免发怵。

二是经济史知识的匮乏。虽说自己也忝居学史之列，但我硕士学位论文选的是秦汉时期，方向偏重政治，1988年到出版社后主要从事的是古籍方面的编辑工作，虽说也接触一些经济史方面的稿件，但对于一个"杂家"的编辑来说，离经济史的研究相去又何止十万八千里！这种先天的不足加上后天的失调，要做到心中不惶恐，至少我是没有这样的心理素质的。

说是无畏，是我终于斗胆一试。我是这样考虑的：第一，对于历史我并不陌生，虽说秦汉与清朝相去近两千年，但历史自有其规律，不同的只是历史事件而已；第二，由于对秦汉史的学习，研读了一些古文献，我想这对古籍记述史料的理解是会有帮助的。至于日语能力，除借助于字典这个万能的老师外，2002年我到南开大学日本研究院的学习可谓帮了我的大忙。在这里，我结识了日语水平很高的同学，像王勇（天津财经大学）、许译兮（天津师范大学）、陈友华（南昌大学）等，如果仅从日语水平看，或许他们早就不需要读这个博士了。此外，还有我留学日本期间结识的挚友张文良副教授（中国人民大学，东京大学博士）。正是由于有这么强大的"能源基地"的存在，有他们有求必应的释疑解惑、指点迷津，我这个仅有半桶（不，甚至半桶还不到）日语水平的人也敢向前迈出大步。对于诸位博士友人的无私奉献和热忱帮助，又岂是一两句简单的话所寄托得了的！在时间上，2005年7月调到江西财经大学后，我供职于"规制与竞争研究中心"，从事的是专职的研究工作，没有上课的打扰，在时间上有绝对保证。在此我要对江西财经大学表示谢意。

此外，这次能参与到国家清史编纂委员会组织的清史《编译丛刊》翻译工作中来，与社会科学文献出版社领导杨群先生及范迎、仇扬、马晓娟（已调离出版社）等诸位编辑老师是密不可分的。特别是杨先生，从译稿的选定、试译稿的审查，再到最后与清史办签订合同，都是他从中斡旋，对他们所付出的辛勤劳动，我表示由衷的感谢。在译稿的审校过程中，福建省泉州市华侨大学外国语学院日语系胡连成博士画龙点睛般的校正，使译稿增色不少，也使我受益良多。而本书的责任编辑孙以年先生，更是为译稿的出版做了精深细致的编辑加工，尽管他非常谦虚地说自己不懂日文，但他所提的每一条建议和意见都是那么一针见血，如果真如他所说的话，那他对语言的敏感度就太高了。他一丝不苟的工作态度和作风，永远是我学习的榜样。对两位先生对译稿所做的具体而细致的工作，我表示万分感谢。在他俩仔细校审的基础上，我又做了针对性的修改和润饰，历时一月有奇，于是才有了现在这个模样。虽说自己已尽了最大努力，也得到了诸多大家高人的鼎力相助，但限于自己的学力，译稿中错讹之处一定不少，希望得到各位的教正。

需要略加说明的是，在翻译过程中，对原书稿中的个别问题做了一些处理。首先，是对作者（出版者？）的个别笔误做了订正，如第一章"文献目录"中引用彭超的文章，作者记作"彭超，1989，《明清时期徽州地区的土地价格与地租》，《中国社会经济史研究》，1988 年第 2 期"（原书第 68 页），显然这里的"1989"为"1988"之误；或对个别地方做了技术处理，如第四章正文中出现了注⑥，但后面注文的内容中遗漏了，因此只好将注码⑥加以删除。其次，对原文中的一些概念做了一些疏解，如第二章中的"万人对万人之战"、第九章中的"短陌"之类，但愿不是蛇足和狗尾。最后，考虑到保留原著的原貌和作者的汉语水平极高，对书中的一些提法并没有按照国人的习惯而加以更改，如"江南三角洲"等，既然作者要这么说，我想必有她的道理。

需要特别说明的是，岸本美绪先生对中文版的出版工作十分关心，亲自审订了本译稿，保证了译稿的质量。在此谨向她深表谢意。

刘迪瑞

于南昌航空大学

2024 年 9 月 11 日上午接到社会科学文献出版社李期耀老师发来的微信，说是要再版本书，自然喜出望外。屈指算来，从 2010 年 4 月出版至今，已经有 15 个年头了，其间特别是最近几年，不时有读者询问并欲购此书，而孔夫子旧书网最近的售价更是炒到每册 680 元（出版定价 45 元），这似乎从某个侧面佐证了本书的价值。因此，能在此时再版对满足读者诸君的需求，无疑是及时的和有意义的。

自从接到通知后，我花了 20 多天时间，对原译本中的笔误、用字规范、标点符号和数字用法等问题做了处理，对原译表 7.1 中略去的内容进行了补充译出。新版中添加了作者岸本先生新作的序言，在编排格式上将原来的章末注改成了页下注，目的是更便于读者阅读。

由于初版距今时间较长，这次再版需要再次获得作者和原出版单位的授权，其间的来往交涉工作一定是繁难的，感谢社会科学文献出版社相关领导及李期耀老师的辛勤付出。

2025 年 5 月 22 日补记

图书在版编目（CIP）数据

清代中国的物价与经济波动／（日）岸本美绪著；
刘迪瑞译. --北京：社会科学文献出版社，2025.8.
（启微）. -- ISBN 978-7-5228-5625-4

Ⅰ. F726

中国国家版本馆 CIP 数据核字第 20250GA755 号

·启微·

清代中国的物价与经济波动

著　　者／〔日〕岸本美绪
译　　者／刘迪瑞

出 版 人／冀祥德
责任编辑／李期耀
责任印制／岳　阳

出　　版／社会科学文献出版社·历史学分社（010）59367256
　　　　　地址：北京市北三环中路甲 29 号院华龙大厦　邮编：100029
　　　　　网址：www.ssap.com.cn
发　　行／社会科学文献出版社（010）59367028
印　　装／北京盛通印刷股份有限公司

规　　格／开　本：889mm×1194mm　1/32
　　　　　印　张：17.25　字　数：395 千字
版　　次／2025 年 8 月第 1 版　2025 年 8 月第 1 次印刷
书　　号／ISBN 978-7-5228-5625-4
著作权合同
登 记 号／图字 01-2025-2150 号
定　　价／98.00 元

读者服务电话：4008918866

⚠ 版权所有 翻印必究